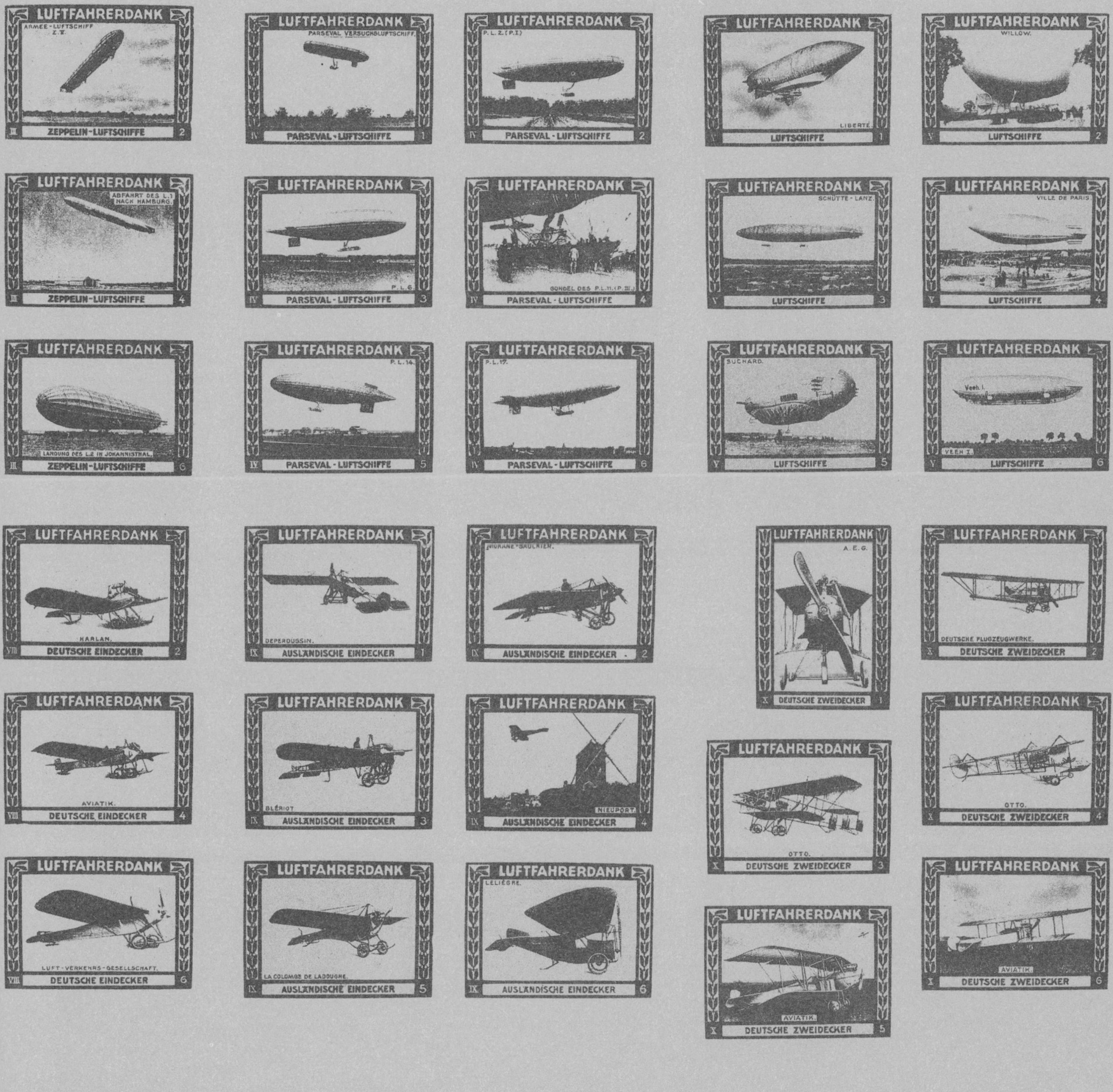

LUFTFAHRERDANK
ARMEE-LUFTSCHIFF Z.V.
III ZEPPELIN-LUFTSCHIFFE 2
LUFTFAHRERDANK
PARSEVAL VERSUCHSLUFTSCHIFF
IV PARSEVAL-LUFTSCHIFFE 1
LUFTFAHRERDANK
P.L.2. (P.I.)
IV PARSEVAL-LUFTSCHIFFE 2
LUFTFAHRERDANK
LIBERTÉ
V LUFTSCHIFFE 1
LUFTFAHRERDANK
WILLOW.
V LUFTSCHIFFE 2
LUFTFAHRERDANK
ABFAHRT DES L.1 NACH HAMBURG.
III ZEPPELIN-LUFTSCHIFFE 4
LUFTFAHRERDANK
P.L.6
IV PARSEVAL-LUFTSCHIFFE 3
LUFTFAHRERDANK
GONDEL DES P.L.II. (P.III.)
IV PARSEVAL-LUFTSCHIFFE 4
LUFTFAHRERDANK
SCHÜTTE-LANZ.
V LUFTSCHIFFE 3
LUFTFAHRERDANK
VILLE DE PARIS
V LUFTSCHIFFE 4
LUFTFAHRERDANK
LANDUNG DES L.2 IN JOHANNISTHAL.
III ZEPPELIN-LUFTSCHIFFE 6
LUFTFAHRERDANK
P.L.14.
IV PARSEVAL-LUFTSCHIFFE 5
LUFTFAHRERDANK
P.L.17.
IV PARSEVAL-LUFTSCHIFFE 6
LUFTFAHRERDANK
SUCHARD.
V LUFTSCHIFFE 5
LUFTFAHRERDANK
Veeh. I.
VEEH I.
V LUFTSCHIFFE 6
LUFTFAHRERDANK
HARLAN.
VIII DEUTSCHE EINDECKER 2
LUFTFAHRERDANK
DEPERDUSSIN.
IX AUSLÄNDISCHE EINDECKER 1
LUFTFAHRERDANK
IX AUSLÄNDISCHE EINDECKER 2
LUFTFAHRERDANK
A.E.G.
X DEUTSCHE ZWEIDECKER 1
LUFTFAHRERDANK
DEUTSCHE FLUGZEUGWERKE.
X DEUTSCHE ZWEIDECKER 2
LUFTFAHRERDANK
AVIATIK.
VIII DEUTSCHE EINDECKER 4
LUFTFAHRERDANK
BLÉRIOT
IX AUSLÄNDISCHE EINDECKER 3
LUFTFAHRERDANK
NIEUPORT.
IX AUSLÄNDISCHE EINDECKER 4
LUFTFAHRERDANK
OTTO.
X DEUTSCHE ZWEIDECKER 3
LUFTFAHRERDANK
OTTO.
X DEUTSCHE ZWEIDECKER 4
LUFTFAHRERDANK
LUFT-VERKEHRS-GESELLSCHAFT.
VIII DEUTSCHE EINDECKER 6
LUFTFAHRERDANK
LA COLOMBE DE LADOUGNE.
IX AUSLÄNDISCHE EINDECKER 5
LUFTFAHRERDANK
LELIÈGRE.
IX AUSLÄNDISCHE EINDECKER 6
LUFTFAHRERDANK
AVIATIK.
X DEUTSCHE ZWEIDECKER 5
LUFTFAHRERDANK
AVIATIK.
X DEUTSCHE ZWEIDECKER 6

20 KAPITEL FRÜHE LUFTFAHRT

20 KAPITEL FRÜHE LUFTFAHRT

Günter Schmitt
Werner Schwipps

transpress

Auf dem vorderen und dem hinteren
Vorsatz sind die 20 Markenblöcke „Luftfahrerdank“ abgebildet.

Das Foto gegenüber dem Haupttitel
zeigt das Marineluftschiff L 2 nach
einer Probefahrt bei der Landung in
Friedrichshafen.

Schmitt, Günter:
20 [Zwanzig] Kapitel frühe Luftfahrt / Günter Schmitt ; Werner
Schwipps ; [Grafiken: Klaus
Huhndorf]. – 1. Aufl.
Berlin : Transpress, 1990. – 208
S. : 262 Abb., 16 Tab.
NE: 2. Verf.:

ISBN 3-344-00390-9

1. Auflage

Französische Str. 13/14, Berlin, 1086
VLN 162
Printed in the German Democratic Republic
Gesamtherstellung: Grafische Werke Zwickau
Gesetzt aus Bauer-Bodoni
Lektor: Kai Lange
Gestaltung: Wolfgang Mittwoch
Grafiken: Klaus Huhndorf
Fotoreproduktionen: Monika Sawade, Clemens Kirchner
Markenreproduktionen: Klaus Weber
LSV 3879
567 402 5

Inhalt

Ein Blick zurück

Die Frühzeit der Luftfahrt bis zum Beginn des ersten Weltkrieges, der sich dieses Buch rückblickend zuwendet, war gekennzeichnet von ideenreichem Suchen nach neuen Wegen zur Realisierung des Menschenfluges. Seit es gelungen war, sich mit Ballonen, Luftschiffen und Motorflugzeugen in der Luft zu bewegen, hatten waghalsig experimentierfreudiges wie auch solides ingenieurtechnisches Streben eine Vielzahl von Luftfahrzeugmodifikationen hervorgebracht. Die teilweise erstaunlichen technischen Lösungen haben wissenschaftlich-technisches Denken gefördert. Zunehmend haben Luftfahrzeuge auch die Möglichkeiten der Menschheit potenziert, grenzübergreifend-völkerverbindende Kommunikation voranzubringen. Die Luftfahrt wurde immer mehr zum Ausgangspunkt und Resultat wissenschaftlicher, technischer, industrieller und verkehrspolitischer Entwicklungsprozesse. Sie hat das Leben der Menschen, die Beziehungen der Völker und die internationale Politik beeinflußt und verändert. Die Pioniere der Luftfahrt haben flugtechnischen Fortschritt als Kulturfortschritt verstanden und wollten ihn für friedliche, völkerverbindende, verständigungsfördernde Zwecke angewendet und genutzt wissen. Allen voran der damals wie heute weltweit geachtete „Lehrmeister der Fliegekunst", der deutsche Maschinenbau-Ingenieur Otto Lilienthal.
Aber zu dem erst allmählich, dann drangvoll verwirklichten Traum vom Fliegen gesellte sich schon bald der Alptraum militärischer Verwendung. Je vollkommener sich die Luftfahrttechnik präsentierte, desto ungehemmter sind in den Jahren bis zum Sommer 1914 militärische Forderungen in die kreativen technischen Entwicklungsprozesse eingedrungen und haben im Streben nach „Wunderwaffen" den Begriff und die Praxis des Luftkrieges mit sinnloser Vernichtung von Menschenleben und Zerstörung von Kulturgütern hervorgebracht.
Es kann dies, wie jeder weiß, nicht der technischen Entwicklung der Luftfahrzeuge angelastet werden. Die Ursachen dafür lagen in gesellschaftlichen Zuständen und politischen Zielen. Obgleich es auch damals Kräfte gab, die zu politischer Vernunft mahnten und sich mutig den abenteuerlichen Kriegsabsichten in den Weg stellten, haben sie das Verhängnis nicht abwenden können. Persönliche Schicksale und geschichtliche Resultate von Kriegsjahren sind eingraviert in die Erinnerungen der Überlebenden bis in die Gegenwart. Dieses Gedächtnis der Gegenwart, individuell reproduzierbar wie auch in zeitgeschichtlichen Dokumenten erhalten, ist an allem noch das Positivste, sofern es als mahnendes Gewissen funktioniert und den Pioniergedanken der Luftfahrt weiter ausbreiten hilft.
Dies wissend, wendet sich die Rückbetrachtung der facettenhaften Vielfalt von Luftfahrzeugen vor dem ersten Weltkrieg zu. Dabei verbleibt stets im Blickfeld, daß jene Zeit von mannigfaltigen Konstruktionsbemühungen, motorflugsportlichem Leistungsstreben und ersten Passagier-Luftschiffahrten, zugleich jedoch von der Absicht militärischer Verwendung der Luftfahrttechnik geprägt war.
Alle diese Aspekte bilden die damalige Sicht. Und die Autoren wollen sich dem Versuch unterziehen, luftfahrtgeschichtliches Zeitkolorit in diesem Sinne nachzuzeichnen. Dabei wird der damalige Entwicklungsstand am Beispiel zahlreicher Luftfahrzeugmuster und -varianten verdeutlicht, und zwar in der gebotenen kritischen Distanz zu der in industriell fortgeschrittenen Ländern vordergründigen nationalistischen Stimmungseuphorie, die ebenfalls für jene Zeit kennzeichnend war.

Im Vordergrund der Betrachtung stehen zeittypische Vorgänge und Vorkommnisse, Einblicke in Erlebnisse und Bedingungen jener Luftfahrtjahre. Die Darstellung folgt den Intentionen eines Fundes, der nach unseren Recherchen eine Seltenheit darstellt: ein vollständiger Bestand von Flugmarken der Aktion „Luftfahrerdank" in 20 Serien und 120 Einzelmarken, herausgegeben in Deutschland im Jahre 1913 in der humanitären Absicht, durch Geldsammlung zu einem Unterstützungsfonds zu gelangen, der verunglückten Luftfahrern sowie ihren Familien zugute kommen und ärgste Nöte lindern helfen sollte.
Die darstellungsvorbereitenden Untersuchungen hatten schon vor mehreren Jahren begonnen. Ein Luftfahrtinteressent, der die Anfangsjahre des Fliegens und Fahrens durch die Lüfte noch erlebte, hatte einem der Autoren bislang geborgene Unterlagen angeboten, wissend, daß sie helfen könnten, Einzelheiten aus der Luftfahrt-Frühzeit vor der Vergessenheit zu bewahren; darunter befand sich der Markenbestand „Luftfahrerdank". Doch war zunächst nicht sicher, ob der Bestand vollständig sei. Die Ungewißheit motivierte die Autoren zu systematischem Suchen in territorial unterschiedlichen Archiven. Die Nachforschungen erbrachten die Bestätigung der Vollständigkeit und ließen zugleich die Einmaligkeit dieser Zeitdokumentation wahrscheinlich werden. Hinzu fanden sich Archivalien, die belegten, daß „Luftfahrer-

dank" aus einem Sachverhalt hervorgegangen war, der die Luftschiffer und Flieger jener Zeit unmittelbar betraf.
Wer aufmerksam die frühen Luftfahrtjahre betrachtet, stellt sehr bald fest, daß die spektakulären Erfolge begleitet waren von ebenso spektakulären Katastrophen. Zehn Zeppelin-Luftschiffe wurden bis zum Sommer 1914 im Sturm zerstört oder brannten aus, teils explodierten sie in der Luft. Im selben Zeitraum verloren allein in Deutschland 116 Flieger bei Flugzeugabstürzen ihr Leben. Die Anzahl der Schwerverletzten ist heute gar nicht mehr feststellbar. Zudem weisen die Statistiken jener Jahre mit der Zunahme des Flugbetriebes eine beträchtliche Steigerung der folgenschweren Flugzeughavarien aus: Binnen zwei Wochen ein Toter im Jahre 1912; pro Woche ein tödlicher Unfall von 1913 bis Juli 1914.

Die Luftfahrt war gefahrvoll in ihren Kinderjahren. Es mangelte noch an der Zuverlässigkeit der Technik wie an sicherheitsfördernden Flugregeln und ausreichendem Können bei der Beherrschung gefahrvoller Situationen. Wer sich dem Wagnis der Luftfahrt aussetzte, tat dies auf eigenes Risiko, denn lange Zeit wurden „Seiltänzer, Tierbändiger, Akrobaten und Luftschiffer" nicht in eine Versicherung aufgenommen. Sie waren als „höher zu qualifizierende Selbstmörder" definiert, wie es in einer Erklärung des „Allgemeinen Deutschen Versicherungsvereins" hieß, einem Dachverband der Versicherungsgesellschaften.
So entstand eine groteske Situation. Gerade jene, die unmittelbar bei Erprobungs-, Wettkampf-, Rekord- oder anderen Leistungsflügen die technischen Möglichkeiten eines Flugzeuges bis an die kritische Grenze auszuschöpfen hatten, dabei völlig auf sich selbst angewiesen und im Fluge der etwaigen Unzuverlässigkeit eines Motors, einer nachlässigen Verleimung von Flügelleisten oder fehlerhafter Drahtverspannung ausgeliefert waren, konnten nach einem Unfall nicht mit finanzieller Unterstützung für ärztliche Behandlung und notwendigen Krankenhausaufenthalt rechnen. Es gab auch keinerlei Unterstützung für die hinterbliebenen Familien tödlich abgestürzter Flieger.
Dieser unerträglichen Situation wollte die Selbsthilfe-Initiative „Luftfahrerdank" entgegenwirken. Aus diesem Grunde sind die zum Kauf und als Spendenanreiz herausgegebenen Marken nicht nur ein besonders seltenes luftfahrtgeschichtliches Zeitdokument, sondern zugleich ein bemerkenswertes Zeugnis deutscher Sozialgeschichte.
Dem damaligen Bemühen der Initiatoren, auf möglichst raschem Wege die materiellen Möglichkeiten für die Linderung von Luftfahrernöten zu schaffen, mag es zuzuschreiben sein, daß die Auswahl der Markenbilder von mancherlei Zufälligkeiten bestimmt worden ist. Festgehalten werden darf zunächst, daß alle wichtigen Bereiche der damaligen Luftfahrt einbezogen sind. Auch luftfahrttechnische Entwicklungsergebnisse einiger anderer Länder sind berücksichtigt worden: Luftschiffe und Flugzeuge, Eindecker und Doppeldecker, Landflugzeuge und Wasserflugzeuge. Selbst die Sicht aus der Vogelperspektive, mit ihren reizvollen Besonderheiten den Luftfahrern vorbehalten, ist bereits dargestellt. Auch Förderer der Luftfahrt wurden porträtiert, von denen mancher im heutigen Urteil eher eine kritische als eine heraushebende Würdigung verdient. Wir wollen nicht verhehlen, daß wir heute partiell eine andere Auswahl getroffen hätten.
Dennoch und gerade dadurch bilden die „Luftfahrerdank"-Markenbilder in ihrer Gesamtheit eine Aussage aus damaliger Sicht, ohne Wissen darüber, was sich im weiteren Entwicklungsverlauf als richtunggebend oder irrwegig herausstellen würde. Damals, im Entstehungsjahr der Institution „Luftfahrerdank", war alles noch in Bewegung und eine wertende Entscheidung oft gar nicht möglich. Wir sind hier unvermittelt mit der Zeitsicht konfrontiert, und mit politischem Zeitgeist, der auch um die Luftfahrt keinen Bogen gemacht hat und einige Über- oder Unterbetonungen zu erklären vermag.

Die erste Markenserie folgt als einzige einem Ablauf, und zwar dem der logischen Abfolge von Tätigkeiten und Vorgängen der Freiballonfahrt. Dazu hätte uns auch heute kaum eine andere Darstellungsweise einfallen können, denn eine Typisierung von Freiballonen wäre, wenn überhaupt, im äußeren Erscheinungsbild dieses klassischen Luftfahrzeuges nicht vorzunehmen gewesen. Im Bild sah ein bemannter Ballon – mit seiner Kugelform und eine Korbgondel an den Leinen – wie der andere aus.
Dann aber beginnen einige der angedeuteten Unausgewogenheiten, auf deren wesentliche wir hier aufmerksam machen wollen, um spätere Darstellungen mit solchen Hinweisen nicht zu stören.
In den Markenserien II bis VI wird die Zeitsicht besonders auffällig, denn gleich 30 Marken sind der Luftschiffahrt gewidmet. Das ist ein deutlicher Beleg für die Hervorhebung dieser Gattung in jenen Luftfahrtjahren. Ebenso aufschlußreich ist das Übergewicht der Luftschiffe, die unter Zeppelins Regie entstanden waren. Außerdem sind hier logische Unebenheiten der Zuordnung nicht zu übersehen, denn die Serie II der DELAG-Passagierluftschiffe beginnt mit einem Heeresluftschiff.
Bei der näheren Betrachtung der Serie V fiel uns auf, daß jene, die sich seinerzeit mit der Zuordnung der Bildmotive zu beschäftigen hatten, viel unbekümmerter zu Wege gingen, als wir dies heute gewöhnt sind. Damals ging es offensichtlich um eine bloße internationale Übersicht über die verschiedenen Luftschiff-Formen, weniger um Konstruktionsprinzipien und Verwendungsabsichten als um die Darstellung unterschiedlicher äußerer Merkmale von kurzen dicken bis zu langen schlanken Schiffskörpern. Der Versuch, einen übergreifenden gemeinsamen Aspekt der Abbil-

dungen in der Serie V herauszufinden, führte zur Kennzeichnung als „Militärluftschiffe international“. Dabei mußte allerdings die Inkonsequenz hingenommen werden, daß eines dieser Luftschiffe nicht für die militärische Verwendung, sondern als transatlantisches Expeditionsluftschiff konzipiert war.

Der sachkundige Betrachter der deutschen Eindecker wird spätestens in der Serie VIII das Flugzeug von Hans Grade vermissen, dem schon damals eine besondere Bedeutung zukam, weil es im Jahre 1909 mit einer herausragenden Erstleistung verbunden war. Eine einleuchtende Erklärung für die Nichtberücksichtigung könnte darin liegen, daß im Jahre 1913, als die Markenbilder zusammengestellt wurden, die Grade-Flugzeuge nicht mehr im Vordergrund der Aufmerksamkeit standen. Ähnliches gilt für den Eindecker von Hermann Dorner. Die zeitbezogene Sicht, die sich aus den Markenbildern ergibt, ist also vor allem eine bewertende Gewichtung des Jahres 1913.
Besondere Schwierigkeiten, die nur mit „Detektivgespür“ zu bewältigen waren, haben uns einige damals sehr seltene, mitunter nur in einem Exemplar gebaute Flugzeuge bereitet. Ein Beispiel dafür ist das mit „Flugboot Columbia Gyro“ bezeichnete Flugzeug in der Serie XIV. Es hat ungewöhnlich langen Suchens bedurft, in zeitgenössischen Quellen über dieses Flugboot nähere Auskünfte, Abbildungen sowie Gründe für die in der Marke verwendete Bezeichnung zu finden. Endlich stießen wir darauf, daß das Flugboot in den USA gebaut worden ist, von seinem Konstrukteur „Miß Columbia“ genannt wurde und mit einem Gyro-Motor ausgestattet war. Inzwischen wissen wir, daß „Miß Columbia“ in den USA wiederholt und von verschiedenen Konstrukteuren als Flugzeugname benutzt worden ist.
Schließlich soll nicht unerwähnt bleiben, daß uns in der Markenserie XIX mit der Inschrift „Förderer der Luftfahrt“ eine Personengruppe gegenübertritt, deren Wirken von vordergründig militärisch orientierter, kommerziell-expansiver, technisch-eigenständiger, wissenschaftlich-fundierter oder sportlich-praktischer Wegbereitung gekennzeichnet war. Diese Zusammenstellung erscheint heute als undifferenziert und heterogen. Sie kann nur als Ausdruck maßgeblichen politischen Zeitgeistes verstanden werden, der die Interessenlage vieler einflußreicher Persönlichkeiten der Luftfahrt in weitgehende Übereinstimmung brachte.
Anders verhält es sich mit der Markenserie XX, die relativ homogen erscheint und Persönlichkeiten gewidmet ist, die durch wissenschaftliche Grundlagenarbeit der Luftfahrtentwicklung mehr oder weniger kräftige Impulse gaben. Hier zeigt sich allerdings ein andersgeartetes inhaltliches Ungleichgewicht. Niemand, der die Schwierigkeiten des Anfangs kennt, kommt in die Versuchung, den Anteil von Meteorologen bei der Herausbildung von luftfahrtrelevanten Erkenntnissen über die „Physik der Atmosphäre“, wie man damals sagte, verkleinern zu wollen. Doch selbst unter dieser Voraussetzung erscheinen sie mit einer Anzahl von vier als überrepräsentiert, wenngleich sie alle aktive Freiballonfahrer waren und Funktionen in Luftfahrervereinen ausübten.

Damit soll es der kritischen Würdigung der historischen Vorlage genug sein. Beim gedanklichen Nachvollziehen der Sachinhalte haben uns Zeitzeugen geholfen, die ihre Einsichten und Beobachtungen, Eindrücke und Feststellungen in Büchern, Zeitschriftenaufsätzen und Zeitungen zu Papier gebracht haben. Luftfahrer und Luftfahrttechniker waren darunter, Journalisten und Fotografen.
Neben den luftfahrthistorischen Belegen „Luftfahrerdank“ standen uns Bilddokumente von bedeutendem historischem Wert aus der bereitwillig geöffneten Sammlung „Stiasny-Archiv“ zur Verfügung. Der genannte Archivbestand konnte erstmals für eine luftfahrtgeschichtliche Publikation genutzt werden.
Die thematische Darstellung in 20 Kapiteln folgt der inhaltlichen Struktur der 20 Markenserien, die hier zum ersten Male vollständig vorgestellt werden. Die luftfahrthistorischen Sachverhalte, die mitgeteilt werden, sind vom jeweiligen Markenmotiv bestimmt. Jedes der ausgewählten Bilder berichtet mit dem beigegebenen Text über einen begrenzten, spezifischen Ausschnitt aus der Welt der frühen Luftfahrtjahre und ist zugleich ein ergänzender Beleg zum jeweiligen Markenmotiv. Die Bündelung von 120 Bild-Text-Kombinationen ermöglicht es dem interessierten Leser und Betrachter, einen Überblick und detaillierte Einblicke gleichermaßen zu gewinnen. Es ist eine Einladung, in unserer Zeit der fortschreitenden technischen Umgestaltung einen Blick zurück zu werfen auf das luftfahrttechnische Milieu des Jahres 1913.

Ergänzend sollen zwei voranzustellende Hinweise nicht versäumt werden. Der erste: Über die Siegelmarken des Jahres 1913 hinaus sind später, im ersten Weltkrieg, einige kleine Markenserien mit dem Aufdruck „Luftfahrerdank“ herausgegeben worden – teils auf anderen Grundfarben, teils mit anderen Bildmotiven, teils in anderen Formaten und Markenformen. Diese aber liegen bereits außerhalb unserer zeitlich bis zum Sommer 1914 eingegrenzten Betrachtung und finden deshalb keine weitere Erwähnung. Und zweitens: Die Sicht der Frühzeit hat uns veranlaßt, damals übliche Bezeichnungen zu übernehmen. So verwenden wir für die Kennzeichnung von Motorenleistungen die seinerzeit gültige Abkürzung „PS“ (Pferdestärken), wissend, daß heutzutage das Kurzzeichen „kW“ (Kilowatt) für die Maßeinheit der Leistung verbindlich ist.

I. Fahrten mit dem Freiballon

Der Ballon ist das älteste brauchbare Luftfahrzeug, und er war mehr als einhundert Jahre lang auch das einzige Gerät, mit dem sich der Mensch vom Boden lösen konnte. Dabei hat er seine äußere Form fast unverändert erhalten; lediglich die nußschalenartige Gondel wurde mit der Zeit durch den rechteckigen, aus Weidenruten geflochtenen Ballonkorb ersetzt.
Die erste bemannte Ballonfahrt glückte am 21. November 1783 in Paris mit dem Heißluftballon der Brüder JOSEPH MICHAEL und JACQUES ETIENNE MONTGOLFIER. Nur zehn Tage später stieg, ebenfalls in Paris, Prof. JACQUES ALEXANDRE CÉSAR CHARLES mit seinem Wasserstoffballon auf. Die nach ihm benannte „Charliere" verdrängte die „Montgolfiere" und war bis in unser Jahrhundert hinein das Vorbild aller Freiballone.
Prof. CHARLES, ein führendes Mitglied der Pariser Akademie der Wissenschaften, hatte für seinen Wasserstoffballon eine Ventilklappe ersonnen, durch die er Traggas ausströmen lassen konnte, wenn er den Ballon zum Sinken bringen wollte. CHARLES war auch auf die Idee gekommen, ein riesiges Netz über die Ballonhülle zu legen, an deren Endleinen das „Schiffchen", die bootsähnliche Gondel für die Passagiere, festgeknüpft war. Schließlich war es sein Einfall gewesen, feinen Sand als Ballast mitzuführen, dessen portionierter Abwurf den Ballon zum Steigen brachte. Schon bei seiner ersten, vier Stunden dauernden Fahrt führte er auch ein Barometer mit, von dem sich die jeweilige Flughöhe ablesen ließ. So hatte dieser geniale Wissenschaftler bereits am Anfang alle wesentlichen Elemente der erfolgreichen Freiballonfahrt gefunden.
Danach war es wiederum ein Franzose, der die ersten Ballonaufstiege in Deutschland vorführte: JEAN PIERRE BLANCHARD. BLANCHARD hatte am 7. Januar 1785 im Freiballon den Ärmelkanal überquert, war von England bis zur Küste Frankreichs gefahren und dafür auf vielfältige Weise geehrt worden. Am 3. Oktober 1785 stieg er in Frankfurt a. M. auf, im Jahre 1786 in Hamburg, 1787 in Leipzig und Nürnberg, 1788 dann in Braunschweig und dreimal in Berlin. Die Berliner Auffahrten waren die 33., 34. und 35. Luftreise des Herrn BLANCHARD.
Erster deutscher Luftfahrer wurde zwei Jahrzehnte später der Berliner Gymnasialprofessor WILHELM JUNGIUS. Er unternahm einen Aufstieg am 16. September 1805 mit wissenschaftlicher Zielsetzung und hat, eigenen Angaben zufolge, 6000 m Höhe erreicht. Ungünstiges Wetter und die Kälte in der großen Höhe hinderten JUNGIUS jedoch an zusammenhängenden Beobachtungen und deren Aufzeichnung. Auch zwei spätere Auffahrten in den Jahren 1806 und 1810 blieben ohne nennenswertes wissenschaftliches Ergebnis.
Der zweite deutsche Luftschiffer war GOTTFRIED REICHARD, der in den Jahren 1816 und 1817 wiederholt mit seiner Frau WILHELMINE – und im Wechsel mit ihr – in Berlin aufstieg. WILHELMINE REICHARD war die erste deutsche Frau im Ballonkorb. Sie fand später eine waghalsige Nachfolgerin in KÄTHE PAULUS, die an vielen Orten Fallschirmsprünge aus dem Ballonkorb vorführte. Das artistische Moment hat das ganze 19. Jahrhundert hindurch in der Ballonfahrt dominiert. Freiballonfahrten waren zu jener Zeit weniger Sport als Schaustellerei.
Im Jahre 1877 veranstaltete der Luftschiffer CARL SECURIUS die erste Aeronautische Ausstellung in Berlin. Er zeigte drei große manntragende Ballone mit allem Zubehör sowie vier kleinere Ballone, von denen er meinte, daß sie sich für die Briefbeförderung eigneten. Tatsächlich hat die Postverwaltung damals Interesse an diesen Kleinballonen gezeigt. HEINRICH V. STEPHAN, der Generalpostmeister, hatte schon im Jahre 1874 in einem vielbeachteten Vortrag über „Weltpost und Luftschiffahrt" den damaligen Entwicklungsstand analysiert und auf Möglichkeiten der Luftschiffahrt als Verkehrsmittel der Zukunft hingewiesen.
Beginnend mit dem Jahre 1897 veranstalteten Berliner Initiatoren parallel zu wissenschaftlichen Aufstiegen regelmäßig auch sportliche Freiballonfahrten. Die Rennbahn der Berliner Sportpark-Gesellschaft im Grunewald war dafür der Startplatz. Die Sportfahrten dienten zugleich der Ausbildung von Ballonführern und erfreuten sich großen Zuspruchs. Schon um die Jahrhundertwende fanden alljährlich in Berlin 50 bis 80 solcher Fahrten statt. Um 1910 waren bereits jährlich bis zu 2000 Freiballonfahrten in Deutschland zu registrieren.
Wir werden sogleich sehen, mit wieviel technisch bedingten Unzulänglichkeiten der Freiballonsport behaftet war. Aber es war lange Zeit der einzige realisierbare Weg in die Lüfte. Und er wurde in bedeutendem Umfang genutzt: Bis zum Kriegsbeginn im Jahre 1914 sind in Deutschland 694 zivile Freiballonführer-Zeugnisse ausgestellt worden.

IM JAHRE 1902 SCHLOSS SICH DER BERLINER VEREIN für Luftschiffahrt mit gleichartigen Vereinen in Augsburg, München und Straßburg zum „Deutschen Luftschiffer-Verband“ (DLV) zusammen. Für den Freiballonsport wurde Georg v. Tschudi, der spätere Direktor des Flugplatzes Johannisthal, zum Fahrtenwart ernannt.

Tschudi verfaßte die erste „Instruktion für Ballonführer“, die den Freiballonsport überall in Deutschland an gleiche Richtlinien band. Nun entstanden in schneller Folge weitere regionale Vereine, und die große Zeit des Freiballonfahrens begann. Versuchen wir, die wichtigsten Bedingungen für das Ballonfahren in der Frühzeit zu verdeutlichen.

Damit ein Freiballon zu einer Wettfahrt aufsteigen konnte, war eine erhebliche Anzahl von Helfern nötig. An jedem Startplatz herrschte schon damals strenges Rauchverbot, denn sowohl das Leucht- oder Stadtgas wie auch das Wasserstoffgas sind äußerst feuergefährlich und hochexplosiv. Anfangs wurde das Füllgas am Aufstiegsort produziert, später komprimiert in druckfesten Stahlflaschen herangeschafft. Seit den neunziger Jahren des vorigen Jahrhunderts wurden die Startplätze bereits danach ausgewählt, ob sich eine Städtische Gasanstalt oder ein wasserstoffproduzierender Gewerbebetrieb in der Nähe befanden.

Auf den Startplätzen war jeweils der „Ballonmeister“ tonangebend und weisungsberechtigt. In seiner Verantwortung lagen alle technischen Vorbereitungen für den Start wie auch für die Wartung der Ballone zwischen den Fahrten.

Vor dem Beginn des Gordon-Bennett-Wettbewerbes 1909 in Zürich: am Boden ausgelegte Ballonhüllen vor dem Füllvorgang (in der Luft: PL 4 bei einer Rundfahrt).

Auf Geheiß des Ballonmeisters wurden bei Wartungsarbeiten die Ballonhüllen entfaltet und in gehörigem Abstand zueinander wie Scheiben auf dem Boden ausgebreitet. Eine Gewebebahn nach der anderen wurde mit äußerster Sorgfalt überprüft – vor allem in Hinblick auf die Beschaffenheit und Dichtigkeit der Nähte sowie der Klebestellen der einzelnen Stoffbahnen. Besondere Aufmerksamkeit galt bei Ballonprüfungen der sogenannten Reißbahn und dem Gasventil am „Nordpol".

Der „Nordpol" ist der höchste Punkt am Ballon. Aus dem dort eingebauten Ventil kann der Ballonführer durch Leinenzug Gas entweichen lassen, wenn er den Ballon an weiterem Steigen hindern oder sein Sinken einleiten will. Wenn der Seilzug nachläßt, schließt das Gasventil wieder automatisch. Die Reißbahn dagegen, die eine bewußt eingefügte Sollbruchstelle in der Hülle ist, wurde nur dann aufgezogen, wenn das Füllgas in Sekundenschnelle entweichen sollte. Das wurde mitunter in Bodennähe erforderlich, um eine Schleiffahrt bei der Landung zu beenden oder den Ballon vor einem gefährlichen Hindernis noch zu Boden zu bringen. Die Reißbahn muß jedesmal neu in die Hülle eingenäht und verklebt werden.

Einer Ballonhülle werden gleichermaßen Leichtigkeit, Festigkeit und Undurchlässigkeit abverlangt. Es ist aus heutiger Sicht sehr interessant, daß in verschiedenen Ländern unterschiedliche Wege zur Verwirklichung dieser Forderungen beschritten worden sind. In Frankreich wurde vor allem gefirnißte Seide verwendet, in Großbritannien die sogenannte Goldschlägerhaut. In Deutschland dagegen bevorzugte man von altersher doppelt und diagonal gewebten sowie gummierten Baumwollstoff. Die Franzosen trugen Leinölfirniß in mehreren dünnen Lagen auf die Innenseite der Ballonseide auf. Die Goldschlägerhaut der Briten bestand aus Tierdärmen mit dünnem gehämmertem Goldbelag.

Die Lebensdauer einer jeden Hülle ist begrenzt. Auch bei sorgsamer Pflege wird die Gummibeschichtung mit der Zeit brüchig, und der Stoff nutzt sich ab. Infolgedessen kann Gas durch die Hülle entweichen, und die Tragkraft des Ballons wird spürbar geringer. Der Ballonfahrer wurde auf die verringerte Brauchbarkeit der Hülle aufmerksam, wenn er fortgesetzt Ballast abwerfen mußte, um eine einmal gewählte Höhe zu halten. Jeder Verlust an Ballast aber verkürzt die Fahrt, denn wenn er verbraucht ist, muß der Ballon aus Sicherheitsgründen unter allen Umständen gelandet werden. Um die Jahrhundertwende glaubte man, einer Ballonhülle etwa 100, maximal 150 Fahrten abverlangen zu können. Gewöhnlich brachte es ein Ballon aber nur auf 80 Fahrten.

War die Prüfung der Ballonhülle abgeschlossen, wurde am Startplatz das grobmaschig aus Hanfschnüren gefertigte Ballonnetz über die scheibenartig ausgebreitete Hülle gelegt. Danach wurden die Ballastsäcke im Kreis aufgestellt – Ledersäcke, mit feinkörnigem, trockenem Sand gefüllt. Es wurden rund 100 solcher Säcke für jeden Ballon gebraucht, jeder Sack 15 kg schwer. Sie wurden während des Füllvorganges in das Netz eingehängt und sollten den Ballon am Boden halten. Etwa 12 bis 20 dieser Sandsäcke gingen bei Luftfahrten als Ballast mit auf die Reise.

Blanchards 33. Luftreise am 27. September 1788 in Berlin

„Am verwichenen Sonnabend, also an dem dazu angesetzten Tage, ging die Luftfahrt des Herrn Blanchard vor sich. Nachdem Se. Majestät der König und dessen hohe Begleitung das Anfüllen des Luftballons in dem dazu errichteten Bretterhause mit angesehen hatten, stieg Hr. Blanchard 40 Minuten nach 3 Uhr, unter dem Zuruf der innerhalb der Verzäunung befindlichen sehr ansehnlichen Versammlung, mit seinem gewöhnlichen Fahnenschwenken in die Luft. Der Wind, der von Südwesten kam, trieb ihn nordostwärts über die Spree. Ungefähr 7 Minuten nach seiner Auffahrt ließ er, um die Wirkung des Fallschirms zu zeigen, zwei zu dem Ende in einem Körbchen mit sich genommenen Hündchen an dem Fallschirm befestigt, aus einer Höhe von ungefähr dreitausend Fuß nieder, die, langsam herabschwebend, hinter dem Gesundbrunnen, nahe der Papiermühle, sanft und unbeschädigt herunter kamen, und daselbst von dem in der dortigen Gegend als Zuschauer spazierenden Kaufmann, Herrn Riemann, in Empfang genommen wurden.

Unterdeß hatte der Wind den Luftball östlicher getrieben und um ein Viertel auf 5 Uhr kam Hr. Blanchard zwischen den Dörfern Buch und Carow, ungefähr 2 Meilen von dem Orte seines Aufsteigens entfernt, wieder zur Erde nieder. Von Seiten Hrn. Blanchards hat sich diese seine 33ste Luftfahrt weder durch einen Versuch noch durch irgend einen besonderen Vorfall ausgezeichnet ..."

(„Berlinische Nachrichten Von Staats- und gelehrten Sachen", Nr. 118, Dienstags, den 30. September 1788)

IN DER SPRACHE DER LUFTSCHIFFER „FLIEGT" EIN Freiballon nicht, sondern er „fährt", wie auch das Luftschiff. Ballon und Luftschiff verkörpern das Flugprinzip „Leichter als Luft", im Gegensatz zum Flugzeug, das schwerer als Luft ist. Das in der Ballonhülle befindliche Traggas besitzt ein geringeres spezifisches Gewicht als die umgebende Luft und bewirkt auf diese Weise den Auftrieb, der auch als statischer Auftrieb bezeichnet wird. Dem schon im Altertum erkannten Archimedischen Prinzip entsprechend ist der Auftrieb eines Körpers so groß wie die Masse der von ihm verdrängten Luftmenge.

In den Anfangsjahren der Ballonfahrt wurde fast ausschließlich Wasserstoffgas verwendet, das durch Einwirkung von Schwefelsäure auf Eisen am Startplatz hergestellt wurde. Der schon er-

Auf dem Startplatz des „Berliner Vereins für Luftschiffahrt“ neben der Städtischen Gasanstalt in Schmargendorf: Füllung der Ballone mit Leuchtgas.

wähnte Gottfried Reichard berichtete über die Vorbereitung zu seiner Auffahrt am 11. Mai 1817 in Berlin: „Die Auffüllung des Luftballons (desselben, dessen ich mich zu meinen vorjährigen Luftreisen bediente) begann um 8 Uhr morgens. Sie wurde, mit Verwendung von 2400 Pfund Schwefelsäure von vorzüglicher Güte aus der rühmlich bekannten Fabrik des Herrn Hempel und Compagnie, und einer ebenso großen Quantität und Qualität von Eisen-Drehspänen in drittehalb Stunden vollendet.“

Seit der Jahrhundertwende wurde Wasserstoff auf elektrolytischem Wege gewonnen und stand seither zunehmend auch als Abfallprodukt bestimmter chemischer Prozesse zur Verfügung. Seine Tragkraft ist ungleich größer als diejenige von Leucht- oder Stadtgas, bleibt aber auch als „Abfallprodukt“ noch relativ teuer. Dennoch: Ballonfahrer, die besonders weit oder sehr lange fahren wollten, starteten seinerzeit wegen der nahegelegenen chemischen Fabriken bevorzugt von Frankfurt-Griesheim oder von Bitterfeld aus mit Wasserstoffüllung. Wasserstoff von guter Qualität hat eine ungefähre Tragkraft von 1,2 kg pro Kubikmeter.

Für weniger anspruchsvolle Freiballonfahrten wurde damals schon vornehmlich Leuchtgas verwendet, das fast überall zur Verfügung stand und verhältnismäßig preiswert war. Auf den Hauptstartplätzen ist die Gasleitung in den meisten Fällen direkt bis an den Platzrand herangeführt worden.

Ein mit Leuchtgas gefüllter Freiballon von 1200 m^3 Inhalt trug eine Masse von ungefähr 1000 kg. Ein reichliches Viertel davon machten Hülle, Netz und Ballonkorb aus, ein weiteres Viertel entfiel auf die Besatzung. Die verbleibende Tragkraft wurde für den Sandballast gebraucht.

Das Gasfüllen bedurfte – verständlicherweise – ganz besonderer Umsicht. Wenn der Füllschlauch durch den Füllansatz mit dem Ballon fest verbunden war, konnte die Füllung beginnen. Das Hauptventil wurde vorsichtig geöffnet. Zischend und beutelnd bahnte sich das Gas den Weg im Schlauch und strömte schließlich in die Hülle ein. Zunächst unter geringem Druck, bis sich das Ventil gehoben hatte und die anfänglich vorhandenen Falten in der Hülle geglättet waren. Bei vollem Gasdruck ertönte dann weithin vernehmbar ein tiefes Geräusch, einem Orgelton ähnlich oder der Brandung des Meeres. Mit Wasserstoff war die Füllung nach etwa einer halben Stunde beendet, mit Leuchtgas dauerte sie rund zwei Stunden.

Der Füllansatz, durch den das Gas einströmen und während der Fahrt bei Überdruck entweichen konnte, war eine Art angenähtes Hosenbein unten am „Südpol“ das Ballons. Durch diesen Ansatz verliefen auch die Ventilleine und die Reißleine nach oben. Die Reißbahn, kurz unterhalb des Ventils am „Nordpol“, lief bis zum „Äquator“, einer gedachten Linie mit dem größten Ballonumfang etwa in der Mitte des Ballons.

Auffallend langsam beulte sich anfangs die Ballonhülle unter dem Druck des einströmenden Gases auf. Nahezu zögernd wuchs sie sich zu einer Art von Schildkrötenbuckel aus. Schließlich war die Form einer Halbkugel erreicht. Und im gleichen Maße, wie die Hülle sich hob, wurden außen am Netz die Sandsäcke tiefer gehängt. Dabei achteten die Helfer darauf, daß alle Säcke stets in der gleichen Maschenreihe hingen, weil sonst das Netz ungleichmäßig über die Hülle zu liegen gekommen wäre. Es gab eine Faustformel: Jeder der 100 Säcke mußte während des Füllvorganges bis zu zwölfmal umgesetzt werden. Ein Sack sollte niemals höher als in Augenhöhe hängen.

Am Ende stand der Ballon als pralle Kugel über dem Startplatz. Er wippte und tänzelte im Wind, als könnte er es kaum erwarten, die Halteleinen abzustreifen. Lediglich bei beabsichtigten Höhenfahrten war die Hülle zum Start nicht prall, sondern mitunter kaum zur Hälfte gefüllt. Der Grund dafür war, daß die Gasfüllung sich mit zunehmender Höhe stark ausdehnt und den Ballon zum Platzen bringen würde, wenn nicht eine ausreichende Reserve an Volumen vorhanden wäre. Es sei denn, man ließe bei zu reichlicher Füllung kostbares Füllgas einfach ab.

Für Höhenfahrten wurden in der Regel sehr große Spezialballone verwendet. Beispielsweise hatte der Ballon „Preußen“, mit dem im Jahre 1901 Berson und Süring 10 500 m Höhe erreichten, 9000 m^3 Fassungsvermögen. Sportballone hatten hingegen ein Volumen von etwa 1250 bis 1500 m^3.

DER BALLONFÜHRER UND DIE MITFAHRER WAREN während des Füllvorganges nicht müßig, legten kräftig Hand an und bestückten den noch abseits stehenden Korb mit Kartenmaterial, Instrumenten und Verpflegung. Auch zusätzliche wärmende Kleidungsstücke gehörten in den Korb. Schon damals wußte man: Alle 100 m nach oben nimmt die Temperatur um 1 °C ab.

Die Instruktion für den Ballonführer aus dem Jahre 1903 legte fest: „Für die richtige Ausrüstung des Korbes ist der Ballonführer verantwortlich. Er muß sich vor dem Anknebeln des Korbes überzeugen, daß die nötigen Geräte, Instrumente, Karten und Papiere vorhanden sind. Es müssen mitgenommen werden: Ein Barometer im Futteral, ein Barograph im Futteral, ein Kompaß, Karten in der Regel im Maßstab von mindestens 1 : 500 000 in solcher Zahl, daß sie mit aller Wahrscheinlichkeit für die zu erwartende Fahrtrichtung und Dauer genügen, ein Messer in Scheide, ein großer Knebel für die Ventilleine, ein Kursbuch, eine Übersichtskarte für den Bericht, ein Frachtbrief für den Rücktransport ... Der Führer muß eine Uhr bei sich tragen und mindestens 100 Mark, davon 20 in Silber.“

Bevor ihm die Führung eines Ballons anvertraut wurde, hatte der angehende Ballonführer fundiertes theoretisches Wissen und praktisches Können nachzuweisen. Der theoretische Teil der Prüfung umfaßte die Fächer Gaslehre, Meteorologie und Ballontechnik. Sein Können mußte der Kandidat bei Mitfahrten mit einem lehrberechtigten Ballonführer erwerben.

Die Ausbildungsfahrten erstreckten sich über das ganze Jahr und schlossen auch Nachtfahrten ein, denn der Ballonfahrschüler sollte mit den Fahrtbedingungen einer jeden Jahreszeit vertraut gemacht werden. Freiballonfahrten fanden nämlich auch, manchmal sogar bevorzugt, im Winter statt, weil kalte, schwere Luft besser trägt als warme, leichte Luft im Sommer.

Es bildeten sich im internationalen Freiballonsport seinerzeit vier Arten von Wettfahrten heraus:

Die Weitfahrt: Hierbei siegt derjenige Ballon, der die größte Entfernung in Luftlinie zwischen Auffahrt- und Landeort zurücklegt.

Der Füllvorgang ist beendet, die Ballone stehen zur Auffahrt bereit.

Die Dauerfahrt: Bei ihr geht es darum, möglichst lange – und bei Wettfahrten vor allem länger als alle anderen Ballone – in der Luft zu bleiben.

Die Zielfahrt: Dem Ballonführer ist die Aufgabe gestellt, seinen

Ballon möglichst nahe an einem vorher bestimmten und gekennzeichneten Punkte zu landen.
Die Fuchsjagd: Eine Verfolgungsfahrt, bei der ein Führungsballon als „Fuchs" vorausfährt. Es siegt, wer dem „Fuchs" am nächsten landet.
Zielfahrt und Fuchsjagd gehen davon aus, daß der Ballonführer mit einiger Geschicklichkeit durchaus in der Lage ist, die Fahrtrichtung zu beeinflussen, der Ballon also nicht einfach mit dem Winde wie ein Floß auf dem Wasser „schwimmt". In vertikaler Richtung kann die Fahrt des Ballons ohnehin durch Sandabwurf wie auch durch Gasablassen „gesteuert" werden.
Aber auch die horizontale Richtung ist in bestimmten Grenzen beeinflußbar. Dabei ist die Erkenntnis anzuwenden, derzufolge der Wind in unterschiedlicher Höhe oft aus unterschiedlicher Richtung bläst. Hat sich der Ballonführer ein bestimmtes Ziel vorgenommen, kommt es darauf an, die für diese Fahrt geeignete Luftschicht herauszufinden.
Die unliebsamste Überraschung für einen jeden Ballonfahrer war es, einen aufgerüsteten Ballon vor dem Aufstieg wieder abrüsten zu müssen, weil der Wind für einen Start zu böig geworden war oder gar eine Gewitterfront aufzog. Jetzt hieß es: „Alle Mann an die Ballone!" Denn in solchen Fällen war größte Eile beim Entleeren geboten, damit der Ballon nicht zerstört wurde.
Das Kommando führte auch in derartigen überraschenden Situationen am Startplatz wieder der Ballonmeister. Er mußte beurteilen, ob noch genug Zeit verblieb, den Ballon durch dauerhaftes Ziehen der Ventilleine zu entleeren oder ob die Reißbahn aufgerissen werden mußte.
Mit der Ventilklappe allein dauerte es zwar sehr viel länger, aber die Hülle blieb unversehrt und war für den nächsten Startversuch sogleich betriebsbereit. Wenn es sich aber als notwendig erwies, die Reißleine zu ziehen, dann entwich jäh das Gas und die Hülle fiel in sich zusammen. Am Ende wurde sie gewalkt, bis der letzte Kubikmeter Gas entwichen war. Der Korb wurde abgeknebelt, das Netz abgezogen und zusammengelegt, die Hülle wie vor der Füllung flach wie eine Scheibe ausgebreitet, Bahn um Bahn umgeschlagen und zusammengelegt.
Ein unförmiges Paket von 150 bis 200 kg Masse entstand auf diese Weise und wurde im Ballonkorb verstaut. Eine Übung, die nach jeder Landung in der gleichen Weise stattfand.
Am Platzrand wurden derweil die Sandsäcke einer nach dem anderen entleert, zu keinem anderen Zweck als dem, an einem der nächsten Tage für einen neuen Startversuch wieder mit dem gleichen Sand gefüllt zu werden.

SEINE URSPRÜNGLICHE KUGELGESTALT IST DEM FREIballon erhalten geblieben, weil die Kugel gegenüber allen anderen geometrischen Körpern bei gleichem Inhalt die kleinste Oberfläche aufweist. Auch alle anderen Teile der Ballonausrüstung bestechen durch einfache Anordnung und haben sich für Ballonfahrten bis heute fast unverändert erhalten.
Die Auslaufleinen des Netzes, das gleichmäßig über der gefüllten Hülle liegt, laufen wenige Meter unter der Hülle trichterförmig an einem Korbring zusammen, wo sie angeknebelt werden. Dieser Korbring ist das Bindeglied zwischen Ballonhülle und Korb. An

Die Auslaufleinen des Ballonnetzes sind gestrafft, die Auffahrt beginnt.

ihm wird nun mit acht bis zehn Korbleinen auch der aus Weidenruten geflochtene Passagierkorb angehängt. Der Korb ist rechteckig, mit einer Grundfläche von kaum mehr als 1,5 m^2. Die Korbleinen sind zur Erhöhung der Sicherheit durch seinen Boden hindurchgezogen.

Die Sandsäcke sind bis zum Aufstieg zwei weitere Stationen tiefer gewandert: Von der letzten Maschenreihe des Netzes wurden sie zum Korbring und dann zur Korbwand umgehängt. An einer der letzten Netzleinen wurde von der Besatzung die Vereinsfahne, bei internationalen Wettbewerben die Nationalfahne befestigt. Rund 15 m hoch war das voll aufgerüstete Ballongespann von der Gondelunterkante bis zur Ballonoberkante am „Nordpol".

Im Korb fanden drei bis vier, maximal fünf Personen Platz. Eine Fünfermannschaft fuhr freilich außerordentlich beengt. Wettbewerbe wurden in der Regel nur mit zwei Mann gefahren. Der Korbraum war, wie schon an früherer Stelle erwähnt, groß genug, nach der Landung Hülle und Netz samt allem Zubehör für den Rücktransport aufzunehmen.

Der Einstieg in den Korb hatte einige Besonderheiten. Die Ballonfahrer setzten einen Fuß auf den Korbrand, zogen sich an den Korbleinen hoch und sprangen hinein. Das erforderte einige körperliche Gewandtheit.

Der Ballonführer prüfte nunmehr nochmals die Ventilleine und die Reißleine, die innen durch den Ballon zum „Nordpol" verliefen, auf ihre Beweglichkeit („Gängigkeit") und knüpfte sie an unterschiedlichen Korbleinen fest. Die wichtigsten Instrumente fanden ihrer Platz in Augenhöhe an den Korbleinen. Etwa 30 Säcke hingen jetzt noch draußen am Korbrand, an dem auch das Schleppseil zusammengerollt angehängt wurde. (Dieses Schleppseil wurde kurz vor der Landung ausgeworfen, um die Fahrt bremsend zu verlangsamen und zu stabilisieren. An seinem Ende hing in den Anfangsjahren sogar ein kleiner Erdanker.)

Nun begann das „Abwiegen"; ein ebenso wichtiger wie aufregender Vorgang, denn der Start war in greifbare Nähe gerückt. Auf Zuruf des Ballonführers wurden noch einmal Sandsäcke abgehängt, und zwar solange, bis das Gleichgewicht hergestellt, der Ballon „ausgewogen" war. Das war der Zeitpunkt, an dem das Gespann gerade abheben konnte und nur noch von den Fäusten der Helfer zurückgehalten wurde. Jene Sandsäcke, die jetzt noch am Korbrand hingen, fuhren als Ballast mit.

„Anlüften!" ruft der Ballonführer seit altersher, und die Haltemannschaft läßt den Ballon etwa 0,5 m hoch abheben. „Aufziehen!" – und der Ballonmeister zieht die Verschlußschleife vom Füllansatz, den „Schlupfknoten", ab. Niemals durfte ein Ballon mit geschlossenem Füllansatz aufsteigen, weil entstehender Überdruck dann nicht von selbst entweichen konnte.

Auf das Kommando „Los!" lassen die Helfer die Leinen aus den Händen gleiten. Ein, zwei Handschaufeln Sand aus dem ersten Sack heraus und der Ballon fährt auf: sanft, elegant und anmutig, wenn es windstill ist; schräg und beängstigend tief auf das nächste Hinternis zu, bei starkem und böigem Wind. „Glück ab!" rufen die Zurückbleibenden den Ballonfahrern nach, in manchen Gegenden auch „Gut Land!" – gute Wünsche für eine glückliche Landung.

Eine kuriose Fahrt mit dem Ballon „Ibis" im Jahre 1906

„Wir fuhren am Samstag den 24. d. M. von Berlin ab, stiegen hinter Dalldorf 12.18 Uhr in die Wolken, und als wir sanken sahen wir, daß wir über der Ostsee waren, die Küste lag etwa 2 klm. hinter uns. Hatten noch 2½ Sack Ballast. Hielten uns solange der Ballast reichte etwa 300 m über der See, um ein eventuell vorbeifahrendes Schiff anzurufen. Als der Ballast verbraucht war, nahmen wir die leeren Sandsäcke, darnach schnitten wir das Schlepptau in Stücke und brauchten dieses als Ballast, dann nahmen wir die Korbverkleidung, Hochlaßtau, die Enden der verschiedenen Leinen, nachdem warfen wir unsere Stiefel, Strümpfe, Hosenträger, Taschenmesser, einen Feldstecher u. a. m. als Ballast. Dann schnitten wir die Seitenwände des Korbes heraus und gebrauchten sie als Ballast. Dann nahmen wir die Apparate, Karten und Seitengewehre und befestigten sie an den Auslaufleinen, schnitten dann 6 Korbleinen durch und kletterten in den Korbring. Bald darauf waren wir so gesunken, daß der Korb im Wasser hing und von der hochgehenden See hin und hergeschleudert wurde. Dann schnitten wir die übrigen Korbleinen durch, daß der Korb ins Wasser fiel und der Ballon sofort wieder in Höhe 2000 m über die Wolken stieg. Er fiel aber bald wieder auf 100 m, dann warfen wir die Unterhosen, nachher die Kartentasche und befanden uns dann wieder in den Wolken 800 m. Fielen dann wieder und warfen unsere Koppel, nachher die Karten und den Barographen, zuletzt den Barometer und die Seitengewehre. Plötzlich hörten wir Hundegebell und schlossen daraus, daß wir über Land waren. Ließen uns dann nieder und landeten glatt im Walde 9 klm. nordwestlich Alnargd um 1.27 Uhr nachts. Blieben dann beim Ballon bis zum anderen Morgen. Begaben uns dann auf die Suche nach einem Hause, wo wir Leute zum Ballonverpacken nahmen und uns da wir barfuß waren jeder ein paar alte Stiefel kauften. Einen Wagen zum Transportieren des Ballons kriegten wir erst am Abend. Blieben dann über Nacht in Alnargd und fuhren am anderen Morgen nach Carlskrona, wo wir uns beim deutschen Konsul meldeten.

Luftschiffer GÖRGEN, Luftschiffer PLEP"

(Am 26. März 1906 vom „Kaiserlichen Deutschen Konsulat Carlskrona" an das Reichskanzleramt übersandt. Zentrales Staatsarchiv Potsdam: 09.01 AA/37969)

Start zu einem Wettbewerb: Die Ballone fahren in festgelegten Zeitabständen auf (deutlich erkennbar ist der Ballonring, an den die Korbgondel angeknebelt ist).

EIN FREIBALLON WIRKT, WO IMMER ER AUFTAUCHT, wie ein Fossil aus vergangener Zeit, und gerade deshalb war ihm auch dann Aufmerksamkeit gewiß, wenn ihm längst Konkurrenten im Luftraum erwachsen waren – in der Form des Luftschiffs und der Flugmaschine. Kein Start und keine Landung eines Freiballons, ohne daß zahlreiche Schaulustige zusammenströmten. Kein Ballon am Himmel, dem nicht zahllose Augenpaare freundlich und bewundernd nachblickten.

Seine Fahrgeschwindigkeit ist die des Windes, dem er sich anvertraut. Und stets lösten Ballonfahrer bei Laien Verwunderung aus, wenn sie berichteten, daß sie während der Fahrt im Ballonkorb keinen Wind spürten. Tatsächlich ist es so, daß der Ballonfahrer eine Zeitung entfalten kann, ohne daß Fahrtwind dabei stört. Ein Phänomen, das man sich vorstellen, aber in keinen anderen offenen Luftfahrtgerät als in der Ballongondel während der Fahrt erleben kann.

Das Gefühl für Fortbewegung, für eine Eigenbewegung des Ballons, geht im Korb verloren. Nicht der Ballon bewegt sich nach dem Eindruck des Korbinsassen durch die Luft, sondern Himmel und Erde bewegen sich um ihn herum. Es ist, als glitte die Erdoberfläche unter ihm hinweg. Sinkt er, nähert sich die Erde; steigt er, bewegt sich die Erde von ihm weg. Der Ballonfahrer hat das Gefühl, einen Logenplatz am Himmel innezuhaben.

Schon in einigen hundert Metern Höhe sind alle lärmenden Geräusche verstummt. Nur gedämpft noch dringen das Hupen eines Autos, das Klingeln von Straßenbahnen, das Geläut von Glocken herauf. Gelegentlich ist schwach noch Hundegebell zu vernehmen, sonst unbeschreibliche Stille, hin und wieder unterbrochen durch ein Knarren des Weidenkorbes oder der Knebel am Korbring.

Bei Fahrten im Sonnenschein hat der Freiballon einen ständigen Begleiter in seinem Schatten auf der Erdoberfläche. Es ist ein belustigendes Spiel, den Schatten zu suchen und seinen Lauf zu verfolgen. Er ist scharf umrissen und streift, hüpft und springt über die Landschaft. Seine Gespielen dabei sind die Schatten von Schönwetterwolken. Es ist nicht leicht, zu erkennen, welcher Schatten von welcher Wolke geworfen wird.

Der Ballonführer beobachtet gleichermaßen die Instrumente wie den Luftraum, die Wolkenformationen wie die Formation des Erdbodens. Einer der Mitfahrer verfolgt auf der Karte die Fahrtroute, bestimmt mit Hilfe des stets nach Norden ausgerichteten Kompasses die Fahrtrichtung. Und jederzeit wird Ballast zum Abwurf in Bereitschaft gehalten. Jeder Ballonfahrer weiß: Über Wald und über Wasser ist die Luft kühler als über Sand- und Akkerflächen. In kühlerer Luft zieht sich das Traggas zusammen, und die Tragkraft wird geringer. Der Ballon fiele, wenn nicht sogleich durch Ballastabwurf ein Ausgleich geschaffen würde. Eine Handvoll Sand genügt oft schon.

Fingerspitzengefühl ist für den Freiballonfahrer ebenso unabdingbar wie Instinkt für Vorgänge in der Atmosphäre. Mit dem

Ablesen von Instrumenten allein ist es oft nicht getan. Sensibilität für jede Veränderung muß hinzukommen. Der Ballonfahrer muß spüren, ob der Ballon steigt oder fällt. Das Variometer, an dem Fallen und Steigen in m/s abgelesen werden können, gab es um die Jahrhundertwende noch nicht. Der Ballonfahrer muß riechen, wenn Gas aus dem Füllansatz entweicht – ein untrügliches Zeichen dafür, daß der Ballon steigt. Ist er in den Wolken oder fährt er bei Nacht, muß ihm der Druck in den Ohren sagen, daß der Ballon seine Fahrt in vertikaler Richtung verändert.

Der Ballonführer weiß auch, daß er bei seinen Reaktionen zu berücksichtigen hat, ob er mit Wasserstoffgas oder mit Leuchtgas fährt. Wasserstoffgas entweicht dreimal so schnell wie Leuchtgas aus dem geöffneten Ventil. Würde der Ventilzug nicht entsprechend verkürzt, müßte gleich wieder Ballast abgeworfen werden, um den zu stark gewordenen Fall zu bremsen. Eine Schraube ohne Ende entstünde, die die Fahrt bald beenden würde.

Dann das Spiel des Eintauchens in einen Wald oder See, genauer gesagt: des Auftupfens auf Baumkronen oder auf einen Wasserspiegel bei nur sehr geringem Wind. Mit ganz fein dosierten Ventilzügen und Fingerprisen abgeworfenen Sandes läßt der Ballonführer den Korbboden die Baumwipfel streifen. Als besonders gelungen gilt die Aktion, wenn der Korb einen kleinen Augenblick labei zur Ruhe kommt, bevor eine Schaufel abgeworfenen Sanles ihn wieder wegsteigen läßt.

eichtfertigkeit oder gar vorsätzliches gefährliches Spiel? Nichts on alledem, vielmehr die Hohe Schule des Freiballonfahrens, ergleichbar dem Kunstflug mit Motorflugzeugen und der hohen chule des Segelfluges. Der Ballonführer lernt bei solchen Übun-n, den Ballon in feinster Abstimmung zu beherrschen. Zugleich wirbt er Erfahrungen für Notlandungen.

NE SPORT- ODER AUSBILDUNGSFAHRT DAUERTE IN er Regel zwei bis vier Stunden. Blies der Wind gleichmäßig und ar die Wetterlage stabil, wurde manchmal eine Zwischenlandung vereinbart, bei der ein Teil der Korbinsassen ausstieg und andere Mitfahrer zustiegen. Auf diese Weise kamen mit nur einer Gasfüllung zwei Fahrten zustande.

Besondere Gefahren drohten dem Ballonfahrer, wenn er nachts oder bei Tage ohne Bodensicht fuhr. Das war hauptsächlich bei Weit- oder bei Dauerfahrten der Fall. Dabei kam es vor, daß der Wind von einer Stunde zur anderen umsprang, ohne daß der Ballonfahrer es bemerkte. An Funkgeräte im Ballonkorb war zu Beginn des Jahrhunderts noch nicht zu denken. Damit aber geriet die Ballonmannschaft in Geschehnisse hinein, die nicht voraussehbar waren: Als am Sonntag, dem 11. Oktober 1908, in Berlin-Schmargendorf eine internationale Gordon-Bennett-Wettfahrt gestartet wurde, trieb frischer Wind die Ballone in südöstlicher Richtung davon. Und alle Besatzungen gingen davon aus, daß die Fahrt bis nach Südrußland oder nach Rumänien gehen würde. In der Nacht jedoch, als der erste Ballon in der Höhe von Prag stand, schlug der Wind um 180^0 um und trieb die Ballone über Deutschland zurück in Richtung Nordsee. Anderntags landeten die meisten vor der Küste, ein einziger Ballon erreichte Norwegen.

Es war allen Ballonfahrern stets dringend angeraten, nicht über die offene See hinauszufahren. Das galt auch für Meerengen, die erfolgshungrige Ballonfahrer manchmal glaubten überqueren zu können. Schon mancher von ihnen hatte diese Rechnung ohne den Wind gemacht. Auch dafür ein Beispiel: Als beim erwähnten Gordon-Bennett-Wettbewerb des Jahres 1908, einen Tag nach der Weitfahrt, eine nationale Dauerfahrt gestartet wurde, trieb der Wind die Ballone gleichfalls der Nordsee zu. Und mit Ausnahme des deutschen Ballons „Hergesell“ gingen wieder alle im Küstenstreifen nieder. Die Besatzung von „Hergesell“ wollte offenbar England erreichen, mußte aber auf der Nordsee notwassern. Erst Tage später wurde der Korb, leer im Wasser treibend, aufgefunden. Die Insassen blieben verschollen.

Bei Höhenfahrten mußte der Ballonführer vor allem bedenken, wie hoch er ohne Sauerstoff aufsteigen darf, ohne an der Gesundheit Schaden zu nehmen oder auch nur zeitweilig das Bewußtsein und damit die Übersicht zu verlieren. Die Höhengrenze ist je nach Person und nach Kondition unterschiedlich, doch bildete sich auch hierzu bald eine Faustregel: 4000 m Höhe sollten ohne Sauerstoff nur in Ausnahmefällen überschritten werden.

Während jeder Fahrt erfolgten Eintragungen in das Fahrtenbuch oder Bordbuch: Startzeit und Startort wurden festgehalten, die Namen der Besatzungsmitglieder, Windrichtung und -stärke, der beabsichtigte Zielort, die tatsächliche Route. Ferner meteorologische Beobachtungen und alle besonderen Vorkommnisse, schließlich Ort und Stunde der Landung.

Die Landung war zumeist der schwierigste Teil der Freiballonfahrt und bedurfte sorgsamer Vorbereitung. Hatte der Ballonführer sich zur Landung entschlossen oder zwang ihn zuendege-

hender Sandvorrat dazu, mußte er zunächst in Fahrtrichtung nach einem geeigneten Landeplatz Ausschau halten. Eine Wiese war ideal, auch ein Rübenacker oder ein Getreidefeld boten gute Voraussetzungen. Dagegen mied der Ballonfahrer, wenn es irgend ging, Wald und Gewässer für die Landung – und vor allem Ortschaften. Allerdings sollte eine Ortschaft durchaus in der Nähe sein, wegen der Möglichkeit des Telefonierens und der Organisation des Rücktransportes. Zumindest aber war eine Straße in der Nähe erwünscht – wegen des Abtransportes. Starkstromleitungen am Landeort mied jeder Ballonfahrer ängstlich – wegen der damit verbundenen Berührungs- und Explosionsgefahr. Wichtig war, daß für den störungsfreien Landevorgang noch ausreichend Ballast zurückgehalten wurde. Das Sinken des Ballons mußte nämlich kurz vor dem Aufsetzen abgefangen werden.
Außerdem mußte der Ballonführer in der Lage sein, ein Hindernis in Bodennähe durch Ballastabwurf noch zu überwinden. Während der Ballonführer mit leichten Ventilzügen die Gleitfahrt des Ballons einleitete, verpackten die Mitfahrer die Instrumente und alle anderen Gegenstände im Korb, denn alles mußte für den Fall eines harten Aufpralls festgezurrt sein.

In 10 bis 15 m Höhe löst der Ballonführer das am Korbrand griffbereit zusammengerollte Schleppseil. Klatschend schlägt das lange Ende auf den Boden auf und vermindert, dem Ballon widerstrebend nachrutschend, dessen Landegeschwindigkeit. Fünf Meter Höhe noch – und kein Zaun, keine Hecke, keine Viehherde und kein Graben voraus. „Festhalten!" ruft der Ballonführer und zieht die Reißleine. Kräftig prallt der Korb auf und staucht die Insassen zusammen, um ächzend sofort wieder hochzuspringen.

Auch für Ballonfahrer war die Landung die schwierigste Phase der Luftreise; dieser Ballon ist noch gefüllt, ein Wiederaufstieg mit verringerter Last ist möglich.

Er dreht sich, stößt, nun schon erheblich schwächer, ein zweitesmal auf, schleift zwei, drei Meter – und steht. Kippt mitunter nicht einmal um. Die Hülle sinkt beutelnd in sich zusammen, gleicht einem sterbenden Lindwurm am Boden. Auf Geheiß des Ballonführers steigen erst jetzt die Mitfahrer aus dem Korb. „Eine Damenlandung", äußerte sich einer von ihnen anerkennend.

Landungen waren von jeher in der Sprache von Ballonfahrern in feinen Nuancierungen gekennzeichnet. Die „Damenlandung" war die glatteste Landung, die ein Ballonfahrer sich vorstellen konnte. Dagegen schloß der Begriff „Glatte Landung" durchaus Schleiffahrten über Stock und Stein sowie blaue und grüne Flecke am Körper der Korbinsassen, selbst verstauchte Glieder ein. Dann erst kam die „Glückliche Landung". Dieser Ausdruck besagt nicht mehr und nicht weniger, als daß man noch einmal glücklich davongekommen war und es noch schlimmer hätte kommen können. Etwas Schlimmeres als eine „Glückliche Landung" kennt die Sprache der Freiballonfahrer nicht.

Die Todesfahrt von Hans Bartsch v. Sigsfeld vom 1. Februar 1902 nach Zwyndrecht (Auszug)

„Die Luftschiffer waren bei schönem Wetter in Berlin aufgestiegen und hatten daran gedacht, im Harzgebirge zu landen. Sie hatten zu Anfang eine mäßige Geschwindigkeit und haben trotzdem die 650 km in der Luftlinie betragende Strecke Berlin–Antwerpen in nicht mehr als fünfeinhalb Stunden zurückgelegt. Bei der ungeheuren Geschwindigkeit, mit der sich das Unglück abgespielt hat, ist den Aussagen der einfachen Landleute, die Zeugen waren, wenig Gewicht beizumessen. Aus den Aufzeichnungen des verunglückten Offiziers und aus den damit übereinstimmenden Aussagen seines Begleiters Dr. Linke geht hervor, daß sich der Ballon in der kritischen Zeit mit einer Geschwindigkeit von etwa 150 km per Stunde, d.h. mit doppelter Expresszug-Geschwindigkeit, bewegt hat. Der Offizier, der als älterer und erfahrener Luftschiffer die Führung hatte, war sich des Ernstes der Situation vorher bewußt. Er äußerte beim Niedergehen des Ballons zu seinem Begleiter ‚Das gibt einen fürchterlichen Aufprall, gut festhalten', eine Äußerung, die nach dem Urteil seines Bruders der kaltblütige und erfahrene Luftschiffer nicht anders als in der größten Gefahr getan haben kann. Durch das Überschlagen der Gondel ... war Dr. Linke momentan betäubt und wurde . . . aus der Gondel hinausgeschleudert.

Der Offizier scheint durch den Aufprall einen Bruch des linken Fußes erlitten zu haben, trotzdem behielt er die Kraft und Geistesgegenwart, den wieder gestiegenen Ballon aufzureißen, so daß derselbe nach einer Strecke von 2 km landete. Die Einzelheiten während dieser weiteren Fahrt lassen sich nicht mehr feststellen. Die Gondel scheint noch wiederholt aufgeschlagen zu sein. Bauern, die den Ballon fliegen sahen, meinten, es hinge eine graue Fahne am Korb, es war der Offizier, der zum Korb heraushing und über dessen Kopf der Umhang geschlagen war. Die Leiche wurde in das Tauwerk verstrickt aufgefunden. Gesicht, Hände und Kleider waren dick mit Erde beschmutzt, während die Stiefel ganz rein geblieben waren. Die in den Zeitungen aufgestellte Behauptung, daß die Luftschiffer aus der Gondel herausgesprungen seien, ist völlig unzutreffend.

Aus den Notizen des Offiziers, die mit den Bemerkungen ‚Unser Kartenmaterial geht zu Ende' und später ‚In Sicht von Namur, gutes Landungsterrain muß aufgesucht werden' schließen, erhellt, daß die Absicht einer Fahrt über die Grenze fern gelegen hat. Dies ist auch durch die belgische Presse gemeldet worden, so daß der Verdacht, als habe die Reise nicht rein wissenschaftliche Zwecke verfolgt, ernstlich nicht hat aufkommen können ..."

(Bericht des Deutschen General-Konsulats in Antwerpen vom 4. Februar 1902. Zentrales Staatsarchiv Potsdam 09.01/965, Bl. 12–14)

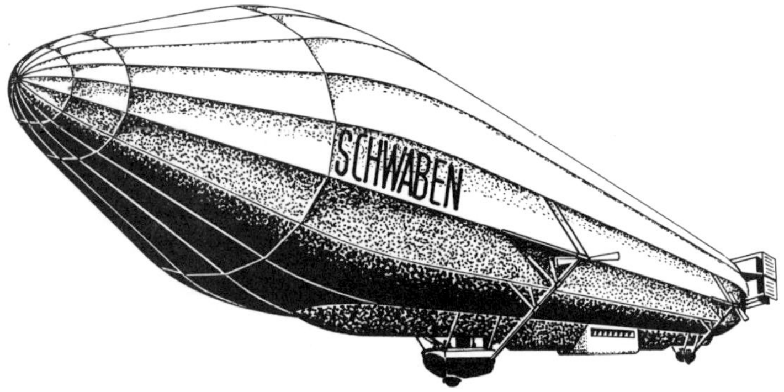

II. Zeppelin-Verkehrsluftschiffe

Mit der erfahrungsgestützten Erkenntnis, daß der Mensch sich zwar in die Luft erheben könne, aber von der Beherrschung seiner Luftfahrt noch weit entfernt sei, begann der ideenreich betriebene Übergang vom Ballon zum Lenkballon, also zum Luftschiff. Dem Suchen nach einer geeigneten Lösung des Problems waren aber von Anbeginn enge Grenzen gezogen, denn die Lenkbarkeit eines Luftfahrzeuges setzt dessen hinreichende Eigengeschwindigkeit voraus, demzufolge ein Antriebsmittel, dessen Kraft auch gegen den Wind gerichtet werden kann und ausreicht, in gesteuerter Fahrt zum Aufstiegsplatz zurückzukehren oder einen anderen vorausbestimmten Landeplatz zu erreichen. Solange es jedoch keinen Motor gab, der sich dafür verwenden ließ, scheiterten alle Antriebsversuche an dem noch unzureichenden wissenschaftlich-technischen Entwicklungsstand. Das Streben nach gelenkter Luftfahrt mußte daher unausweichlich die Entwicklung eines Motors und seine Verwendbarkeit für den ihm zugedachten Zweck einschließen. Seine Masse sollte möglichst gering sein, damit sich der menschentragende, gasgefüllte Ballon überhaupt noch in die Luft erheben konnte.

Über lange Zeiträume hinweg hatten sich, geleitet vom Zusammenhang von Eigenmasse eines Lenkballons und statischer Auftriebskraft des Gases sowie von der Erkenntnis, daß die Kugelform des Ballons infolge seines hohen Widerstandes in der Luft eine Antriebswirkung stark beeinträchtigen mußte, mancherlei weiterführende luftschifftechnische Standpunkte herausgebildet und zu systematischen Untersuchungen angeregt. Dazu gehörten Versuche mit leichten Hüllengeweben verschiedener Imprägnierung und mit formgebenden Starrgerüsten aus Holz oder Metallstäben. Gase wurden in Laboratorien untersucht. Man fand heraus, daß Kohlensäuregas mit seinem spezifischen Gewicht von 1,529 von vornherein untauglich, Wasserstoffgas hingegen mit dem spezifischen Gewicht von 0,069 das hochwertigste Traggas war – weshalb es fortan am häufigsten verwendet wurde.

Der französische Maschinenbauingenieur Henry Giffard baute und verwendete erstmals mit Erfolg einen Motorantrieb für ein Luftfahrzeug – nämlich eine Dampfmaschine. Zudem baute er für seine Versuche den ersten „Spitzballon". Der gasgefüllte Tragkörper hatte eine längliche Form, spitz auslaufend nach vorn und hinten. Giffard formulierte damals mit Blick auf die Aerodynamik: „Wir haben bei jedem Lenkballon zunächst die Aufgabe, den Stirnwiderstand möglichst gering zu halten. Man muß deshalb dem Gassack eine große Längenausdehnung im Verhältnis zu seiner Dicke geben und ferner die Form so gestalten, daß sie die Luft gut zu durchschneiden vermag."

Den ersten Aufstieg unternahm Giffard im September 1852 in Paris. Die Antriebsmaschine gab dem Luftschiff eine Eigengeschwindigkeit von 3 m/s. Da die Windgeschwindigkeit zum Zeitpunkt des Versuches höher war, wurde Giffard abgetrieben, konnte aber glatt landen. Dennoch gilt sein Versuchsfahrzeug allgemein als „der erste wirkliche Lenkballon", denn es waren Steuerwirkungen während der Fahrt zumindest erkennbar.

Weitere herausragende Entwicklungsschritte waren das Luftschiff mit Gasmotor des deutschen Ingenieurs Paul Haenlein (1872); das Luftschiff mit Elektromotor der französischen Brüder Gaston und Albert Tissandier (1883); das Luftschiff mit Elektromotor der Franzosen Charles Renard und Arthur Krebs, mit dem es am 9. August 1884 erstmals gelang, nach einer Fahrtstrecke von 7,6 km mit mehreren gesteuerten Schleifen zum Startplatz zurückzukehren und genau dort zu landen, wo sie 23 Minuten zuvor aufgestiegen waren.

Mit der Jahrhundertwende war der lange Weg zum Luftschiff im wesentlichen abgeschlossen. Technische und technologische Bedingungen des Luftschiffbaus waren prinzipiell bekannt. Erste Motoren waren bei Luftschiffahrten ausprobiert worden, Luftschrauben und Kraftübertragungsmechanismen existierten. Verschiedene Varianten von Steuerungen hatten sich als brauchbar erwiesen. Die Luftschiffahrt begann zu funktionieren, wenngleich ihr weiterer Entwicklungsweg von vielerlei Mißerfolgen begleitet werden sollte.

Um diese Zeit der Jahrhundertwende begann in Manzell am Bodensee der Bau von deutschen Starrgerüstluftschiffen, initiiert vom Grafen Ferdinand Adolf August Heinrich v. Zeppelin. Diese Zeppelin-Luftschiffe, wie sie nach dem Unternehmensbesitzer genannt wurden, waren vor dem ersten Weltkrieg als Militärluftschiffe und Verkehrsluftschiffe in der Öffentlichkeit bekannt. Für die Führung von Luftschiffen sind vom „Deutschen Luftschiffer-Verband" (im Jahre 1910 in den „Deutschen Luftfahrer-Verband" umbenannt) 41 Personen bis zum Kriegsbeginn im Jahre 1914 zugelassen worden.

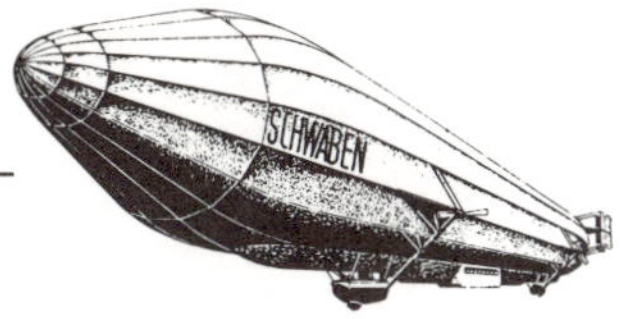

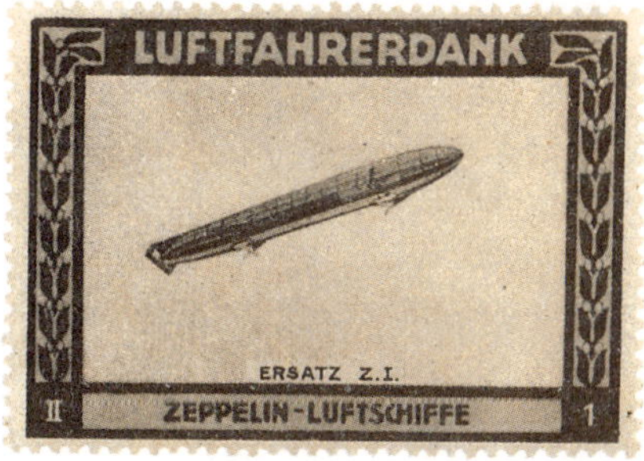

Zeppelin-Luftschiff LZ 15 (Z 1 Ersatz) bei einer Landung im Winter 1913; Dutzende von Männern wurden als Haltemannschaft benötigt.

DAS ERSTE LUFTSCHIFF AUS MANZELL AM BODENSEE wurde ab April 1899 montiert und erhob sich zur Erstfahrt am 2. Juli 1900 in die Luft. Es war ein Versuchsluftschiff und erhielt nachträglich die Werkbezeichnung LZ 1. Schon nach drei Fahrten ist es im Jahre 1901 wieder abgewrackt worden.

Nach längerer Pause begann der Bau von LZ 2 im April 1905. Die erste und einzige Fahrt kam am 17. Januar 1906 zustande. Als ein Motor versagte und bei aufkommenden stürmischen Winden die Manövrierfähigkeit beeinträchtigt war, wurde das Luftschiff bei Kißlegg im Allgäu notgelandet. In der folgenden Nacht ist es von Sturmböen gepackt und zertrümmert worden.

Die Starrluftschifftechnik war noch unzureichend. Es fehlte zudem an Erfahrungen im Umgang mit derartigen Luftriesen (LZ 1 und LZ 2 hatten bereits eine Länge von 128 m). Zeppelin rang hartnäckig mit Dienststellen der Regierung und der Heeresverwaltung in Berlin um die Finanzierung seiner Luftschiffbaupläne, aber vorläufig überwog die Zurückhaltung, denn noch erschienen seine Luftschiffe für die militärische Verwendung als ungeeignet.

Erst gegen Ende des Jahres 1908 konnte das erste Luftschiff an die Heeresverwaltung verkauft werden. Es war das dritte, also LZ 3. Der Bau hatte im April 1906 begonnen. Die Erstfahrt fand am 9. Oktober 1906 statt. Nach vier Probefahrten wurde LZ 3 im Jahre 1908 von 128 auf 136 m verlängert. Am 23. Oktober 1908 begannen erneut die Erprobungen – bis endlich die Übergabe an die Heeresverwaltung vonstatten gehen konnte. Das Luftschiff wurde mit der Heeresbezeichnung Z I in Dienst gestellt und von der Militärluftschiffer-Abteilung in Metz als Schulschiff verwendet. Im März 1913 ist es demontiert worden, weil es inzwischen veraltet war. An seine Stelle trat im selben Jahre das Luftschiff LZ 15; es wurde als „Z 1 Ersatz" bezeichnet und hatte bereits eine Länge von 142 m.

Das erste Heeresluftschiff Z I war wegen seiner relativ langen Einsatzdauer von mehreren Jahren zu jener Zeit eine Ausnahme, denn der „Ersatz"-Nachfolger existierte nur zwei Monate. Am 16. Januar 1913 war LZ 15 erstmals aufgestiegen. Schon am 19. März 1913 wurde es total zerstört, als es bei einer Ausbildungsfahrt bei starkem Gegenwind die Luftschiffhalle von Baden-Oos nicht mehr erreichte, in der Nähe von Karlsruhe notgelandet werden mußte und den Sturmböen ausgesetzt blieb. Dieses Luftschiff hatte 600 000 Mark gekostet.

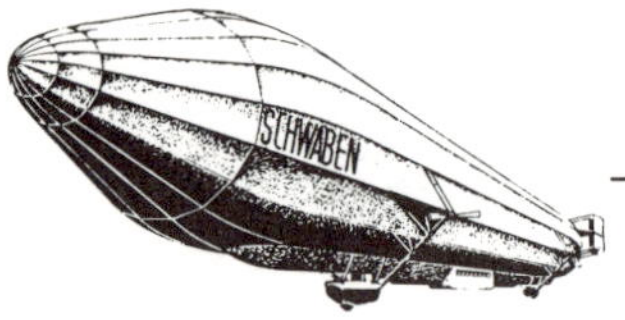

Die Luftschiffe der DELAG waren in der Regel mit einem Namen gekennzeichnet; die „Viktoria Luise" (LZ 11) hat nahezu 500 Passagierfahrten ausgeführt.

DAS MILITÄRISCHE INTERESSE, AUF DAS ZEPPELIN von vornherein gesetzt hatte, entwickelte sich nur zögernd. Sein Geschäftsführer, ALFRED COLSMAN, schrieb darüber: „Nachdem im Frühjahr 1909 die Luftschiffe Z I und Z II" (Z II war LZ 5) „an die Militärluftschiffer in Metz und Köln abgeliefert waren und der Bau der Friedrichshafener Werft seiner Vollendung entgegenging, war für ein weiteres in Manzell noch gebautes Luftschiff kein Abnehmer zu finden." COLSMAN suchte nach einem Ausweg und sah ihn im Luftschiffverkehr: Als „für die neue Werft keine Aufträge in Aussicht standen, wurde mir bald klar, daß die Lebensmöglichkeit unseres Unternehmens nur im Ausbau eines Verkehrs mit Luftschiffen zu suchen sein würde."
ZEPPELIN, der Unternehmens-Chef, zeigte sich entrüstet, aber COLSMAN setzte sich schließlich durch. Daher kam es noch im selben Jahre, am 16. November 1909, in Frankfurt a. M. zur Gründung der „Deutschen Luftschiffahrts-A. G." (DELAG). Direktor und Fahrtenleiter dieser ersten deutschen Luftverkehrsgesellschaft wurde HUGO ECKENER. Im Jahre 1910 ist, weil sofort verfügbar, LZ 6 als erstes DELAG-Luftschiff in Dienst gestellt worden, doch am 12. September 1910 verbrannte es in der Halle von Baden-Oos.
Auch mit dem Nachfolgeluftschiff LZ 7 „Deutschland" konnte die DELAG noch keinen guten Ruf begründen, denn schon eine reichliche Woche nach der Erstfahrt (19. Juni 1910) strandete LZ 7 am 28. Juni 1910 im Teutoburger Wald. In einem Zeitungsbericht hieß es am nächsten Tage: „Eine gefahrvolle Fahrt haben die 17 Pressevertreter, die an der Unglücksfahrt teilnahmen, durchgemacht." Und: „Mit Hilfe der aus Osnabrück und Münster eingetroffenen zwei Kompagnien Soldaten sind die Abmontierungsarbeiten begonnen worden."
Nicht besser erging es LZ 8, dem nächsten „Deutschland"-Luftschiff, das eigentlich „Deutschland II" war und in der Literatur auch als „Deutschland (Ersatz)" bezeichnet wird. Es stieg am 30. März 1911 zur Erstfahrt auf und war sechs Wochen später ein Trümmerhaufen. Noch vor einem Fahrtantritt war es am 16. Mai 1911 in Düsseldorf zum Opfer stürmischer Winde geworden.
Ein erfolgreiches Passagierluftschiff hingegen wurde LZ 11 „Viktoria Luise". Das 148 m lange Luftfahrzeug aus der Werft Friedrichshafen am Bodensee stieg am 19. Februar 1912 zur Erstfahrt auf. Zum Stammquartier wurde Frankfurt a. M. bestimmt, aber das Luftschiff gastierte bei seinen Fahrten auch zeitweilig in den Hallen von Baden-Oos, Düsseldorf, Hamburg, Gotha und Potsdam. Die Fahrtenleistungen, die mit LZ 11 erbracht wurden, sind überaus beachtenswert und belegen, daß der friedliche Passagierluftverkehr zu jener Zeit bereits eine Perspektive für den Einsatz von Luftschiffen war.
LZ 11 befand sich bis zum 31. Juli 1914 im Fahrtenbetrieb der DELAG. Bis zu diesem Zeitpunkt hatte es in 981 Stunden nicht weniger als 489 Fahrten über eine Gesamtstrecke von 54 312 km mit insgesamt 9783 Personen an Bord ausgeführt. Eine derartige Erfolgsbilanz hatten vor dem ersten Weltkrieg nur sehr wenige Zeppelin-Luftschiffe aufzuweisen. Unter den registrierten Personen waren allerdings nur 2995 Passagiere, die ihre Luftreise selbst bezahlt hatten. Mehrheitlich ist die Beförderungskapazität zu Ausbildungszwecken für Heer und Marine verwendet worden.
In diesem Zusammenhang verdient der Hinweis durchaus Be-

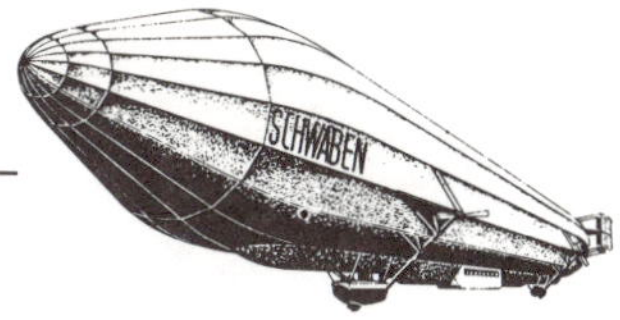

achtung, daß der Fahrtenbetrieb der DELAG ein kostenaufwendiges Unternehmen und die Fahrpreise entsprechend hoch waren. Wer sich das Vergnügen einer „regulären etwa zweistündigen Rundfahrt (Ausdehnung auf zirka 100 Kilometer)“, wie es in Inseraten hieß, leisten wollte und leisten konnte, mußte dafür 200 Mark bezahlen. Daher bestimmte der Preis für ein Billett von vornherein die soziale Auswahl der Fahrtenteilnehmer. Entsprechend hoch kalkuliert waren dann auch die Preise der erlesenen Speisen und Weine für die gastronomische Betreuung der Passagiere während der Luftfahrt.

MIT ZUNEHMENDER ERFAHRUNG IM LUFTSCHIFFbetrieb entstanden detaillierte sicherheitsfördernde Anweisungen nicht nur für die verschiedenen Arbeitsgänge der Fahrtenvorbereitung und während der Fahrt, sondern speziell auch für den Landungsablauf. Das begann mit Festlegungen zur Beschaffenheit von Landeplätzen. Diese sollten eine Länge von etwa 600 m in der Windrichtung und eine Breite von 500 m aufweisen, völlig eben, nicht geneigt und frei von Hindernissen sein. Am Rande des Landefeldes sollten sich keine hohen Gebäude oder Stromleitungen befinden. Regeln für die Begegnung mit Flugzeugen in der Luft gab es nicht, denn es war von vornherein klar, daß die Piloten der damals noch kleinen und leichten Flugzeuge einem Luftschiff ausweichen würden, zumal es wegen seiner Größe gar nicht zu übersehen war.

Für den Luftschiffführer war es wichtig, die Windrichtung am Landeplatz deutlich zu erkennen, dann er mußte gegen den Wind zur Landung anfahren. Dazu war das Personal am Boden aufgefordert, etwas abseits von der Platzmitte „ein kleines

In diesem Blickwinkel sind die Anordnung der beiden Motorengondeln sowie die weit ausgestellten zweiflügeligen (vorn) und vierflügeligen (hinten) Luftschrauben zu erkennen.

Rauchfeuer anzulegen, zu dem man am besten Putzwolle oder Sägespäne verwendet, die mit Oel, Wasser und Benzin getränkt sind, um gut sichtbaren Rauch zu entwickeln. Kurz vor der Landung des Schiffes ist das Feuer völlig zu löschen".

Für den störungsfreien Landevorgang waren am Boden mehrere Dutzend kräftiger Männer erforderlich, die, als Haltemannschaften in Gruppen aufgeteilt, nach gegebenen Anweisungen auf bestimmte Standorte nahe dem voraussichtlichen Aufsetzpunkt zu verteilen waren. Es hieß in der Landeanweisung: „Jedem Trupp ist ein Vormann beizugeben, der seinen Trupp nach den Anweisungen, die ihm vom Luftschiff oder, falls solcher vorhanden, vom anwesenden Landungsleiter gegeben werden, dirigiert."

Der Luftschiffführer war angewiesen, vor der Landung mit dem Luftschiff „stets erst einmal über den Landeplatz zu fahren, um von oben die Vorbereitungen zu kontrollieren". Sodann wurde das Luftschiff möglichst behutsam zum markierten Landepunkt gesteuert, das Ankertau wurde gelöst und fiel zu Boden. „Fällt das Ankertau, so ist es seitlich querab sofort ganz auszurollen, damit möglichst viele Leute daran anfassen können. Je nach den Anweisungen haben die Leute stehenzubleiben und festzuhalten, oder mitzugehen. Durch Megaphon werden, falls nötig, vom Luftschiff aus Anweisungen an das Haltepersonal heruntergegeben. Es ist daher unbedingt dafür zu sorgen, daß völlige Ruhe unten herrscht. Jedes Rufen und Schreien des Haltepersonals ist zu vermeiden, da sonst die Kommandos des Landungsleiters oder der Schiffsleitung nicht durchdringen."

Das war aber noch längst nicht alles, denn während das Luftschiff an den Seilen heruntergezogen wurde, mußte eine spezielle Mannschaft bereitstehen, um die Gondel vor dem Aufsetzen „mit hochgehobenen Händen an den seitlich angebrachten Haltestangen aufzufangen und frei vom Boden zu halten". Aufgrund von Erfahrungen wurden diese Männer gesondert ausgewählt, denn es war schon ein ungewöhnlicher Auftrag, direkt unter dem Luftschiffkoloß zu stehen und ihn auffangen zu sollen. Darum war formuliert: „Es empfiehlt sich, hierfür Leute auszuwählen, die bei dem Herunterkommen des Schiffes nicht erschrecken und fortlaufen, was erfahrungsgemäß infolge des mächtigen Eindrucks leicht geschieht. Die Abwärtsbewegung des Luftschiffes ist von den Leuten des Gondeltrupps so abzubremsen, daß das Luftschiff keinesfalls hart auf den Boden aufstößt." Die Männer mußten daher „kräftig zugreifen und sich entgegenstemmen".

Das liest sich leichter, als es immer zu machen war, zumal auf den Landeplätzen nicht etliche Dutzend Männer für gelegentliche Luftschiffankünfte angestellt waren und dafür auf den Lohnlisten standen. Auch gingen die Landeinstruktionen von der Wunschsituation einer „Schönwetterlandung" aus. Komplikationen traten besonders dann auf, wenn der Wind das Luftschiff mit seiner gewaltigen Widerstandsfläche im Landevorgang hin- und herwarf und dadurch die Koordination von Luftschiffsteuerung, Regulierung der Motorenleistungen sowie das Zusammenwirken von Halte- und Gondelmannschaften erschwerte oder gar vereitelte. Es kam vor, daß die Kraft der Haltemannschaften in derart gefahrvollen Situationen nicht ausreichte und das Luftschiff, im Winde über dem Boden dahintreibend, gegen den erstbesten Schuppen oder gegen Bäume geschleudert wurde.

Während der Fahrt mochte der erfahrene Luftschiffführer mit solchen Witterungsunwägbarkeiten noch fertig werden, wenn er über leistungsstarke und funktionstüchtige Triebwerke verfügen konnte. Doch blieb vor allem die Landung ein komplizierter Vorgang, der manchem Luftschiff zum Verhängnis wurde. Und ein Glücksspiel war es, bei starken und böigen Winden ein Luftschiff in seine Halle einzufädeln.

Weniger gefährlich war der Aufstieg, weil das Startwetter abgewartet werden konnte, bevor man das Luftschiff aus der Halle zog. Zu den wichtigsten Aufstiegsvorbereitungen gehörte das „Abwiegen" des Luftschiffes. Dazu wurden – gewöhnlich gleich nach der Landung – die Wassertanks des Luftschiffes aufgefüllt, denn der Masseverlust durch aussteigende Passagiere mußte mit Ballast ausgeglichen sein, weil sonst das erleichterte Luftschiff infolge des statischen Auftriebs durch das Traggas sogleich wieder abgehoben hätte. Dafür wurden auf den Landeplätzen ausreichend lange Schlauchleitungen für die Wasserzufuhr gefordert. „Ist keine Wasserleitung vorhanden, so sind in Wagen etwa drei Tonnen Wasser bereitzuhalten, sowie gut leistungsfähige Pumpen mit Schlauch."

Die Funktion des Abwiegevorganges bestand darin, „den Gewichtszustand des abfahrtbereiten Luftschiffes gegenüber der Luft festzustellen". Das Luftschiff mußte zum Aufstieg stets etwas leichter sein als die von ihm verdrängte Luft. Dazu wurde so oft eine bestimmte Wassermenge abgelassen, bis der langgestreckte und dickbauchige Riese, wenn man ihn losließ, sich langsam vom Boden in die Höhe erhob. Während dieser Zeit des Balancierens mit der Luftschiffmasse waren sämtliche Haltemannschaften wieder an ihren Plätzen – und sie mußten bereit sein, nötigenfalls sofort wieder einzugreifen. In einer Anweisung für den Aufstieg hieß es: „Sollte das Manöver aus einem Grunde mißlingen, so wird vom Luftschiff aus mit einer Trompete ein langer Trompetenton gegeben. Auf dies Signal hin greifen sämtliche Leute an ihrem Posten wieder zu und fangen das Luftschiff, genau wie bei der Landung, wieder auf. Es empfiehlt sich daher, daß die Haltemannschaft beim Aufstieg das Luftschiff etwas mitgehend eine Weile genau im Auge behält, um gegebenenfalls sofort zur Stelle zu sein."

Luftschiff-Trompeter gab es also auch. Im übrigen aber geben diese Vorgänge einen Einblick in die Kompliziertheit des Fahr-

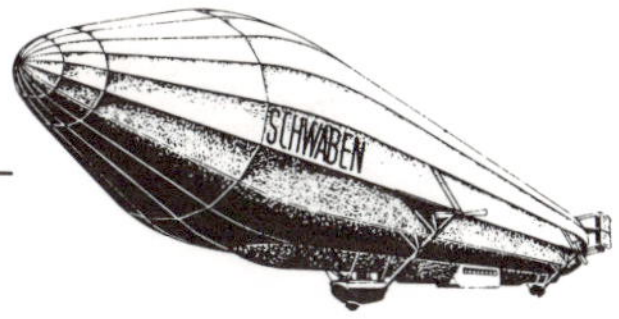

tenbetriebes mit Luftschiffen. Zwar wurde die DELAG berechtigterweise als erstes deutsches Luftverkehrsunternehmen und international erste funktionstüchtige Gesellschaft für den Passagierverkehr bezeichnet, aber an einen Reisebetrieb nach Luftfahrplan war überhaupt noch nicht zu denken. Nicht zeitliche Fixierung war maßgebend, sondern die konkrete Wettersituation. Daraus ergaben sich gravierende Abhängigkeiten.

Zeppelin-Verkehrsluftschiffe der DELAG (bis Ende Juli 1914)

Baunummer	Baujahr	Name	Länge m	Traggas m^3	Verbleib
LZ 6	1909		136	15 000	
		nach Umbau:	144	16 000	verbrannt
LZ 7	1910	Deutschland	148	19 300	gestrandet
LZ 8	1911	Deutschland II	148	19 300	zerstört
LZ 10	1911	Schwaben	140	17 800	verbrannt
LZ 11	1912	Viktoria Luise	148	18 700	(zerstört)
LZ 13	1912	Hansa	148	18 700	(demontiert)
LZ 17	1913	Sachsen	140	19 550	
		nach Umbau:	148	20 870	(demontiert)

Anmerkung: Am 1. August 1914 hat die DELAG ihre verbliebenen Luftschiffe an die Heeresverwaltung abgegeben. Der in Klammern gesetzte Verbleib bezieht sich auf die Kriegszeit.

DAS LUFTSCHIFF LZ 10 „SCHWABEN“ ABSOLVIERTE seine Erstfahrt am 26. Juni 1911 in Friedrichshafen und ist ein Jahr lang erfolgreich im Fahrtenbetrieb der DELAG eingesetzt worden. Die „Schwaben“ fuhr mit wechselnden Routen nach Baden-Oos, Düsseldorf, Gotha, Berlin-Johannisthal, Potsdam und Frankfurt a. M. Viele dieser Fahrten hat Hugo Eckener geleitet. Von diesen Erfolgen ermuntert, richtete Zeppelins Geschäftsführer Colsman für die DELAG am 13. Februar 1912 ein als „Geheim“ bezeichnetes Schreiben an das „Reichs-Postamt Berlin“ mit dem Angebot, „daß wir der Reichspost im Bedarfsfalle Luftschiffe tageweise zur Verfügung stellen würden gegen eine Entschädigung von M 4000,– täglich für jedes Schiff“. Allerdings ging das Anerbieten von einer erheblichen Überschätzung der meteorologisch bedingten Möglichkeiten aus, als formuliert wurde, daß „eine solche Beförderung wenigstens an 300 Tagen im Jahr möglich ist“.

Die Offerte entsprach den prinzipiellen verkehrsökonomischen Erwägungen, mit denen Colsman die DELAG-Gründung initiiert hatte. Er schrieb: „Von Hamburg oder Bremen aus könnte die Post in einer Tour auf sämtliche friesische Nordseeinseln, und von Hamburg und Potsdam aus“ (wo zu diesem Zeitpunkt Luftschiffhallen entstanden) „nach Schweden und Kopenhagen befördert werden.“ Für den „Luftschiffverkehr zwischen London und dem Festland“ sah er die Halle in Köln als Ausgangsbasis vor.

Die Luftschiffpostlinien kamen nicht zustande. „Geheim“ blieb das DELAG-Schreiben offenbar auch nicht, denn der Parseval-Luftschiffbau wandte sich seinerseits („Streng vertraulich!“) an ausgewählte Fachleute mit der Bitte, die Rentabilität einer eventuellen Parseval-Luftschiffahrtslinie zu begutachten. In dem Schreiben wurde vermerkt: „Jetzt, wo Herr Direktor Colsman erklärt, daß sie 300 Tage im Jahre fahren wollen, müßte eigentlich die Annahme von 200 Tagen noch diskutabel sein. Der Unterschied wäre aber für die Rentabilitätsberechnung außerordentlich groß.“

Dabei blieb es dann. Zum Linienverkehr kam es auch mit Parseval-Luftschiffen nicht. Jedoch entwickelten sich stärker die soge-

Die unter der Rumpfmitte angeordnete Passagierkabine von DELAG-Luftschiffen bot mit ihren verglasten Fenstern den Fahrgästen eine vorzügliche Aussicht.

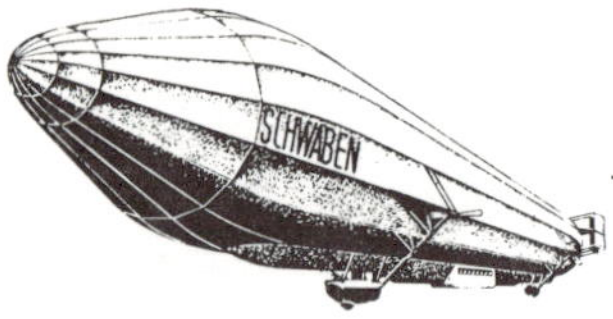

nannten Vergnügungsfahrten. Hier dominierten weiterhin die Zeppelin-Luftschiffe.
Zu einer Bodenhavarie mit teilweise schweren Verletzungen von Personen kam es nach der letzten Fahrt des Luftschiffes „Schwaben“ am 28. Juni 1912: „Als es um 10 Uhr 50 Min. in Düsseldorf landete, konnte es wegen des starken Windes nicht in die Halle gebracht werden. Mittags wurde das Luftschiff von einer Böe erfaßt und entzwei gebrochen. Die Gaszellen entleerten sich, und während das Schiff in die Höhe getrieben wurde, entzündete sich das Gas und explodierte. Wenige Sekunden darauf war das prächtige Luftschiff ... ein wüster Haufen von Trümmern. Leider wurden durch die Explosion nicht nur materielle Werte zerstört, sondern auch gegen 40 Personen mehr oder weniger schwer verletzt.“
Bis zu diesem Zeitpunkt hatte die „Schwaben“ 224 Fahrten ausgeführt und dabei 27 321 km zurückgelegt.

Die „Sachsen“ (LZ 17) war das letzte im DELAG-Fahrtenbetrieb eingesetzte Luftschiff; es wurde seit dem Jahre 1913 für die Ausbildung von Heeres- und Marineluftschiffern mitgenutzt.

DAS ZEPPELIN-LUFTSCHIFF LZ 17 „SACHSEN“ WAR DAS letzte Verkehrsluftschiff vor dem ersten Weltkrieg im DELAG-Betrieb, stieg erstmals am 3. Mai 1913 auf und blieb bis zum 31. Juli 1914 im Passagiereinsatz.
Obgleich die meisten Luftschiffe aus der Zeppelin-Werft in jenen Jahren in Katastrophen endeten, fanden besonders die DELAG-Fahrten eine starke und positive öffentliche Aufmerksamkeit. Allein die Addition von Luftschiffreisen der sieben Passagierluftschiffe ergab eine Bilanz, von der zu jener Zeit sämtliche Flugzeugbauer vorerst nur träumen konnten: 1596 Fahrten, ungefähr 172 500 Fahrkilometer, 32 965 beförderte Personen, davon 10 197 zahlende Fahrgäste.
Eine der aufsehenerregenden Fahrten fand am 9. Juni 1913 statt und führte das Luftschiff „Sachsen“ nach Wien-Aspern: „Der Aufstieg erfolgte morgens 5 Uhr 30 Min. vor der Halle in Baden-Oos, und nachmittags 3 Uhr 5 Min. war die Landung in Aspern bereits glatt vollzogen.“ Die Fahrtstrecke betrug etwa 950 km. Eine begeisterte Menschenmenge bejubelte in Aspern die Ankunft des „Zeppelinkreuzers“. Eine Audienz und ein festliches Essen beim Kaiser Franz Josef im Schlosse zu Schönbrunn machten aus der Wien-Fahrt der „Sachsen“ ein bedeutendes ge-

Bestimmungen für die Teilnahme an DELAG-Fahrten

Die DELAG publizierte in Werbeschriften „Allgemeine Bestimmungen für die Teilnahme an Luftfahrten“, deren wichtigste im nachfolgenden Auszug wiedergegeben sind:
„Sicherung von Plätzen.
Es ist tunlichst zeitige Vorausbestellung von Plätzen empfehlenswert ... Allwöchentlich soll über die geplanten Fahrten mit dem Luftschiff eine Aufstellung erscheinen, die auf Anfrage gern und unentgeltlich zugesandt wird. Unsere Agenturen sind auch angewiesen, Bestellungen von Plätzen entgegenzunehmen.
Bedingungen, unter denen Fahrkarten ausgestellt werden.

1. Die Teilnahme an der Fahrt erfolgt unter alleiniger Verantwortung des Teilnehmenden. Die Deutsche Luftschiffahrts-Aktien-Gesellschaft schließt jede Haftpflichtversicherung insoweit aus, als dies gesetzlich zulässig ist.
2. Über die Ausführbarkeit einer Abfahrt hat ausschließlich die Fahrtleitung zu bestimmen. Sollte nach deren Entscheidung eine Abfahrt ausfallen, so erlischt nach Rückgabe des entrichteten Fahrgeldes jede Verbindlichkeit der Deutschen Luftschiffahrts-Aktien-Gesellschaft dem Teilnehmer gegenüber.
3. Die Deutsche Luftschiffahrts-Aktien-Gesellschaft behält sich das Recht vor, Änderungen in der vorgesehenen Fahrtrichtung eintreten zu lassen oder erforderlichenfalls nachträglich die Fahrzeit zu verkürzen, ohne daß dem Passagier hieraus Ansprüche gegen die Gesellschaft erwachsen, insbesondere auf Rückzahlung des Fahrgeldes.
4. Verringert sich zur Zeit des Aufstieges die Auftriebskraft des Luftschiffes infolge nicht vorher zu bestimmender Einflüsse, wie: ungünstige Witterung, mangelhafte Beschaffenheit des Gases usw., so müssen diejenigen Teilnehmer von der Mit-

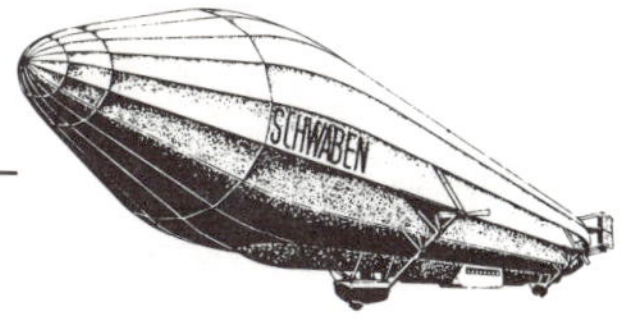

fahrt Abstand nehmen, die sich zuletzt haben vormerken lassen …
Die Deutsche Luftschiffahrts-Aktien-Gesellschaft beabsichtigt hauptsächlich kleinere, etwa 1½ bis zweistündige Rundfahrten zu veranstalten, die je nach Wind und Wetterlage über wechselnde Gegenden geführt werden sollen, um so auch weiteren Kreisen den Genuß einer Fahrt im Luftschiff schon jetzt zu ermöglichen. Gelegentlich, das heißt bei geeigneten Witterungsverhältnissen und genügender Nachfrage, werden dann auch Fahrten nach weiter entfernt liegenden Städten unternommen werden, sogenannte Zielfahrten, die einen annähernden Begriff von den praktischen Zwecken geben, die die Motor-Luftschiffahrt künftig unter gewissen Voraussetzungen wird erfüllen können."

(Im Luftschiff über Berlin und Umgebung. Eyb's Delag-Führer. Offizieller Reiseführer für die Luftfahrten der Deutschen Luftschiffahrts-Aktien-Gesellschaft. – Stuttgart, 1911, S. 27)

sellschaftliches Ereignis des Hofadels, zu dem, wie die Presse zu berichten wußte, Graf Zeppelin in seiner bunt-schillernden Ulanen-Uniform mit vollem Ordensgehänge erschien. Währenddessen hatten auf dem Flugfeld Wien-Aspern die Luftschiffbesatzung und Gendarmen alle Hände voll zu tun, die fortwährend anwachsenden Zuschauermassen halbwegs auf Distanz zum Luftschiff zu halten. Am folgenden Morgen fuhr Zeppelin in einem Salonwagen der Eisenbahn aus Wien ab. Das Luftschiff landete am selben Tage gegen 16.30 Uhr wieder in seinem Heimathafen.
Für Rundfahrten mit Passagieren war die „Sachsen" im regelmäßigen Wechsel in Friedrichshafen, Baden-Oos, Hamburg, Potsdam, Dresden und Liegnitz (heute Legnica) stationiert. Bis zur Einstellung des DELAG-Fahrtenbetriebes sind 419 Reisen mit LZ 17 ausgeführt worden. Daran nahmen 3465 zahlende Passagiere teil.
Berichte von Fahrgästen, die sich damals in mancherlei Publikationen der Öffentlichkeit mitteilten, geben einen Eindruck von der ästhetischen Schönheit der sanften, fast geräuschlosen Luftreise mit dem weiten Blick über Landschaften und den darin verteilten Ansiedlungen, Wäldern und Seen. Jede dieser Fahrten muß ein unvergeßliches Erlebnis gewesen sein. Diese friedliche Luftschiffahrt hat Tausende von Menschen um neue Eindrücke bereichert und selbst jene, die nur zuschauen konnten, nachhaltig beeindruckt.

DER STÖRUNGSFREIE UND DADURCH ERFOLGREICHE Verlauf einer Luftschiffahrt hing von vielerlei Faktoren ab, unter denen die Funktionstüchtigkeit und Zuverlässigkeit aller fahrtechnischen Einrichtungen und Ausstattungen letztendlich den Ausschlag gaben. Setzten Motoren aus oder war die Steueranlage blockiert, hörte das Luftschiff auf, ein Luftschiff zu sein, war es nur noch ein im Winde treibender Freiballon von ungewöhnlicher Form.
Wie rasch ein Luftschiff während der Fahrt zum Spielball von Wind und Wetter werden konnte, wird – exemplarisch – durch die schon erwähnte letzte Fahrt mit Pressevertretern von LZ 7 „Deutschland" verdeutlicht. Die Luftschiffführung bei dieser Fahrt, die von Düsseldorf ausging, oblag Oberingenieur Ludwig Dürr. Seit dem Bau von LZ 2 war er der Chefkonstrukteur sämtlicher Zeppelin-Luftschiffe, also mit allen technischen Einzelheiten vorzüglich vertraut – und in der Führung eines Luftschiffes bereits erfahren.
Unter Dürrs Leitung war LZ 7 unterwegs und geriet bei der Rückfahrt in so starken und böigen Gegenwind, daß es schwierig wurde, die Fahrthöhe zu halten, denn schon der Stirnwiderstand des Luftschiffes war beträchtlich. LZ 7 wurde auf eine Höhe von etwa 1300 m hochgedrückt und verlor Gas. Plötzlich setzte, wie es in einem Bericht hieß, „sehr heftiger Schneefall" ein. Im Juni! Schneelast auf der ausgedehnten Oberfläche und die verringerte Traggasmenge bewirkten, daß das Luftschiff nunmehr mit relativ hoher Geschwindigkeit zu sinken begann. Der Bericht sprach sogar von einem „sehr raschen Fall".
Dürr veranlaßte, daß alle fahrtentbehrlichen Gegenstände über Bord geworfen wurden, aber LZ 7 sank weiter. Der Schilderung ist zu entnehmen, daß die Fahrtrichtung in dieser Phase deutlich bugwärts geneigt war und das Luftschiff mittels der Steueranlage nicht aufgerichtet werden konnte. Dürr versuchte jetzt, diesem Zustand dadurch zu begegnen, daß er sämtliche Mannschaften aus der Vordergondel in die hintere Gondel beorderte, um die Bugsektion zu entlasten. In dieser kritischen Situation setzte der vordere Motor aus, die Manövrierfähigkeit war dadurch weiter eingeschränkt, Windströmungen gewannen die Oberhand über das Luftschiff, das jetzt über dem Teutoburger Wald mehr ge-

trieben wurde als es noch zum gesteuerten Fahren tauglich war. Die Strandung, die zum Totalverlust des Luftschiffes führte, war nicht mehr zu umgehen.
Man sprach danach vom „Glück im Unglück", weil die Zerstörung des Luftschiffes ohne Personenschäden abgegangen war. Bei der analytischen Betrachtung dieses Vorfalls und einer Reihe weiterer Havarien, die sich mit Zeppelin-Luftschiffen ereigneten und oft Staunen hervorriefen, wenn Besatzungsmitglieder und Fahrgäste mit nur leichten Prellungen davongekommen waren, stellt sich jedoch heraus, daß konstruktive Besonderheiten dieser Luftschiffe solchen relativ glimpflichen Ausgang begünstigten. Vorausgesetzt, es kam bei der Havarie nicht zur Gasexplosion.
Infolge des Leichtmetallgerippes, das dem Luftschiff die Form einer gewaltigen Zigarre gab, und des straff darübergespannten Gewebes, das in mehreren Stofflagen und mehrfach zwischengummiert eine hohe Elastizität sicherte, war so ein Luftschiff beim Aufprall eine einzige „Knautschzone". Das war dann allerdings auch ein wesentlicher Nachteil der Starrgerüstbauweise gegenüber Pralluftschiffen. War das Metallgerüst erst einmal „geknautscht", so konnte es nur noch abgewrackt werden.
Bei allen diesen spektakulären Zerstörungen von Luftschiffen braucht keineswegs übersehen zu werden, daß vielerlei sicherheitsfördernde Konstruktionsdetails inzwischen zwar vorausbedacht und praktisch berücksichtigt werden konnten, doch blieb dann immer noch ein Restrisiko, über das weiterführende Erkenntnisse und technische Lösungsansätze nur durch Erfahrungen im Fahrtenbetrieb zu finden waren. Unzulänglichkeiten wurden nicht selten erst aus den Ursachen von Luftschiffverlusten offenbar. Andererseits war auch der Zeppelin-Luftschiffbau aus Kostengründen erst nach folgenschweren Katastrophen bereit, patentrechtlich geschützte, bessere technische Varianten von anderen zu übernehmen.
Eines der langjährigen Experimentierfelder des Chefkonstrukteurs Dürr und seiner Ingenieure war in jenen Jahren das komplizierte Steuersystem der Luftschiffe. Wenn bedacht wird, daß die Quer- und Seitenruderblätter am Heck vom Führerstand in der vorderen Gondel über lange Drahtseilzüge sowie vielerlei Rollen und Umlenkrollen bewegt wurden, wird die Störanfälligkeit der Steuerung in dieser verhältnismäßig umständlichen Anordnung zumindest vorstellbar.

Für damalige Verhältnisse waren die geschlossenen Kabinen der DELAG-Luftschiffe, in denen die Passagiere während der Fahrt mit Speisen und Getränken versorgt wurden, mit beachtlichem Komfort ausgestattet.

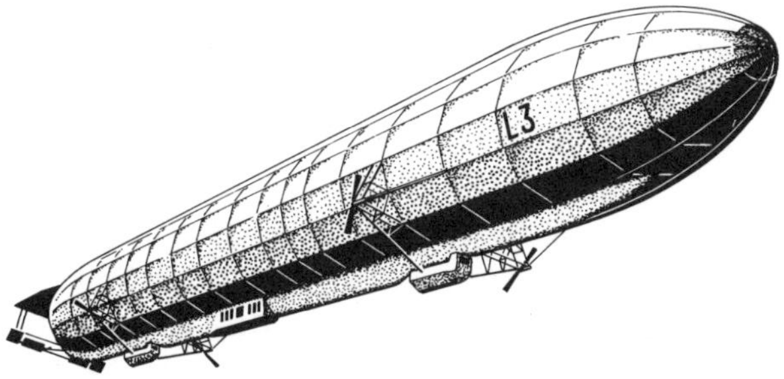

III. Zeppelin-Militärluftschiffe

Heer und Marine kauften von Zeppelin bis Ende Juli 1914 insgesamt 15 Luftschiffe und stellten sie für Ausbildungszwecke in Dienst. Die technisch moderne Synthese, die von den Zeppelin-Ingenieuren in qualitativ fortgeschrittener Weise gegenüber den vorausgegangenen Erfahrungen im Luftschiffbau gefunden worden war, sicherte eine genügende Leichtigkeit bei ausreichender Festigkeit, hoher Tragfähigkeit und beachtlicher Geschwindigkeit.

Die Leichtigkeit, also die möglichst geringe Eigenmasse, war vor allem durch die Wahl des Werkstoffes Aluminium für das Starrgerüst gewährleistet. Dafür waren die industriellen Voraussetzungen, als der Zeppelin-Luftschiffbau begann, besonders günstig, denn etwa um 1890 setzte die fabrikmäßige Herstellung von Aluminium in größeren Mengen ein. Das deutsche Aluminium, von dem führenden Fabrikanten auf diesem Gebiet – der Firma Carl Berg in Lüdenscheid – hergestellt, wurde mit einem spezifischen Gewicht von 2,90 bis 2,95 angegeben.

Außerdem verfügte Berg aus einer mehrjährigen Zusammenarbeit mit dem (allerdings erfolglosen) Luftschiffbauer David Schwarz über detaillierte Konstruktionserfahrungen in der Starrgerüstbauweise. Beides machte sich Zeppelin zunutze: das Aluminium und die Bergsche Konstruktion des Luftschiffgerippes mit Längsträgern, Querringen, Absteifungen und Drahtverspannungen. Der so zusammengefügte Gerüstkörper gab dem Luftschiff seine stabile Form, die mit einer maßgeschneiderten Hülle aus gummiertem Baumwollstoff überzogen wurde.

Die Traggfähigkeit, von der Leichtmetallbauweise des formgebenden Gerüstes begünstigt, ergab sich aus der Traggasmenge, die in großen Zellen aus gummiertem Gewebe mitgeführt wurde und den Auftrieb lieferte. Diese sogenannten Auftriebszellen nahmen im Verlaufe der Jahre an Größe zu. Im LZ 1 nahmen 17 dieser Zellen noch 11 300 m^3 Wasserstoffgas auf, im LZ 25 faßten 18 Zellen bereits 22 500 m^3 – also das Doppelte. Infolge der höheren Traggasmengen stieg zwangsläufig die Größe der Luftschiffe, welche bis zur Jahresmitte 1914 eine Länge von 158 m erreichten. Damit erhöhte sich die Nutzmasse, und die Mitnahme immer größerer Kraftstoffmengen wurde möglich. Dies wiederum steigerte die Reichweite der Luftschiffe.

Die Fahrgeschwindigkeit wurde von der langgestreckten Form der „Riesenzigarre" begünstigt, hing aber entscheidend von der Anzahl und Leistung der Motoren ab und nahm gleichfalls kontinuierlich zu. Zum Vergleich: LZ 1 verfügte über zwei Motoren mit einer Gesamtleistung von 30 PS und erreichte damit Geschwindigkeiten bis zu 8 m/s. Am LZ 25 waren drei Motoren mit einer Gesamtleistung von 630 PS installiert; die Fahrgeschwindigkeit betrug 21,5 m/s. Das entsprach mehr als 77 km/h.

Analog dazu stiegen die Verkaufspreise der Zeppelin-Luftschiffe. Zahlte man für das erste Heeresluftschiff Z I noch 500 000 Mark, so kostete Z IX bereits 1 000 000 Mark. Damit war der Kauf von Zeppelin-Luftschiffen schon in den Jahren vor dem ersten Weltkrieg zu einer besonders kostenaufwendigen Position im Haushaltsetat der Regierung geworden.

In jener Zeit sind die Zeppelin-Luftschiffe nach ihrem Eigner unterschiedlich bezeichnet worden. Es existierten vor dem ersten Weltkrieg vier Kennzeichnungsweisen:

Solange das Luftschiffbauunternehmen als Eigner galt – beispielsweise für die ersten Versuchsluftschiffe –, fuhren sie mit einer LZ-Kennung (Abkürzung für „Luftschiffbau Zeppelin") sowie mit arabischen Zahlen in numerischer Folge. Diese Kennung entsprach der jeweiligen Baunummer des Luftschiffes. LZ 2 beispielsweise war das zweite Exemplar des Zeppelin-Luftschiffbaus.

War das Luftschiff hingegen im Auftrage eines anderen Eigners gebaut worden oder ging es später in dessen Besitz über, so änderte das zwar nichts an der Baunummer, aber das Schiff erhielt eine andere Kennung an seinen beiden Bugseiten. Die DELAG-Luftschiffe (außer LZ 6) trugen als sichtbares Kennzeichen einen Namen. Ein Beispiel: Das 17. Luftschiff war als LZ 17 eingetragen. Die auf das Luftschiff gemalte Kennung lautete „Sachsen".

Eine dritte Art der Kennzeichnung galt für die Heeresluftschiffe jener Jahre. Sie bestand aus dem Großbuchstaben Z (für Zeppelin) und einer römischen Ziffer. Das zwölfte Zeppelin-Luftschiff mit der Baunummer LZ 12 beispielsweise trug die Heereskennung Z III.

Davon wiederum unterschied sich die Kennzeichnung der Marineluftschiffe. Sie trugen ein L (für Luftschiff) und wurden arabisch numeriert. Das 14. Zeppelin-Luftschiff mit der Baunummer LZ 14 trug als erstes Marineluftschiff die Marinekennung L 1.

DAS IM JAHRE 1912 AUSGELIEFERTE LUFTSCHIFF LZ 12, von der Heeresverwaltung als Z III in Dienst gestellt, hatte nach seiner Erstfahrt am 25. April 1912 eine Vielzahl von zeitweiligen Standorten, denn es wurde in Friedrichshafen, Hamburg, Frankfurt-Rebstock, Baden-Oos, Metz und Gotha für Ausbildungsfahrten eingesetzt. Z III war im wesentlichen ein Schwesterschiff der „Schwaben".

Bereits in dem langen Entwicklungsabschnitt des Überganges vom Freiballon zum Luftschiff hatten – wie an früherer Stelle erwähnt – starke Anlehnungen an die Seefahrt eine Rolle gespielt. Das blieb auch so, als die Luftschiffahrt schon aufgehört hatte, ein technisches Problem zu sein. In jener Zeit formulierte man im Hinblick auf die Anforderungen der Luftschiffführung: „Das Luftschiff ist ein Schiff. Die für die Seefahrt geltenden Regeln und Erfahrungen haben auch für die Luftschiffahrt Geltung, nur mit einer weiteren Komplikation, daß man nicht nur wie bei einem Seeschiff in einer Dimension, in der Horizontalen navigieren muß, sondern noch in einer zweiten, der Höhe."

Daraus wurde die prinzipielle Forderung abgeleitet, daß eine der Ausbildungsvielfalt der Seemannschaft entsprechende Qualifikation der „Luftmannschaft" angestrebt werden müsse. Wie in der Seefahrt üblich, wo das seemännische und das maschinentechnische Personal zwei relativ selbständige, aber in der gemeinsamen Aufgabe kooperativ verbundene Gruppen der Schiffsbesat-

Heeresluftschiffe der Zeppelin-Bauweise wurden mit den Großbuchstaben „Z" sowie einer römischen Ziffer gekennzeichnet; Z III war das zwölfte Schiff der Zeppelin-Werft.

zung bilden, wurde auch die Luftschiffbesatzung in das luftmännische und das maschinentechnische Personal eingeteilt.
Aus der Erfahrung entstanden allmählich Vorstellungen von Persönlichkeitsanforderungen, denen ein Luftschiffführer entsprechen sollte: „An der Spitze der Mannschaft steht der Kommandant. Er trägt die Verantwortung für alles; er muß alles wissen; er muß genügend von dem Bau des Schiffes, der Motorenanlage usw. verstehen, um im Notfall, bei Havarien z. B., die geeigneten Maßregeln treffen zu können.“ Und: „Er muß insbesondere ein erstklassiger Meteorologe sein!“
Das letztere war ein überhöhter Anspruch, denn viel mehr als meteorologische Grundkenntnisse zur Beurteilung der Wettersituation vor dem Aufstieg und während der Fahrt, ausreichend für Entscheidungen über Fahrtantritt, Fahrtfortsetzung oder Abweichungen von der vorgesehenen Fahrtroute, waren zu jener Zeit kaum für die Bedingungen der Luftschiffführung zu vermitteln und deshalb auch nicht zu erwarten. Selbst Speziallehrgänge, wie sie beispielsweise von der „Luftfahrerschule Berlin-Adlershof“ (gegründet vom „Deutschen Luftflotten-Verein e.V.“) veranstaltet wurden, und die Lehrfächer enthielten wie Wetterkunde oder die Nutzung von Wetterkarten, waren nicht viel mehr als eine Bildungsbemühung zur rechten Zeit und in die richtige Richtung.
Selbst die Meteorologie als Wissenschaft von der Lufthülle der Erde und den darin ablaufenden Wettervorgängen war damals noch nicht zu weitreichenden zuverlässigen Voraussagen imstande. Auch an sie erwuchsen mit der Luftfahrtentwicklung neue Ansprüche, denn neben Standortvoraussagen waren jetzt Streckenwetterprognosen gefragt. Es kam nämlich oft zu unliebsamen Überraschungen während der Fahrt, die dann zu raschen Entscheidungen zwangen.
Das Luftschiff wurde von der vorderen Gondel aus geführt, auch als Führergondel bezeichnet – oder als „Gehirn des Luftschiffes“, vergleichbar mit der Kommandobrücke eines Seeschiffes. Die Gondelanordnung unterhalb des Luftschiffes war von vornherein günstig, denn sie bot einen freien Ausblick nach allen Seiten – außer nach oben. Der unbehinderte Rundblick auf die Landschaft und ihr Vergleich mit der Landkarte war ein außerordentlich wichtiges methodisches Verfahren der Luftschiffnavigation, denn mit seiner gewaltigen Angriffsfläche wirkten sich Windströmungen unverzüglich als Kursabweichung aus, die auch von einem Kompaß nicht angezeigt werden konnte.
Fuhr beispielsweise ein Luftschiff quer zum Wind und wehte dieser mit einer Geschwindigkeit von 20 m/s, so war dies im Luftschiff nicht spürbar, aber sichtbar durch den erwähnten Vergleich. Dies allerdings nur unter der Voraussetzung, daß die Erdsicht nicht durch Nebelgebiete beeinträchtigt wurde und der Luftschiffführer sich fortwährend an markanten Geländepunkten orientieren konnte, etwa an einer Stadt, an einem Fluß, einer Eisenbahnlinie oder einer küstenvorgelagerten Insel. Das gelang nicht immer. Beispielsweise kam es am 3. April 1913 zu einem Orientierungsverlust, der für einige Aufregung sorgte.
Das Luftschiff LZ 16, von der Heeresleitung als Z IV bestellt, sollte von der Bauwerft Friedrichshafen zum Standort Metz nahe der französischen Grenze überführt werden. Während der Fahrt geriet das Luftschiff in Nebel, verfehlte bei Wind aus Ost den in der Karte vermerkten Orientierungspunkt Straßburg (heute Strasbourg), fuhr nahe an der französischen Grenze entlang, verfehlte auch Metz und gelangte schließlich über die Grenze hinaus. Immer noch völlig im unklaren über den momentanen Standort entschloß sich der Luftschiffführer zur Notlandung auf einem großen und freien Gelände – und befand sich auf dem französischen Truppenübungsplatz bei Lunéville.
Solcherlei Zwischenfälle gab es mit dem Luftschiff Z III nicht. Es ist am 1. August 1914 als veraltet und dadurch nicht mehr brauchbar demontiert worden.

EIN WEITERES HEERESLUFTSCHIFF WAR LZ 20 MIT DER Eignerkennung Z V, dessen Erstfahrt in Friedrichshafen am 8. Juli 1913 eingetragen worden ist. Es war in den Standorten Franfurt-Rebstock, Baden-Oos, Gotha und Leipzig-Mockau eingesetzt; im ersten Halbjahr 1914 nur noch in Potsdam und Berlin-Johannisthal.
Mit den zahlreichen Ausbildungsfahrten, die dem allgemeinen Grundsatz folgten, wonach nur das ständige Üben unter variierten Bedingungen zur Beherrschung eines so komplizierten Luftfahrzeuges führen kann, sind nicht nur bei sommerlichen Schönwetterlagen, sondern auch im Winter verallgemeinerungswürdige Erfahrungen gesammelt worden. Sie förderten beispielsweise Erkenntnisse über den Einfluß von Temperatur und Luftfeuchtigkeit auf die Luftschiffahrt. So entstand auch bald die Gewißheit, daß es zur Seefahrt, die so häufig als Vergleich herangezogen worden war, mehr Unterschiede als Gemeinsamkeiten gab. Das wird in der nachfolgend zitierten Betrachtung zu den besonderen Bedingungen der Luftschiffahrt deutlich:
„Die äußeren Umstände ändern sich dauernd. Der Luftdruck

wechselt seiner Größe nach nicht nur mit der jeweiligen Fahrhöhe des Schiffes, sondern bekanntlich auch mit der jeweiligen Wetterlage, ebenso die Temperatur der Luft und des Gases, wobei auch die Temperatur-Unterschiede zwischen Gas und Luft von Bedeutung sind. Die Luftfeuchtigkeit hat auf die Tragkraft des Schiffes insbesondere dadurch Einfluß, daß sie die Stoffwände der Gaszellen und der Außenhaut feucht und dadurch schwer macht. Regen und Schnee bringen dem Luftschiff unerwünschte zusätzliche Belastung, wenn die Außenhaut die Nässe aufsaugt oder feuchter Schnee oben auf ihr liegenbleibt. Der laufende Brennstoffverbrauch der Motoren erleichtert das Schiff, bringt es zum Steigen, wodurch Gas abgeblasen, also Tragkraft verloren wird. Ein landendes Schiff, welches genau abgewogen ist, welches in der Luft also gerade schwimmt, kommt vielleicht bei den letzten 100 m seines Abstiegs in eine durch Sonnenbestrahlung des Sandbodens besonders stark erwärmte Luftschicht, deren Tragfähigkeit dadurch bedeutend herabgesetzt ist, so daß das Luftschiff plötzlich und unerwarteterweise schwer wird und wie ein Stein durchfällt, wenn der Führer nicht noch rechtzeitig Ballast abgibt ... Der Kommandant eines Wasserschiffes hat es einfacher; die Tragfähigkeit seines Schiffes ist ein für allemal feststehend und, abgesehen von den durch den verschiedenen Salzgehalt der Weltmeere bedingten kleinen Unterschieden, gleichbleibend."

Man begann von der Luftschiffführung als einer „Kunst" zu sprechen. Und das war sie wohl auch, wenn die Gesamtheit aller Faktoren berücksichtigt wird, die als Widrigkeiten auftreten und das Ende eines Luftschiffes bedeuten konnten. Es erwies sich nämlichh als Trugschluß, daß die Besonderheiten des Freiballonfahrens, in der vom Ausgleich zwischen Gastragkraft und Ballast die Fahrt überhaupt abhing, in der Luftschiffahrt ihre Bedeutung verloren hätten. Hier spielte das keine geringere Rolle, nur hatte man es mit größeren Gasvolumina und Ballastmengen zu tun.

Wurde das Luftschiff aus einem der erwähnten Gründe zu schwer und sank, wurde zur Erleichterung Ballastwasser abgelassen. Notfalls wurde Ausrüstung über Bord geworfen, im schlimmsten Falle wurden sogar die Kraftstoffhähne geöffnet, um einer Strandung zu entgehen. Wenn aber der Auftrieb durch thermische Einflüsse oder zu prall gefüllte Traggaszellen zu stark wurde, mußten Ventile einzelner oder aller Gaszellen zeitweilig geöffnet werden, damit Gas ausströmte, also Auftrieb verloren ging.

Daraus aber entstanden große Gefahren für Besatzung und Luftschiff, denn das in größeren Mengen abgelassene Gas konnte sich im Luftschiff ausbreiten und entzünden, wenn es mit stark erhitzten Teilen eines Motors in Berührung kam. Manches Luftschiff ist auf diese Weise explodiert und hat sich sekundenschnell in eine weithin sichtbare brennende Fackel verwandelt.

Z V (LZ 20) in der Zeppelin-Doppelhalle auf dem Flugplatz Johannisthal.

Solchen Gefahren konnte Z V entgehen, doch ohne Zwischenfälle ging es auch bei seinen Fahrten nicht ab. In einem Bericht war zu lesen: „Das Heeresluftschiff Z V mußte auf dem Flugplatz Mokkau bei Leipzig wegen starker Böen nach der Landung nochmals aufsteigen, riß vier Leute an den Halteseilen mit hoch, zwei davon fielen zu Boden und waren tot."

Zeppelin-Militärluftschiffe (bis Baujahr 1914)

Baunummer	Erstfahrt	Verwendung	Bezeichnung	Verbleib
LZ 3	1906	Heer	Z I	1913 demontiert
LZ 5	1909	Heer	Z II	1910 gestrandet
LZ 9	1911	Heer	Z II (Ersatz)	1914 demontiert
LZ 12	1912	Heer	Z III	1914 demontiert
LZ 14	1912	Marine	L 1	1913 versunken
LZ 15	1913	Heer	Z I (Ersatz)	1913 zerstört
LZ 16	1913	Heer	Z IV	1916 demontiert
LZ 18	1913	Marine	L 2	1913 verbrannt
LZ 19	1913	Heer	Z I (2. Ersatz)	1914 zerstört
LZ 20	1913	Heer	Z V	1914 abgeschossen
LZ 21	1913	Heer	Z VI	1914 gestrandet
LZ 22	1914	Heer	Z VII	1914 gestrandet
LZ 23	1914	Heer	Z VIII	1914 gestrandet
LZ 24	1914	Marine	L 3	1915 gestrandet
LZ 25	1914	Heer	Z IX	1914 zerbombt

ALLMÄHLICH GAB AUCH DIE MARINELEITUNG IHRE anfängliche Zurückhaltung auf, denn im Jahre 1912 stellte sie ihr erstes Zeppelin-Luftschiff in Dienst. Es war LZ 14 mit der Kennung L 1; die Erstfahrt hatte am 7. Oktober desselben Jahres stattgefunden. Das Schiff war zunächst in Berlin-Johannisthal stationiert. Die „B.Z. am Mittag" meldete dazu am 15. Oktober 1912 unter der Überschrift „Das Marineluftschiff ‚L 1' in Johannisthal": „Der erste deutsche Marineluftkreuzer landete gestern nachmittag 3 Uhr 40 Minuten nach einer glänzenden 31stündigen Dauerfahrt, bei der etwa 1700 Kilometer zurückgelegt wurden, glatt auf dem Flugplatz Johannisthal. Der greise Graf ZEPPELIN, der die anstrengende Fahrt mitgemacht hatte, verließ, nachdem das Schiff in der großen Luftschiffhalle festgemacht worden war, als Erster die vordere Gondel … Das Schiff bleibt vorläufig in Johannisthal und wird, nachdem es in allen Teilen nochmals gründlich nachgesehen worden ist, von der Marine endgültig übernommen."

Es war keine Direktfahrt nach Johannisthal gewesen, sondern eine ausgedehnte Rundfahrt. Sie führte, wie eine andere Zeitung mitteilte, „von Friedrichshafen in nördlicher Richtung zur Nordseeküste; das Luftschiff kam in der Gegend der Emsmündung über das Wasser, wendete dann, um bei Büsum wieder das Festland zu erreichen, überflog Schleswig-Holstein bis Kiel, von dort einen Teil der Ostsee und nahm schließlich die Richtung auf Lübeck, um von dort über Mecklenburg sein Ziel zu erreichen". Als Ausstattungsbesonderheit wurde vermerkt: „Statt der Passagierkabine ist in dem Laufgang, der die beiden Gondeln miteinander verbindet, ein Aufenthaltsraum für die Bemannung eingebaut, ferner Einrichtungen für die drahtlose Telegraphie …"

In Johannisthal ist das Luftschiff von Marineluftschiffern übernommen und für Ausbildungsfahrten eingesetzt worden. Dabei bleibt erstaunlich, daß es durch den gemeinsamen Luftschiff- und Flugverkehr auf dem Johannisthaler Flugplatz nicht zu Zusammenstößen von Flugzeugen mit dem Zeppelin-Ungetüm kam, denn zu jener Zeit war dort der Flugbetrieb schon relativ stark entwickelt. Die verschiedenen Flugzeugfabriken, Fliegerschulen und Erfinderwerkstätten unternahmen Roll-und Flugerprobungen, Schulflüge, Werkstattflüge, Höhenflugversuche und

Marineluftschiff L 1 über dem Flugplatz Johannisthal.

Rundflüge mit Einzelpassagieren. Flieger starteten zu Streckenflügen oder kamen von irgendwoher und landeten. Zwar gab es bereits eine Flugplatzordnung, aber noch keine ausreichenden Regeln für den Flugverkehr. Jeder rollte, startete, flog und landete, wann oder wo er wollte. Und dazwischen das 158 m lange Marineluftschiff, das bei Aufstiegsvorbereitungen und bei Landemanövern immer wieder als ein Hindernis auf dem Fluggelände stand oder im Johannisthaler Luftraum kreuzte.

Aber die Flieger gewöhnten sich schließlich daran, daß ihr Gelände wegen seiner zentralen mitteldeutschen Lage als Luftschiffhafen der Marine ausgewählt worden war. Von hier aus konnten ausgedehnte Fahrten unternommen werden, ohne sogleich in die Nähe von Landesgrenzen oder über sie hinaus zu geraten.

Das Luftschiff L 1 fuhr störungsfrei, solange es auf diese Weise mit seinen Besatzungen umherkreuzte. Das änderte sich aber, nachdem es von seinem Johannisthaler Standort abberufen worden war.

DIE JOHANNISTHALER ZEIT WAR FÜR DAS MARINEluftschiff L 1 beendet, als es in die Halle von Hamburg-Fuhlsbüttel umquartiert wurde. Im September 1913 fanden mehrtägige

Die Marine verwendete Zeppelin-Luftschiffe vorerst für Aufklärungsübungen bei Flottenmanövern; der „Luftkreuzer" L 1 – hier über der Insel Helgoland – versank bei einer derartigen Übung in der Nordsee.

Manöver der Hochseeflotte statt. Die Aufgabe von L 1 und seiner Besatzung sollte darin bestehen, die Möglichkeiten maritimer Luftaufklärung über See und die Übermittlung von Beobachtungen per Funk zu erproben. Bereits zuvor hatten im küstennahen Raum Übungsfahrten stattgefunden. Wiederholt war L 1 über der Insel Helgoland gesehen worden.

Am 9. September 1913, einem der Manövertage, schien zunächst ebenfalls alles wie geplant zu verlaufen. Das Luftschiff stieg in Fuhlsbüttel auf, nahm Kurs auf die offene See und beteiligte sich, wie es hieß, „den ganzen Tag an den Übungen des Kreuzergeschwaders". Stunde um Stunde zog L 1 bei ruhigem Wetter seine Fahrschleifen über dem Manövergebiet. Dann setzte Dauerregen ein, der zusehends stärker wurde und das Luftschiff immer schwerer machte. Trotzdem sollte die Übung auch unter diesen Bedingungen fortgesetzt werden.

Gegen 18.30 Uhr passierte L 1 noch einmal „unter strömendem Regen die Insel Helgoland in nordwestlicher Richtung in langsamer Fahrt", also nicht zurück zum rettenden Festland, sondern „in See, um mit der Hochseeflotte Aufklärungsmanöver auszuführen". Das Wetter verschlechterte sich nun schon von Minute zu Minute. Der Regen wurde dichter. Wind kam auf und nahm an Stärke zu; seine Böen schüttelten das träger gewordene Luftschiff. Ein Herbststurm kündigte sich an.

Gegen 19.00 Uhr geschah dann das Unglück 18 Seemeilen nordwestlich von Helgoland. L 1 wurde von einer Sturmböe gepackt und so wuchtig auf das Meer geschleudert, daß es beim Aufprall zerbrach. Es war nun ein Spielball der schäumenden Wellen. Teile des geborstenen Metallgerüstes durchbohrten die Traggaszellen, die sich entleerten und daher nicht mehr, wie sonst bei mancher geübten Wasserlandung, wie gewaltige Schwimmblasen wirken konnten. Als etwa eine Stunde später mehrere Torpedoboote zur Unglücksstelle gelangten, war das Luftschiff gesunken. Von der 20-Mann-Besatzung konnten nur sechs Schiffbrüchige lebend geborgen werden.

Das war nicht die erste Katastrophe eines Zeppelin-Luftschiffes, jedoch die bislang folgenschwerste. Die Marineleitung drängte auf die möglichst rasche Übergabe des zweiten Luftschiffes, das in Friedrichshafen bereits fertiggestellt war. Mit seinen Fahrten sollte demonstriert werden, daß der Untergang des L 1 lediglich „ein Betriebsunfall" war. Doch das war er keineswegs. Vielmehr war dies ein weiterer Beweis dafür, daß Großluftschiffe in stürmischem Wetter keine Chance hatten.

Als einziger „Zeppelin“ in seiner Klasse gebaut: das viermotorige Marineluftschiff L 2 mit spezieller Höhen- und Seitenruderanlage am Heck.

AN JENEM 9. SEPTEMBER 1913, ALS L 1 IN DEN NORDSEE-wellen versank, war das Nachfolgeluftschiff LZ 18 mit der Marinekennung L 2 in Friedrichshafen erstmals aufgestiegen. Es war das erste viermotorige Luftschiff. Die Maybach-Motoren erbrachten eine Gesamtleistung von 720 PS und die Fahrgeschwindigkeit erreichte 21 m/s, also 75 km/h.
Inzwischen hatte sich Prof. Johann Schütte, von dem noch die Rede sein wird, ebenfalls dem Starrluftschiffbau zugewandt, und zwar unter Verwendung leichten Holzes als Werkstoff für den formgebenden Gerüstbau. Im Zusammenhang mit seinen Konstruktionsarbeiten sind eine vollkommenere aerodynamische Luftschiff-Form, eine vereinfachte und dadurch wirkungsvollere Ruderanlage sowie weitere Verbesserungen entstanden und zum Patent eingereicht worden, die der höheren Sicherheit im Fahrtenbetrieb zugute kamen.
Dazu gehörte der Einbau von Schächten, durch die das Gas, wenn es aus den Tragzellen entwich oder abgelassen wurde, nach oben ins Freie austreten und sich dadurch nicht mehr im Innenraum des Luftschiffes ausbreiten konnte. Doch wurden solche Verbesserungen, die in besonderen Situationen lebenswichtig werden könnten, von Zeppelin aus Gründen der Einsparung von Lizenzgebühren vorläufig nicht beim Bau der eigenen Luftschiffe berücksichtigt. In Friedrichshafen ahnte man noch nicht, daß dies bald schwerwiegende Folgen haben würde.
Das neue Luftschiff L 2 machte einen insgesamt sehr guten Eindruck, denn es absolvierte alle Probefahrten ohne jegliche Beanstandung. Am 20. September 1913 stieg es um 4.25 Uhr in Friedrichshafen auf. Der Auftrag, eingetragen in das Bordbuch, lautete: „Überführungsfahrt nach Johannisthal“. Es wurde eine unfallfreie Fahrt, lediglich einzelne kleinere technische Störungen sind in das Bordbuch eingetragen worden. Die Fahrtroute führte über Biberach, Ulm, Nürnberg, Erlangen, Bamberg, Lichtenfels, Ludwigstadt, Saalfeld, Jena, Naumburg, Leipzig, Torgau, Jüterbog, Luckenwalde und Trebbin nach Johannisthal, wo das Luftschiff nach rund zwölfstündiger Fahrt um 16.08 landete. Diesmal hatte man auf eine umwegreiche Werftpropagandafahrt über Gebiete der Nordseeküste verzichtet. So stand, knapp zwei Wochen nach dem Untergang des L 1, ein neues Marineluftschiff in Johannisthal, stieg aber vorerst nicht auf, denn die offizielle Abnahmefahrt, zu der eine spezielle Marinekommission erwartet wurde, verzögerte sich. So blieben die Tore der Zeppelin-Halle erst einmal geschlossen.
Der Grund für diese Verzögerung hing mit den regelmäßigen Johannisthaler Flugveranstaltungen zusammen. Vom 28. September bis 5. Oktober 1913 sollte eine Herbstflugwoche stattfinden. Die Vorbereitungen waren, als L 2 eintraf, in vollem Gange. Teilnehmer von verschiedenen Flugplätzen im Lande trafen nach und nach ein; gemeinsam mit ortsansässigen Fliegern unternahmen sie zahlreiche Probeflüge, bauten irgend etwas um und probten erneut. Eindecker und Doppeldecker verschiedener Baumuster kurbelten im Luftraum herum. Als die Flugwoche begann, standen 34 Flieger mit ihren Flugzeugen am Start. Zehntausende von Zuschauern erlebten begeistert die Vorführungen. Mehrere Höhenflugweltrekorde mit Passagieren wurden verbessert. Die Presse war des Lobes voll, und das lockte sogleich noch mehr Zuschauer aus dem nahen Berlin zum Flugplatz in Johannisthal.
Es ging, wie immer bei solchen Flugveranstaltungen, alles ein wenig hektisch zu. Keine geeignete Umgebung für eine Luftschiff-Abnahmefahrt. Als aber die Herbstflugwoche vorüber war, sollte die Pause bis zur nächsten großen Flugveranstaltung genutzt werden. Schon für die Zeit vom 23. bis 25. Oktober 1913 war der französische Meisterflieger Adolphe Pégoud mit seinen sensationellen Motorkunstflug-Vorführungen angekündigt. Also wurde die Abnahme des L 2 auf den 17. Oktober 1913 festgesetzt. Es wurde die schrecklichste Luftfahrtkatastrophe, die Johannisthal in seinen Blütejahren erlebt hat.

Die folgenschwerste Katastrophe eines Zeppelin-Luftschiffes vor dem ersten Weltkrieg ereilte L 2 in Johannisthal sechs Wochen nach seiner Erstfahrt.

DER 17. OKTOBER 1913 WAR EIN TAG VORZÜGLICHEN Herbstwetters mit sommerlichen Temperaturen über Johannisthal, denn die Sonne schien, und kein Wölkchen war am Himmel zu sehen. Abnahmewetter bester Güte also. Um 8.00 Uhr wurde das Luftschiff aus der Halle gezogen und auf dem Flugfeld zum Aufstieg bereitgestellt. Dort stand es dann zwei Stunden lang, denn plötzlich stellte sich heraus, daß noch ein Motor repariert werden mußte. Mit entsprechender Verspätung stieg L 2 dann auf. An Bord befanden sich 28 Personen: 15 Mann der Besatzung, elf Kommissionsmitglieder, zwei Offiziere als Gäste.

Das steigende Luftschiff hatte gerade Fahrt aufgenommen und war nur wenige hundert Meter über die Flugplatzgrenze hinausgelangt, als eine lautstarke Explosion zu hören war. Fensterscheiben naher Gebäude zerbarsten. Kinder und Erwachsene stürzten ängstlich schreiend und gestikulierend aus den Häusern, liefen dann in die Richtung, in der sie für einen Moment ein Luftschiff in lodernden Flammen und schwarzen Qualm hinter sich herziehend zur Erde fallen sahen. Als Helfer an der Absturzstelle eintrafen, fanden sie nur noch ein Gewirr von glühendem Metallgestänge vor, verstreute und rauchende Luftschiffhüllenfetzen, dazwischen die zur Unkenntlichkeit feuergeschwärzten Leichname der Fahrtteilnehmer.

Schon wenige Stunden danach wurden in der Berliner Innenstadt Gratis-Extrablätter des „Berliner Lokal-Anzeigers" verteilt – mit der Schlagzeile „Das Marineluftschiff ‚L 2' explodiert". In dieser ersten verbreiteten Meldung hieß es: „Heute Vormittag bald nach 10 Uhr explodierte das neue Marineluftschiff ‚L 2', das seit einiger Zeit in der großen Zeppelinhalle in Johannisthal lag, bei einer Uebungsfahrt ... In etwa 100 Meter Höhe schlug plötzlich eine riesige Stichflamme aus dem Ballon heraus, der sofort in Flammen gehüllt war. Das Luftschiff stürzte zu Boden und begrub die ganze Besatzung unter seinen Trümmern."

Sachlicher war der Text des Telegramms, das inzwischen dem Reichskanzler v. Bethmann-Hollweg vorlag: „Eurer Exzellenz melde ich gehorsamst: Das Marine-Luftschiff L 2 ist heute vormittag 10 Uhr 15 kurz nach seinem Aufstieg vom Flugplatz Johannisthal in 300 m Höhe explodiert. Sämtliche Insassen sind tot. An Bord befand sich außer der Fahrbesatzung die Marine-Abnahmekommission unter Führung des Korvettenkapitäns Behnisch vom Reichsmarineamt und als Vertreter der Zeppelinwerft Herr Luftschiffkapitän Gluth. Die Unfallstelle liegt etwa 500 m westlich vom Flugplatz Johannisthal. Über die Ursache des Unglücks ist noch nichts bekannt. Die Namen der Verunglückten werden alsbald veröffentlicht werden. – v. Tirpitz, Staatssekretär." (Die Namenswiedergabe des Luftschiffführers war unkorrekt; es handelte sich um Ferdinand Gluud.)

Die „B.Z. am Mittag" gab in ihrer regulären Ausgabe noch am Unglückstage den Augenzeugenbericht von Direktor Wiener von den „Albatros-Werken" in Johannisthal wieder, der den Absturz aus einer Distanz von etwa 500 m beobachtet hatte. Wiener schilderte die Katastrophe folgendermaßen: „In meinem Bureau wurde ich plötzlich durch eine ungewöhnlich starke Detonation aufgeschreckt. Ich hatte zunächst den Eindruck, als sei eine Flugmaschine auf das Dach unseres Fabrikgebäudes gestürzt. Ich eilte ans Fenster und sah nun den ‚L 2' in Flammen gehüllt zur Erde stürzen. Die Hülle war bereits vollständig verbrannt, auch von den Gasballonets war nichts mehr zu sehen. Das nackte Gerippe mit den Gondeln stürzte mit der Spitze nach unten auf der Rudower Seite des Flugplatzes zu Boden. Ich eilte sofort nach der Unfallstelle und beorderte auch unsere Fabrikfeuerwehr dorthin. Es gab aber nichts mehr zu retten. Das stolze Luftschiff bildete einen wüsten Trümmerhaufen, unter dem die Leichen der Besatzung begraben lagen."

Der „Berliner Lokal-Anzeiger" teilte in seiner Abendausgabe mit: „Der bekannte Flieger Hellmuth Hirth, der Augenzeuge war, gab unserem Mitarbeiter gleichfalls eine Schilderung ... Noch tief erschüttert schilderte er, wie zuerst die vordere Gondel Feuer gefangen hat und die Flammen sich dann blitzschnell über das Luftschiff verbreiteten. Drei kurz aufeinander folgende Explosionen vervollständigten das Vernichtungswerk. Die Passagiere stürzten aus der Höhe zu Boden, und auf sie fielen die Reste des Luftschiffes."

Eine minutiöse Beschreibung des schrecklichen Vorganges gab noch am selben Abend der „Amtliche Bericht des Reichsmarineamtes", aber er enthielt keine Ursachenangaben. Dafür wurde die Presse „halbamtlich" mit Vermutungen versorgt. Da war die Rede von einem möglichen „Oel- oder Benzinbrand", von „Reibungselektrizität, hervorgerufen durch Hüllengewebereibung in der Nähe des brennbaren Gases", von einer „sogenannten Fritterwirkung der an Bord befindlichen drahtlosen Station, daß also unter dem Einfluß der von der Station ausgehenden elektrischen Schwingungen irgendwo Fünkchen zwischen den Teilen des Luftschiffes ausgebrochen sind". Weitere Vermutungen richteten sich auf einen Vergaserbrand. Alles mündete schließlich in der Voraussage: „Da die Maschinenteile bei der Gewalt der Explosion fast völlig zerstört sind, ist es mit Sicherheit wohl nie festzustellen, auf welche Ursachen die Katastrophe zurückzuführen ist."

Dabei blieb es dann auch. In späteren „amtlichen Mitteilungen" wurden lediglich die bekannten Vermutungen wiederholt. Doch hatte es eine betriebsinterne Ursachenanalyse im Zeppelin-Werk gegeben, deren Ergebnisse durch eine spätere Veröffentlichung des Geschäftsführers Colsman bekannt geworden sind: „Es war ein unglücklicher Zufall, daß das Luftschiff in Johannisthal infolge einer Motorenstörung stundenlang vor dem Aufstieg in der Sonne gelegen hatte. Das Gas dehnte sich aus, und als die Zellen überprall wurden, mußten große Gasmengen entweichen. Schächte, durch welche das Gas aus dem Laufgang nach oben entweichen konnte, waren bei den damaligen Z-Luftschiffen noch nicht angebracht, obgleich deren Anbringung oft erwogen wurde. Aber diese Einrichtung war von Schütte zum Patent angemeldet, und das mochte der Grund sein, weshalb die Ausführung bei L 2 unterblieb. Bei der Anfahrt des Schiffes mußte sich hinter der Schutzwand der Führergondel ein Unterdruck bilden, in den das Wasserstoffgas durch den Baumwollstoff hindurch einströmte. Es ist anzunehmen, daß dann das Knallgasgemisch den Motor der Führergondel umspülte und an ihm entzündet wurde."

Demnach waren die fehlenden Gasaustrittschächte die Primärursache gewesen, konstruktive Mängel also. Diese Erkenntnis muß schon damals in zuständige Ohren außerhalb des Werkes gelangt sein, denn am 24. Oktober 1913 schrieb die „Inspektion der Luftschifftruppen" (Idluft) an den Zeppelin-Luftschiffbau: „Die Inspektion bittet um umgehende Angabe, welche besonderen Vorrichtungen an dem demnächst zur Ablieferung an die Heeresverwaltung kommenden Luftschiff ein ähnliches Ereignis, wie das des L 2, ausschließen."

Zeppelin kümmerte sich jetzt nur noch am Rande um den Luftschiffbau. Colsman schrieb: „Nach diesem Unglück befaßte sich Graf Zeppelin kaum noch mit der Entwicklung seiner Luftschiffe; er zog sich von der Werft fast ganz zurück und beschränkte sich auf die Aufgaben der Repräsentation."

Luftschiffabsturz aus der Luft beobachtet

„Am 17. Oktober, früh 6 Uhr 20 Min., startete ich auf meinem Wright-Doppeldecker mit 55 PS Motor, um den deutschen Dauerrekord von 9 Std. 1 Min., welchen Bruno Langer aufgestellt hatte, zu schlagen. Die für 10 Stunden Flugzeit nötigen 180 bis 200 Ltr. Benzin hatte ich in drei Tanks unterbringen lassen …

Der Motor lief brillant, der Tourenzähler stand wie genagelt. So flog ich Runde um Runde bald in 300 m, bald in 20 m Höhe, um recht viel Abwechslung zu haben. Wohl zwei Stunden mochte ich geflogen sein, da öffneten sich die Tore der großen Zeppelin-Halle und der neue L 2 wurde auf den Platz gezogen. Endlich eine kleine Abwechslung, dachte ich bei mir, und wartete aufmerksam auf den Moment des Aufstiegs. Runde um Runde flog ich, aber der Zeppelin blieb unbewegt am Platze liegen …

Im Stillen vergnügt über meinen bisherigen Erfolg richtete ich meine Aufmerksamkeit wieder dem Luftkreuzer zu. Den Grund seines langen Verharrens am Platze suchte ich mir in einer Motor-Panne zu erklären, als sich plötzlich das stolze Schiff vom Erdboden erhob und schnell größere Höhe zu gewinnen suchte. Sofort richtete ich meinen Kurs auf das Luftschiff zu, um eine Strecke hinterher zu fliegen. Auf ungefähr 160 m hatte ich dieses bereits erreicht und befand mich in gleicher Höhe ca. 250 m mit demselben, als ich in der vorderen Gondel einen Vorgang bemerkte, der mir das Herz im Leibe still stehen ließ. Eine Flamme stieg aus der Gondel empor, und im nächsten Moment glich das ganze Luftschiff einer Feuersäule. Die Eindrücke, welche die Explosion auf mich machte, bin ich nicht imstande wiederzugeben.

Wie ein Blitz durchschoß mich der Gedanke: ‚Aufgepaßt' – und im Bruchteil einer Sekunde traf mich der Explosionsdruck und schleuderte mich ca. 50 m in die Höhe. Starr-fascinirt haften meine Augen auf dem Todesschiff, und ich sehe aus der vorderen Gondel eine, aus der hinteren Gondel zwei Personen über Bord springen, und dann stürzt der stolze Luftkreuzer schneller und schneller in die Tiefe …

(Mohns, K.: Mein Dauerflug um die National-Flugspende und die Zeppelin-Katastrophe. – In: Die Flieger. – Berlin, 1914, S. 76 ff.)

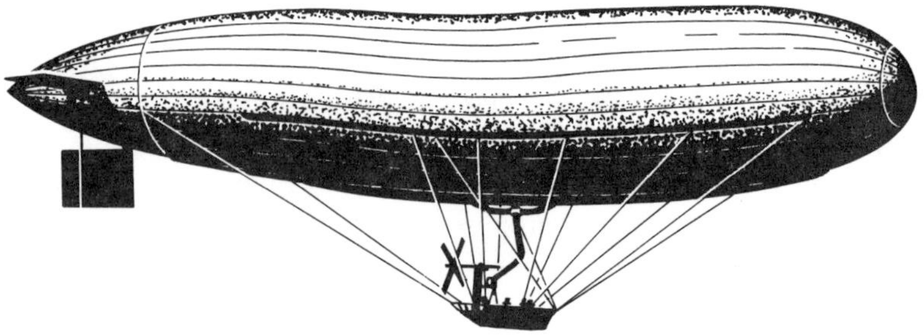

IV. Parseval-Luftschiffe

Zum bekanntesten Repräsentanten des deutschen Prallluftschiffbaus wurde August v. Parseval, seit dem Jahre 1911 Professor für Luftschiffahrt und Luftfahrzeuge an der Technischen Hochschule in Berlin-Charlottenburg.
Parsevals Arbeiten zur schrittweisen Entwicklung des Prallluftschiffes begannen in den neunziger Jahren des vorigen Jahrhunderts. Zunächst baute er gemeinsam mit Hans Bartsch v. Sigsfeld einen Fesselballon. Durch Versuche bei verschiedenen Windgeschwindigkeiten gewann Parseval wichtige Erkenntnisse über die geeignete Form, den Auftrieb, die Richtungsstabilisierung und die zweckmäßige Materialbeschaffenheit eines langgestreckten Ballons. Er nutzte sie, um daraus sein Luftschiffsystem zu entwickeln, das sich vom Zeppelinschen vor allem durch Einfachheit, geringere Größe, leichten Transport und hohe Elastizität unterscheiden sollte.
Das gelang ihm auch; seine Luftschiffe sind besonders durch Passagier-, Sport- und Reklamefahrten bekannt geworden. Etliche wurden für Heeres-Ausbildungszwecke im Inland verwendet, mehrere ins Ausland verkauft. Sonderlich billig waren diese Luftschiffe im Verhältnis zu ihrer Größe ebenfalls nicht. PL 3 beispielsweise hatte eine Länge von 48 m mit einem Volumen von 6600 m^3 und kostete 300 000 Mark. Im Jahre 1914 betrug der Verkaufspreis für ein etwa 85 m langes Luftschiff mit einem Fassungsvermögen von 10 000 m^3 Traggas schon 600 000 Mark.
Der Idee Parsevals lag ein anderes Konzept als dem des Luftschiffbaus in Friedrichshafen zugrunde. Ein Zeppelin-Luftschiff hatte mit seinem Starrgerüst eine konstante Form und Größe, war auf dem Landwege nicht transportierbar und wurde zerstört, wenn es starkem Wind am Boden oder in Bodennähe ausgesetzt war. Die Parseval-Luftschiffe besaßen kein derartiges starres Korsett. Daher konnte die Hülle mit der Bahn oder mit einem beliebigen anderen Transportfahrzeug an jeden gewünschten Ort befördert und dort mit Gas gefüllt werden. Geriet das Luftschiff am Boden in stürmischen Wind, konnte, wie bei einem Freiballon, die Reißbahn aufgezogen werden, das Gas entwich sofort, und die Hülle blieb erhalten. Verloren ging dann lediglich das Gas, in manchem Fall mußte die Hülle repariert, mitunter sogar erneuert werden. Zwar kam es auch mit Parseval-Luftschiffen zu allerlei Komplikationen und Zwischenfällen, aber nicht zu Katastrophen.
Zu jener Zeit war längst allgemein bekannt, daß das Gas allein – vor allem, wenn es während der Fahrt zu partiellem Gasverlust gekommen war – nicht ausreichte, die Außenhaut immer prall zu halten. Deshalb wurden für Prallluftschiffe sogenannte Ballonets als Hilfskonstruktion verwendet. Das waren Luftsäcke, die einzeln oder zu mehreren in die Luftschiffhülle eingebracht, von einem motorgetriebenen Gebläse mit Luft gefüllt wurden, sich dadurch ausdehnten, das Traggas zusammendrückten und gegen die Außenhaut preßten – wodurch diese „aufgeprallt“ wurde.
Eine damalige Beschreibung veranschaulicht die Funktion dieser Ballonets näher: „Nehmen wir einmal an, daß ein solches 10 000 Kubikmeter großes, prall gefülltes Prall-Luftschiff so hoch gestiegen ist, daß es dabei 20 Prozent seiner ursprünglichen Gasfüllung, also 2000 Kubikmeter in die freie Luft abgeblasen hat. Es will jetzt wieder auf den Erdboden herunter. Was geschieht? Das Gas zieht sich entsprechend der Zunahme des Außendrucks wieder zusammen. Unten angelangt ist der ... Gasraum jetzt nur noch mit 8000 Kubikmeter Gas gefüllt, das sich in seinen oberen Teilen ansammelt. Der ganze Ballon ist dadurch schlaff geworden, er hat seine äußere feste Form verloren und je nach der Art seiner Belastung eine neue merkwürdige Gestalt angenommen. Schiffsform aber hat er sicher nicht mehr. Ein Vorwärtsfahren ist gänzlich ausgeschlossen. Man muß schon zufrieden sein, wenn man das Schiff überhaupt noch heil zur Landung bringen kann. Da hilft das Ballonet. Während des Abstiegs wird es allmählich, entsprechend der Zusammenziehung des Gases im Innern des Gasraumes, mit Luft aufgepumpt, bis es schließlich unten am Erdboden eine neu hinzugekommene Luftmenge von 2000 Kubikmetern enthält ... Der Innenraum ist also wieder gänzlich ausgefüllt und kann demnach auch leicht unter Überdruck gehalten werden, wodurch seine feste äußere Form gesichert bleibt.“
Die Luftschiffe, von denen hier die Rede ist, wurden mit PL (für: Parseval-Luftschiff) und fortlaufender Numerierung bezeichnet. Als deutsche Heeresluftschiffe sind sie mit dem Buchstaben P (für: Parseval) und einer römischen Ziffer gekennzeichnet worden.

DAS ERSTE PARSEVAL-LUFTFAHRZEUG DIENTE ERprobungszwecken und wurde als Versuchsluftschiff bezeichnet. Nach den Angaben seines Konstrukteurs sind der Tragkörper und die Gondel in Augsburger Fabriken hergestellt worden. In der Ballonhalle des Luftschiffer-Bataillons in Tegel bei Berlin wurde das Luftschiff zusammengesetzt und mit Gas gefüllt. Am 26. Mai 1906 stieg es auf dem Tegeler Schießplatz zum ersten Male auf – und überraschte auf Anhieb mit seiner Funktionstüchtigkeit. Parseval konnte mit seinem Versuchsluftschiff zufrieden sein, denn, so schrieb er, „es konnte richtig geradeaus fahren und es war wirklich lenkbar“. Weitere erfolgreiche Probefahrten fanden im Juni 1906 statt.

Das PL-Versuchsluftschiff fuhr mit einem 85-PS-Daimler-Motor und erreichte damit Fahrgeschwindigkeiten von 12 m/s. Es hatte eine Länge von 48 m und konnte 2300 m^3 Traggas aufnehmen.

Infolge der Fahreigenschaften fanden sich sehr bald finanzielle Förderer. Schon am 31. Juli 1906 entstand eine „Motorluftschiff-Studiengesellschaft mbH.“ mit Sitz in Reinickendorf bei Berlin. Sie kaufte das Luftschiff mitsamt den Patenten, den Bauunterlagen sowie Fertigungsverfahren und erwarb das Recht zur alleinigen kommerziellen Verwertung. Für den letztgenannten Zweck gründete die Studiengesellschaft sogleich ein Tochterunternehmen – die „Luft-Fahrzeug-Gesellschaft mbH.“ (LFG) mit Sitz in Berlin und Werft in Bitterfeld.

Der Werftstandort Bitterfeld war gewählt worden, weil sich dort das Werk II der „Chemischen Fabrik Griesheim-Elektron“ befand. Es erzeugte kostengünstig – für 0,20 Mark pro Kubikmeter – das für die Tragkörperfüllungen benötigte Wasserstoffgas.

Beim Ausbau des Bitterfelder Luftschiffhafens sind unterirdische Leitungen verlegt worden, die es ermöglichten, das Gas aus der elektrolytischen Anlage der Chemischen Fabrik direkt in die Luftschiffhalle zu führen und dort den Füllstutzen des Luftschiffes anzuschließen.

Während der Bauarbeiten in Bitterfeld blieb das Versuchsluftschiff vorerst in einer Holzhalle in Reinickendorf. Dort ist es im Winter 1906/07 durch Umbau vergrößert und mit einer verbesserten Steueranlage ausgerüstet worden. Auch auf eine Pendelgondel wurde fortan verzichtet, die am Versuchsluftschiff erprobt worden war, sich aber nicht bewährt hatte. Die neue Gondelanordnung und ihre feste Verbindung mit dem Tragkörper schlossen Pendelbewegungen und dabei auftretende Eigenschwingungen künftig aus.

Nach dem Umbau hatte das Luftschiff eine Länge von 60 m, ein Volumen von 3200 m^3 sowie eine verbesserte aerodynamische Form. Es wurde nunmehr als PL 1 bezeichnet. Im Jahre 1907 sind insgesamt 18 Fahrten in das Bordbuch eingetragen worden, die längste führte auf der Route Berlin–Brandenburg–Berlin über eine 135-km-Strecke.

Seit dem Jahre 1908 befand sich PL 1 in der nunmehr fertiggestellten ersten Bitterfelder Halle. Dort erhielt das Luftschiff im Jahre 1909 nochmals eine neue Hülle und wurde vom „Kaiserlichen Aero-Club“ (KAeC) für Sport- und Ausbildungsfahrten angekauft. Der Standort blieb weiterhin Bitterfeld. Noch im selben Jahre wurde es für Fahrten auch außerhalb der Landesgrenzen eingesetzt. Im Oktober 1909 stieg PL 1 in Zürich zu mehreren Passagierfahrten auf, und zwar aus Anlaß des dortigen Gordon-Bennett-Wettbewerbes für Freiballone.

Das Luftschiff existierte sechs Jahre lang. Eine Zeitung meldete

Das Parseval-Versuchsluftschiff bei seinem Erstaufstieg am 26. Mai 1906 auf dem Tegeler Schießplatz bei Berlin.

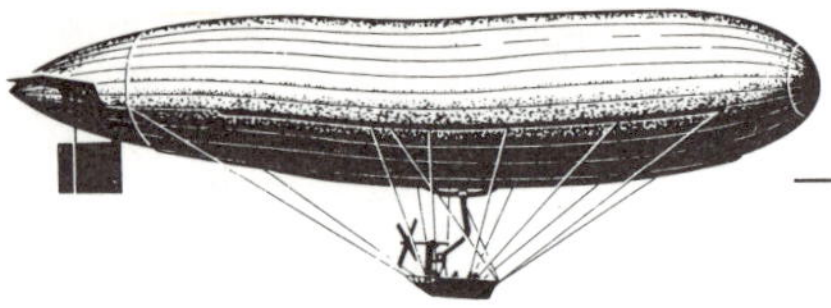

im Jahre 1912, daß es abgerüstet und die Hülle zu Freiballonen verarbeitet worden sei. Die Gondel wurde seinerzeit dem Deutschen Museum in München übergeben.

Das in Bitterfeld gebaute Parseval-Luftschiff PL 2 wurde im Spätherbst des Jahres 1908 von der preußischen Heeresverwaltung übernommen und mit der Bezeichnung P I in Dienst gestellt.

DAS ERSTE PARSEVAL-LUFTSCHIFF AUS DER BITTERfelder Werft trug die Baubezeichnung PL 2 und war im August 1908 zur Erstfahrt aufgestiegen. Gleich lang, aber dickbäuchiger als PL 1, faßte das neue Luftschiff nun schon 4000 m^3 Traggas. PL 2 war im Auftrage der Heeresverwaltung gebaut worden. Zu den Abnahmebedingungen, die als „Leistungsanforderungen“ vorgegeben worden waren, gehörten eine zehnstündige Dauerfahrt, eine Höhenfahrt auf 1500 m sowie die Luftschiffmontage – einschließlich der Gasfüllung aus Stahlflaschen – auf freiem Felde. Diese Bedingungen wurden ohne Schwierigkeiten erfüllt. Danach ist das Luftschiff übernommen und als erstes Prallluftschiff von der Heeresverwaltung mit der Bezeichnung P I für Ausbildungsfahrten in Dienst gestellt worden.
Im Vergleich mit den Zeppelin-Luftschiffen, deren „neuralgischer Punkt“ bei Kollisionen mit Hindernissen das Leichtmetallgerüst war, das bei Verformung oder Bruch nur demontiert, aber nicht mehr repariert werden konnte, war die „empfindlichste Stelle“ der Parseval-Luftschiffe die Außenhülle. Da sie zugleich der unmittelbare Gasbehälter war, richtete der Bitterfelder Luftschiffbau auf ihre Festigkeit und Elastizität besondere Aufmerksamkeit. Werftangaben zufolge wurden die Hüllen der ersten Parseval-Luftschiffe aus doppeltem und durch Gummierung verdichtetem Perkalgewebe hergestellt, „dessen Zerreißfestigkeit pro Quadratmeter etwa 1200 kg betrug“.
Etwa vom Jahre 1910 an bestand die Luftschiffhülle „aus drei Lagen Stoff, deren zwischenliegende Gummierung durch ein zeitgemäßes Walzverfahren so fest in den Stoff gepreßt wird, daß daraus ein unzertrennliches Ganzes wird, dessen Festigkeit pro Quadratmeter 2200 kg beträgt“. Darüber hinaus hatten ausdehnungsbegrenzende Querstreifen eine Sicherheitsfunktion: „Selbst wenn einmal beim Zusammenwirken mehrerer ungünstiger Momente der innere Überdruck weit über das zulässige Maß hinausgehen sollte, so schließen die quer zur Fahrtrichtung um die ganze Hülle herumlaufenden Querbänder (Trajektorien), welche in festen Taschen beweglich angebracht sind, eine Zerplatzgefahr vollends aus.“
Dieser Gefahr, daß der Tragkörper infolge überhöhten Innendrucks zerreißt und das Luftschiff abstürzt, war auch durch Sicherheitsventile entgegengewirkt worden, wie sie schon lange mit Erfolg bei Freiballonfahrten verwendet wurden. Gefährlicher waren hingegen Kollisionen mit Hindernissen bei Notlandungen oder beim Rangieren am Boden, etwa beim Ein- und Aushallen. Starke Baumäste, Schornsteinkanten oder hervorstehende Bolzen einer Luftschiffhalle konnten dazu führen, daß die Hülle durchbohrt, eventuell sogar aufgeschlitzt wurde.
So geschah es beispielsweise am 17. Mai 1911 in Metz. Unter starkem Winddruck wurde dort der Tragkörper des P I von scharfkantigen Teilen der Luftschiffhalle buchstäblich aufgesägt. Da bei dieser Havarie auch andere Teile erheblich beschädigt wurden, war eine Reparatur nicht mehr möglich. Das Luftschiff mußte in der Bestandsliste der Heeresverwaltung gestrichen werden.

DAS ERFOLGREICHSTE PASSAGIERLUFTSCHIFF AUS Bitterfeld wurde PL 6. Es hatte eine Länge von 70 m bei einem Volumen von 6800 m^3 und war am 30. Juni 1910 zur Erstfahrt aufgestiegen. Schon der zweite Aufstieg des Luftschiffes, am 12. Juli 1910, war der Beginn einer Fernfahrt, die mit acht Personen an Bord von Bitterfeld über Eilenburg, Wurzen, Oschatz und Meißen nach Dresden führte. Zwei Tage lang fanden dort Passagierfahrten über der Stadt und ihrer Umgebung statt. Der Aufstiegs- und Landeplatz auf dem Heller bei Dresden war bei der Ankunft von einer begeisterten Zuschauermenge umlagert, von der es hieß, daß sie „weit über 100 000 Köpfe zählte“.

PL 6 – das seinerzeit bekannteste Parseval-Luftschiff – machte vor allem mit Passagier- und nächtlichen Reklamefahrten über Berlin von sich reden.

Im selben Monat, in der Nacht zum 31. Juli 1910, stieg PL 6 in Bitterfeld zu einer 500-km-Fahrt nach München auf. Zwar gab es unterwegs einige technische Pannen und dadurch verursachte Notlandungen, aber am Abend des 2. August kreuzte das Luftschiff über dem Münchener Ausstellungsgelände – bereits ungeduldig erwartet und von zahllosen Zuschauern begeistert empfangen. In den Monaten bis zur Rückfahrt nach Bitterfeld am 10. Oktober 1910 sind über München sowie in die nähere und weitere Umgebung 53 Passagierfahrten ausgeführt und in rund 80 Fahrstunden etwa 3000 km zurückgelegt worden. Nennenswerte Zwischenfälle traten nicht auf. Das vermochte zu diesem Zeitpunkt kein anderes deutsches Luftschiff zu leisten.

Wenige Wochen nach dem Eintreffen des PL 6 in München war das Zeppelin-Luftschiff „Deutschland“ nach sieben Passagierfahrten im Teutoburger Wald gestrandet und völlig zerstört worden. Während PL 6 den Luftraum Bayerns durchkreuzte, verbrannte das Zeppelin-Luftschiff LZ 6 in der Halle von Baden-Oos.

Nach der überaus erfolgreichen Exkursion in das Münchener Gebiet ist PL 6 von der Johannisthaler „Luftfahrtbetriebs GmbH“ (ab 1911 ein Tochterunternehmen der „Luft-Verkehrs-Gesellschaft A.G.“/LVG) angekauft und für ausgedehnte Passagierfahrten sowie für Reklamefahrten eingesetzt worden.

Kaum von München nach Bitterfeld zurückgekehrt, durchgeprüft und nach Johannisthal übergeben, verließ PL 6 seinen neuen Standort am 28. Oktober 1910 zu einer neuerlichen Passagierfahrten-Exkursion nach Kiel. Im Verlaufe einer reichlichen Woche fanden im nordseeküstennahen Raum elf Fahrten mit 83 Teilnehmern statt. Doch wurde die Fahrtenserie in der Nacht vom 6. zum 7. November 1910 infolge starken Sturmwetters beendet. Das Luftschiff war in jener Nacht auf einem Rennplatz bei

Hamburg-Altona im Freien verankert, als ein Sturm aufkam. Dutzende von Soldaten und Feuerwehrmännern konnten PL 6 nicht mehr halten, die Reißbahn mußte aufgezogen werden, das Gas entwich sekundenschnell, die Hülle fiel in sich zusammen und bot dem Sturm keine Angriffsfläche mehr: Die Gefahr war gebannt.

Das demontierte Luftschiff ist dann per Bahn nach Bitterfeld verfrachtet und dort gründlich durchgesehen worden. Als es am 20. Dezember 1910 wieder in Johannisthal eintraf, war es mit einer kompletten Reklame-Projektionseinrichtung ausgestattet, die Ingenieur Romeo Wankmüller entwickelt und in Bitterfeld erprobt hatte. Nun war es möglich, von Projektoren, die auf seitlich ausschwenkbare Gondelausleger montiert waren, auf beide Seiten der Traghülle in bestimmter Reihenfolge verschiedene Reklamebilder zu projizieren. Dazu waren beidseitig 18 m lange helle Leinwandfelder auf die Hülle gebracht worden, um die Luftreklame in der Dunkelheit gut sichtbar zu machen.

PL 6 hatte nunmehr die zusätzliche Funktion eines Reklameluftschiffes erhalten. Deshalb standen fortan auch vielerlei Nachtfahrten auf dem Programm. Die Erstvorführung war eine nächtliche Fahrt am Silvesterabend des Jahres 1910. Stundenlang fuhr PL 6 über Berlin umher, geschmückt mit roten und blauen Glühlampenketten – und dadurch weithin sichtbar. Wenn die Projektionsscheinwerfer aufstrahlten, war über dem Häusermeer deutlich „Prosit Neujahr!" zu lesen. Berlin hatte eine neue Attraktion, die Presse neue Schlagzeilen.

Schlagzeilen anderer Art lieferte ein tödlicher Unfall, der sich am Abend des 4. März 1912 ereignete. PL 6 war gerade von einer seiner Reklamefahrten über Berlin zurückgekehrt und auf dem Flugplatz Johannisthal trotz aufkommenden Windes glatt gelandet. Die Haltemannschaft am Boden, bestehend aus 40 Männern, packte kräftig zu, um das Luftschiff in die Halle zu führen. Aus den Motoren wurde das Kühlwasser abgelassen – dadurch waren sie außer Funktion gesetzt und konnten das nachfolgende Unglück nicht mehr verhindern. Ballonmeister Nobbers und weitere Mitglieder der Besatzung sprangen aus der Gondel und verstärkten die Haltemannschaft, denn der Wind frischte weiter auf, packte das Luftschiff. Die Männer an den Seilen gerieten ins Taumeln und mußten den PL 6 schließlich freigeben, als ihre Kraft nicht mehr ausreichte.

Nobbers wurde von einem der Seile umschlungen und in die Höhe mitgerissen, als PL 6 jetzt wie ein Freiballon über Schöneweide in Richtung Biesdorf davontrieb. Mittels der Ventile wurde Gas abgelassen, dadurch näherte sich das Luftschiff dem Boden und kam erst nach langer Gleitfahrt hinter Biesdorf an einem Hindernis zum Stehen. Dabei ist der unglückliche Ballonmeister, der sich aus der Seilumklammerung nicht hatte befreien können, zu Tode geschleift worden. Er wurde unter der Teilnahme zahlreicher Flieger und Luftschiffer beigesetzt. Auf dem Flugplatz Johannisthal wehten die Fahnen auf Halbmast. Nobbers war der erste Luftschifftote in der Johannisthaler Flugplatzgeschichte.

Das war die folgenschwerste, aber keineswegs die letzte Havarie des Luftschiffes. Eine andere, vom Obermaschinisten Richard Klaaßen im Tagebuch festgehalten, ereignete sich zehn Wochen später. Datiert mit dem 25. Mai 1912 schrieb er: „Morgens 5 Uhr sollte die Fahrt nach Leipzig angetreten werden, da jedoch ein Wind von cirka 10 m/s wehte, wurde bis 7 Uhr gewartet. Um diese Zeit hatte der Wind etwas nachgelassen. Mit cirka 80 Mann wurde der Ballon aus der Halle gebracht, was auch glatt vonstatten ging." Mit 13 Personen an Bord und kräftigem Rückenwind fuhr PL 6 geradezu im Rekordtempo von Johannisthal zu einem Leipziger Sportplatz:

„Wir hatten sehr schnelle Fahrt und überholten den D-Zug. Nach 38 Min. waren wir bereits gelandet. Der Wind wehte recht kräftig. Gegen 10 Uhr wurde er immer stärker, und es riß um diese Zeit ein Ankerseil am Ballon. Dieses wurde durch ein Hanfseil ersetzt. Jetzt wurde alles klar zum Reißen gemacht. Die Soldaten, die bisher die Sache mehr als Spielerei aufgefaßt hatten, merkten, daß es ernst wurde und hielten, was sie halten konnten."

Während aber der Luftschiffer Hackstetter fortgeeilt war, um Wettermeldungen einzuholen, „riß das letzte Ankerseil und auch das Schleppseil. Obwohl wir jetzt sofort beide Reißleinen zu gleicher Zeit rissen, wurde der Ballon durch den gewaltigen Luftdruck cirka 20 m hochgehoben, um dann mit eben solcher Gewalt zu Boden zu schlagen. Nach einer Schleiffahrt von cirka 250 m durchschlug die Gondel noch ein hohes Drahtgitter eines Tennisplatzes, kippte dabei halb um, wodurch ein Propeller zerstört wurde, und blieb dann liegen. Der Gondelrahmen wurde zum Teil erheblich verbogen ... Ein Soldat der Haltemannschaft war am Seil einige Meter hochgerissen worden, ließ dann los und brach sich ein Bein. Abends 6 Uhr war bereits alles auf drei Lastautomobile verpackt, und um 9½ Uhr war alles in Bitterfeld abgeladen."

Wieder mußte das Luftschiff in die Werft, erneut bekam es eine neue Hülle zugeschneidert. Am 18. August 1912 stieg es dann wieder auf, als wäre nichts geschehen. Wenig später, am 19. September, wurde die 300. Fahrt in das PL-6-Bordbuch eingetragen. Inzwischen hatte es sich herausgestellt, daß die Aufträge der verschiedenen Unternehmen für nächtliche Reklamefahrten zwar weiter zunahmen, aber wegen widriger Wetterbedingungen bei weitem nicht „abgefahren" werden konnten. Und wagemutige Risiken, das wußte man inzwischen auch bei der LVG, zahlten sich am Ende nicht aus. So verzichtete man schließlich gänzlich auf die Nachtreklame in luftiger Höhe und damit auch auf die seitlichen Projektionsflächen. Am 12. Oktober 1912 erhielt das Luftschiff den Namen „Stollwerck" und fungierte nunmehr bei allen seinen Fahrten als Dauerreklameträger für die gleichnamige Schokoladenfabrik, die dafür jährlich 25 000 Mark an die LVG zahlte.

PL 6 hatte im Verlaufe der Jahre manchen Sturm erlebt, seine Besatzungen waren zahlreichen Luftabenteuern ausgesetzt. Es gab wohl kein Teil am Luftschiff, das nicht nach und nach erneuert oder gar mehrmals ersetzt worden wäre. Bis zum Beginn des ersten Weltkrieges sind mit ihm bei 392 Fahrten mindestens 4000 Personen befördert worden. Bald darauf wurde es demontiert, denn es war zwar robust, aber nicht für die kriegerische Verwendung geeignet.

In der bei Parseval-Luftschiffen generell offenen Gondel (im Bild: PL 11/Heeresluftschiff P III) waren sowohl die Besatzung als auch Fahrgäste sowie die Motorenanlage und Kraftstoffbehälter untergebracht.

DAS LUFTSCHIFF PL 11 WAR MIT EINER LÄNGE VON 84 m und einem Traggasvolumen von 10 000 m^3 eines der größten damaligen deutschen Pralluftschiffe. Es stieg in Bitterfeld am 13. Dezember 1911 zur Erstfahrt auf und wurde als Heeres-Ausbildungsfahrzeug mit der Bezeichnung P III in Dienst gestellt. Zu

den Abnahmebedingungen hatten eine sechzehnstündige Dauerfahrt sowie eine Höhenfahrt auf 1600 m gehört.
Anders als bei Zeppelin-Luftschiffen mit ihren überdachten Gondeln und den Kabinenfenstern, waren sämtliche Abteile bei Parseval-Konstruktionen auf engstem Raum in einer offenen Gondel vereinigt: die Abteilung für die Schiffsführung, das Passagier- bzw. Fahrschülerabteil und die Maschinenabteilung, die im Gondelheck untergebracht war. Die Gondel hatte eine Bootsform, demzufolge auch eine Bugspitze, die den Fahrtwiderstand verringern sollte. Als Baumaterial für die Gondel wurde nahtlos gezogenes Stahlrohr verwendet. Zumeist war nur das Vorderteil verkleidet; im Mittel- und Heckteil waren die Seitenwände am Stahlrohrrahmen lediglich mit Maschendraht bespannt. Durch die Verwendung von Aluminium oder Messing für die Gondelbugverkleidung versuchte man, „den Kompaß gegen die sonst auftretenden magnetischen Einwirkungen der Stahlrohre zu schützen".
Die Luftschiffmotoren im Gondelheck unterlagen der Wartung während der Fahrt. An beidseitigen Auslegern, ebenfalls aus Stahlrohr konstruiert, waren die Propeller angebracht. Motorische Kraft wurde bei kleineren Luftschiffen mittels Ketten, bei größeren mittels Kardanwellen auf die Luftschrauben übertragen. Ballast wurde in Wassersäcken mitgeführt, die – wie Sandsäcke an Freiballonen – außenbords an beiden Seiten des Gondelbugs hingen. Damit wurde zwar der Vorteil wieder aufgegeben, mittels der Bugspitze den Luftwiderstand zu vermindern, doch war im Innenraum der Gondel für die Ballastsäcke kein Platz.
Die Fahrt mit einem Parseval-Luftschiff brachte nicht nur wegen der Enge im Gondelraum einige Erschwernisse mit sich, sondern auch infolge der unmittelbaren Nähe lautstark ratternder Motoren erhebliche Lärmbelästigungen für die Mitreisenden. Selbst die Kommunikation zwischen dem Luftschiffführer und den Maschinisten war schwierig, obgleich sie nur wenige Meter voneinander entfernt waren. Für deren Verständigung sorgte deshalb ein „Maschinen-Telegraph", wie er aus der Seefahrt als Verbindung zwischen der Kommandobrücke und dem Maschinenraum bekannt war.
Weitere Arbeitserschwernisse ergaben sich für die Besatzung aus dem Sachverhalt, daß die Gondel nach allen Seiten offen und nur im Vorderteil bis knapp zur Brusthöhe verkleidet war. Dadurch waren alle Fahrtteilnehmer oft stundenlang ständigem Luftzug ausgesetzt. Immerhin erreichte P III bereits Fahrgeschwindigkeiten von rund 65 km/h. Gegen Unterkühlung half deshalb nur möglichst dicke und wärmende Bekleidung. An gastronomischen Service, wie etwa in den Passagierluftschiffen der DELAG, war überhaupt nicht zu denken. Luxus boten die Parseval-Luftschiffe also nicht.

Nach seiner Indienststellung und hinreichenden Übungsfahrten ist P III nach Königsberg (heute Kaliningrad) gefahren und dort für Ausbildungszwecke stationiert worden. In einer Werkschrift der LFG war zu lesen: „In späterer Zeit legte das Schiff die gleiche Strecke von 563 Kilometern in 7 Stunden zurück." Das mußte aber eine Fahrt mit starkem Rückenwind gewesen sein, denn das Stundenmittel lag bei 80 km/h und übertraf damit erheblich die Leistungsangaben der Bitterfelder Werft für dieses Luftschiff.

EBENFALLS EIN VOLUMEN VON 10 000 m³, WIE PL 11/P III, hatte das Luftschiff PL 14. Doch sind die aufgefundenen Werftangaben möglicherweise nicht ganz exakt, denn PL 14 war – diesen Datenangaben zufolge – einen Meter länger und von einem etwas größeren Durchmesser als PL 11. Die Erstfahrt in Bitterfeld fand nach einer Bauzeit von nur zwei Monaten am 27. Februar 1913 statt.
Parseval-Luftschiffe galten inzwischen als vielseitig einsetzbar, relativ kostengünstig im Betrieb und unter den vielfältigen Verwendungsbedingungen als unkompliziert handhabbar. Einer der Parseval-Luftschiffführer schrieb: „Man kann die P-Luftschiffe in wenigen Stunden demontieren und verpacken, auf zwei Leiterwagen offen oder – zum Transport in ferne Länder – in zwei Kisten."
Diese Luftschiffe verhielten sich in der Luft stabil wie ein Fesselballon, besaßen aber infolge ihrer Beweglichkeit und Reichweite einen beträchtlichen Aktionsradius. Daher war es nicht verwunderlich, daß sich Heeresverwaltungen mehrerer Länder dafür interessierten. Von 18 Luftschiffen, die bis zur Jahresmitte 1914 die Bitterfelder Werft verließen, wurden acht nach Österreich, Rußland, Japan, Italien, Großbritannien und in die Türkei verkauft. Ihre Nutzer gingen davon aus, daß die Parseval-Luftschiffe „für alle Erkundungsaufgaben genügen, die sich innerhalb eines Tages erledigen lassen". Vorausgesetzt, die Wetterlage ließ solche Luftaufklärungsfahrten zu – und es wurde dann nicht auf das Luftschiff geschossen. Aber immerhin hatten zahlreiche Übungen ausreichend belegt, daß Gräben, Befestigungen, Truppenansammlungen und Transportwege aus der Luft leichter,

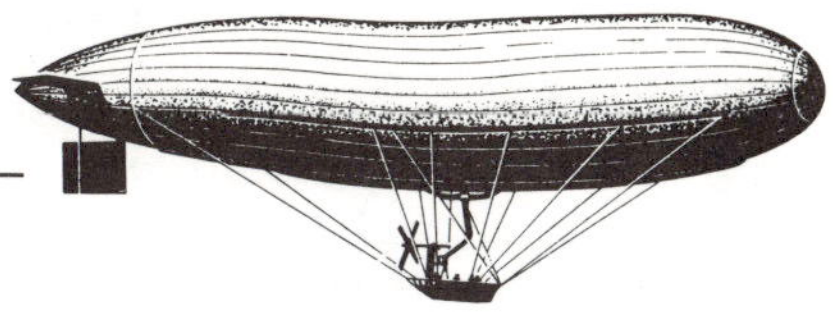

Das an die russische Heeresverwaltung gelieferte Pralluftschiff PL 14 hatte bereits ein Traggasvolumen von 10 000 m^3.

schneller und zuverlässiger zu erkennen waren als von Reiterpatrouillen.
Das Luftschiff PL 14 entstand im Auftrage der russischen Heeresverwaltung. Eine Militärkommission kam für die Abnahme nach Bitterfeld. Die Abnahmebedingungen bestanden aus einer zehnstündigen Dauerprobe der mit Vollast laufenden Motoren, einer Fahrt zur Feststellung der Eigengeschwindigkeit sowie aus einer Dauerfahrt bei gleichzeitigem Aufstieg auf 1750 m Höhe.

Danach wurden die künftige Besatzung in Bitterfeld ausgebildet und das Luftschiff ordnungsgemäß übergeben. In Rußland fuhr PL 14 fortan unter dem Namen „Burewestnik“ (Sturmvogel). Es war das zweite nach Rußland gelieferte Luftschiff. Das erste war PL 7 im Jahre 1910 gewesen, das in Rußland unter dem Namen „Grif“ (Greifvogel) fuhr.

„Vorzüge der Parseval-Luftschiffe“
Unter dieser Überschrift bot die „Luftfahrzeug-Gesellschaft mbH“ (LFG) die in Bitterfeld gebauten Luftschiffe an:
„Alle bisherigen Versuche und Fahrten mit Parseval-Luftschiffen haben folgende Vorteile dieses Systems bewiesen:

1. Das Parseval-Luftschiff ist das leichteste, weil es kein schweres Versteifungsgerippe zu tragen hat.
2. Das Parseval-Luftschiff ist das manovrierfähigste, da seine Schrauben vor- und rückwärts laufen können und somit eine Landung auf dem denkbar kleinsten Gelände ermöglichen.
3. Das Parseval-Luftschiff ist das bei Landungen widerstandsfähigste, da die starren Teile auf engstem Raum vereinigt sind.
4. Das Parseval-Luftschiff ist das handlichste, da es im entleerten Zustand bequem transportiert werden kann und erst an der Wirkungsstätte gefüllt zu werden braucht.
5. Das Parseval-Luftschiff ist unter sonst gleichen Bedingungen das schnellste und besitzt den größten Aktionsradius.
6. Das Parseval-Luftschiff ist das billigste in der Anschaffung und im Betrieb, speziell unter Berücksichtigung, daß kostspielige Luftschiffhallen für etwaige Zwischenstationen nicht errichtet zu werden brauchen.“

(Mit Parseval in den Lüften! Hrsg.: Luftfahrzeug-Gesellschaft mbH. – Berlin-Bitterfeld, etwa 1911, S. 25)

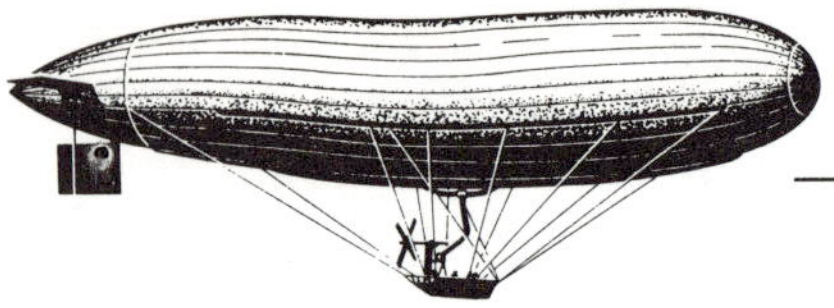

IM AUFTRAGE DER ITALIENISCHEN HEERESVERWALtung entstand PL 17, wiederum ein 10000-m³-Luftschiff. Es war schon am 3. September 1912 zur Erstfahrt aufgestiegen. Aus Bitterfeld verlautete: „Nach den kontraktlich festgelegten Abnahmebedingungen mußte, außer einer Geschwindigkeitsprüfung und einer Reihe von Ausbildungsfahrten für das zukünftige Schiffspersonal, eine Dauerfahrt geleistet werden, bei welcher das Luftschiff sechs Stunden lang mit äußerster Anstrengung der Motoren fahren mußte. Sämtlichen Anforderungen genügte der PL 17 vollständig. Im Oktober 1912 wurde das Schiff von der italienischen Militärkommission endgültig übernommen, nach Italien überführt und daselbst in Betrieb genommen."

Die „Deutsche Luftfahrer-Zeitschrift" teilte damals ergänzend einige Neuerungen mit, durch die PL 17 nach seiner Fertigstellung aufgefallen war. Danach besaß das neue Luftschiff „nicht mehr die charakteristische gelbe Farbe der Parseval-Luftschiffe", sondern der Hüllenstoff war „vollständig mit Aluminium imprägniert, wodurch das Schiff ein prachtvoll silbern glänzendes Aussehen erhielt". Und weiter: „Die Form wurde erheblich schlanker gehalten und ist jetzt fischähnlich. Um den Luftschiffkörper laufen meridianartig zahlreiche, als feine Linien sichtbare Spannbänder, die die Last der Gondel gleichmäßig auf die Hülle verteilen und außerordentlich zur Erhöhung der Festigkeit beitragen."

Die Beschichtung der Luftschiffhülle mit Aluminiumpuder war im italienischen Luftschiffbau schon seit längerem üblich. Das Verfahren diente vor allem dem Zweck, die Erwärmung des Traggases unter dem Einfluß von Sonnenbestrahlung zu vermin-

Parseval-Luftschiffe bis zur Jahresmitte 1914

Werkbezeichnung	Erstfahrt	Verwendung	Einsatzbezeichnung	Bemerkung
PL	1906	Versuche		umgebaut in PL 1
PL 1		Versuche/Sport		KAeC-Luftschiff[1]
PL 2	1908	Militär	P I	Heeresverwaltung
PL 3	1909	Passagier/Militär	P II	Heeresverwaltung
PL 4	1909	Militär	M I	Österreich: Heer
PL 5	1909	Sport/Passagier		LVG-Luftschiff[2] (1911)
PL 6	1910	Passagier/Reklame		LVG-Luftschiff[2]
PL 7	1910	Militär	„Grif"	Rußland: Heer
PL 8	1911/12	Militär	P II (Ersatz)	Heeresverwaltung
PL 9	1910/11	Passagier/Militär		Türkei: Heer
PL 10	1910	Passagier		LVG-Luftschiff[2]
PL 11	1911	Militär	P III	Heeresverwaltung
PL 12	1912	Passagier	„Charlotte"	Rhein.-Westfäl. Gesellschaft
PL 13	1912	Militär		Japan: Heer
PL 14	1913	Militär	„Burewestnik"	Rußland: Heer
PL 15	1913	Militär		Italien: Heer
PL 16	1913	Militär	P IV	Heeresverwaltung
PL 17	1912	Militär		Italien: Heer
PL 18	1913	Militär		Großbritannien: Heer
PL 19	1914	Militär		Marineverwaltung

1) KAeC: „Kaiserlicher Aero-Club"
2) LVG: „Luft-Verkehrs-Gesellschaft A.G."

dern, dadurch die Luftschiffführung zu erleichtern und die Sicherheit zu erhöhen.
Eine weitere Ausstattungsbesonderheit, die auf die Absicht zurückging, das Pralluftschiff in Italien nicht nur über dem Festland, sondern auch für Fahrten über dem Mittelmeer einzusetzen, bestand in der Schwimmausrüstung: „Der Lenkballon ist mit Luftschwimmkörpern versehen, die ermöglichen, daß er auf der Wasserfläche niedergehen und von dort wieder aufsteigen kann.“ Damit waren aufblasbare Schwimmelemente gemeint, die außenbords am unteren Rand um die Gondel herum befestigt werden konnten und sie dadurch über Wasser hielten. Auf diese Weise war nicht nur das Aufsetzen und Wiederaufsteigen bei Wasserlandungen möglich, sondern sogar – bei ruhiger See – eine vorsichtige und „gut abgewogene“ Gleitfahrt auf der Wasseroberfläche. Diese pneumatischen Schwimmkörper waren in kurzer Zeit, sogar während der Fahrt, montierbar. Auch diese Sicherheitsausrüstung war Bestandteil des italienischen Bauauftrages gewesen.

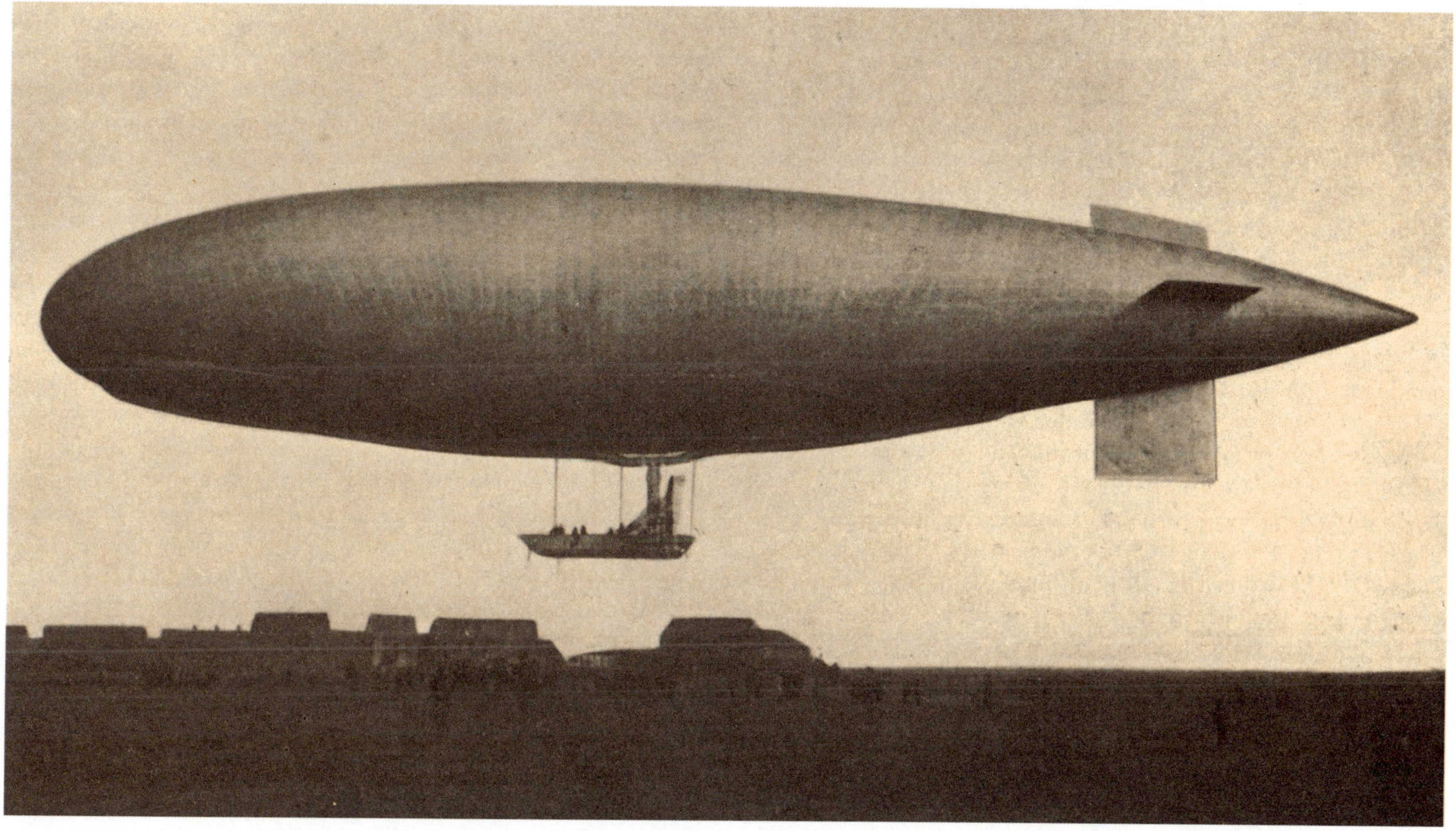

Parseval-Luftschiffe fanden das Interesse mehrerer ausländischer Heeresverwaltungen; PL 17 wurde gegen Jahresende 1912 nach Italien geliefert.

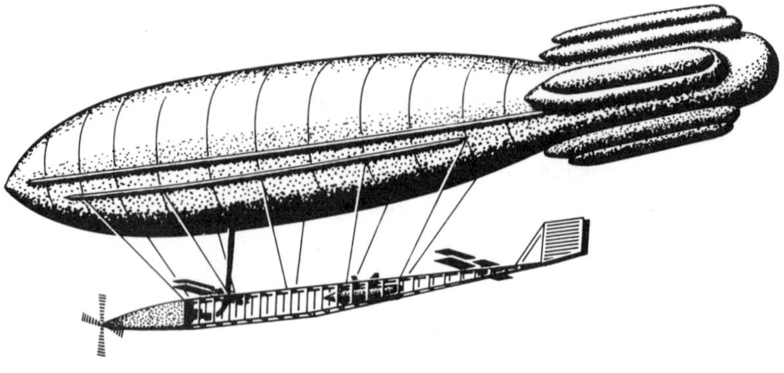

V. Militärluftschiffe international

In den Jahren vor dem ersten Weltkrieg dominierte in allen Ländern, die Luftschiffe verwendeten oder verwenden wollten, die Tendenz zum militärischen Einsatz, vorwiegend für Zwecke der Luftaufklärung. Nur in geringem Maße spielten zivile Verwendungsmöglichkeiten in den Überlegungen eine Rolle. Dafür gab es zwei wesentliche Gründe. Erstens waren alle Armeen daran interessiert, ihr Handlungspotential mit Hilfe von Luftfahrzeugen zu erhöhen und forcierten deshalb mit hohen finanziellen Zuwendungen die Entwicklung von Luftschiffen oder deren Ankauf. Zweitens war insbesondere der Unterhalt von Großluftschiffen mit einem so erheblichen Aufwand an Personal, an Betriebsmitteln und für den Bau von Luftschiffhallen verbunden, daß selbst lukrativ erscheinende Vergnügungsfahrten mit zahlungskräftigen Passagieren ein kommerzielles Wagnis blieben. Auch die DELAG in Deutschland hätte nicht lange existieren können, wenn sie nicht außerdem Militärluftschiffer zu Lasten des Militärbudgets ausgebildet hätte.

Während sich die Militärverwaltungen der verschiedenen Länder im Hinblick auf den Flugzeugbau anfangs darauf beschränkten, die Leistungsentwicklung der kleinen und mittleren Flugzeugbaubetriebe abzuwarten sowie gelegentlich einzelne Flugapparate für Erprobungs- oder Schulungszwecke anzukaufen, war der fabrikmäßige Luftschiffbau von vornherein nur Großunternehmen möglich – und auch dann zumeist auf der Basis von Vorfinanzierungen, die mit militärischen Bauaufträgen verbunden waren.

Die militärische Eignung der Luftschiffe ist unter verschiedenen Gesichtspunkten erprobt und oft bereits mit dem Bauauftrag als Leistungserwartung artikuliert worden. Eine besondere Rolle spielten Forderungen, die sich auf die Fahrdauer und Fahrgeschwindigkeit (also die Reichweite), die Steighöhe, die Lenkbarkeit bei verschiedenen Windgeschwindigkeiten sowie die Tragfähigkeit der Luftschiffe richteten. Vor allem die letztgenannte Anforderung war es, die im Entwicklungsverlauf zur schrittweisen Erhöhung des Traggasvolumens und damit zur Herausbildung von Großluftschiffen geführt hatte.

Dabei ergaben sich von vornherein unterschiedliche technische Voraussetzungen für Starr- und Pralluftschiffe. Während die größte Länge eines Pralluftschiffes mit rund 100 m als erreicht galt (das größte französische Luftschiff jener Zeit und dieser Art entstand in den Lebaudy-Werken für die britische Heeresverwaltung und hatte eine Länge von 103 m), war die Länge von 140 m für das französische Starrluftschiff des Konstrukteurs Joseph Spiess im Bauzustand des Jahres 1913 noch keineswegs der kritischen Grenze nahe.

Wurde in Deutschland die Starrbauweise bevorzugt und speziell gefördert, so haben sich in anderen Ländern hauptsächlich das pralle und das halbstarre Luftschiff als Konstruktionskonzept durchgesetzt. Das Starrluftschiff ist in Frankreich und Großbritannien zwar erprobt worden, aber nicht in die Serienfertigung gelangt.

Im Unterschied zum Pralluftschiff sind als Halbstarrluftschiffe jene bezeichnet worden, die unter dem Kiel ein versteifendes Gerüst aufwiesen, das deshalb auch Kielgerüst genannt wurde. Es hatte die Funktion, eine günstige Lastverteilung auf den Tragkörper (den langgestreckten Ballon) zu ermöglichen und sein Durchbiegen oder gar Einknicken bei verringertem Innendruck zu verhindern.

Vor allem französische und britische Luftschiffkonstrukteure haben das halbstarre Prinzip mit Erfolg genutzt. Im Kielgerüst konnten zudem die Motoren, die Kraftstoffbehälter, der Ballast und die Besatzung untergebracht und auf eine größere Schiffslänge verteilt werden, als es in den relativ beengten Gondeln an Pralluftschiffen möglich war.

Bei entsprechender Konstruktionsweise des Kielgerüstes, die eine kurzfristige Montage und Demontage erlaubte, blieben die erheblichen Vorteile des Pralluftschiffes – vor allem der raschen Gasentleerung, des Transportes auf dem Land- oder Seewege sowie der Wiederauffüllung an beliebigen Orten aus Stahlflaschen – erhalten. Das war mit jedem Starrluftschiff von vornherein unmöglich, denn bestenfalls konnte es auf einem Zwischen- oder Notlandeplatz nachgefüllt werden.

Daraus ergaben sich für Prall- bzw. Halbstarrluftschiffe vielfältigere Verwendungsvarianten, die besonders für französische Firmen zu Aufträgen aus dem Ausland führten. Von den vier französischen Herstellerwerken sind in den Jahren vor dem ersten Weltkrieg 15 Luftschiffe in andere Länder verkauft worden. Hingegen sind aus Großbritannien, Italien und Rußland, die ebenfalls über einen eigenen Luftschiffbau verfügten, keine Auslandsverkäufe in dieser Zeit bekannt geworden.

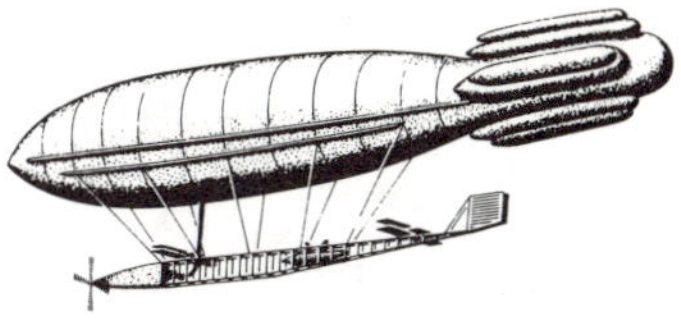

Das französische Militär-Pralluftschiff „La Liberté" war im August 1909 das fünfte aus der Lebaudy-Werft in Moisson.

DIE FRANZÖSISCHEN BRÜDER PAUL UND PIERRE LEBAUDY waren die ersten, die sich in ihrem Lande mit der Entwicklung eines Luftschiffes für militärische Verwendungszwecke beschäftigten und es bis zur Einsatzreife brachten. Sie suchten für ihr Vorhaben einen tüchtigen Ingenieur – und fanden ihn in HENRI ALBERT JULLIOT. In Moisson entstand ihre Luftschiffwerft.
Die ersten erfolgreichen Versuche mit einem Lebaudy-Luftschiff, von JULLIOT konstruiert und unter seiner Leitung gebaut, fanden bereits im November 1902 statt. Von diesem Zeitpunkt an sprach man im Luftschiffbau vom „halbstarren System", denn die 56,5 m lange Pralluftschiffhülle war auf einer elliptischen Stahlrohrplattform gelagert und befestigt. Zur Verringerung des Luftwiderstandes war die Plattform (das Kielgerüst) mit Ballonstoff überzogen.
Für dieses Luftschiff waren von der Militärkommission des französischen Kriegsministeriums bestimmte Leistungen als Vorbedingung für den Ankauf gefordert worden. Dazu gehörten eine Fahrt vom Fabrikgelände Moisson zum Truppenlager nach Chalons über eine Entfernung von mehr als 90 km sowie eine dreimonatige Erprobung. Nachdem die Bedingungen erfüllt waren, folgten weitere Regierungsaufträge.
Mit zunehmender Konstruktions-, Bau- und Fahrtenerfahrung stiegen auch zusehends die Leistungen dieser Luftschiffe. Ein Beispiel dafür war Lebaudy 2 mit dem Namen „La Patrie", das im Jahre 1906 gebaut wurde. Im November 1907 gelang mit diesem Luftschiff eine für die damalige Zeit geradezu sensationelle Zielfahrt von Chalais-Meudon nach Verdun über eine Entfernung von rund 240 km ohne Zwischenlandung.
Das fünfte Luftschiff, das in Moisson in Auftrag gegeben wurde,

Lebaudy-Luftschiff vom Sturm entführt

„Wenn auch authentische Nachrichten über den Verbleib des französischen Militär-Lenkballons ‚La Patrie', der … bei Verdun durch einen Windstoß fortgetrieben wurde, nicht vorliegen, so hat es doch den Anschein, als ob das Fahrzeug seinen Weg über England genommen hat. Aus der Grafschaft Wales und aus Irland liegen … Nachrichten vor, daß dort ein der ‚Patrie' ähnlicher Ballon gesehen worden ist.
Das gestrige Unglück ist deshalb besonders bemerkenswert, weil die ‚Patrie' den 200 Soldaten, die sie hielten, durch einen Windstoß nach 40 m langem Schleifen auf dem Erdboden aus den Händen gerissen sein soll. Es kann dies nur dann geschehen sein, wenn der Wind den Ballon von der Längsseite gefaßt hat … Die Männer wurden zu Boden geschleudert. Ihrer Wunden nicht achtend, ließen sich die Beherzten fortschleppen, von Sekunde zu Sekunde wurden ihrer weniger, zuletzt blieben nur noch acht …
Es ist nun die Frage aufzuwerfen, in welcher Weise man sich künftig gegen solche Unfälle schützen soll. Das sicherste ist natürlich, den Ballon nach der Fahrt zu entleeren und zu verpakken. Aber auch dann … muß man eben damit rechnen, daß es nicht immer gut gehen kann; ebenso wenig, wie man die Strandung von Schiffen aus der Welt schaffen kann, wird man es nie mit Sicherheit verhindern können, daß gelegentlich mal ein verankerter oder in der Auffahrt bzw. Landung begriffener Lenkballon vom Sturm entführt oder zerrissen wird."

(„Der Tag", Nr. 612/1907)

war für die französische Heeresverwaltung bestimmt und stieg am 27. August 1909 zur Erstfahrt auf. Es trug den Namen „La Liberté". Ingenieur Julliot, inzwischen Chefkonstrukteur der Lebaudy-Werke, hatte den Ballonkörper durch Zwischenwände in mehrere Abteilungen gegliedert. Kam es zur Beschädigung der Hülle, so konnte das Traggas nur noch aus der unmittelbar betroffenen Abteilung entweichen. Dadurch war in solchem Falle die Gefahr des Absturzes gebannt.
„La Liberté" hatte eine Länge von 67 m bei einem größten Durchmesser von 10,8 m und einem Volumen von 4200 m³. Es wurde ein 135-PS-Motor verwendet. Später ist das Luftschiff durch Umbau auf ein Volumen von 7000 m³ und eine Länge von 85 m vergrößert worden.
Mit dem Luftschiff gelangen viele erfolgreiche Fahrten, die auch in anderen Ländern große Aufmerksamkeit fanden. Nachdem das Vorgängerluftschiff Lebaudy 4 bereits an die russische Heeresverwaltung geliefert worden war, gingen jetzt auch Heeresaufträge aus Österreich und Großbritannien in der Moissoner Werft ein.

Das britische Kleinluftschiff „Willows 2" faßte lediglich 700 m³ Traggas, seine Besatzung bestand aus nur einem Mann, und es wurde von einem 30-PS-Motor angetrieben.

ALS DER ERSTE ERFOLGREICHE BRITISCHE LUFTSCHIFFbauer gilt Ingenieur Ernest Thompson Willows, der schon als Neunzehnjähriger mit Experimenten begonnen hatte und am 5. September 1905 mit seinem ersten Kleinluftschiff aufstieg. Es hatte ein Gasvolumen von nur 340 m³ bei einer Länge von 22,5 m. Als Antrieb genügte ein Peugeot-Motor mit einer Leistung von 7 PS. Bereits wenige Wochen danach, am 30. September 1905, gelang mit „Willows 1" bei günstigen meteorologischen Bedingungen eine Zweistundenfahrt. Das kleine Luftschiff mit seinem leistungsschwachen Triebwerk war ein ausgesprochenes Schönwetterfahrzeug.

Auch Willows' zweites Luftschiff vermochte nur eine Person zu tragen, obgleich es jetzt 700 m³ Gas aufnehmen konnte. Die Erprobungen fanden mit einem 30-PS-Motor statt, und zwar im Jahre 1909. Danach wurden sie für mehrere Monate unterbrochen und erst wieder ab Juni 1910 fortgesetzt. Im August desselben Jahres unternahm Willows die bis zu diesem Zeitpunkt längste britische Überlandfahrt, als er in knapp zehn Stunden die etwa 240 km lange Strecke von Cardiff nach London zurücklegte. Der Erfolg dieser Zielfahrt weckte sogleich das Interesse des Kriegsministeriums.
Im Auftrage der britischen Marine entstand dann „Willows 3", diesmal als Zweimannluftschiff für die Mitnahme eines Mechanikers in der offenen Gondel. Das Volumen des Ballonkörpers betrug nunmehr 900 m³ bei einer Länge von 36,5 m. In der britischen Luftschiffliste wurde es unter dem Merknamen „City of Cardiff" geführt. Die britische Marine hatte vor, das noch immer verhältnismäßig kleine Luftfahrzeug auf einem Kriegsschiff zu stationieren, von wo es bei Bedarf auf offener See zu Aufklärungsfahrten aufsteigen sollte.

Vor der Übergabe wollte Willows aber die Leistungsfähigkeit seines neuen Luftschiffes bei einer Zielfahrt von London nach Paris erproben. Am Nachmittag des 4. November 1910 stieg er gemeinsam mit seinem Mechaniker bei Wormwood Scrubs in der Nähe von London auf. Nachdem „City of Cardiff" die britische Hauptstadt hinter sich gelassen hatte, verließ es um 18.35 Uhr die englische Küste bei Bexhill. Zwei Stunden später lag die fran-

zösische Küste voraus. Über den weiteren Fortgang der Fahrt hieß es in einer dänischen Publikation:
„Um 22.00 Uhr wurde die Dunkelheit durch einen dichten Nebel über der Erde verstärkt, und Willows verlor bald die Orientierung, weshalb er sich zu einer Landung entschloß. Daß dabei nur die Gondel beschädigt wurde, muß höheren Mächten zuzuschreiben sein, die die Hand über – vielmehr unter – die beiden Luftreisenden hielten. Ein hinzueilender Franzose konnte ihnen erzählen, daß sie sich in der Nähe des Dorfes Corbehem außerhalb von Douai befanden. Kurz danach tauchten drei Gendarmen und ein Zöllner auf. Die ersteren übernahmen die Bewachung des Luftschiffes, während letzterer einen Zoll von 750 Franken verlangte, weil die Landung nicht vorangemeldet war. Willows wollte ursprünglich seine Fahrt nach Paris fortsetzen, aber aufgrund des schlechten Wetters mußte er das Luftschiff zusammenpacken und per Eisenbahn dorthin schicken."

Britische Militärluftschiffbauten vor dem ersten Weltkrieg

Hersteller	Baujahr	Luftschiff	Empfänger
Royal Aircraft Factory	1907	RAF 1	Brit. Heer
	1908	RAF 2	Brit. Heer
	1909	RAF 3	Brit. Heer
	1909	RAF 4	Brit. Heer
	1910	RAF 5	Brit. Marine
	1910	RAF 6	Brit. Marine
	1912	RAF 7	Brit. Marine
	1913	RAF 8	Brit. Marine
Vickers Sons & Maxim Ltd.	1911	Vickers 1	Brit. Marine

Nachdem noch 1911/12 ein viertes Exemplar, ebenfalls als seeschiffgestütztes Aufklärungsluftschiff, gebaut worden war, wandelte Willows im März 1913 seine Luftschiffbauwerkstatt in Cardiff in die „Willows Aircraft Company" um.

EINER DER DEUTSCHEN STARRLUFTSCHIFFKONSTRUKteure war Johann Schütte, Professor für theoretischen Schiffbau an der Technischen Hochschule Danzig (heute Gdańsk). Er war vom Seeschiffbau zum Luftschiffbau gelangt. Das war kein ungewöhnlicher Weg, denn er wurde infolge der Artverwandtschaft von Hydrodynamik und Aerodynamik oft beschritten.
Charakteristisch für Schütte war aber vor allem die wissenschaftliche Forschung, die ihn über vergleichende Untersuchungen zum Luftschiffbau und zu technischen Verbesserungen der Starrluftschiffbauweise führte, die von Zeppelin erst viel später und vorwiegend auch nur nach folgenschweren Katastrophen übernommen wurden.

Dazu gehörten der ins Schiffsinnere verlegte Laufgang für die Besatzungsmitglieder, die zum Luftschiffrücken geleiteten Gasabführungsschächte sowie die von Anbeginn klare und einfache Heckkonstruktion von vier kreuzartig angeordneten Dämpfungsflächen mit den daran beweglichen Seiten- und Höhenrudern. Außerdem wies das Schütte-Konzept von vornherein eine aerodynamisch günstigere Form des Luftschiffkörpers auf, der torpedoförmig gestaltet war, während die Zeppelin-Luftschiffe jener Zeit noch immer eine zylindrische Gestalt mit abgerundeten Spitzen an Bug und Heck hatten.
Auf die Arbeiten Schüttes, der die Verwendung von Holz für das Starrgerippe vorsah, war die General-Inspektion des Militär-Verkehrswesens schon zeitig aufmerksam geworden. Sie zeigte sich nicht nur interessiert, sondern vermittelte auch die Verbindung des Wissenschaftlers mit dem Mannheimer Großindustriellen Karl Lanz, der fortan den von Prof. Schütte konzipierten Luftschiffbau finanzierte. Am 22. April 1909 kam es zu einem Vertrag. Es entstand ein Unternehmen, das als „Luftschiffbau Schütte Lanz" bekannt wurde. Die erste Werfthalle wurde in Rheinau bei Mannheim errichtet. Die Luftschiffe erhielten die Werkbezeichnung „SL" mit arabischer Nummernfolge.
Der Bau des ersten Luftschiffes der Werft, SL 1, erwies sich sowohl in technischer wie in technologischer als auch in fertigungsorganisatorischer Hinsicht als hindernisreich. Die Werfthalle war von einem Berliner Unternehmen gebaut worden, die Motoren kamen aus Stuttgart-Untertürkheim, die Hülle aus Augsburg; das Holzgerippe wurde nach Schüttes Zeichnungen von einem Berliner Ingenieur gebaut. So ergaben sich besondere Schwierigkeiten aus dem Erfordernis, die verschiedenen, territorial auseinanderliegenden Fertigungs- und Zulieferleistungen zu koordinieren, denn, so hieß es in einer Rückbetrachtung, „insbesondere der Bau des Schiffes selbst wurde durch Nichterfüllung der Lieferverträge seitens der Unterlieferanten außerordentlich erschwert und verzögert. Manches mußte doppelt und dreifach ausgeführt werden."
Dadurch kamen nicht nur die Terminpläne für den Fertigungsablauf ins Wanken, sondern es vervielfachten sich auch die Kosten. Der finanzielle Aufwand, für das erste SL-Luftschiff mit

Heckdrittel des Schütte-Lanz-Luftschiffes SL 1; im Bauzustand des Jahres 1911 noch mit zusätzlichen seitlichen Stabilisierungsflächen, die im Jahre 1912 entfernt wurden.

350 000 Mark bilanziert, stieg auf mehr als 2 000 000 Mark. Prof. Schütte, immer nur zeitweilig von seiner wissenschaftlichen Lehrtätigkeit freigestellt, mußte sich schließlich für die Hochschule oder die Bauwerft entscheiden – und wählte den Luftschiffbau. Er nahm die Leitung der Arbeiten in der Werft jetzt selbst in die Hand, stellte in Rheinau junge Ingenieure, Zimmerleute, Spleißer und Takler ein, und er brachte den Bau des Luftschiffes voran.

Infolge der erwähnten Widrigkeiten wurde SL 1 nicht, wie ursprünglich geplant, nach einer halbjährigen Bauzeit fertiggestellt, sondern erst nach zweieinhalb Jahren. Als ein weiterer gewichtiger Grund für diese recht erheblichen Verzögerungen war in einer zeitgenössischen Analyse zu lesen: „Es muß außerdem berücksichtigt werden, daß der Holzbau für das Gerippe eines Luftschiffes, wenn auch nicht von der Idee, so doch in der Ausführung eine technische Neuheit war, für die, wenigstens in den Einzelheiten, selbst im Holzschiffbau keine unmittelbaren Vorbilder vorhanden waren. Alle neu eintretenden Arbeiter mußten einer außerordentlich mühseligen Ausbildungszeit unterworfen werden, sie mußten sich mit den technischen Verhältnissen des Sperrholzes, des wasserfesten Kaseinleimes vertraut machen, und fast an jedem Stück mußten erst besondere Erfahrungen durch Versuche gesammelt werden."

Die Erstfahrt von SL 1 fand dann schließlich am 17. Oktober 1911 statt. Nach dem Aufstieg in Rheinau mußte jenseits des Rheines bald schon wieder notgelandet werden, weil ein Steuerseil gerissen war. Nach der Reparatur stellte sich heraus, daß Gas nachgefüllt werden mußte. Erst am folgenden Tage kehrte das Luftschiff zur Werft zurück.

Am 1. November 1911 fand noch eine weitere Fahrt statt; dann

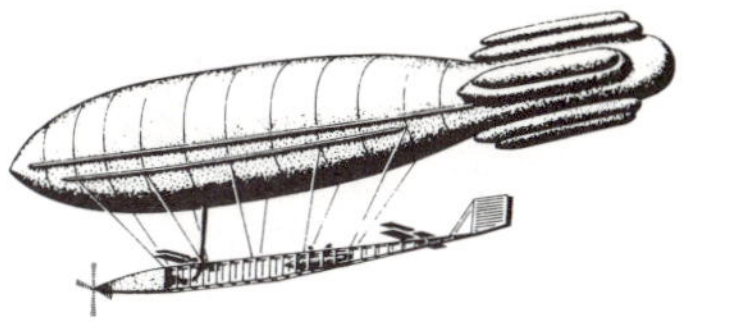

wurde der Winter für konstruktive Verbesserungen genutzt, für die sich aus den ersten Fahrten bereits schlüssige Erkenntnisse ergeben hatten. Beispielsweise sind die anfänglich verwendeten seitlichen Stabilisierungsflächen vom Schiffsrumpf wieder entfernt worden, weil es sich erwiesen hatte, daß die Flossen und Ruder am Heck ihre Funktion vollständig erfüllten.

Erst am 18. April 1912 stieg SL 1 wieder zu einer Fahrt auf. In einem Bericht darüber hieß es: „Hierbei wurde es beim Landen in der Mittagszeit durch eine unerwartet einsetzende Vertikalböe derart heftig gegen den Erdboden gedrückt, daß alle Steuer- und Wasserballastorgane sowie die Propeller und ein Teil der Führer- und Maschinengondel beschädigt wurden. Infolge des Erdanpralls flogen der gesamte Wasserballast und sieben Personen über Bord, ohne daß letztere glücklicherweise schwere Verletzungen davontrugen.“

Nach der Reparatur und etwa 50 weiteren Fahrten, die glimpflicher als vorausgegangene verliefen, ist das Luftschiff im Dezember 1912 von der preußischen Heeresverwaltung für 550 000 Mark angekauft und übernommen worden. Ein halbes Jahr später, am 17. Juli 1913, wurde es von Gewitterböen aus seiner Bodenverankerung gerissen und in einen Wald geschleudert. Das war das Ende des SL 1 nach insgesamt 65 Fahrten.

Konstruktive Mängel, die sich am ersten Luftschiff der Rheinauer Werft gezeigt hatten, sind mit SL 2 beseitigt worden. Der im Konstruktionsaufbau auffälligste Unterschied bestand darin, daß das formgebende Starrgerüst nicht mehr aus Rautenfeldern zusammengesetzt war, sondern aus verspannten Ringen und Querträgern bestand. Das zweite SL-Luftschiff war das letzte dieser Werft vor dem ersten Weltkrieg. Die Erstfahrt fand am 28. Februar 1914 statt. Es wurde als Heeresluftschiff geliefert und in Dienst gestellt.

EINER DER BEDEUTENDSTEN FRANZÖSISCHEN LUFTschifflieferanten für militärische Verwendungszwecke war vor dem ersten Weltkrieg die „‚Astra‘ Société de Constructions Aéronautiques“ in Billancourt. Konstrukteure waren die beiden Ingenieure Edouard Sourcouf und Henry Kapferer.

Im Jahre 1906 hatte dort der finanzkräftige Mitbegründer des „Aéro-Club de France“, Henry Deutsch de la Meurthe, ein Luftschiff bauen lassen, das den Namen „Ville de Paris“ erhielt. Mit einem Volumen von 3200 m^3, einer Länge von 60,5 m und einem größten Durchmesser von 10,5 m erreichte es mit einem 70-PS-Motor Fahrgeschwindigkeiten von 10 m/s. Wesentlichen Anteil daran hatte die windschnittige Form des Ballonkörpers. Besonders auffallend waren die kreuzförmig „gestapelten“ zylindrischen Stabilisierungswülste am Heck.

Der Auftraggeber und Finanzier des Luftschiffes schenkte es zum Jahresende 1907 der französischen Heeresverwaltung. Mit „Ville de Paris“ sind in der Folgezeit mehrere erfolgreiche militärische Fahrtenversuche unternommen worden. Die weiteste Fahrt führte am 15. Januar 1908 von Sartrouville bei Paris nach Verdun. Die reichlich 200 km lange Strecke wurde in neuneinhalb Stunden zurückgelegt. Seither gehörte das Luftschiff zum Bestand der Festung Verdun.

Bei einer weiteren Fahrt hat es dann einen Unfall gegeben, als infolge Gasverlustes das Luftschiff vor dem Heck einknickte und recht unsanft zu Boden ging. Danach war längere Zeit von dem Militärluftschiff nichts zu sehen oder zu hören. Erst im Herbst 1909 machte die französische Zeitung „Eclair“ wieder auf seine

Französische Luftschiffverkäufe ins Ausland bis zum Sommer 1914

Hersteller	Baujahr	Luftschiff	Empfänger
Atelier Lebaudy Frères	1908	Lebaudy 4	Russ. Heer
	1910	Lebaudy 6	Österr. Heer
	1911	Lebaudy 8	Brit. Heer
„Astra“ Société de Constructions Aéronautiques	1909	Astra 4	Russ. Heer
	1909	Astra 6	Span. Heer
	1909	Astra 7	Schweiz
	1910	Astra 8	Belgien
	1913	Astra 13	Russ. Heer
	1913	Astra 14	Brit. Heer
Clément-Bayard	1910	Nr. 2	Brit. Heer
	1913	Nr. 5	Russ. Heer
„Zodiac“ Société française de Ballons dirigables et d'Aviation	1910	Zodiac 4	Niederl. Heer
	1910	Zodiac 5	USA
	1910	Zodiac 7	Russ. Heer
	1911	Zodiac 8	Russ. Heer

Eines der frühesten und bekanntesten französischen Militärluftschiffe, „Ville de Paris", hergestellt in den „Astra"-Werken in Billancourt im Jahre 1906.

Existenz aufmerksam, als sie eine öffentliche Anfrage an den Kriegsminister richtete, in der es hieß: „Ist es wahr, daß der Lenkballon ‚Ville de Paris', dessen Ballonhülle nach der Entleerung in einer Räumlichkeit der Festung Verdun untergebracht wurde, nicht mehr kriegstauglich ist, weil Ratten die Ballonhülle aufgefressen haben?" Offenbar entsprach diese Vermutung der Wahrheit, denn das Luftschiff wurde nie wieder gesehen.
Von der Werft in Billancourt sind bis zum Jahre 1914 mehrere Auslandsaufträge ausgeführt worden. „Astra"-Luftschiffe wurden nach Rußland, Spanien, Großbritannien, Belgien und in die Schweiz geliefert. In einzelnen Fällen wurden sie als Passagierluftschiffe verwendet.

NICHT FÜR MILITÄRISCHE ZWECKE, SONDERN FÜR DAS Vorhaben einer Atlantiküberquerung ist das Luftschiff „Suchard" gebaut worden – und zwar in zwei Versionen. Das aber hat eine interessante Vorgeschichte.

Auf Initiative mehrerer Förderer einer Atlantiküberfahrt per Luftschiff war es am 28. März 1910 in München zur Gründung einer „Transatlantischen Flugexpedition" gekommen. Es war eine Gesellschaft, die zuerst einmal finanzielle Mittel für ein Vorhaben zusammenbringen sollte, das mit den Worten beschrieben

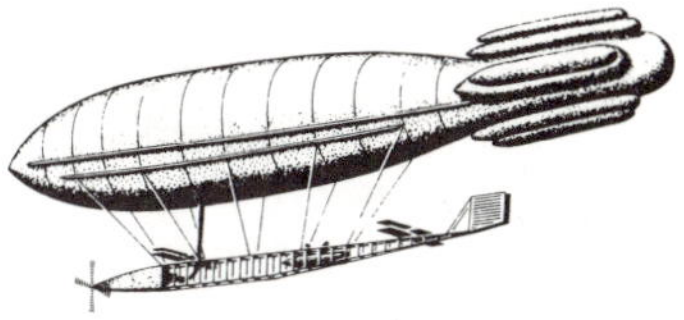

Das deutsche Pralluftschiff „Suchard II“, als Transatlantik-Luftschiff deklariert, bei seinem Erstaufstieg im Mai 1912 in Johannisthal.

wurde: „Bau und Ausrüstung eines Luftschiffes und Ausführung eines Fluges mit demselben über den Atlantischen Ozean im Gebiete des Nord-Ost-Passats.“ Präsident der Gesellschaft wurde Prof. Paul F. Gans.

Nach der Gesellschaftsgründung wurde das Expeditionsluftschiff in Auftrag gegeben, aber die finanziellen Grundlagen reichten weder für eine eigene kleine Werft, noch für den Ankauf und die zweckentsprechende Umrüstung eines bereits vorhandenen Luftschiffmusters aus dem In- oder Ausland, auch nicht für die Bezahlung eines erfahrenen Konstrukteurs, der die verschiedenen notwendigen Teilarbeiten wenigstens nach einem einheitlichen Plan hätte koordinieren können. So wurden diverse Aufträge an unterschiedliche Firmen erteilt. Das Hüllengewebe entstand in München, vernäht wurde es in Augsburg. Zwei Motoren wurden in Berlin bestellt, die Gondel dagegen in Vegesack in einer Bootswerft, denn es sollte eine Rettungsboot-Gondel werden.

Bis zum Jahresende 1910 sind alle Teile nach Kiel geliefert worden. In der dortigen Halle wollte man das Luftschiff zusammenbauen. Doch sehr bald stellte sich heraus, daß alles, was da herbeigebracht worden war, nicht so recht zusammenpassen, teils auch nicht funktionieren wollte. Aber die Luftschifftaufe stand bevor, die Einladungen waren bereits während der Montageversuche verschickt worden und ließen sich ohne Ansehensverlust nicht rückgängig machen. Auch die Presse hatte das Ereignis bereits angekündigt.

Als am 15. Februar 1911 der Kieler Bürgermeister in Anwesenheit einiger Persönlichkeiten aus Politik und Adel die Schiffstaufe vornahm, stand das Luftfahrzeug zwar glänzend und sehr ansehnlich in der Halle, aber es war noch immer keine synchrone Montagelösung gefunden worden. Die Rettungsboot-Gondel war beispielsweise nur provisorisch befestigt. Die beiden Motoren waren nur Ausstattungsstaffage für den Tauftag.

Das Luftschiff wurde auf den Namen „Suchard" getauft. Für die Wahl dieses Namens sind zwei Versionen überliefert. Die von der „Transatlantischen Flugexpedition" verbreitete Darstellung besagt, daß die Schokoladenfabrik „Suchard" das Projekt „durch Überweisung eines erheblichen Geldbetrages" unterstützt hätte, weshalb der Firmenname des Spenders als Luftschiffname gewählt worden sei. Daran könnte zwar gezweifelt werden, denn die besagte Firma hatte ihren Sitz in Neuchâtel, einem westschweizerischen Kanton, an Frankreich angrenzend und mit verbreitet französisch sprechender Bevölkerung. Die unverhohlene Rivalität zwischen französischen und deutschen Luftschiffbauern war in allen Zeitungen zu lesen und allgemein bekannt. Dennoch hat wahrscheinlich die Möglichkeit ungewöhnlicher Firmenwerbung den Ausschlag für die finanzielle Förderung des deutschen Vorhabens gegeben.

Eine zweite Version besagt, daß der Luftschiffname „Suchard" als Akrostichon den deutsch-nationalistischen Zeitgeist jener Jahre codieren sollte, als ein Name folglich, der aus den Anfangsbuchstaben der Wörter eines Satzes gebildet worden war: „Sieg und Cultur haften am Ruhme Deutschlands."

Jedenfalls begann die Arbeit am Luftschiff erst nach der Taufe richtig. Es ging vor allem um die Änderung des Antriebes der Luftpropeller, Versetzung der Kühlanlage, des Ventilmotors, der Dynamos u. a. m., wie später zu lesen war. Aber auch das war erst die halbe Wahrheit, denn in Wirklichkeit wurde ein ganz neues Luftschiff gebaut, einschließlich einer neuen Hülle.

Es entstand stillschweigend „Suchard II" unter der Regie eines Bitterfelder Ingenieurs, der seine Erfahrungen aus dem Parseval-Luftschiffbau einbrachte. Die Montage fand dann auch in der Johannisthaler Parseval-Luftschiffhalle der „Luft-Verkehrs-Gesellschaft A.G." (LVG) statt. Der Erstaufstieg fand ohne neuerliche Taufe, aber unter dem bereits bekannten Namen, am 20. Mai 1912 auf dem Flugplatz Johannisthal statt. Von hier aus sind auch die weiteren Probefahrten ausgeführt worden.

Etwa zum Jahresbeginn 1913 waren die Erprobungen abgeschlossen. Das Luftschiff ist danach demontiert und per Bahn abtransportiert worden. Am 9. April 1913 kam es an Bord des Dampfers „Columbia" der österreichischen Schiffahrtgesellschaft „Austro-Amerikana" in Las Palmas (Kanarische Inseln) an. Zur Füllung wurden 1250 Stahlflaschen mit Wasserstoffgas bereitgestellt. Doch dann erwiesen sich die Flaschen als nicht genügend gefüllt oder die Füllmenge als ungenau berechnet. Weitere Gasmengen ließen sich nicht herbeiholen.

Am 17. April 1913 informierten deutsche Zeitungen noch darüber, daß „der Ozeanflug des Suchard II" verschoben worden sei und die „Expedition bis zur Heranschaffung weiterer Gasvorräte als vorläufig vereitelt" angesehen werden müsse. Danach hüllten sich die Zeitungen in Schweigen.

Das Luftschiff ist entleert und auf dem Seewege wieder nach Deutschland zurückgebracht worden. Es war kein Beleg dafür auffindbar, daß es je wieder aufgestiegen ist.

MIT SEINER ELEGANTEN FORM BEEINDRUCKTE EIN Luftschiff, das nach den Plänen des deutschen Ingenieurs Albert Paul Veeh gebaut worden war. Der Erfinder Veeh hatte, bevor er sich dem Luftschiffbau zuwandte, auf mancherlei Neuerungen Patentrechte zuerkannt bekommen. Sie reichten vom „Mechanischen Taschenschreibzeug" über eine „Diopter-Zielvorrichtung für Scheibenbüchsen u. dgl." bis zu einem „lenkbaren Luftschiff, starr und auseinandernehmbar, dessen Tragkörper eine flache spitze Form hat, welche durch Streben erhalten wird" (Patentnummer 208 217).

Das letztgenannte Patent war der Ausgangspunkt für die Konstruktion seines Luftschiffes, die sich aber in der patentierten Weise nicht realisieren ließ. Nachdem im Jahre 1910 in Milbertshofen bei München eine Gesellschaft mit der Bezeichnung „Luftschiffbau Veeh GmbH." gegründet worden war, entstand ein

Das deutsche Veeh-Luftschiff mit ungewöhnlichem Kielgerüst aus nahtlosem Stahlrohr in einer Darstellung aus dem Jahre 1911.

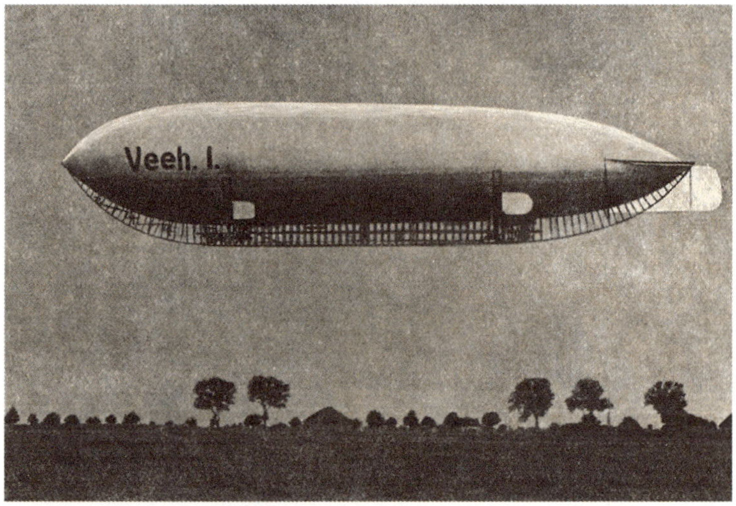

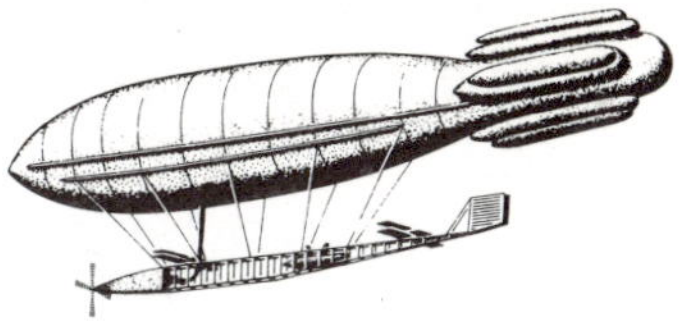

halbstarres Luftschiff, dessen gasgefüllte Hülle in eine stählerne Bodenwanne eingelagert war, die wiederum durch ein kufenartiges Kielgerüst „aus nahtlosen, sehr dünnwandigen Stahlrohren" abgestrebt war. Diese Kielkufe reichte vom Bug bis zum Heck.
Vor der Bautätigkeit war ein Modell angefertigt worden, mit dessen Hilfe sich VEEH um mehrere Fachgutachten bemühte, die dazu führen sollten, „die nötige finanzielle Unterstützung zu finden", wie er im Januar 1910 schrieb. Das ist ihm augenscheinlich gelungen, denn im Jahre 1911 begannen die Bauarbeiten.
Es kann begründet davon ausgegangen werden, daß die hier wiedergegebene Abbildung des „Veeh I" eine Bildmontage ist, für die das Modell verwendet wurde, denn nur am Luftschiffmodell war das durchgehende Kielgerüst unverkleidet, um seinen konstruktiven Aufbau sichtbar zu machen. Am aufstiegsfertigen Luftschiff war dieser Kiel mit Hüllenstoff überzogen – ähnlich wie am französischen Luftschiff „La Liberté".
Zum Zeitpunkt seiner Fahrten im Jahre 1913 war das Veeh-Luftschiff bereits durch Umbau vergrößert worden und hatte ein Volumen von 9100 m^3 bei einer Länge von 70 bis 75 m und einem größten Durchmesser von 12,4 m. Die Eleganz der Form wurde von der silbergrau glänzenden Hülle wirkungsvoll unterstrichen. Im Kielgerüst, etwa in der Höhe der vorderen und hinteren Längendrittelung, war je ein 180-PS-Motor installiert, der zwei Luftschrauben an den Seitenauslegern antrieb. Die erreichte Fahrgeschwindigkeit betrug annähernd 20 m/s.
Im Ergebnis vielfältiger Erprobungen wurde vor allem die Steueranlage verbessert; aber es fanden auch Übungen statt, die offenbar die militärische Nützlichkeit der Konstruktion belegen sollten. Dazu gehörte die Unterbrechung einer Probefahrt zum Zwecke der „feldmäßigen Demontage". Das Luftschiff wurde gelandet, auf freiem Feld verankert und mit Hilfe zweier Reißbahnen entleert. Danach ist es innerhalb von zwei Stunden demontiert worden. Die Teile wurden auf neun bäuerliche Pferdefuhrwerke geladen und auf der Landstraße über eine 55 km lange Strecke zur Werft zurückgebracht. Dort sind die Luftschiffteile innerhalb von sechs Stunden wieder zusammengebaut worden. Sodann konnte die Gasfüllung zur Vorbereitung eines neuerlichen Aufstiegs beginnen.
Etwa um den Jahreswechsel 1912/13 ist die Veeh-Gesellschaft in die „Deutsche Luftschiffwerft GmbH." umgewandelt worden, die mit den Arbeiten an einem zweiten, größeren Luftfahrzeug gleicher Konstruktion begann. Für „Veeh II" waren ein Traggasvolumen von nunmehr 14 500 m^3 und eine Länge von 95 m geplant. Es sollte von vier Motoren mit einer Gesamtleistung von 700 PS angetrieben werden. Damit wurde ein erheblicher Geschwindigkeitszuwachs angestrebt.
Jedoch ist dieser Bau wahrscheinlich nicht vollendet worden, denn über den weiteren Entwicklungsverlauf ließen sich keine Angaben finden. Am Jahresbeginn 1914 war die Luftschiffbaugesellschaft in Liquidation begriffen.

Ausbildungsgang für Luftschiffführer (Auszug)
„Die Ausbildung ist eine praktische und eine theoretische. Um der Luftschiffabteilung frühzeitig ein Urteil über die Befähigung der Bewerber zum Luftschiffführer zu ermöglichen, haben sich diese etwa nach der Hälfte des Ausbildungsgangs einer Vorprüfung zu unterziehen, durch deren Bestehen sie sich die Eigenschaft als Luftschiffführer-Aspirant erwerben.
Für die praktische Ausbildung sind 30 Fahrten von mindestens einer Stunde Dauer in einem Luftschiff erforderlich. Bei Inhabern des Freiballonführerzeugnisses kann die Anzahl auf 20 Fahrten herabgesetzt werden.
Frühestens nach 15 – bei Inhabern des Freiballonführerzeugnisses nach 5 – Fahrten, von denen mindestens 2 unter Führung eines amtlichen Prüfers ausgeführt sein müssen, kann der Bewerber vor einer Prüfungskommission eine theoretische Prüfung ablegen und nach deren befriedigendem Ausfall das Gesuch zur Ernennung zum Luftschiffführer-Aspiranten einreichen.
Von den weiter erforderlichen 15 Fahrten müssen die Bewerber die letzten 10 Fahrten als Führer unter Aufsicht verschiedener amtlicher Prüfer (zwei bis fünf) ausgeführt haben. Nach befriedigendem Ausfall dieser Führerfahrten können die Bewerber ihr Gesuch um Ernennung zum Luftschiffführer einreichen."

(Aus den Bestimmungen des „Deutschen Luftschiffer-Verbandes" für die Erteilung des Luftschiffführerzeugnisses aus dem Jahre 1911. – Zentrales Staatsarchiv Merseburg, Rep 120 Tn Nr. 1 Bd 2, Bl. 72–76)

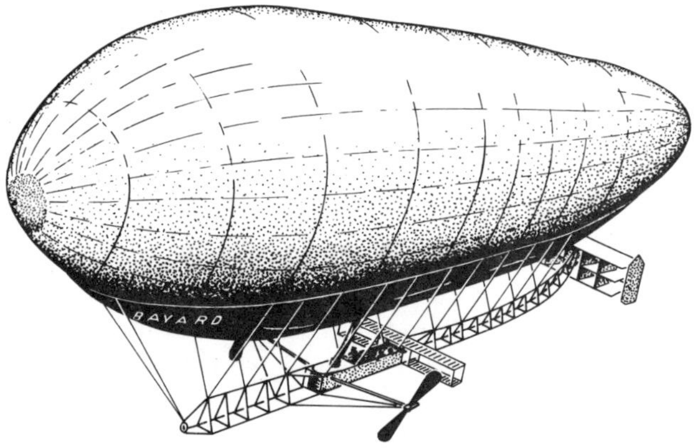

VI. Versuchsluftschiffe

Der langwierige Übergang vom Ballon zum Luftschiff belegt, daß es wohl eine unzulässige Vereinfachung wäre zu sagen, irgend eine konkrete Person hätte das Luftschiff erfunden. Das funktionsreife Luftschiff ist das unter vielen ideellen wie praktischen Fortschritten und Irrwegen hervorgebrachte Resultat eines jahrhundertelangen Entwicklungsprozesses, an dem ungezählte Denker, Bastler, Techniker, Ingenieure, Wissenschaftler und Unternehmer mit den jeweiligen Möglichkeiten des technischen Fortschrittes, der wissenschaftlichen Einsicht und den Erprobungserfahrungen ihrer Zeit beteiligt gewesen sind.

Wohl aber läßt sich sagen, daß von jenem Zeitraum an, als die naturwissenschaftlich-technischen Voraussetzungen zur endlichen Lösung des Luftschiffproblems herangereift waren, vielerlei Leistungen zustandekamen, mit denen Persönlichkeiten hervortraten. Diese Leistungen hatten die Realisierungsform produktiv anregender Zeichnungen oder Beschreibungen, von Patentansprüchen oder gar von Versuchsluftschiffen.

Der Begriff des Versuchsluftschiffes erwies sich schon damals als ein multidimensionaler Begriff. Erstens ging es um den Nachweis der technisch realisierbaren Luftschiffahrt überhaupt. Zweitens spielten die zweckmäßige Formgebung, Konstruktion, Materialbestimmung und Bauweise eine Rolle. Drittens ging es um die Fixierung der Grundkonzeption als Prall-, Halbstarr- oder Starrluftschiff. Viertens waren immer zugleich die konkreten Verwendungsabsichten in konstruktive und kommerzielle Überlegungen eingeschlossen.

Alle jene Aspekte waren der inhaltliche Gegenstand vielfältiger Versuche, mit denen die allgemeine luftschifftechnische Entwicklung in der Frühzeit der Luftfahrt vorangetrieben wurde und in deren Verlauf sich die erfolgreichsten technischen Konzepte, sofern sie den Möglichkeiten ihrer Zeit entsprachen, durchsetzten. Diese waren es dann auch, die zuerst private finanzielle Förderung, später aufwendige staatliche Zuschüsse fanden. In den Jahren vor dem ersten Weltkrieg dominierten aus der Sicht der Verwendung von Luftschiffen drei Versuchsbereiche:

Der erste Bereich war die Sportluftschiffahrt. Dafür sind kleine Luftschiffe gebaut und verwendet worden. Ähnlich wie bei der sportlichen Zielsetzung von Freiluftballonfahrten ging es vor allem darum, die mit dem Luftschiff gegebenen technischen Leistungsvoraussetzungen für möglichst weitreichende Fahrstrekken und Zielfahrten ausnutzten. Die Halter solcher Sportluftschiffe waren zumeist Aeroklubs und Luftfahrervereine, seltener ein finanzkräftiger Luftschiffbauer – wie etwa Alberto Santos-Dumont in Frankreich, der um die Jahrhundertwende seine Kleinluftschiffe für Spazierfahrten benutzte.

Der zweite Versuchsbereich war die Verkehrsluftfahrt. Vor allem in dieser Version war das Bestreben nach Wirtschaftlichkeit der Luftfahrt erkennbar – wobei der damalige Begriffsinhalt von Wirtschaftlichkeit noch nicht mit den späteren betriebsökonomischen Anforderungen vergleichbar war, denn die ökonomisch zweckmäßige Gestaltung der Anfänge des Luftverkehrs steckte selbst noch in den Kinderschuhen. Sie stieß von vornherein an die Grenzen hoher Kosten für die Anschaffung sowie die technische Wartung und Reparatur von Luftschiffen und Luftschiffhallen, aber auch für Füllgase und Betriebsstoffe, die in großen Mengen verbraucht wurden. In einer frühzeitlichen Untersuchung wurde formuliert: „Die Wirtschaftlichkeit eines Luftverkehrs ist von der Frequenz und den Betriebskosten abhängig."

Diese Feststellung wies – von der sicherheitstechnischen und meteorologischen Anfälligkeit abgesehen – auf die ökonomische Achillesferse der Verkehrsluftschiffahrt hin, denn die Auslastungsfrequenz, also das Passagieraufkommen, blieb noch weitgehend auf Rund- und Vergnügungsfahrten beschränkt, brachte deshalb mehr Presseschlagzeilen als berechenbare Einnahmen. Hohe Betriebskosten zwangen zu hohen Fahrpreisen. Diese aber hielten das Passagieraufkommen in Grenzen.

Der dritte Bereich, in dem sich Versuche bewegten, war die militärische Verwendung, die von der Ausbildung des Luftschiffpersonals bis zum Üben von Luftaufklärungsaufgaben reichte, soweit es sich um den relativ begrenzten Aktionsradius von Prallluftschiffen handelte. Das Konzept des bombentragenden Angriffsluftschiffes blieb auf Großluftschiffe der starren Bauweise vor allem aus dem Zeppelin-Unternehmen beschränkt.

Im militärischen Bereich traten für Luftschiffhersteller kaum Absatzschwierigkeiten auf, sofern die Leistungen der Luftschiffe den Erwartungen der Militärverwaltungen entsprachen. Deshalb war die Eignung für militärische Nutzungsmöglichkeiten zumeist bereits ein Bestandteil des Erprobungsprogrammes von neuentwickelten Luftschiffen, mit denen Erfinder und Fabrikanten an die Öffentlichkeit traten.

ZUR EINFLUSSNAHME AUF DIE ENTWICKLUNG VON Luftfahrzeugen war im englischen Farnborough bei Aldershot eine staatliche britische Ballonfabrik gegründet worden, zu deren Aufgaben bald auch die Herstellung und Erprobung von Luftschiffen gehörte. Im Jahre 1911 wurde sie deshalb in die „Army Aircraft Factory“ (Heeres-Luftfahrzeug-Fabrik) umgewandelt. Schon ein Jahr später fand die nochmalige Umbenennung in die „Royal Aircraft Factory“ (Königliche Luftfahrzeug-Fabrik) statt.

Die „Royal Aircraft Factory“ wurde mit der Abkürzung RAF bezeichnet. Das hat in späteren Jahren zu einigen irreführenden Verwechslungen beigetragen, weil es eine nahezu gleichartige Abkürzungsbezeichnung in der britischen Luftfahrt gab, deren Unterscheidung nur an Punkten im Schriftausdruck möglich war – nämlich R.A.F. als Kurzbezeichnung für „Royal Air Force“ (Königliche Luftwaffe Großbritanniens), entstanden im April 1918 durch die Vereinigung der Fliegerkräfte von Heer und Marine. Dieser Sachverhalt bedarf hier lediglich der Erwähnung, denn er liegt bereits außerhalb der Luftfahrtfrühzeit und wird daher nicht näher betrachtet.

In Farnborough ist das erste britische Militärluftschiff gebaut worden. Es erhielt den Namen „Nulli Secundus“, stieg erstmals – vorsichtshalber noch an Leinen gefesselt – am 10. September 1907 auf. Es hatte ein Volumen von 1420 m^3 bei einer Länge von 37,2 m. Nach mehreren gefesselten Versuchen folgten freie Fahrten, am 5. Oktober 1907 bereits die erste Fernfahrt von Farnborough nach London. Nach knapp dreieinhalb Fahrstunden erschien „Nulli Secundus“ über der britischen Hauptstadt, kreuzte über dem Buckingham-Palast und über der St.-Pauls-Kathedrale, bis es schließlich im aufkommenden Wind im Garten des

Das britische Militärluftschiff „Beta II“ wurde für die maritime Verwendung mit einer bootsförmigen Gondel versehen, um auch für Notwasserungen gerüstet zu sein.

Londoner Kristall-Palastes zur Landung niedergehen mußte. In der folgenden Nacht ist die Luftschiffhaut von heftigen Regengüssen kräftig durchgeweicht und von Sturmböen beschädigt worden, weshalb das Luftschiff demontiert und auf dem Landwege nach Farnborough zurücktransportiert werden mußte. Es wurde nicht wieder aufgebaut.

Dafür wurde mit den Arbeiten an „Nulli Secundus II" begonnen. Das Volumen betrug jetzt 2500 m^3. Über die Abmessungen finden sich in der Literatur unterschiedliche Angaben. Die Erprobung begann im Juli 1908, aber das Luftschiff hat nur wenige Fahrten erlebt. Unterschiedlichen Quellen zufolge ist es noch vor dem Jahresende 1908 entweder als erfolglose Konstruktion wieder abgerüstet oder bei einem Unfall zerstört worden.

Es folgten in Farnborough mehrere weitere Versuchsluftschiffe. Das nächste war ein kleines Luftfahrzeug mit einem Volumen von nur 600 m^3, einer Länge von 31,7 m und einem größten Durchmesser von 7,6 m. Es erhielt den Namen „Baby", stieg zur Erstfahrt am 4. Mai 1909 auf, wurde am 25. Mai 1909 erheblich beschädigt und bald darauf abgewrackt. Nicht besser erging es „Baby II", das ebenfalls noch im Jahre 1909 zur Erstfahrt aufstieg, aber schon nach wenigen Versuchsfahrten stillgelegt wurde.

Danach legte das Werk in Farnborough eine neue Baureihe auf; die Luftschiffe erhielten nun griechische Buchstaben als Merknamen. Das erste hieß „Beta", stieg zu seiner ersten Fahrt im Jahre 1910 auf und entsprach mit seinen Abmessungen dem „Baby"-Luftschiff aus dem Vorjahr. Es war mit einem 30-PS-Green-Motor ausgestattet. Damit sind Fahrgeschwindigkeiten von 29 km/h erreicht worden. Nach mehreren Versuchsfahrten ist „Beta" offensichtlich umgebaut worden, denn es fand sich Bildmaterial über das „Airship Beta II", nunmehr mit einer neuartigen Rettungsboot-Gondel ausgerüstet. Der Motor im Bootsheck trieb über Ketten zwei Vierblatt-Luftschrauben an. Das Gondelboot nahm drei Personen auf: den Luftschiffführer, einen Maschinisten und einen Beobachter.

Offenbar hatte die britische Marine inzwischen ihr Interesse an einem Beobachtungsluftschiff angemeldet. Maritime Aufklärungsfahrten aber verlangten den Luftschiffeinsatz über die Küsten der britischen Insel hinaus, bei denen Notwasserungen von vornherein einzukalkulieren waren. Diese Einsatzbesonderheiten hatten zur Rettungsboot-Gondelversion geführt.

Die Baureihe ist in Farnborough weiterentwickelt worden. Den Luftschiffen „Beta" und „Beta II" folgten noch im selben Jahre 1910 das Luftschiff „Gamma" mit einem Volumen von 2000 m^3, sodann in gleicher Größe die Luftschiffe „Delta" (1912) und „Eta" (1913). Die Green-Motoren wurden beibehalten, die Anzahl der Triebwerke erhöhte sich ab dem „Gamma"-Luftschiff auf zwei mit einer Gesamtleistung von 100 PS.

BIS ZUM JAHRE 1913 HATTEN DIE PARSEVAL-LUFTschiffe aus Bitterfeld auch international einen guten Ruf erlangt, denn sie wurden von mehreren Ländern bestellt. Einem Bauauftrag der britischen Marineverwaltung entsprach die Herstellung des Luftschiffes PL 18, das, Bitterfelder Werftangaben zufolge, erstmals am 23. April 1913 aufstieg. Es hatte ein Volumen von etwa 10 000 m^3, eine Länge von 84,0 m und einen größten Durchmesser von 15,5 m, war mit zwei Maybach-Motoren ausgestattet, deren Gesamtleistung bei 360 PS lag. Damit wurden Fahrgeschwindigkeiten von 68 km/h erreicht. Die Nutzmasse war mit 2500 kg angegeben, die Steighöhe mit 2000 m.

Die Probefahrten mit dem PL 18, so hieß es in einer Publikation der Bitterfelder Werft, „fanden statt unter Teilnahme einer englischen Kommission, an deren Spitze der Chef der Luftschiffer-Departements der englischen Marine stand. Nachdem nun diese Fahrten zur völligen Zufriedenheit der Prüfungs-Kommission verlaufen waren, wurde das Luftschiff auf deren Wunsch sofort demontiert und nach England transportiert, wo es als dann in Betrieb genommen wurde".

Das Parseval-Luftschiff wurde in Großbritannien vom 3. Mai bis

Parseval-Luftschiff PL 18 in britischen Marinediensten unter der Registrierung „Naval Airship No. 4" im Jahre 1913.

in den Juni 1913 weiteren Versuchsfahrten unterzogen. Sodann erhielt es den Namen „The Lady of the Air“, wurde von der Marine als „Naval Airship No. 4“ registriert und in Dienst gestellt. Es war, zumindest zeitweilig, auf dem Luftschiffhafen Kingsnorth stationiert.
Mit diesem Marineluftschiff sind eine Vielzahl von Ausbildungs- und Übungsfahrten erfolgreich ausgeführt worden. Das Hauptübungsgebiet für Patrouillenfahrten war der Nordseebereich in der Nähe der Themsemündung. Die Einsatzerprobungen waren speziell auf das Zusammenwirken von Luftschiff-Aufklärung und Küstenschutz durch Marineeinheiten gerichtet.
Von der britischen Marineverwaltung sind angesichts der zufriedenstellenden Erfahrungen bei territorial begrenzten Einsatzerprobungen weitere Luftschiffe in Bitterfeld bestellt worden. Später wurde der Lizenzbau von Luftschiffen nach dem Parseval-System, teils unter Verwendung von Fertigteilen aus Bitterfeld, der Firma „Vickers Sons & Maxim Ltd.“ in Barrow-Furness übertragen.

DIE BEREITS AN ANDERER STELLE ERWÄHNTE FRANzösische Luftschiffabrik „‚Astra‘ Société de Constructions Aéronautiques“ in Billancourt an der Seine war ein erfolgreicher Exporteur von Pralluftschiffen. Im Jahre 1909 war der erste Auslandsauftrag übernommen worden, als das Luftschiff „Astra 4“

Experimentelle Anordnung der Steuervorrichtungen am Gondelheck eines französischen „Astra“-Luftschiffes.

für die russische Heeresverwaltung gefertigt und von ihr unter dem Namen „Berkut“ (Königsadler) in Dienst gestellt wurde. Noch im selben Jahre hatten weitere Auslandslieferungen stattgefunden. „Astra 6“ wurde an die spanische Heeresverwaltung übergeben und fuhr unter dem Namen „España“. Das Luftschiff mit der Werkbezeichnung „Astra 7“ blieb vorerst in Frankreich, hieß zuerst „Astra“, dann „Transaérien“, danach „Ville de Pau“ und schließlich, seit es in der Schweiz fuhr, „Ville de Luzern“. Es war ein Verkehrsluftschiff und wurde für Besichtigungs- und Vergnügungsfahrten eingesetzt. Aufgefundenen Angaben zufolge hat das Luftschiff bis zum Beginn des ersten Weltkrieges 267 Fahrten mit 2590 Passagieren an Bord ohne erhebliche Beschädigungen ausgeführt.

Das war eine erfolgreiche Fahrtenbilanz, die bei internationalen Vergleichen sehr gut bestehen konnte. Weniger erfolgreich blieben vier der Luftschiffe, die an die französische Heeresverwaltung geliefert worden waren. Die Luftschiffe „Astra 9“ (1911), „Astra 10“ (1911), „Astra 11“ (1911) und „Astra 12“ (1912) sind durchweg im Zeitraum vom Dezember 1912 bis zum Mai 1914 durch Brände zerstört worden.

In den „Astra“-Werken wurde unter der technischen Leitung der Ingenieure Edouard Sourcouf und Henry Kapferer nicht nur hinsichtlich der Größenordnungen, sondern auch mit wichtigen Details der Konstruktion, beispielsweise mit dem Steuersystem, experimentiert. Im Zeitraum von 1906 bis 1913 bewegte sich das Volumen der „Astra“-Luftschiffe nicht linear ansteigend, sondern schwankend zwischen 3200 und 9800 m³, die Länge zwischen 10,0 und 14,9 m. Auch der Einsatz unterschiedlicher Motoren ist erprobt worden.

Mit Versuchsfahrten unter wechselnden meteorologischen Bedingungen haben die beiden Konstrukteure besondere Bemühungen darauf gerichtet, den Wirkungsgrad der Steueranlage – und damit die Sicherheit des Fahrtenbetriebes – beständig zu erhöhen. Im Ergebnis solcher Versuche stellte es sich schließlich heraus, daß mehrere übereinandergestaffelte Höhenruderflächen eine geeignete Lösung darstellten, aber am Gondelheck unter der langgestreckten Hülle weniger wirksam bleiben als am Heck des Luftschiffkörpers.

Im Jahre 1913 ist mit „Astra 13“ ein weiteres Luftschiff nach Rußland geliefert worden. Es hatte ein Volumen von 9800 m³, eine Länge von 77,8 m und einen größten Durchmesser von 14,9 m. Es waren zwei Motoren mit einer Gesamtleistung von 200 PS installiert. Als Fahrgeschwindigkeit wurden 63 km/h angegeben. Das Luftschiff wurde nach erfolgreichen Abnahmefahrten in Gatschina bei St. Petersburg (heute Leningrad) stationiert und fuhr unter dem Namen „Croiseur Russe“ (Russischer Kreuzer). Dieser Name war bei „Astra“ bereits die Auftragsbezeichnung gewesen.

EINE DER FÜHRENDEN FRANZÖSISCHEN AUTOMOBILfirmen wurde auch zu einem bedeutenden Hersteller von Luftschiffen. Unter der Bezeichnung „Bayard-Clément“ firmierte das Unternehmen für den Bau von Autos und zählte, wie es im Dezember 1908 in der deutschen Fachzeitschrift „Automobil-Welt“ hieß, „zu den allerbedeutendsten der französischen Automobil-Industrie ..., bringt daher auch nur erstklassige Wagen aus feinstem Material und von vollendeter Ausführung auf den Markt“. Hingegen ist unter „Clément-Bayard“, der umgekehrten Namensfolge also, das Luftschiffbau-Unternehmen international bekannt geworden.

Sich im Luftschiffbau zu etablieren, gelang mit einem Auftrag der russischen Heeresverwaltung, den die Firma „Bayard-Clément“ übernahm, obgleich sie dafür über keinerlei Fertigungsvoraussetzungen verfügte. Das Luftschiff wurde kurzerhand von der Automobilfirma bei den „Astra“-Werken bestellt und dort auch gebaut. So kam es, daß das bereits erwähnte russische Heeresluftschiff „Berkut“ (Königsadler) gleich in zwei französischen Luftschifflisten geführt wurde: als „Astra 4“ im Herstellerwerk und als „Clément-Bayard 1“ des erst später gegründeten Luft-

In der Figuration den Parseval-Luftschiffen sehr ähnlich: die französischen Pralluftschiffe von „Clément-Bayard“; schon das zweite überquerte im Jahre 1910 den Ärmelkanal.

schiffbau-Unternehmens. Auftragnehmer und Lieferer war also „Clément-Bayard", und so ist die Herkunft auch in frühen russischen Luftschifflisten belegt.
Das Luftschiff ist im Jahre 1909 fertiggestellt worden, konnte aber erst nach der Beseitigung von Schäden, die bei der Abnahmefahrt aufgetreten sind, im Jahre 1910 geliefert werden. Diese Fahrt hatte am 23. August 1909 stattgefunden. Eine Zeitung berichtete darüber: „Bei der Landung trieb ein heftiger Windstoß das Luftschiff gegen die Telegraphenleitung und warf es schließlich in die Seine. Die Insassen konnten sich schwimmend retten. Der Ballon mußte mit großer Mühe herausgefischt werden." Die nunmehr notwendig gewordene, relativ umfangreiche Reparatur war die Ursache dafür, daß das Luftschiff erst im Jahre 1910 erneut aufsteigen und nach erfolgreichen Abnahmefahrten nach Rußland geliefert werden konnte.
Während dieser Zeit ist die unternehmenseigene Luftschiffwerft von „Clément-Bayard" entstanden. Dort wurde im Jahre 1910 das Luftschiff Nr. 2 („Clément-Bayard 2") für die britische Heeresverwaltung gebaut. Der Übergabe an den Auftraggeber ging die erstmalige Überquerung des Ärmelkanals mit einem Luftschiff voraus. Diese Fahrt beschrieb ein Kurzbericht aus dem Jahre 1910:
„Das Clément-Bayard-Luftschiff II trat am 16. Oktober morgens 6 Uhr 30 Minuten von seiner Halle in Cuise de la Motte bei Compiègne die Reise nach London an. Zunächst nahm das Luftschiff den Weg über Boulogne, dann überquerte es leicht den Kanal und überflog Dover. Um 11 Uhr vormittags war es bereits über Folkestone, um 12 Uhr 35 Minuten manövrierte es über dem Kristall-Palast und um 1 Uhr 5 Minuten kreiste es um die ehrwürdige St. Pauls-Kathedrale, 21 Minuten später landete es glücklich nach einer Fahrt ohne jeden Zwischenfall an der Halle zu Shepards Bush, einem westlichen Vorort von London. Die Gesamtfahrzeit betrug 7 Stunden 54 Minuten. Die Fahrt des ‚Clément-Bayard' war von gutem Wetter begünstigt. Da sie den ersten Flug eines Luftschiffes über den Ärmelkanal darstellt, gewinnt sie historische Bedeutung. Möglicherweise wird sie aber auch wirtschaftliche Folgen zeitigen, da die Fahrtzeit die eines jeden anderen Verkehrsmittels übertrifft."
Die Werft bei Compiègne war schon bald auf den Bau von Militärluftschiffen spezialisiert und richtete daher ihre besondere Aufmerksamkeit auf Fahrtenversuche mit entsprechenden Ausstattungsdetails. So war das Luftschiff „Clément-Bayard 3" aus dem Jahre 1912 für spezielle maritime Aufgaben mit einer Vorrichtung versehen, die als „Torpedolancierrohr mit Visiereinrichtung" bezeichnet wurde und die den Einsatz von Wassertorpedos gegen Schiffe im Küstenvorfeld ermöglichen sollte. Kennzeichnend für diese Luftschiffe war eine langgestreckte Tropfenform, nach hinten spitz auslaufend. Bis zum Jahre 1913 lag das Traggasvolumen bei 9000 m³, die Länge bei 88 m. Als Triebwerke sind „Clément-Bayard"-Motoren verwendet worden, für diesen Zweck modifiziert und hergestellt im Automobilwerk „Bayard-Clément".

FÜHRENDE EXPORTEURE VON LUFTSCHIFFEN WAREN in jenen frühen Luftfahrtjahren die französischen Bauwerften. Die einzige deutsche Exportwerft war der Fertigungsstandort

Nach PL 4 für Österreich war PL 7 (im Bild) das zweite Parseval-Luftschiff, das im Auftrage einer ausländischen Heeresverwaltung gebaut wurde, es fuhr in Rußland unter dem Namen „Grif".

Bitterfeld mit den Pralluftschiffen nach der von Prof. PARSEVAL entwickelten Konstruktions- und Bauweise.
Es war schon damals recht schwierig, an äußeren Unterscheidungsmerkmalen zu erkennen, ob ein Pralluftschiff ein deutsches, ein französisches oder gar ein britisches Fabrikat gewesen ist, wenn dies nach einem Foto ohne nähere Angaben beurteilt werden sollte. Es gab zu viele Ähnlichkeiten. Besonders die Luftschiffe „Clément-Bayard" und „Parseval" wiesen hinsichtlich ihrer Hüllenform, Gondelform und Gondelaufhängung nahezu übereinstimmende Merkmale auf. Ein recht sicheres Kennzeichen war jedoch die Konstruktion des Höhensteuers. Während die Fabrikate von „Clément-Bayard" (wie auch die von „Astra") vorwiegend eine dreiflächige Höhenruderanlage aufwiesen, waren die Parseval-Luftschiffe durchweg mit nur einer Ruderfläche für die Höhensteuerung, beidseits am Heckteil, ausgestattet.
Die Heeresverwaltungen mehrerer Länder hatten sich – im Unterschied zur preußischen, die überwiegend auf die Karte der ZEPPELINschen Starrgerüstriesen gesetzt hatte – auf den defensiven Charakter von Luftschiffen mit Aufklärungs- oder partiellen Abwehraufgaben konzentriert. Deshalb forcierten sie den Bau der dafür am besten geeigneten Pralluftschiffe im eigenen Lande, oder sie traten im Ausland als Käufer auf.
Dazu gehörte von Anfang an auch die russische Heeresverwaltung. Sie gab in Bitterfeld, wie schon an früherer Stelle erwähnt, ein Parseval-Luftschiff in Auftrag, nachdem sich die Lieferung des französischen Luftschiffes „Clément-Bayard 1", hergestellt in den „Astra"-Werken und bei einer Abnahmefahrt stark beschädigt, verzögert hatte. So entstand PL 7 mit einem Volumen von 7300 m^3, einer Länge von 70 m und einem größten Durchmesser von 14 m. Es wurde mit zwei 110-PS-Motoren ausgerüstet, erreichte Geschwindigkeiten bis zu 59 km/h sowie eine Steighöhe von 2000 m. Die Nutzmasse war mit 2100 kg angegeben.
In einem Informationsheft der Bitterfelder Werft wurde dazu mitgeteilt: „Erste Fahrt am 30. Oktober 1910. Dieses Kriegsluftschiff war ... im November nach Petersburg transportiert worden. Des früh einsetzenden russischen Winters halber sollten die militärischen Abnahmefahrten erst im folgenden Jahr stattfinden. Die kontraktlich festgelegten Bedingungen, einen Dauerlauf der vollbelasteten Motoren während 10 Std., eine Höhenfahrt auf 1500 m Höhe, eine Dauerfahrt, eine Geschwindigkeitsprüfung und eine Reihe von Ausbildungsfahrten erledigte das Schiff zur vollen Zufriedenheit, worauf es von der Heeresverwaltung übernommen wurde."
PL 7 wurde in Rußland unter dem Merknamen „Grif" (Greifvogel) in Dienst gestellt und bewährte sich. Daraufhin ist ein weiterer Bauauftrag nach Bitterfeld vergeben worden. Er führte zum Bau von PL 14, jetzt schon mit einem Volumen von 9600 m^3 bei einer Länge von 88 m und einem größten Durchmesser von 16 m. Diesmal sind zwei 180-PS-Motoren eingebaut worden. Damit erreichte PL 14 Fahrgeschwindigkeiten von 67 km/h und eine Höhe von 2500 m. Die Nutzmasse stieg auf 3200 kg an. Dieses Luftschiff, im Jahre 1913 geliefert und abgenommen, fuhr als russisches Heeresluftschiff unter dem Namen „Burewestnik" (Sturmvogel).

EINEN BEACHTENSWERTEN BEITRAG ZUR VIELFÄLTIG-ideenreichen Palette des internationalen Luftschiffbaus erbrachten italienische Konstrukteure. Zu ihnen gehörte ENRICO FORLANINI, der im Jahre 1909 ein Luftschiff vorstellte, das er gemein-

Das von FORLANINI konstruierte italienische halbstarre Luftschiff „Citta di Milano" mit der hier besonders gut sichtbaren Anordnung der Stabilisierungs- und Ruderflächen unter dem Heck.

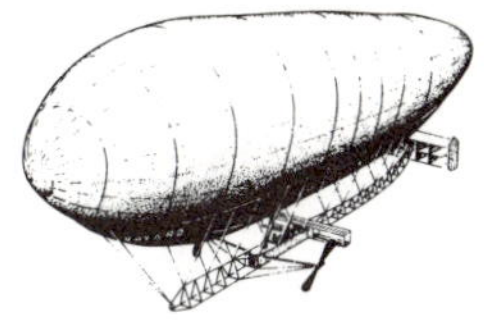

sam mit Dall Fabbro konstruiert und in einer Halle in Crescenzago bei Mailand zusammengebaut hatte. Es wurde wegen seiner ungewöhnlich dicken Form von der Presse als „Ei mit zugespitzten Enden“ beschrieben.

Seinem ersten Luftschiff gab Forlanini den Namen „Leonardo da Vinci“. Es hatte ein Volumen von 3265 m^3 bei einer Länge von nur 40 m und einem größten Durchmesser von 14 m. Ein Motor, der – unterschiedlichen Angaben zufolge – eine Leistung von 40 bis 50 PS erbrachte und eine fünfflügelige Luftschraube von 4,7 m Durchmesser antrieb, verlieh dem Luftschiff eine Fahrgeschwindigkeit von 11 m/s. Das war zwar noch nicht beeindruckend, reichte jedoch für weiterführende Versuche aus.

Neben der Form wies dieses Forlanini-Luftschiff eine Reihe weiterer Besonderheiten auf. Dazu gehörten die in einem großen Kastenrahmen am Heck angeordneten Stabilisierungsflächen, Höhen- und Seitenruderblätter, aber auch die Beschaffenheit der Hülle der Tragkörpers. Letztere wurde damals so erklärt: „Die Ballonhülle ist aus gefirnißter Seide hergestellt und außen mit Aluminiumpuder eingestäubt, um durch diese blanke Metallschicht die Sonnenstrahlen zu reflektieren und die Erwärmung des Gases durch die strahlende Wärme möglichst zu verhindern.“

Der Erstaufstieg fand am 22. August 1909 statt. Schon ein Vierteljahr darauf, am 27. November, folgte eine Fahrt über 40 km.

Forlanini sah seine konstruktiven Ideen bestätigt, setzte die Entwicklungsarbeiten fort und baute im Jahre 1913 ein weiteres Luftschiff nach dem gleichen Prinzip der dicken Form, aber mit deutlich größeren Abmessungen. Es erhielt den Namen „Citta di Milano“.

Dieses neue Luftschiff hatte ein Volumen von etwa 12 000 m^3, eine Länge von 72 m und einen größten Durchmesser von 18 m. Infolge dieser Abmessungen gehörte es zu den großen Prallluftschiffen seiner Zeit. Wegen der Kielkonstruktion unter dem Tragkörper, in der die Personenkabine untergebracht war und sämtliche Lasten verstaut werden konnten, wurde es den halbstarren Luftschiffen zugerechnet. Man schrieb: „Der Ballon trägt die Gondel gewissermaßen in seinem Körper, wie etwa die Beuteltiere. Die Gondel ist eine wirkliche Kabine mit Fenstern, Türen usw.“ Das Luftschiff war zweimotorig konzipiert. Verwendet wurden 100 PS leistende Triebwerke des Fabrikats Isotta-Fraschini.

„Citta di Milano“ absolvierte mehrere erfolgreiche Fahrten und löste im nahegelegenen Mailand so große Begeisterung aus, daß der Kaufpreis durch eine Sammlung aufgebracht wurde, damit Forlanini seine Entwicklungsbemühungen fortsetzen konnte. Kurz darauf war zu lesen, daß das Luftschiff „von den Bürgern Mailands der italienischen Armee geschenkt“ worden war. Im Jahre 1914 mußte es jedoch aus der Bestandsliste des italienischen Heeres gestrichen werden. Darüber berichtete eine deutsche Zeitung unter der Überschrift „ Ein italienisches Militärluftschiff explodiert“:

„Nach einer Meldung der ‚Tribuna‘ aus Mailand wurde in der Nähe von Cantua das lenkbare Militärluftschiff ‚Citta di Milano‘ durch eine Explosion völlig zerstört. Die Insassen, drei Offiziere und vier Mechaniker, erlitten glücklicherweise nur leichtere Verletzungen. Hundert Mann Infanterie von der Garnison Como begaben sich sofort an die Unglücksstelle. Über die Ursache des Unglücks wird uns noch folgendes mitgeteilt: Das Luftschiff mußte infolge eines Defekts bei Cantua landen, und eine größere Menschenmenge strömte hinzu. Plötzlich erfolgte mit lautem Knall eine Explosion und das Luftschiff verbrannte vollständig. Außer den Insassen erlitten auch viele der Umstehenden durch die Flammen Verletzungen.“ Man vermutete später, daß ausströmendes Füllgas des beschädigten Luftschiffes „von glimmenden Tabakpfeifen einiger neugieriger Zuschauer zur Explosion gebracht“ worden war.

Bedeutende Erstfahrten mit Luftschiffen in der Frühzeit

Datum	Konstrukteur/Erbauer	Land	Erstleistung	Aufstiegsort
24. September 1852	Giffard	Frankreich	Fahrt mit Dampfmaschine	Paris
2. Februar 1872	Lôme	Frankreich	Fahrt mit Muskelkraft	Paris
13. Dezember 1872	Haenlein	Deutschland	Fahrt mit Gasmotor	Brünn (heute Brno)
8. Oktober 1883	Tissandier	Frankreich	Fahrt mit Elektromotor	Auteuil
9. August 1884	Renard und Krebs	Frankreich	Zielfahrt	Chalais-Meudon
1. September 1888	Wölfert	Deutschland	Fahrt mit Benzinmotor	Cannstadt
19. Oktober 1901	Santos-Dumont	Frankreich	11-km-Zielfahrt	St.-Cloud
November 1907	Lebaudy	Frankreich	240-km-Zielfahrt	Chalais-Meudon
16. Oktober 1910	Clément-Bayard	Frankreich	Zielfahrt Paris–London	Cuise de la Motte

VII. „Tauben“-Eindecker

Den Eindecker als Konstruktionsprinzip machte im Sommer 1909 Louis Blériot international bekannt, als er mit seinem Monoplan – wie man damals auch sagte – den Ärmelkanal von Calais nach Dover überflog. In Deutschland errang Hans Grade am 30. Oktober 1909 in Johannisthal mit einem leichten Eindecker den „Lanz-Preis der Lüfte“ im Betrage von 40 000 Mark mit einem Flug von nur zwei Minuten und 43 Sekunden Dauer – in Form einer liegenden Acht um zwei Wendepunkte ausgeführt, die 1000 m auseinanderstanden.

Eine entscheidende Wende zugunsten des Eindeckers setzte mit der „Tauben“-Konstruktion des Österreichers Igo Etrich ein. Etrichs „Taube“ wurde in Deutschland zum erfolgreichsten Flugzeug der Vorkriegszeit und in der Flugzeugfabrik von Edmund Rumpler in Johannisthal in großer Stückzahl hergestellt. Hellmuth Hirth flog sie bei zahlreichen nationalen und internationalen Wettbewerben von Sieg zu Sieg.

Als Etrich seine Patentansprüche für Deutschland nach Querelen mit dem Lizenznehmer Rumpler zurückzog, gingen unverzüglich auch andere Konstrukteure zum Bau von „Tauben“-Eindeckern über. Verbesserungen an dem Flugzeug Etrichs betrafen vor allem die Verringerung der Spanndrähte, eine Vereinfachung wie auch Verstärkung des Fahrgestells, den Übergang von der Flügelverwindung zur Klappensteuerung sowie eine günstigere aerodynamische Formgebung von Rumpf und Tragflächen. Rümpfe wurden jetzt häufig mit Sperrholz beplankt anstelle der bisherigen Stoffbespannung, und für die Rumpfzelle wurde zunehmend Stahlrohr anstelle von Holz verwendet.

Ein bekannter deutscher Eindecker-Konstrukteur war Hans Grade. Er konnte den Ruhm für sich in Anspruch nehmen, den ersten serienreifen Eindecker in Deutschland gebaut zu haben. Dabei blieb er stets dem Vorsatz treu, ein leichtes und billiges, zugleich aber zuverlässiges Flugzeug anzubieten. Sein Flugapparat wog nur 120 kg. Die Leichtbau-Tragfläche war lediglich durch ein starkes Bambusrohr mit den Steuerflächen am Heck zusammengesteckt. Der Pilotensitz hing unterhalb der Tragfläche, und der Flugzeugführer hatte seine Füße auf die Achse des Fahrwerks aufzustützen.

Grades Flugzeuge flogen als einzige mit jeweils einem Zweitaktmotor, den er ebenfalls selbst konstruiert hatte. Sein Werk in Bork in der Mark (heute Borkheide) florierte, solange der Andrang von Flugschülern anhielt. Als er am Ende doch scheiterte, lag das daran, daß seine Flugzeuge sich nicht für militärische Zwecke eigneten.

Ähnlich war es mit dem Eindecker des Diplomingenieurs Hermann Dorner, dem gleichfalls in der Frühzeit Chancen eingeräumt wurden. Dorners Eindecker war von wesentlich anderer Bauart, hatte eine durchlaufende, ungeteilte Tragfläche, hinter der die Luftschraube innerhalb eines breiten, dreiholmigen Gitterrumpfes angebracht war. Die beiden Sitze waren nebeneinander unter der Tragfläche angeordnet. Auch dieses Flugzeug taugte nicht für militärische Zwecke, und Dorner mußte aufgeben.

Daß die Flugtechnik des Jahres 1912 zunehmend von militärischen Anforderungen bestimmt war, galt nicht nur für Deutschland, sondern für alle industriell entwickelten Länder. Diese Entwicklung wurde schon damals vielfach beklagt. Aber an eine breite Flugsportbewegung war noch nicht zu denken, und auch für Personenbeförderung oder für Post- und Zeitungstransport war das Flugzeug noch nicht reif, obwohl durchaus schon Flüge und Flugveranstaltungen stattfanden, deren Ziel darin bestand, die Eignung bestimmter Flugzeugmuster für derartige Verwendungszwecke zu prüfen.

Auch in Deutschland waren zunächst, verführt durch hohe Geldpreise der örtlichen Flugwettbewerbe wie auch durch das Sammlungsergebnis der „National-Flugspende“, etliche Flugzeugunternehmen überhastet gegründet worden. Gewiß gab es manche Phantasten unter den Konstrukteuren, die ihr Handwerk nicht beherrschten und deren Flugapparate entweder nicht vom Boden freikamen oder beim ersten Startversuch zerschellten.

Um ihre Existenz mußten aber auch seriöse Flugzeughersteller bangen, soweit sie nicht besonders kapitalkräftig waren oder nicht an Militäraufträge herankamen. Zudem stieg allmählich die Großindustrie in das Flugzeuggeschäft ein, nachdem lukrative Bestellungen für die Fliegertruppe in Aussicht standen. Dem Gerangel um militärische Bauaufträge waren die kleinen Flugzeughersteller ohnehin nicht gewachsen. Dutzende von Werkstätten schlossen ihre Tore für immer, denn private Flugzeugkäufer waren schon immer selten gewesen. Und im Wettbewerb um Flugschüler waren die Fabrikfliegerschulen von vornherein überlegen.

Unter diesen Bedingungen sind in Deutschland bis zum ersten Weltkrieg rund 1500 Flugzeuge gebaut und insgesamt rund 1000 Zivil- und Militärflugzeugführer ausgebildet worden.

DIE FLUGTECHNISCHEN ARBEITEN DES ÖSTERREICHERS IGO ETRICH gehen bis in das Jahr 1898 zurück, als er im Auftrage seines Vaters, IGNAZ ETRICH, in Berlin aus dem Nachlaß OTTO LILIENTHALS einen Gleiter erwarb. Im folgenden Jahr war er seinem Vater behilflich, einen eigenen Gleitflugapparat von 10 m Spannweite zu bauen. Dieser war auf ein dreirädriges Fahrgestell montiert und sollte eine steile hölzerne Fahrbahn hinunterrollen, um dadurch für das nachfolgende Gleitfliegen eine ausreichende Anfangsgeschwindigkeit zu erhalten.
Seine eigenen flugtechnischen Arbeiten nahm IGO ETRICH im Jahre 1903 in Oberaltstadt auf, nachdem er durch einen Aufsatz von Prof. FRIEDRICH AHLBORN in Hamburg auf einen tropischen Flugsamen namens Zanonia macrocarpa (neuere botanische Bezeichnung: Macrozanonia macrocarpa) aufmerksam geworden war. Dieser handtellergroße Flugsamen kann dank seiner eigentümlichen Form weite Strecken stabil durchfliegen. In dem aus Wien stammenden jungen Turn- und Fechtlehrer FRANZ WELS fand ETRICH einen engagierten Mitarbeiter.
Nach etlichen Vorversuchen bauten ETRICH und WELS im Jahre 1904 ein großes Gleitflugmodell mit einer Tragfläche von 12 m^2 in der Zanoniaform. Bei einer Eigenmasse von ungefähr 25 kg trug dieses Modell eine gleich große Nutzlast in stabilem Gleitflug. Schon im folgenden Jahr begann der Bau eines manntragenden Gleitflugapparates, der 12 m Spannweite hatte, 36 m^2 Tragfläche besaß und mit Kufen als Landegestell ausgerüstet war. Es dauerte länger als ein Jahr, bis der Apparat vollendet war und am 8. Oktober 1906 der erste bemannte Flug unternommen werden konnte. Sowohl ETRICH wie WELS gelangen damit Gleitflüge bis zu 250 m Weite.
Der nächste Schritt sollte nun der Übergang zum Motorflug sein. Dafür wurde ein französischer Antoinette-Motor mit einer Leistung von 24 PS angeschafft, für den ein neuer Flugapparat, ebenfalls in der Zanoniaform, gebaut wurde. Er wurde als „Etrich I“ bezeichnet und besaß eine Flügelverwindung für den Kurvenflug. Motor und Luftschraube waren in der damals üblichen Weise hinter der Tragfläche angeordnet. Bei der Erprobung erwies sich der verwendete Antoinette-Motor allerdings als zu

Die zu jener Zeit noch einsitzige Etrich-„Taube“ wurde im Herbst 1910 von dem Österreicher KARL ILLNER in Johannisthal vorgeführt.

schwach. Das Flugzeug war nicht in die Luft zu bringen. Diese Experimente fanden im Laufe des Jahres 1908 im Wiener Prater statt.
In dieser Zeit war Wilbur Wright, der ältere der Wright-Brüder, mit seinem Doppeldecker aus den USA nach Europa gekommen und hatte mit gelungenen Flugvorführungen in Frankreich die Öffentlichkeit in Erstaunen gesetzt. Wels reiste eigens nach Frankreich und war vom „Wright-Flyer“ so begeistert, daß er nach der Rückkehr vom Eindecker nichts mehr wissen wollte. Er trennte sich von Etrich und begann mit dem Nachbau eines Wright-Doppeldeckers.
Igo Etrich fand danach im Werkmeister Karl Illner einen neuen geeigneten Mitarbeiter und siedelte im Sommer 1909 nach Wiener Neustadt über, wo im Juli ein erster Flug von 100 m Weite mit „Etrich I“ gelang. Nach dem Einbau eines stärkeren 40-PS-Clerget-Motors konnten die Flugleistungen dann beträchtlich gesteigert werden.
Etrich kam aber zu der Auffassung, wie er im Jahre 1911 in einem Vortrag vor dem „Verein Deutscher Flugtechniker“ in Berlin sagte, daß die normale Zanoniaform ideal für den Gleitflug, doch unökonomisch für den Motorflug sei. Er ging deshalb zur Vogelform über und konstruierte mit „Etrich II“ seine erste „Taube“.
Bei der „Tauben“-Konstruktion waren die Tragflächen schmaler und gestreckter gehalten. Nur die Flächenspitzen hatten noch Zanoniaform. Die Spannweite betrug 14 m. Der Rumpf hatte einen trapezförmigen Querschnitt und lief in die taubenschwanzähnliche, elastische Fläche des Höhensteuers aus. Als Seitensteuer war eine kleine senkrechte Fläche aufgesetzt. Zur Versteifung der Tragflächen war unterhalb des Hauptholmes ein verspannter Querträger, die sogenannte Brücke, angebracht.
Bei der „Taube“ waren der 40-PS-Clerget-Motor und die Luftschraube vorn am Rumpf angeordnet. Mit dem Steuerrad wurden durch Drücken und Ziehen das Höhensteuer, durch Drehen die Flügelverwindung betätigt. Seitensteuer wurde mit den Füßen gegeben. Etrich hat später bedauert, auf diese Steueranordnung kein Patent genommen zu haben, denn sie wurde nach einigen Jahren allgemein üblich und in Deutschland als „Militärsteuerung“ bekannt.
Am 20. April 1910 flog Illner mit der „Taube“ bereits acht Minuten, und kaum vier Wochen später, am 15. Mai, brachte er mit einem Stundenflug alle damals in Österreich bestehenden Flugrekorde auf einen Schlag an sich. Kurz darauf flog er 45 km weit von Wiener Neustadt nach Wien und am gleichen Tage wieder zurück.
Bei den Flugwettbewerben Ende August/Anfang September 1910 in Wiener Neustadt gewann Illner fast alle Preise. Vom September an flog die „Taube“ dann mit einem 60-PS-Flugmotor der österreichischen Austro-Daimler-Werke. Ihr Siegeszug läßt sich nur dadurch erklären, daß sie im Gegensatz zu vielen

Igo Etrich zu seiner Auseinandersetzung mit Rumpler
„Nachdem die großen Erfolge erzielt worden waren, mußte ich zu meiner Überraschung feststellen, daß mein Name, entgegen klarer vertraglicher Vereinbarungen, aus der Typen-Bezeichnung weggelassen wurde. Das Flugzeug wurde nur noch mit dem Namen der Lizenznehmerin beschriftet und propagiert. Etwa zur gleichen Zeit mußte ich feststellen, daß die vertraglich vereinbarten Lizenzen nicht eingingen.
Da mündliche Verhändlungen zur Abstellung dieser Zustände keinen Erfolg hatten, blieb mir nichts anderes übrig, als den Rechtsweg zu beschreiten, der mir nach mehrjähriger Prozeßdauer wohl einen Teil der mir zustehenden Lizenzgebühren einbrachte, aber in Bezug auf Unterdrückung meines Namens die dadurch erlittene Schädigung nicht mehr ausgleichen konnte, und zwar aus folgendem Grunde:
Wie schon gesagt, hatte ich mich sowohl in Deutschland als auch in Österreich verpflichtet, nicht selbst zu bauen. Während in Österreich der Vertrag sich glatt abwickelte, wurde in Deutschland mein Name veschwiegen. Die Prozeßdauer aber war gänzlich unabsehbar. Ich stand also, was Deutschland betraf, vor folgender Frage: ‚Sollst du mit zusehen, wie dein geistiges Produkt, lebhaft begehrt und von Erfolg zu Erfolg schreitend, serienweise fabriziert wird unter Weglassung deines Namens und unter Vorenthaltung der dir gebührenden Lizenzen, oder sollst du einen Weg finden, der es dir ermöglicht, dein eigenes Produkt in Zukunft selbst zu fabrizieren?‘
Um einen solchen legalen Weg zu finden, bedurfte es eines außerordentlich schwerwiegenden Entschlusses, nämlich mein eigenes Patent in Deutschland zu annulieren.
Sie können sich auch vorstellen, daß ich immer wieder diese schwere Entscheidung zurückgestellt habe, verlangte sie doch, die Früchte meiner zehnjährigen Arbeit, auf die ich nicht nur ca. 400 000 Friedensgoldmark aufgewendet, sondern in deren Interesse ich auch mein Leben und meine Gesundheit wiederholt aufs Spiel gesetzt hatte, schutzlos der Allgemeinheit zu überlassen. Aber schließlich hielt ich es doch für den einzigen möglichen Weg, um fabrikatorisch in Deutschland nicht ganz lahmgelegt zu bleiben, mein deutsches Patent zu annulieren. Es traten die unvermeidlichen Folgen sofort ein: Es nahmen die Fabrikation der ‚Taube‘ folgende Firmen auf: Albatros, Gothaer Waggonfabrik, Beese, Jeannin und Caspar.“

(Igo Etrich: Die historische Entwicklung des Taubenprinzips und dessen Bedeutung für die Zukunft. – Berlin, 1929)

anderen Flugmaschinen der damaligen Zeit technisch perfekt und zuverlässig konstruiert war.
Da Igo Etrich nicht selbst Flugzeugfabrikant werden wollte, gab er die Baulizenz für Österreich an die bereits bestehende „Motorluftfahrzeug-Gesellschaft mbH.“ (MLFG) ab. Für Deutschland schloß er einen Lizenzvertrag mit dem aus Wien stammenden Unternehmer Edmund Rumpler, der damals noch in Berlin-Lichtenberg eine Werkstätte für Flugzeugbau betrieb. Vereinbart wurde, daß die in Deutschland gebauten Maschinen, im Unterschied zu den österreichischen „Etrich-Tauben“, den Namen „Etrich-Rumpler-Tauben“ führen sollten.
Im Oktober 1910 stellte Illner die „Etrich-Taube“ während der Herbstflugwoche in Berlin-Johannisthal vor und errang mit Schauflügen den ungeteilten Beifall des Publikums wie auch der Fachleute. Chefpilot der Rumpler-Flugzeugwerke wurde im Frühjahr 1911 der junge, aus Stuttgart stammende Ingenieur Hellmuth Hirth, der mit der „Taube“ alle wichtigen Flugwettbewerbe gewann und sie mit großen Überlandflügen in ganz Deutschland populär machte. Edmund Rumpler aber verletzte den Lizenzvertrag, indem er den Namen Etrichs in der Typenbezeichnung erst auf „E.“ verkürzte und dann ganz wegließ, zugleich mit fadenscheiniger Begründung die Lizenzzahlung einstellte.
Etrich ließ daraufhin seinen Patentanspruch für Deutschland fallen, wodurch die „Taube“ zum allgemeinen Nachbau freigegeben war. Er wurde nunmehr selbst als Hersteller in Deutschland tätig. Die eigene Flugzeugfabrik gründete er unter dem Namen „Etrich-Flieger-Werke“ in Liebau in Schlesien (heute Lubawka). Dort entstand im Jahre 1913 eine neue „Original-Etrich-Taube“, die mit einem 100-PS-Daimler-Motor ausgerüstet war. Alfred Friedrich flog damit im September 1913 in Etappen von Berlin über Brüssel nach Paris, sodann nach London und über die Niederlande nach Berlin zurück, streckenweise von Igo Etrich begleitet.
In den Liebauer Werken wurde die neue „Etrich-Taube“ versuchsweise auch mit einem deutschen Rotationsmotor ausgestattet, dem 70-PS-Stahlherz-Motor. Die damit erzielten Leistungen waren anfangs ermutigend, und das Experiment erregte weithin Interesse. Man meinte damals in Deutschland, auf dem Gebiete der luftgekühlten Umlaufmotoren den großen Vorsprung Frankreichs aufholen zu müssen. Am Ende konnte der Stahlherz-Motor die in ihn gesetzten Erwartungen jedoch nicht erfüllen, und so blieb es beim wassergekühlten, 100 PS leistenden Daimler-Triebwerk, dem erfolgreichsten deutschen Flugmotor der Vorkriegszeit.

DIE „DEUTSCHEN FLUGZEUG-WERKE“ (DFW) IN LEIPZIG-Lindenthal waren im März 1911 vom Flieger Erich Thiele und dem Kommerzienrat Bernhard Meyer zunächst unter dem Namen „Sächsische Flugzeugwerke“ gegründet worden. Den neuen Namen erhielt die Firma dann im November des gleichen Jahres.
Thiele, der im Juli 1910 in Darmstadt-Griesheim auf einem Euler-Doppeldecker das Flugzeugführerzeugnis erworben hatte,

Rumpfgerüst einer „Taube“ der „Deutschen Flugzeug-Werke“ (DFW) in Leipzig-Lindenthal im Jahre 1912.

brachte den Sachverstand des Fliegers und des Konstrukteurs in das Unternehmen ein, Meyer das unternehmerische Geschick und die notwendigen finanziellen Mittel.
Im Frühjahr 1912 standen auf dem Flugplatz in Lindenthal, einem ehemaligen Exerzierfeld, bereits drei große massive Flugzeughallen. Neben der Flugzeugherstellung wurde von der Firma die DFW-Fliegerschule betrieben. An der Schule waren bekannte Piloten wie Eugen Wiencziers, Bruno Büchner und Heinrich Oelerich zeitweilig als Lehrer tätig. Wie in den meisten anderen Fällen, waren sie zugleich Werkpiloten. Oelerich machte damals durch verschiedene Rekordflüge von sich reden. Nach Firmenangaben wurden schon im Jahre 1912 rund 80 Flugzeugführerprüfungen auf DFW-Flugzeugen absolviert. Aus späterer Zeit stammt die Mitteilung, daß ständig zwölf Flugmaschinen und sechs Lehrer für Schulungszwecke zur Verfügung gestanden hätten.
Alle Flugzeugkonstruktionen der „Deutschen Flugzeug-Werke“ trugen den Namen des römischen Kriegsgottes Mars. Die Wahl dieses Namens war ein Programm, denn DFW wollte seine Fabrikate hauptsächlich an die preußische Fliegertruppe verkaufen. Als erste brauchbare Flugzeugtypen wurden im Jahre 1912 ein großer „Mars-Pfeildoppeldecker“ und gleichzeitig ein zweisitziger großer Eindecker herausgebracht.
Verblüffend daran war, daß der Eindecker praktisch nichts anderes als den Doppeldecker ohne obere Tragfläche darstellte. Rumpf, Leitwerk, Fahrgestell und Motoreinbau waren gänzlich unverändert geblieben, und selbst die Anordnung der beiden Sitze im eiförmigen Rumpfquerschnitt war beibehalten worden. Es wurden auch die gleichen NAG- und Daimler-Motoren verwendet wie beim Doppeldecker. Der Motor hatte einen Stirnkühler und war verkleidet, Luftschlitze sorgten für die Kühlung. Desgleichen waren das vierrädrige Fahrgestell und die Klappensteuerung am Rumpfende beibehalten worden. Die Steuerung um die Längsachse erfolgte anfangs durch Flügelverwindung, später durch Querruder. Bemerkenswert war ein Handrad außen am Rumpf, mit dem vom Piloten während des Fluges die Höhenflosse verstellt werden konnte, um die Steuerung zu erleichtern.
Den Zeitgenossen erschien die Grundkonzeption, identische Bauteile für den Eindecker wie für den Doppeldecker zu verwenden, überaus einleuchtend und rationell. Aus diesem Grunde fand der „Mars-Eindecker“ zunächst große Beachtung. In der Praxis stellte sich dann heraus, daß seine Flugleistungen unter den Erwartungen blieben. Ein Erfolg stellte sich erst ein, als DFW die neue „Mars-Stahltaube“ hervorbrachte. Sie wurde in mehreren Versionen in Serie gebaut, und die „Deutschen Flugzeug-Werke“ profitierten wie zahlreiche andere Unternehmen davon, daß Etrichs Patentanspruch in Deutschland ungültig geworden war.

DIE „KONDOR-FLUGZEUGWERKE“ IN ESSEN WURDEN im Juli 1912 unter der Mitwirkung des Fliegers Josef Suvelack gegründet. Suvelack war Ingenieur und stammte aus Westfalen. Er hatte bei Rumpler in Johannisthal am 30. August 1911 die Pilotenprüfung abgelegt. Anschließend wurde er Fluglehrer bei Rumpler. Im Frühjahr 1912 ging Suvelack als Fluglehrer zu den Aviatik-Werken nach Mülhausen (heute Mulhouse), bevor er Direktor der „Kondor-Flugzeugwerke“ wurde.
In Essen konstruierte Suvelack in den Jahren 1912/13 mehrere

Einen der bekannten „Tauben“-Eindecker konstruierte der Rumpler-Pilot Josef Suvelack für die von ihm in Essen mitbegründeten „Kondor-Flugzeugwerke“.

„Tauben“-Eindecker nach den Konstruktionsprinzipien Etrichs. Seine erste „Taube“ war mit einer vorn abgestützten Kufe zwischen den Laufrädern ausgestattet. Suvelack hielt für seine Konstruktionen an der Holzbauweise fest, obwohl in dieser Zeit schon zunehmend Stahlrohr verwendet wurde – zunächst für die Fahrgestelle, dann beim Rumpfgerüst und auch für die Flügelholme. Stahlrohr war dauerhafter und vor allem witterungsbeständiger als Holz, allerdings weniger elastisch und vor allem schwerer zu bearbeiten.

Zur Verkleidung des abgerundeten Rumpfes seiner „Kondor-Tauben“ nutzte Suvelack Sperrholz anstelle von Stoff. Als Motoren wählte er Fabrikate der Firmen Argus, Benz und Daimler mit Leistungen bis zu 100 PS. Die Motoren waren in den Rumpf eingebaut, voll verkleidet und mit Stirnkühler versehen. Der wirtschaftliche Erfolg aber blieb aus, weil die Heeresverwaltung sich nicht zum Ankauf der „Kondor-Taube“ entschließen konnte. Die Heeresverwaltung war damals für die meisten Flugzeughersteller der einzige potentielle Kunde.

AMÉLIE BEESE, GENANNT MELLI UND IN LAUBEGAST bei Dresden geboren, wurde im Jahre 1911 die erste deutsche Motorfliegerin. Sie war Bildhauerin von Beruf und erwarb den Flugzeugführerschein am 13. September 1911, ihrem 25. Geburtstag, auf einer „Etrich-Rumpler-Taube“ in Johannisthal. Der Weg zur Pilotin wurde ihr durch ihren Fluglehrer Hellmuth Hirth wie durch andere Piloten außerordentlich erschwert. Selbst nach bestandener Prüfung hörten die Intrigen und Schikanen gegen sie nicht auf.

Nur unter großen Schwierigkeiten wurde es Melli Beese möglich, von den Rumpler-Werken für die Teilnahme an der Herbst-

Aus einem alten Rumpler-Eindecker weiterentwickelt: eine „Taube“ der ersten deutschen Motorfliegerin Melli Beese in Johannisthal.

flugwoche vom 24. September bis 1. Oktober 1911 in Johannisthal eine „Taube“ älterer Bauart zu erhalten. Mit hervorragenden Flugleistungen rechtfertigte sie ihre Teilnahme. In der Gesamtwertung belegte sie unter 24 Teilnehmern den fünften Platz. Am dritten Tag des Flugwettbewerbes erreichte sie mit einem Passagier 825 m Flughöhe und verbesserte damit den Höhenweltrekord für weibliche Piloten.

Im Januar 1912 eröffnete Melli Beese in zwei Schuppen auf dem Flugplatz Johannisthal ihre eigene Flugschule. Ihre Partner waren der französische Flieger Charles Boutard, den sie ein Jahr später heiratete, und zeitweilig der aus Dresden stammende Pilot Hermann Reichelt. In Erinnerung an eigene Erfahrungen sicherte Melli Beese in Anzeigen ausdrücklich „billige und gewissenhafte Ausbildung von Schülern und Schülerinnen“ zu. Dies und die Tatsache, daß sie später die „Melli-Beese-Taube“ weitaus preiswerter anbot als andere Flugzeughersteller ihre Fabrikate verkauften, schuf ihr neue Widersacher.

Die erste „M. B.-Taube“ entstand im Jahre 1912 aus einer alten Rumpler-Maschine. Die Verbesserungen betrafen vor allem die Verspannung der Tragflächen durch eine Klappbrücke. Dadurch war gewährleistet, daß beim Abrüsten und Aufrüsten die Verspannungsdrähte nicht gelöst und ihre Länge nicht verändert werden mußte. Die „M. B.-Taube“ flog mit einem 50-PS-Argus-Motor, und auf ihr wurden bis September 1912 bereits fünf Pilotenprüfungen abgelegt. Ein Jahr später meldete Melli Beese für ihre Schule zehn Flugschüler auf nunmehr vier eigenen „Tauben“-Eindeckern.

Im Jahre 1913 brachte die „Flugschule Melli Beese“, die in ihrem Firmenbriefkopf ausdrücklich auch den Flugzeugbau als Betätigungsfeld nannte, einen kleinen einsitzigen „Tauben“-Eindecker mit luftgekühltem französischem Gnôme-Umlaufmotor heraus. Dieser Apparat wurde nach seinem Konstrukteur „M. B. Monoplace Boutard“ genannt. Er hatte wenig mehr als 10 m Spannweite und nur 16 m^2 Tragfläche. Boutard hatte das Hauptaugenmerk auf eine leichte, solide Bauart gelegt, und das Ergebnis war eine schnelle, kleine Maschine in der Art der damals sehr erfolgreichen französischen Flugzeugtypen für Überlandflüge.

Seit dem Frühjahr 1913 war Melli Beese bemüht, die Zulassung ihrer Schule zur Ausbildung von Schülern aus Mitteln der „National-Flugspende“ zu erreichen. Die „National-Flugspende“ war eine Sammlung zur Förderung des Flugwesens in Deutschland, und der Aufruf dazu war im April 1912 im Anschluß an die „Allgemeine Luftfahrzeug-Ausstellung“ (ALA) in Berlin ergangen. Als Ergebnis waren am Jahresende 1912 mehr als 7,5 Millionen Mark zusammengekommen. Ein Teil davon sollte zur Ausbildung von Flugzeugführern verwendet werden.

In Erwartung der Zulassung ihrer Schule hatte Melli Beese schon vorsorglich Anmeldungen von Schülern angenommen, darunter die des Bamberger Baumeisters Friedrich Harth, der damals in seiner Heimatstadt Gleitflugversuche unternahm und wenig später eine Station auf dem Heidelstein in der Rhön einrichtete: einer der Väter des Segelfluges in Deutschland. Aber weder die Ausbildung von Harth noch der anderen angemeldeten Schüler kam zustande, denn das Kuratorium der „National-Flugspende“ verweigerte der „Flugschule Melli Beese“ die Zulassung mit der Begründung, es kämen nur größere Flugzeugfabriken für die Ausbildung in Frage, und dieser Rang könne der Flugschule Melli Beeses nicht zugesprochen werden.

Wie es zur „Melli-Beese-Taube“ kam

„Januar 1912 kaufte die Flugschule Melli Beese von Herrn Hösli eine Rumpler-Taube. Dieser Apparat wurde von genannter Firma in folgenden Teilen abgeändert und erneuert: Motoreneinbau, Fahrgestell, kleine Tragfläche, Haupt-Tragfläche, Stabilisierungsfläche, Höhen- und Seiten-Steuer, so daß von dem ursprünglichen Rumpler-Apparat nur ein Teil des Rumpfes im Original erhalten blieb. Mit diesem Flugzeug unternahm die Flugschule Melli Beese bis Ende August ihre sämtlichen Flüge, darunter den Einstundenflug, der lt. Ausschreibungen für den Flug ‚Rund um Berlin‘ auf demselben Fabrikat geflogen werden mußte, wie der Rundflug. Dieser dagegen wurde auf einem neuen Flugzeug der Flugschule Melli Beese bestritten. Dadurch wurde vom Berliner Verein für Luftfahrt offiziell anerkannt, daß die urpsrüngliche Rumpler-Taube mit ihren nunmehrigen Abänderungen als ein Fabrikat der Flugschule Melli Beese zu betrachten sei. Auf demselben Apparat wurden sämtliche Flugschüler der Schule ausgebildet. Folgende Herren legten darauf ihre Pilotenprüfung ab: Boutard, Siewert, Seydler, v. Hahn, Ballod. Seit September 1912 dient fraglicher Apparat lediglich zu Alleinflügen. Der Unterricht wird auf einer weiteren von uns gebauten Taube erteilt.

Wir bestätigen die Richtigkeit des Obigen.
Berlin, 26.3.1913
Berlin Verein für Luftschiffahrt, Hackstetter
Max Krause, Vorsitzender des Flugausschusses“

(Zentrales Staatsarchiv Potsdam, 61 Na 1, 170, BL. 123)

Daran änderte auch nichts, daß sich der „Berliner Verein für Luftschiffahrt“ für Melli Beese verwendete und sie selbst nachweisen konnte, daß sie Fabrikationsräume in der Jahnstraße in Neukölln, nicht weit von Johannisthal entfernt, angemietet hatte. Auch die Vorlage von Konstruktionsplänen für ein sehr positiv beurteiltes „Melli Beese-Flugboot“ vermochte nicht, die maßgeblichen Herren von ihrem Vorurteil abzubringen. Das bedeu-

tete praktisch den Ruin der Flugschule und auch das Ende der „Melli Beese-Taube“, denn „Privatschüler“ gab es nunmehr, angesichts der militärischen Ausrichtung des Flugwesens, kaum noch.
Im ganzen sind in Deutschland bis zum Kriegsbeginn 1914 auf Kosten der „National-Flugspende“ 186 Piloten ausgebildet worden, und zwar an zunächst 19, später an 20 Fabrikfliegerschulen. Als Vergütung wurden pro abgelegter Feldpilotenprüfung 8000 Mark gezahlt. Dafür hatte die Schule allerdings das Risiko der Ausbildung zu tragen. Mußte eine Ausbildung aus gesundheitlichen oder anderen Gründen abgebrochen werden oder bestand ein Schüler die Prüfung nicht, wurde auch die Ausbildungsvergütung nicht gezahlt.
Es soll nicht unerwähnt bleiben, daß Flugschüler, die auf Kosten der „National-Flugspende“ ausgebildet werden wollten, vor Ausbildungsbeginn einen Revers unterschreiben mußten, in dem sie sich verpflichteten, sich der Heeresverwaltung auf Anforderung zur Verfügung zu stellen.

DIE IM JAHRE 1908 IN BERLIN GEGRÜNDETE „LUFT-Fahrzeug-Gesellschaft mbH.“ (LFG) hatte sich zunächst damit begnügt, auf ihrer Werft in Bitterfeld Parseval-Luftschiffe zu bauen und diese zu verkaufen. Erst mit Beginn des Jahres 1913 nahm die LFG in Werkstätten am Kaiserdamm in Berlin-Charlottenburg zusätzlich die Herstellung von Flugzeugen auf, und zwar von vornherein und ausschließlich den Bedürfnissen der preußischen Heeresverwaltung folgend.
Die LFG-Flugzeuge wurden weitgehend aus Stahlrohr hergestellt; lediglich die Flügelrippen bestanden noch aus Holz, weil sich dafür eine zweckentsprechende Stahlrohrausführung noch nicht hatte finden lassen. In einem Firmenprospekt vom Frühjahr 1914 hieß es dazu: „Daß unsere Firma in der Erzeugung stählerner Flugmaschinen bahnbrechend vorangegangen ist, findet seine Erklärung darin, daß wir im Luftschiffbau in erheblichem Maße Stahl verwenden und infolgedessen mit diesem Material, seiner statischen Berechnung und seiner Verarbeitung durchaus vertraut sind.“
Zur Kennzeichnung ihrer Flugzeuge wählte die LFG den Namen der Sagengestalt Roland. Dieses gesetzlich geschützte Kennwort sollte nach Firmenangaben Stärke und Zuverlässigkeit versinnbildlichen und einer Verwechslung mit Flugzeugen anderer, besonders in der Abkürzung des Betriebsnamens ähnlich lautender Firmen vorbeugen. Daß die Produktion ausschließlich rüstungsorientiert war, daraus hat die LFG von Anbeginn kein Hehl gemacht.
Zum Jahresbeginn wurden 1913 fast gleichzeitig ein „Tauben“-Eindecker sowie ein LFG-Pfeildoppeldecker vorgestellt. Von jedem Typ wurden bis zum Sommer mehrere Exemplare gebaut und auf dem Flugplatz Johannisthal eingeflogen.
Nach der Überwindung verschiedener Anfangsschwierigkeiten gelang es zunächst, mit der „Roland-Stahltaube“ die militärischen Abnahmebedingungen zu erfüllen, so daß die Heeresverwaltung einen ersten Flugapparat in Auftrag gab und für den Fall zufriedenstellender Lieferung weitere Bestellungen zusagte.
Sowohl die „Taube“ als auch der LFG-Pfeildoppeldecker nahmen im August 1913 am Flugwettbewerb „Rund um Berlin“ teil. Während der Werkpilot Bruno Langer mit dem Doppeldecker unter 27 Teilnehmern den schon guten sechsten Platz erreichte, verlor die „Stahltaube“ ihre Chance auf eine vordere Plazierung infolge anfänglicher Schwierigkeiten mit dem Triebwerk. Der Flugzeugführer Fiedler mußte wegen anhaltender Motorstörungen am ersten Tag auf den Start verzichten, legte aber am zweiten Tag die zweite und dritte Runde in ausgezeichneten Flugzeiten zurück. Beide LFG-Flugzeuge flogen bei diesem Wettbewerb mit 100-PS-Argus-Motoren, danach wurden die „Taube“ und der Doppeldecker hauptsächlich mit dem 100-PS-Daimler-Motor ausgestattet.
In der Jahresmitte 1913 verlegte die LFG den Flugzeugbau in neuerrichtete Werkstätten auf der Adlershofer Seite des Flugplatzes Johannisthal. Zur gleichen Zeit nahm dort die Fabrikfliegerschule ihre Tätigkeit auf. Es wurde mit Eindeckern und mit Doppeldeckern geschult. Beide Flugzeugmuster waren im Hinblick auf ihre Zweckbestimmung mit der sogenannten Militärsteuerung ausgerüstet; einer Steuersäule mit aufmontiertem Handrad zur Betätigung des Höhensteuers und der Quersteuerung sowie mit Fußhebeln für das Seitensteuer. Höhen- und Seitensteuerung wurden durch Ruderklappen bewirkt, die Quersteuerung durch Verwindung der elastischen Flügelspitzen.
Bei der „Taube“ wie beim Doppeldecker war der Treibstofftank vorn in den Rumpf eingebaut, gleich hinter dem Motor und vor den beiden Sitzen für den Piloten und den Beobachter. Im Unterschied zu anderen „Tauben“-Konstruktionen lagen die Sitze sehr weit hinten, wodurch die Erdsicht verbessert wurde. Die Spannweite der „Roland-Stahltaube“ betrug 14,3 m, der Tragflächeninhalt 32 m^2. Der Eindecker hatte eine leichte Pfeilstellung der Tragflächen, zwar nicht entfernt so groß wie beim Pfeildoppel-

Besonders stark nach hinten geschwungene Tragflächen kennzeichneten die im Jahre 1913 gebaute LFG-„Taube“.

decker, aber doch wirksam genug, um die Stabilität um die Hochachse zu verbessern.

Erstaunlicherweise meinte die LFG feststellen zu müssen, daß die „Roland-Taube“ infolge der Pfeilstellung weniger Neigung zeige, sich auf den Kopf zu stellen – was für die „Tauben“ anderer Hersteller sowieso von vornherein galt. Die Stabilität im Fluge war seit Etrich dem Konstruktionsprinzip dieses Eindeckers eigen und hatte mit einer Tragflächenpfeilung wenig zu tun. Die Gegenkomponente zu eventueller Kopflastigkeit infolge eines schweren Bugmotors waren eher die weiter nach hinten verlegten Personensitze.

DIE „GOTHAER WAGGONFABRIK“ WAR NACH DER AEG in Berlin die zweite deutsche Großfirma, die sich nach anfänglichem Zögern dem Flugzeugbau zuwandte. Sie gründete ihre Abteilung Flugzeugbau im Frühjahr 1913 und brachte schon wenige Wochen später die „Gotha-Taube“ heraus. Außerdem unterhielt die Waggonfabrik eine Fliegerschule.

Die „Gotha-Taube“ gab ihr erfolgreiches Debüt beim dritten Oberrheinischen Zuverlässigkeitsflug, dem sogenannten „Prinz-Heinrich-Flug“, im Mai 1913. Der Wettbewerb verlief über drei Etappen; gleich zwei „Tauben“-Eindecker aus Gotha waren am Start, beide von Militärpiloten gesteuert, denn hier handelte es sich primär um einen militärischen Flugwettbewerb. Der von August Joly gesteuerte Eindecker flog mit einem 75-PS-Daimler-Motor und verfügte über ein Fahrgestell mit schwenkbaren Laufrädern. Das zweite Flugzeug, mit Engwer am Steuer, hatte einen 100-PS-Argus-Motor und ein einfaches Strebenfahrgestell mit Achse. Joly befand sich unter den neun Wettbewerbsteilnehmern, die sämtliche drei Etappen zurücklegten; er kam in der Gesamtwertung auf den vierten Platz. Engwer schied nach der ersten Etappe, die von Wiesbaden nach Kassel führte, wegen Motorstörung aus.

Mehr Erfolg hatten Zivilpiloten mit der „Taube“ aus Gotha. Willy Rosenstein und Wilhelm Krumsiek gewannen im Juni 1913 den Mecklenburgischen Rundflug sowie Ende Juli/Anfang August die Gelsenkirchener Flugwoche – jetzt mit dem bewährten 100-PS-Daimler-Motor.

Einen ganz besonderen Erfolg erzielten „Gotha-Tauben“ im Herbst 1913 bei den Fernflügen um die großen Preise der „National-Flugspende“. Ernst Schlegel legte in 24 Stunden eine Flugstrecke von 1497 km zurück und gewann damit für den Flugzeughersteller einen Preis von 60 000 Mark. Karl Caspar, der in seinen „Hansa-Flugzeugwerken“ in Hamburg-Fuhlsbüttel einige „Gotha-Tauben“ in Lizenz nachgebaut hatte, kam auf 1381 km und errang 50 000 Mark Preisgeld.

Durch ihre robuste Bauweise fiel die Gotha-„Taube“ im Jahre 1913 auf; mit ihr wurden beachtliche Wettbewerbserfolge erzielt.

Hierzu ist anzumerken, daß auch die Preise aus der „National-Flugspende“ grundsätzlich an die Besitzer der Flugapparate ausgezahlt wurden, die zumeist mit den Herstellern identisch waren und bestenfalls einen Bruchteil der Gewinnsumme an die erfolgreichen Piloten weitergaben. Diese Regelung wurde mit dem Hinweis zu rechtfertigen versucht, daß die Firmen das volle finanzielle Risiko trügen. Die Tatsache, daß die Flugzeugführer ihrerseits Leben und Gesundheit einsetzten, hatte für die Flugzeugfabrikanten weniger Bedeutung.

Noch im Jahre 1913 kaufte die Heeresverwaltung für die preußische Fliegertruppe 36 „Gotha-Tauben“. Als Militärversion hatte das Flugzeug eine Spannweite von 14,5 m und 28 m^2 Flächeninhalt. Gerühmt wurde in der Leistungsbeschreibung, daß die „Gotha-Taube“ in nur 15 Minuten Steigzeit 800 m Höhe erreichen konnte.

Sahen sich „Tauben“-Eindecker damals ohnehin alle sehr ähnlich, so wich auch die „Gotha-Taube“ konstruktionsmäßig nicht von denen anderer Firmen ab. Rumpf und Flügelform, die Brükkenkonstruktion und das Leitwerk waren in herkömmlicher Art gehalten. So ist ihr ungewöhnlicher Erfolg ausschließlich mit der sorgfältigen Verarbeitung wie der personellen und finanziellen Ressourcen einer Großfirma zu erklären. Der Facharbeiterstamm der Waggonfabrik verfügte über große Erfahrung in der Holz- wie in der Metallverarbeitung, die dem Flugzeugbau zugute kam.

Motorflug über die Wolken hinaus (Auszug)

„Meinen ersten Höhenflug machte ich während der Kieler Flugwoche 1911. Ich startete mit meiner Rumplertaube, die einen 70 PS Mercedes Flugmotor hatte … Es war schon abends 8½ Uhr, als ich mit ihr emporkletterte, um zu versuchen, den 1600 m betragenden deutschen Höhenrekord zu schlagen. Bei 1800 m traf ich schon auf Wolken, das erste Mal während meiner Fliegerlaufbahn. Ängstlich vorsichtig traute ich mich in einen herabhängenden tropfenförmigen Wolkenbeutel. Es wurde plötzlich nebelig um mich, aber im nächsten Augenblick sah ich wieder die Erde unter mir.

Ich strich langsam steigend immer an der Wolkendecke entlang und freute mich recht kindlich, mit diesen weichen Gebilden zu spielen. Ich mochte wohl 1900 m erreicht haben, doch genügte mir das noch nicht. Ich merkte auch, daß mir die Wolken gar nichts taten. Im Gegenteil, mein Motor lief in ihnen besser als draußen. Ich kletterte deshalb beherzt einige Minuten in den Wolken empor und plötzlich lag, von Farben übergossen, die Wolkendecke unter mir. Auf ihr standen noch einige hochgetürmte Nebelberge, durch die ich manchmal flog.

Es überkam mich eine Art Stimmung, als wäre alles nur ein Märchen. Immer seltsamer wurde die Wolkenlandschaft unter mir. Die Spitzen der Türme waren noch weiß in der sinkenden Sonne, die Wolkentäler aber zeigten alle Schattierungen eines Violett, das die tiefsten Stellen wie mit einer dunklen Flüssigkeit ausgefüllt hatte. Zehn Minuten lang konnte ich, immer noch steigend, dieses befremdende Formen- und Farbenspiel von oben her bewundern. Ich war ganz fasziniert von diesem Anblick.

Dann wurden die Täler und Wolken unter mir ganz schwarz. Ich erinnere mich, daß ich noch 2200 m von meinem Barometer ablas, zögernd den Motor abstellte und mit einem angenehm schaurigen Gefühl, einem Gruseln und einer freudigen Erwartung zugleich, mir eine der dunklen Wolkengrüfte aussuchte, in deren Schlund ich scheinbar untergehen sollte.

Unter diesen merkwürdigen Empfindungen plumpste ich glücklich durch die Wolkendecke. Erst als ich drüben die Lichter und den Hafen von Kiel schimmern sah, kam mir die ruhige Überlegung zurück.“

(HIRTH, H.: 20 000 Kilometer im Luftmeer. – Berlin, 1913, S. 189 f.)

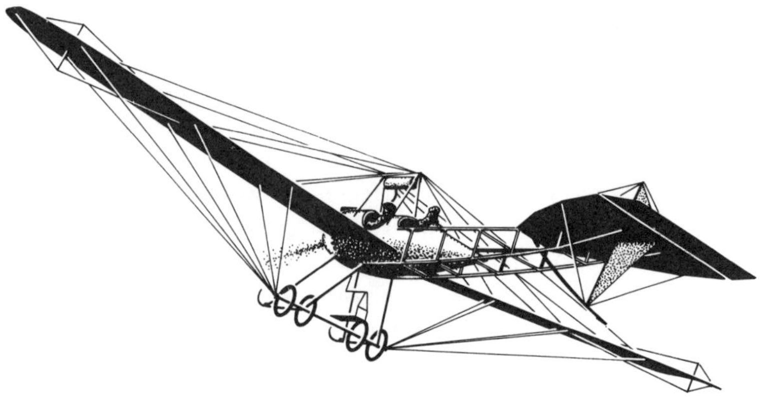

VIII. Deutsche Eindecker

Deutsche Flugtechniker sind in der Frühzeit hauptsächlich zwei Wege gegangen. Die einen, wie HANS GRADE und HERMANN DORNER, versuchten es von Anfang an mit Eigenkonstruktionen, was manchmal sogar den selbstgebauten Flugmotor einschloß. Von denen, die diesen Weg gingen, hat eigentlich nur GRADE Erfolg gehabt, soviel jedenfalls, daß sich darauf eine eigene Flugzeugfabrikation gründen ließ.
Der andere Weg bestand darin, zunächst bewährte ausländische Flugmaschinen in Lizenz nachzubauen und sich dabei das erforderliche Fachwissen sowie die notwendigen Fertigkeiten anzueignen, bevor es an eigene Konstruktionen ging. Ihn verfolgten Techniker wie AUGUST EULER, GUSTAV OTTO, EDMUND RUMPLER sowie die Aviatik-Werke in Mülhausen (heute Mulhouse) im Elsaß und die Firma Albatros in Berlin-Johannisthal. Es war naheliegend, daß ihre eigenen Konstruktionen sich dann eng an die bewährten Vorbilder anlehnten und vorwiegend Weiterentwicklungen waren.
Dieser Weg war der leichtere und auch der zuverlässigere, was sich unter anderem darin zeigte, daß die genannten Firmen schon mit den Nachbauten der Jahre 1910 und 1911 fast alle inländischen Flugwettbewerbe beherrschten und allesamt zu erfolgreichen Unternehmen aufstiegen. Sie blieben nicht, wie GRADE und DORNER, in eigenen, von Anfang an verfolgten Konstruktionsgrundsätzen befangen.
Vorbilder für den Bau von Eindeckern fanden sich damals vor allem in Frankreich, wo das Vorhandensein leichter und luftgekühlter Motoren eine einfache und leichte Bauart des Flugzeuges ermöglicht hatte. So beruhten der Eindecker der Aviatik-Werke in Mülhausen auf dem Original des Franzosen MARCEL HANRIOT, der in Johannisthal gebaute LVG-Eindecker auf der Konstruktionsweise der französischen Firma von EDOUARD DE NIÉPORT. Auch der Otto-Eindecker in München verriet starken französischen Einfluß, war allerdings in wesentlichen Punkten verbessert.
Die zweite Quelle, aus der deutsche Konstrukteure und Hersteller schöpften, zuerst EDMUND RUMPLER und danach viele andere, war die Konstruktion des Österreichers IGO ETRICH. Für das Jahr 1913 sind 23 verschiedene „Tauben“ oder taubenähnliche Flugzeuge in Deutschland nachweisbar, und es ist nicht sicher, ob damit tatsächlich die gesamte Zahl erfaßt ist. Jedes dieser Flugzeuge war, mehr oder weniger berechtigt, als Eigenkonstruktion deklariert.
Zu diesem Zeitpunkt war das „wilde Bauen“, bei dem Intuition oft notwendige mechanische Grundkenntnisse ersetzen mußte, bereits vorbei. Jetzt waren überwiegend Ingenieure am Werk, die über eine solide Ausbildung und Sachkenntnis verfügten. Doch mangelte es immer noch vielerorts an ausreichendem Wissen über die aerodynamischen Grundlagen. Die Aerodynamik war eine sehr junge Wissenschaft. Der Bau der Flugmaschine eilte der notwendigen wissenschaftlichen Erkenntnis voraus. Manche Ingenieure konstruierten und flogen, ohne ein klares Bild von den auf das Flugzeug einwirkenden Luftkräften zu haben. Aerodynamische Einsichten wurden zu jener Zeit weitgehend auf empirischen Wegen erworben.
Zum Beginn des Jahres 1909 kam es in Berlin zur Gründung eines „Vereins Deutscher Flugtechniker“. Das erklärte Ziel des neuen Vereins war, die Bestrebungen derjenigen Techniker zu fördern, die den Flugsport praktisch ausübten oder selbst einen Flugapparat bauten. Erster Vorsitzender wurde Dr. FRITZ HUTH aus Berlin, zweiter Vorsitzender Prof. AUGUST v. PARSEVAL. Zum Vereinsorgan wurde die von OSKAR URSINUS seit dem Jahre 1909 in Frankfurt a. M. herausgegebene Zeitschrift „Flugsport“ auserwählt. Im Jahre 1912 wurde der „Verein Deutscher Flugtechniker“ in „Reichsflugverein“ umbenannt.
Die Flieger bildeten in diesem Verein eine eigene Gruppe, aus der im Februar 1912 der „Bund Deutscher Flugzeugführer“ als selbständige Organisation hervorging. Als Ziel war in der Satzung festgelegt: „Vertretung der Interessen der deutschen Flugzeugführer gegenüber dem Deutschen Luftfahrer-Verbande, der Flugzeug-Industrie und den Flugplatz-Unternehmungen.“ Den Vorsitz führte im ersten Jahr ELLERY v. GORRISSEN, Fluglehrer bei der „Ago-Fluggesellschaft mbH.“ in Johannisthal. Im Jahre 1913 war dann FELIX LAITSCH, Werkpilot der „Luft-Verkehrs-Gesellschaft A.G.“, der Vorsitzende.

DER IN WIEN GEBÜRTIGE INGENIEUR EDMUND RUMPLER gliederte seinem Technischen Büro in Berlin bereits im Jahre 1908 eine Abteilung für Luftfahrzeugbau an. Anfang 1910 verlegte Rumpler dann einen Teil der Werkstatt zum Flugplatz Johannisthal und Ende Mai 1912 zog die Firma „Edmund Rumpler Luftfahrzeugbau" gänzlich von Berlin-Lichtenberg nach Johannisthal.

Rumpler war kein Flieger, galt aber manchem Zeitgenossen als genialer Motoren- und Flugzeugkonstrukteur – und er sonnte sich in diesem Ruf. Tatsächlich aber war er als Konstrukteur wenig erfolgreich, brachte weder im Motoren- noch im Flugzeugbau zuverlässige eigenständige Ergebnisse hervor. Seine Erfolge und die seiner Firma beruhten vielmehr auf seinem hartnäckigen, mit Skrupellosigkeit gepaarten kaufmännischen Streben. Die Fliegerin Melli Beese schrieb über ihn kritisch, aber mit der ihr eigenen Zurückhaltung in Ton und Wortwahl:
„Zu seinen klugen kaufmännischen Grundsätzen gehörte es auch, daß Rumpler mit offenen Augen verfolgte, was die Flugtechniker anderer Länder Neues herausbrachten. Und er hatte einen guten Blick für das Wertvolle darunter sowie für die ihm, als Fabrikant, fast ebenso wichtige Wirkung auf das Publikum. In beiden Beziehungen fand er das Gewünschte in dem neuen Apparate des österreichischen Konstrukteurs Etrich, der, aus einer Nachbildung des ausgezeichnet segelnden Zanonia-Samens entstanden, immer mehr einem stilisierten Vogel ähnlich geworden war und nun unter dem Namen ‚die Taube' von Rumpler in Deutschland eingeführt wurde."

Der bekannteste und erfolgreichste deutsche Eindecker der Frühzeit: die in großer Anzahl in Johannisthal gebaute Rumpler-„Taube".

Die „Etrich-Rumpler-Taube“ wurde im Laufe des Jahres 1911 so erfolgreich und so populär wie kein anderes Flugzeug in Deutschland. Sie wurde zur Grundlage des wirtschaftlichen Aufschwungs, den die Rumpler-Werke nahmen – und blieb es bis zum Jahre 1914. Ende des Jahres 1911 annoncierte die Firma bereits gewonnene Preisgelder in Höhe von 300 000 Mark. Der Chefpilot, Hellmuth Hirth, hatte mit der „Taube“ im Mai 1911 den Zuverlässigkeitsflug am Oberrhein, Ende Juni 1911 fast alle Wettbewerbe der Kieler Flugwoche und anschließend den „Kathreiner-Preis“ der gleichnamigen Kaffeefirma in Höhe von 50 000 Mark mit einem Etappenflug von München nach Berlin gewonnen. Als zweiter Rumpler-Pilot kam der junge Hans Vollmoeller im Sommer 1911 beim „Deutschen Rundflug“ mit der „Etrich-Rumpler-Taube“ auf den zweiten Platz und sicherte seiner Firma damit Einnahmen in Höhe von rund 80 000 Mark.

Schon Anfang 1911 hatte Rumpler die vertragliche Lizenzzahlung an Etrich eingestellt und dessen Namen in der Flugzeugkennzeichnung auf „E.“ verkürzt. Vom Sommer an trugen seine „Tauben“-Eindecker dann nur noch den Namen „Rumpler“ am Rumpf. Zur Rechtfertigung erklärten die Rumpler-Werke später, die Tatsachen zynisch verfälschend: „Der Österreicher Igo Etrich, der sich vorübergehend mit dem Bau von Flugzeugen beschäftigte, wurde durch Ahlborn auf diesen Naturflieger aufmerksam gemacht und verwertete ihn als Vorbild für die Ausbildung eines Flugzeuges. Im Jahre 1910 nahm Rumpler, nachdem er durch Professor Ahlborn ebenfalls auf die vorzüglichen Flugeigenschaften hingewiesen worden war, den Bau der Rumpler-Tauben auf. Sie haben in den Rumpler-Werken die Form erhalten, in der sie einen unerhörten Siegeszug antraten.“

Von der zweisitzigen „Etrich-Rumpler-Taube“ sind bis Ende 1912 insgesamt 72 Exemplare gebaut worden, von denen allein 58 an die im Aufbau begriffene preußische Fliegertruppe gingen. Damit war Rumpler auf einen Schlag der mit Abstand größte Heereslieferant für Eindecker geworden. Zu diesem Zeitpunkt galten folgende Preise für seine „Tauben“-Eindecker:

mit 100-PS-Argus-Motor	23 350 Mark;
mit 125-PS-Argus-Motor	25 500 Mark;
mit 70-PS-Daimler-Motor	22 250 Mark;
mit 100-PS-Daimler-Motor	26 700 Mark;
mit 85-PS-NAG-Motor	23 900 Mark.

Ganz zu Anfang flog die „Taube“ mit dem französischen 50-PS-Antoinette-Motor, versuchsweise auch mit französischen Gnôme- und Clerget-Motoren, da Rumplers eigener „Aeolus“-Motor in keiner Weise den Anforderungen genügen konnte. Die Spannweite betrug 14 m, der Tragflächeninhalt 30 m^2. Rumpf und Tragflächen waren in Holzbauweise hergestellt und mit Stoff bespannt. Die Steuerung erfolgte um alle drei Achsen durch Verwindung der elastisch gebauten Steuerflächen. Das Fahrwerk bestand aus zwei schwenkbaren Laufrädern.

Konstruktive Verbesserungen, die im Rumpler-Werk vorgenommen wurden, betrafen in erster Linie die Verstärkung der Zelle entsprechend den stärker werdenden Motoren, die Verwendung flacher Seitenkühler am Rumpfvorderteil sowie den Übergang von der Verwindung zu Ruderklappen. Auch die Festigkeit des Fahrgestells wurde erhöht.

Zum Jahresbeginn 1912 brachten die Rumpler-Werke einen einsitzigen „Tauben“-Eindecker heraus, der ganz auf Geschwindigkeit ausgelegt war. Hellmuth Hirth gewann damit den Etappenflug von Berlin nach Wien, woraus sich die Typenbezeichnung „Renneindecker Berlin–Wien“ ableitete. Es war die erste „Taube“ ohne Brücke, und sie hatte nur 12,6 m Spannweite. Eine wesentliche Änderung gegenüber der „Etrich-Rumpler-Taube“ bestand im ovalen Rumpf mit einer neuartigen Stoffbespannung in Form eines emaillierten festen Leinenstoffes anstelle von Gummistoff. Dieses Flugzeug war die erste „Rumpler-Taube“, die infolge eigenständiger konstruktiver Merkmale und Verbesserungen berechtigt ihren Namen tragen konnte.

DER INHABER DER „HARLAN-FLUGZEUGWERKE GMBH.“ in Johannisthal, Wolfgang Harlan, war weder Flieger noch Konstrukteur und wollte auch nicht als das eine oder andere erscheinen. Harlan war ein erfolgreicher Taxiunternehmer in Berlin, als er im Jahre 1910 in den Besitz eines halbfertigen Flugzeuges aus der Liquidationsmasse der Flugzeugbauwerkstatt von Max Schüler kam. Der Ingenieur Karl Grulich vollendete in Harlans Auftrag den Bau des Eindeckers und flog auf ihm noch vor Jahresende die Bedingungen für seinen Flugzeugführerschein des DLV.

Dieser Harlan-Eindecker war ein zweisitziger Gitterrumpfapparat mit abgerundeten Tragflächen, die mit doppelseitig gummiertem, abwaschbarem „Aeroplanstoff“ überzogen waren. Die Spannweite betrug 13,25 m, der Flächeninhalt rund 30 m^2. Das Fahrgestell bestand aus Kufen und Laufrädern, und der Apparat flog mit einem 50-PS-Argus-Motor. Im Juni 1911 siegte

Grulich auf einer Maschine dieses Typs mit der längsten Gesamtflugzeit bei der „Nationalen Flugwoche“ in Johannisthal. Der Flieger Siegfried Hoffmann kam damit beim anschließenden „Deutschen Rundflug“ auf den neunten Platz der Gesamtwertung. Anfang des Jahres 1912 gelang es Grulich, auf diesem Eindecker einen neuen Dauerrekord mit zwei Passagieren zu fliegen.
Wolfgang Harlan erfand damals für Werbezwecke einen „Weltrekord für schnellste Erfolge eines neuen Types“ und nahm diesen Titel in Inseraten für seinen Eindecker in Anspruch. Seine Aussage dazu lautete: „Er flog beim ersten Versuch am zweiten Flugtag 5 Kilometer, am fünften Flugtag 25 Kilometer, am elften Flugtag 1 Stunde 2 Minuten, am 18. Flugtag 2 Stunden 11 Minuten.“
Zur ALA im April 1912 stellten die Harlan-Werke einen weiterentwickelten Eindecker vor, der mit einem 70-PS-Argus-Motor flog. Motor und Sitze waren jetzt verkleidet, doch blieb das Rumpfende als Gitterkonstruktion erhalten, war also nicht bespannt. Die Tragflächen waren, um die Stabilität zu erhöhen, in V-Form nach oben gestellt und mit wenigen starken Kabeln verspannt. Gesteuert wurde mittels Steuerknüppel oder „schwingbarem Hebel“, wie man damals sagte, sowie mit Handrad und Pedalen.
In einem Bericht der Fachzeitschrift „Der Luftverkehr“ hieß es dazu: „Die Steuerung ist sehr einfach. Der Flieger hat nämlich, um die Maschine in der Normallage zu erhalten, an nichts anderes zu denken, als daß er jeden hochstrebenden Teil der Maschine (Spitze, Schwanz, rechter oder linker Flügel) einfach herunterdrücken will. Diese einfache Bewegung wird gewissermaßen instinktiv vom Flieger gemacht und hat dabei stets die richtige Betätigung der Steuerorgane zur Folge.“
Noch im gleichen Jahr bauten die Harlan-Werke, der allgemeinen Entwicklung folgend, einen zweisitzigen „Tauben“-Eindekker, der mit 100-PS-Argus-Motor ausgerüstet wurde. Die Flächen waren in der bewährten Zanoniaform gehalten, verfügten

Der Gitterrumpf und die abgerundeten Tragflächenenden des Harlan-Eindeckers (1911) ließen konstruktive Anlehnungen an französische Vorbilder erkennen.

aber bereits über Querruder, und auch das taubenschwanzähnliche Leitwerk hatte bereits Ruderklappen. Das Fahrwerk bestand aus vier Pneumatikrädern und zwei Kufen.
Ernst Krüger siegte mit diesem Flugzeug, das als „Harlan-Militäreindecker" deklariert war, beim ersten Wettflug „Rund um Berlin", der am 31. August und 1. September 1912 ausgetragen wurde. Bei diesem Wettbewerb war vom Flugplatz Johannisthal aus ein 101 km langer Rundkurs zu fliegen, der über Lindenberg, das Flugfeld Schulzendorf, den Luftschiffhafen Potsdam und das Flugfeld Teltow nach Johannisthal zurückführte.
Am zweiten Tage war diese Strecke zweimal zu durchfliegen, und zwar mit einer kurzen Zwischenlandung in Johannisthal nach der ersten Umrundung. Von den 16 gemeldeten Fliegern starteten elf. Bereits am ersten Tag lag Krüger mit dem Harlan-Eindecker vorn. Er konnte diesen Platz sogar gegen Hellmuth Hirth behaupten. An diesem Tag erlebte das Publikum zum erstenmal einen zweimaligen Start und eine zweimalige Landung der Teilnehmer vor den Tribünen. „Eitel Sonne, Tausende von Zuschauern und ein Sport von überraschender Güte", faßte eine Zeitung das Ereignis zusammen.
Mit dem „Harlan-Militäreindecker" machte im Jahre 1913 auch der Flugzeugführer Hermann Reichelt noch einmal von sich reden. Im Rahmen der Fernflüge um Preise der „National-Flugspende" flog Reichelt von Kiel über Johannisthal nach Posen (heute Poznań), später in Etappen von Johannisthal nach Paris. Doch die von Harlan erhofften Militäraufträge blieben aus.
Als auch eine „Pfeil-Taube", die im Jahre 1913 mit 100-PS-Daimler-Motor noch gebaut wurde, nicht den Beifall der Heeresverwaltung fand, gab Harlan den Flugzeugbau im Frühjahr 1914 auf, weil sich andere Käufer nicht fanden. Doch nahm er es wahrscheinlich weniger tragisch als andere, die es mit dem Flugzeugbau versucht und schon lange vor ihm ihre Werkstatt für immer geschlossen hatten. Wolfgang Harlan wurde nämlich der folgende Vierzeiler zugeschrieben, der auf seine Unbekümmertheit schließen läßt: „Meines Willens einzig letzte Meinung/Ist ein fröhlich fliegend Luftgestühle/Geldverdienen ist Begleiterscheinung/Immerhin erweckt es Lustgefühle."

DER INGENIEUR GUSTAV OTTO, INHABER DER GLEICHnamigen Flugmaschinen-Werke in München, war der Sohn von Dr. Nikolaus Otto, dem Erfinder des Viertaktmotors. Gustav Otto übernahm im Jahre 1909 den Vertrieb französischer Blériot-Eindecker für Deutschland, brachte sich selbst das Fliegen bei und erhielt im Jahre 1910 die Flugzeugführererlaubnis des DLV.
Am Puchheimer Flugfeld im Norden Münchens eröffnete er seine erste Flugzeugwerkstatt, die er dann später auf das stadtnahe Oberwiesenfeld verlegte, denn das bayerische Kriegsministerium hatte ihm auf dem dortigen Exerzierplatz den Flug- und Schulbetrieb erlaubt. Die ersten Flugzeuge, die er baute, waren Kopien des Blériot-Eindeckers sowie des Farman-Doppeldeckers. Auch Flugmotoren baute Gustav Otto unter der Bezeichnung „AGO" als Kurzform von „Aeromotor Gustav Otto". Das gleiche Kürzel verwendete er für die im Jahre 1912 in Johannisthal gegründete „Ago Fluggesellschaft mbH.", noch im selben Jahre umbenannt in „Ago-Flugzeugwerke GmbH." – doch stand die Kurzform hier für „Aviatiker Gustav Otto".
Die Münchner Otto-Werke zielten mit allen Konstruktionen auf die militärische Verwendung. Das Werk avancierte schnell zum Hauptlieferanten für die bayerische Fliegertruppe, der einzigen neben der preußischen Fliegertruppe im damaligen Kaiserreich. Dabei war Gustav Otto vor allem mit Doppeldeckern erfolgreich, doch offerierten die Otto-Werke ausdrücklich auch Eindecker-Sportflugzeuge für die Ausbildung und für Wettbewerbsflüge. Als Lehrer für die Eindeckerschulung auf dem Oberwiesenfeld waren Hermann Fremery und Robert Janisch tätig, die auch als Wettbewerbsflieger gute Ergebnisse zu verzeichnen hatten.

Eines der schnellsten deutschen Flugzeuge seiner Zeit: der Eindecker aus den Otto-Flugmaschinenwerken in München.

In den Jahren 1910/11 baute Otto mehrere Eindecker, einsitzig wie zweisitzig, die mit unterschiedlichen, darunter auch französischen Motoren flogen. Herausragende Erfolge waren diesen Flugzeugen aber nicht beschieden. Ein bedeutender Wurf gelang dem Werk erst im Jahre 1912 mit dem zweisitzigen Otto-Renneindecker, der durch sein hohes Fahrgestell mit Kufen sowie einen vollbeplankten Rumpf auffiel. Es war ein Mitteldecker, dessen Tragflächen einen rechteckigen Umriß aufwiesen. Er flog mit einem 100-PS-Argus-Motor, aber auch mit AGO-Motoren. Chefpilot Anton Baierlein gewann damit Ende August 1913 den zweiten Wettflug „Rund um Berlin". Es war mit 100 000 Mark Preisgeldern der höchstdotierte Wettbewerb des Jahres; Baierlein erflog davon 28 000 Mark. Er erzielte an beiden Tagen die besten Zeiten und erreichte eine durchschnittliche Geschwindigkeit von 100 km/h.

Von solchen Flugpreisen, die ausschließlich an den Flugzeughalter gezahlt wurden, erhielt ein Flieger damals in der Regel 25 Prozent, freilich erst nach Abzug aller Unkosten. Da die Unkosten oft sehr hoch und dazu noch beliebig manipulierbar waren, blieb am Ende nicht viel für den erfolgreichen Flugzeugführer übrig. Das monatliche Gehalt eines Fabrikpiloten lag damals zwischen 150 und 300 Mark; leistungsfähige Firmen zahlten zusätzlich Prämien von 150 bis 300 Mark für jeden ausgebildeten Schüler sowie für das Einfliegen neuer Flugzeuge. Jedoch war die Anzahl der bei den Firmen fest angestellten Flugzeugführer relativ gering.

In einem Lehr- und Handbuch für Flugschüler hieß es aus der Sicht des Jahres 1913 über den Fliegerberuf: „Hat jemand das Fliegen erlernt, um es als eine Berufstätigkeit auszuüben, so muß heute schon die Begeisterung für die Sache die Triebfeder sein; die großen Preise, die sich gewiß mancher vorher erträumt hat, sind nur vereinzelten beschieden. Die Zahl der Piloten beträgt heute in Deutschland bereits 600, die Konkurrenz ist also im Verhältnis zu den wenigen guten Flugzeugfabriken recht bedeutend. Es gelingt daher nicht jedem, nach erfolgter Ausbildung eine Anstellung zu bekommen, was bei dem hohen Honorar für die Ausbildung eine recht wenig erfreuliche Tatsache ist."

AUCH DIE FIRMA „AUTOMOBIL & AVIATIK A.G." IN MÜLhausen (heute Mulhouse) im Elsaß gehörte zu denjenigen Flugzeugherstellern, die sich an französischen Vorbildern orientierten. „Aviatik", wie die Firma kurz genannt wurde, begann im Jahre 1910 mit dem Nachbau von Farman-Doppeldeckern mit Gitterrumpf. Der erste Eindecker war im darauffolgenden Jahr eine Hanriot-Kopie, die zuerst auf dem Pariser „Aero-Salon" und im Frühjahr 1912 auch auf der ALA in Berlin ausgestellt war. Dieses zweisitzige Flugzeug wurde damals in einer großen Ausführung mit 14 m Spannweite und Vierradfahrwerk, aber auch

als kleiner Renntyp mit zwei Laufrädern angeboten. Ein Aviatik-Zweigwerk mit angegliederter Fliegerschule bestand zu dieser Zeit schon in Johannisthal.

Teilhaber der Aviatik-Werke war Heinrich Jeannin, der Mitbegründer und Direktor der Argus-Motorenwerke in Berlin-Reinickendorf. Das erklärt, warum Aviatik-Flugzeuge hauptsächlich mit Argus-Flugmotoren ausgerüstet waren. Emil Jeannin, Heinrichs Bruder, wurde der erste bekannte und erfolgreiche Pilot von Aviatik-Flugzeugen. Er erzielte in den Jahren 1910 und 1911 hervorragende Ergebnisse bei Flugwettbewerben. Nach ihm machte Bruno Büchner als Aviatik-Flieger von sich reden; im Jahre 1913 glänzte Viktor Scheffler mit Streckenflügen auf Aviatik-Doppeldeckern.

Mit dem ersten Eindecker, System Hanriot, startete Emil Jeannin im Juni 1911 in Johannisthal zum „Deutschen Rundflug" sowie im September beim sogenannten „Schwaben-Flug". Im Rundflug lag er in der Schlußabrechnung weit abgeschlagen an letzter Stelle, aber beim anschließenden „Schwaben-Flug" über 214 km in mehreren Etappen belegte er hinter Hans Vollmoeller, der eine „Etrich-Rumpler-Taube" flog, den zweiten Platz. Unter Be-

Ein schwerer Militäreindecker der Aviatik-Werke in Mülhausen (heute Mulhouse) aus dem Jahre 1913 mit Vierradfahrwerk und ungewöhnlich starkem Kufengestell.

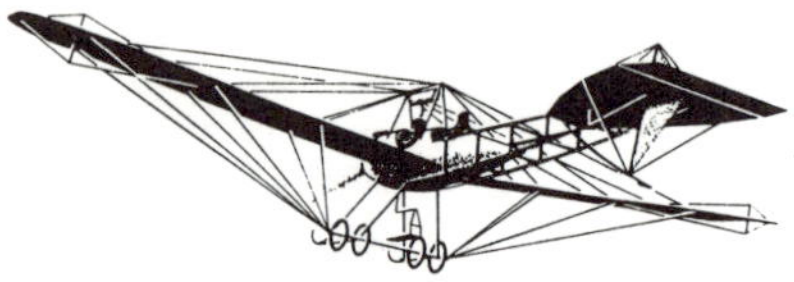

rücksichtigung von Modifikationen entschied das Preisgericht auf „totes Rennen“ und erklärte beide zu Siegern. Der Aviatik-Hanriot-Eindecker ist danach in Mülhausen in verschiedenen Versionen hergestellt worden. Seine besonderen Kennzeichen waren rechteckige, an den Enden abgerundete Tragflächen in deutlicher V-Stellung. Sie waren, ebenso wie der dreieckige Rumpf, mit Stoff bespannt.

Als Weiterentwicklung kam dann im Jahre 1913 ein schwerer „Aviatik-Militäreindecker“ mit Vierradfahrwerk und Kufen hinzu, der nach fachmännischem Urteil „besonders in seinen Detailkonstruktionen einen sehr reifen, durchgearbeiteten Eindruck“ machte. Dieser Eindecker hatte 12,8 m Spannweite und 26,5 m^2 Flächeninhalt; die Flächen waren mit Kabeln verspannt. Er flog mit 100-PS-Argus Motor und war weithin an den großen Rippen seiner Seitenkühler am vorderen Rumpfteil zu erkennen. Mit diesem Eindecker nahm Ernst Schlegel mit gutem Erfolg am Zuverlässigkeitsflug am Oberrhein, dem sogenannten „Prinz-Heinrich-Flug“, im Mai 1913 teil. Schlegel durchflog, wie nur wenige andere Piloten außer ihm, die drei schwierigen Etappen des Wettbewerbs und kam nach der Gesamtflugzeit auf den dritten Platz.

Trotz dieses Erfolges blieben Militäraufträge für den Eindecker aus, und „Aviatik“ konzentrierte sich fortan auf den Bau von Doppeldeckern. Die Firma gehörte damals schon zu den größten ihrer Art in Deutschland. Sie beschäftigte nach eigenen Angaben zum Ende des Jahres 1913 rund 300 Arbeiter ausschließlich im Flugzeugbau.

DER FLIEGER EMIL JEANNIN FIEL NICHT NUR DURCH fliegerische Leistungen, sondern auch durch seine extravagante Erscheinung bei den Flugwettbewerben, insbesondere auf dem Flugplatz Johannisthal, auf. Jeannin hatte in Frankreich fliegen gelernt, nachdem er zuvor Automobil- und Motorbootrennen gefahren war. Den Flugzeugführerschein des DLV erwarb er im April 1910. In Johannisthal richtete er eine eigene Werkstatt mit Fliegerschule ein.

Jeannin entstammte einer wohlhabenden Familie und konnte es sich leisten, ausschließlich seinen Neigungen zu leben. Er fuhr ein auffallend lackiertes „Renn-Automobil“ und war auch auf dem Flugfeld stets nach dem neuesten Modejournal gekleidet. Nach Lebensjahren einer der ältesten Piloten, liebte er es nicht nur, sich stutzerhaft zu kleiden, sondern auch entsprechend aufzutreten. An Wettbewerbstagen flanierte er vor dem Start, inmitten eines Schwarms junger Damen, vor den Tribünen auf und ab. Von seinen Fliegerkollegen erhielt er den Spitznamen „Mimi“.

Das Publikum aber akzeptierte seine Auftritte und bejubelte seine Erfolge. Bei der Berliner Flugwoche im August 1910 errang er mit der längsten Gesamtflugdauer den ersten Platz, in der Herbstflugwoche im Oktober des gleichen Jahres kam er in der gleichen Disziplin auf Platz zwei – jeweils auf einem Farman-Doppeldecker. Auch beim „Schwaben-Flug“ im September 1911

Zwölf Gebote für Flugschüler

„1. Nimm jede Gelegenheit wahr, etwas zu lernen; dennoch erziehe dich zu Geduld und überstürze nichts.
2. Dränge nicht, allein zu fliegen, sondern überlasse es deinem Fluglehrer zu urteilen, ob du reif genug bist.
3. Ist dir der erste Flug gelungen, so glaube nicht, daß du fliegen kannst; vergiß nicht, daß du erst ein Anfänger bist.
4. Glaube nicht, alles besser zu wissen als dein Lehrer, sondern mache dir seine älteren Erfahrungen zu Nutzen.
5. Gewöhne dich von Anfang an daran, deine Maschine vor jedem Flug zu prüfen.
6. Starte nach Möglichkeit gegen den Wind; starte nicht wild drauflos, sondern mit Bedacht, und reiße den Apparat nicht mit Gewalt vom Boden.
7. Lande nach Möglichkeit gegen den Wind, besonders bei bewegter Luft; steige nicht mit voll laufendem Motor steil aufwärts und achte darauf, daß über dem Boden der Apparat quer horizontal liegt.
8. Hast du eine Maschine zerbrochen, so suche dir deinen Fehler klar zu machen, und schiebe die Schuld nicht auf den Apparat.
9. Besteige nie eine Maschine, die dir nicht sicher erscheint; dazu soll dir deine Gesundheit zu lieb sein.
10. Gerätst du in Gefahr, so bemühe dich, bis zum letzten Moment derselben geistesgegenwärtig entgegenzuarbeiten; Unerschrockenheit ist die erste Zierde des Fliegers.
11. Bei Flugunfällen bezähme deine Neugierde; der Anblick Gestürzter kann dir die Fliegerei leicht verleiden.
12. Bemühe dich, auch sonst durch dein Benehmen deinem Sport zu Ehren zu gereichen.“

(Erblich, H.: Fliegerschule. – Berlin, 1915, S. 181 f.)

belegte er damit einen zweiten Platz. Das war aber seine letzte gute Plazierung, danach zog er sich von Motorflugwettbewerben zurück.

Als Flugzeughersteller setzte EMIL JEANNIN dann ganz auf den Eindecker. Seine Firma in Johannisthal, die von 1913 an den Namen „Emil Jeannin Flugzeugbau GmbH.“ trug, brachte bis Ende des Jahres 1912 drei verschiedene schnelle Eindecker heraus, für die sich jedoch keine Käufer fanden. Die nächste Konstruktion war Anfang 1913 ein „Tauben“-Eindecker mit Zanonia-Flügelform, bei dem Holz als Baustoff nach Möglichkeit ausgeschaltet und stattdessen Stahlrohr verwendet worden war. Dieser Jeannin-Eindecker war sehr robust und fand das Interesse der Militärbehörden, was sich in einer ersten Bestellung sowie in der Zuweisung von Militärflugschülern zur Ausbildung niederschlug.

Diese zweisitzige „Stahltaube“ wurde danach in verschiedenen Ausführungen bis in das Jahr 1914 hinein gebaut, zuletzt ohne Brückenkonstruktion. Nur die Tragflächen, Holme und Rippen waren noch in herkömmlicher Holzbauweise hergestellt, während Rumpfgerüst, Spannturm, Fahrwerk und die anfänglich noch vorhandene Brücke aus ovalem Stahlrohr bestanden. Für die Bespannung wurde segeltuchähnliche Leinwand gewählt, die mit Emaillit getränkt, dadurch wasserundurchlässig und sehr widerstandsfähig war.

Das kräftige Fahrgestell trug zwischen den Laufrädern eine starke Kufe, die vorn bis zur Rumpfhöhe hochragte. Am hinteren Teil der Kufe saß ein Bremssporn, der vom Führersitz aus betätigt werden konnte. Die Spannweite betrug 13,4 m, der Tragflächeninhalt 36 m^2. Damit war die „Jeannin-Stahltaube“ einer der größten „Tauben“-Eindecker mit entsprechend großer Tragkraft. Als Antrieb wurden vorzugsweise der 100-PS-, wahlweise auch der 150-PS-Argus-Motor verwendet. Die Geschwindigkeit betrug 110 bis 120 km/h.

Auf Verlangen der Militärverwaltung wurde eine Doppelsteuerung eingebaut. Bei Flugwettbewerben des Jahres 1913 schnitt die „Jeannin-Stahltaube“ gut ab. Der Pilot OTTO STIEFVATTER flog

Eine erfolgreiche Konstruktion war dieser in Stahlrohrbauweise ausgeführte „Tauben“-Eindecker von EMIL JEANNIN aus dem Jahre 1913.

mit Passagier an einem Tage von Freiburg im Breisgau nach Königsberg (heute Kaliningrad) und gewann eine 100 000-Mark-Prämie der „National-Flugspende“. Beim Wettflug „Rund um Berlin“ Ende August des gleichen Jahres errang Alois Stiploschek mit diesem Flugzeugmuster den zweiten Platz hinter Anton Baierlein und kam auf fast 17 000 Mark Preisgeld.
Dieses Flugzeug war die beste Konstruktion von Emil Jeannin und der letzte erfolgreiche „Tauben“-Eindecker in Deutschland überhaupt. Vom Jahre 1914 an setzte die Militärverwaltung zunehmend auf den schwereren Doppeldecker. Damit endete auch der Jeannin-Flugzeugbau.

DER BAUUNTERNEHMER ARTHUR MÜLLER BEGANN IM Jahre 1911 auch mit dem Flugzeugbau, als er für diesen Zweck neben der Johannisthaler Parseval-Luftschiffhalle eine Werkstatt errichten ließ und die „Luft-Verkehrs-Gesellschaft A.G.“ (LVG) gründete. Im ersten Jahr wurden zunächst, um Fertigungserfahrungen zu gewinnen, zwei Albatros-Farman-Doppeldecker in Lizenz gebaut. Die erste Eigenkonstruktion war dann im Jahre 1912 ein Gitterrumpf-Doppeldecker mit verkleidetem Rumpf, der mit dem 100-PS-Argus-Motor, aber auch mit gleichstarkem NAG-Motor flog und die ersten Heeresaufträge einbrachte. LVG-Konstrukteur wurde der schweizerische Ingenieur Franz Schneider, der zuvor bei der französischen Flugzeugfirma Nieuport in Reims gearbeitet hatte und dem die LVG auch ihren ersten Eindecker verdankte.
Der zweisitzige LVG-Eindecker „Typ Schneider“ wurde auf der ALA im April 1912, wie im „Flugsport“ zu lesen war, „sehr viel bewundert“. Das „Berliner Tageblatt“ nannte ihn gar das vielleicht beste Flugzeug der ganzen Ausstellung überhaupt. Franz Schneider hatte wesentliche Erkenntnisse aus dem französischen Flugzeugbau in diese Konstruktion eingebracht, was sich im „Flugsport“ wie folgt las:
„Die Tragdecken dieses Apparates zeigen die bekannte Profilierung von Nieuport, die einen äußerst guten aerodynamischen Wirkungsgrad aufweist und speziell für schnelle Flugzeuge bestimmt ist. Die Verspannung der Tragdecken erfolgt mittels sechzehn Drahtseilen, die mit dem bekannten Nieuportschen Spannschloß an die Blechschienen der Längsträger angeschlossen sind …
Der Rumpf gleicht in seiner äußeren Form dem bekannten Nieuport-Boot, geht jedoch hinten in eine schlankere Form über, während vorn auch wiederum eine schnellere Verjüngung eintritt …
Die Steuerung des Apparates erfolgt mittels Handhebels, gerade wie bei Nieuport. Ein Anziehen bzw. Abdrücken der Steuersäule betätigt das Höhensteuer, während ein Neigen nach links oder rechts auf die Seitensteuer einwirkt. Die Verwindung geschieht durch Betätigung eines Fußhebels.“
Die Anlehnung an die französische Konstruktionsweise war also in Fachkreisen keineswegs übersehen worden. Andererseits existieren Hinweise in frühen Quellen, die besagen, daß der Nieuport-Eindecker bereits von Franz Schneider konstruiert worden sei.
Eine interessante eigene Lösung hatte Schneider für das sehr stabile Fahrgestell des LVG-Eindeckers gefunden. Die durchgehende Hauptkufe zwischen den beiden Laufrädern trug vorn eine in Gummizügen abgefederte Löffelkufe. Im Unterschied zum Nieuport-Eindecker war die Kufe hinten bis an die Rumpfunterseite herangeführt und sowohl hinten als auch vorn durch kräftige ovale Stahlrohre abgestützt. Die Steuerflächen am Heck waren in Stabilisierungs- und Ruderflossen unterteilt, die Tragflächen hatten 11 m Spannweite.
Der Schneider-Eindecker wurde von der LVG in mehreren Versionen gebaut und flog mit luftgekühlten Umlaufmotoren französischer Bauart wie auch mit wassergekühlten deutschen Reihenmotoren, zuletzt hauptsächlich mit dem 100-PS-Daimler-Motor. Besondere Hoffnungen wurden in den „Renneindecker E IV“ mit 100-PS-Gnôme-Umlaufmotor gesetzt, von dem es auch

Dieser von Franz Schneider für die LVG konstruierte schnelle Eindecker lehnte sich an die französische Nieuport-Bauweise an.

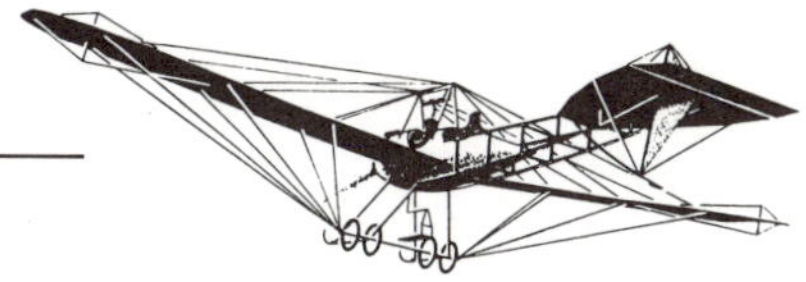

eine einsitzige Version mit 80-PS-Umlaufmotor aus Oberursel gab. Im Motorenwerk Oberursel bei Frankfurt a.M. wurden Gnôme-Motoren in Lizenz „auf deutschem Boden“ gebaut, was für die preußische Heeresverwaltung ein wichtiger Gesichtspunkt war.

Mit dem großen Renneindecker startete der Militärpilot v. Thüna am Sonntag, dem 8. Juni 1912, gleich nach 4.00 Uhr zum Etappen-Fernflug von Berlin nach Wien. In der feuchten Morgenluft war der Gnôme-Motor als einer der ersten in Gang gekommen, und v. Thüna erhielt demzufolge die Abfluggenehmigung. Viele tausend Zuschauer, die ihren Schlaf geopfert hatten und nach Johannisthal gekommen waren, zollten seinem Start Beifall, mußten aber wenige Sekunden später entsetzt zusehen, wie der LVG-Eindecker in der ersten Kurve „abschmierte“ und auf den Boden aufschlug.

Das „Berliner Tageblatt“ berichtete wie folgt über den Vorgang: „Der Luftverkehrseindecker erhebt sich nach kurzem Anlauf in die Luft. Plötzlich beschreibt der Flieger eine allzu scharfe Kurve nach links, der Eindecker legt sich über und stürzt ab. Zahlreiche Zuschauer eilten dem Verunglückten zu Hilfe, der sich jedoch ebenso wie sein Passagier selbst unverletzt aus den Trümmern der Maschine befreit hatte.“

Bei der Berliner Frühjahrsflugwoche Ende Mai 1913 ging der Werkflieger Felix Laitsch mit einem LVG-Renneindecker in Johannisthal an den Start. Die Veranstalter hatten, um den Reiz der Flugveranstaltung zu erhöhen, neben den üblichen Disziplinen erstmals regelrechte Flugzeugrennen ausgeschrieben, bei welchen das Publikum den gleichzeitigen Start der Flugapparate sowie deren Rückkehr beobachten konnte. Die Rennen führten in südlicher Richtung zu 10 km entfernten Wendepunkten. Es gab verschiedene Klassen, eingeteilt nach Eindeckern und Doppeldeckern sowie nach der Motorenstärke.

Laitsch siegte sowohl in der Gruppe der leichten Eindecker mit Motoren unter 80 PS als auch bei den schweren Eindeckern mit mehr als 80 PS. In der schweren Klasse wurde er allerdings nachträglich wegen eines Formfehlers disqualifiziert: Der große Renneindecker war von der LVG nicht ordnungsgemäß gemeldet worden.

Den letzten Erfolg mit einem LVG-Eindecker erzielte der Pilot Robert Janisch in der einzigen Version mit 80-PS-Umlaufmotor beim „Dreieckflug Berlin–Leipzig–Dresden“ im Mai/Juni 1914. Der Dreieckflug erstreckte sich mit den Zwischenlandungen und Schauflügen an den drei Orten über insgesamt sechs Tage. Dreimal mußten je zwei Etappen, am letzten Wettbewerbstag alle drei Etappen geflogen werden. Unter 36 Teilnehmern, die am ersten Tag in Johannisthal starteten, flog Janisch am 30. Mai 1914 die erste Teilstrecke über 140 km nach Leipzig-Mockau in der damals phantastischen Zeit von nur einer Stunde. Seine Chance auf eine hervorragende Endplazierung vergab er, als am zweiten Wettbewerbstag bei einer Landung die rechte Tragfläche des Apparates zerbrach.

Der Dreieckflug war der letzte Flugwettbewerb für Zivilpiloten vor dem Weltkrieg. Er verband die Großstädte Berlin, Leipzig und Dresden auf eine vorher nicht gekannte Weise miteinander. Dazu hieß es im „Flugsport“: „Die nahe beieinander liegenden Flugplätze Johannisthal, Leipzig, Dresden sind dazu wie geschaffen, endlich den Traum der Menschheit vom Luftverkehr in die Wirklichkeit zu übersetzen. In diesem Sinne sollte der Gedanke des Herrn von Tschudi, drei Städte während einer Woche durch Flugzeuge zu verbinden, Allgemeingut der Förderer des Flugwesens sein. Daß wir heute soweit sind, an diese Aufgabe uns wagen zu können, hat der Dreieckflug mit seinem nach Tag, Stunde und Route genau vorher festgelegten Fahrplan – um eisenbahntechnisch zu reden – bewiesen.“

Vorschlag des Berliner Polizeipräsidenten, das Überfliegen von Ortschaften zu verbieten (Auszug)

„An die Herren Minister der Öffentlichen Arbeiten und des Inneren.

Nach Zeitungsberichten ist der Flieger Hanuschke am Geburtstag Ihrer Majestät der Kaiserin mit seinem Flugapparat längere Zeit über dem neuen Palais gekreuzt und hat dann einen Lorbeerkranz in der Nähe des Palais zur Erde fallen lassen.

Dies Vorkommnis war zweifellos geeignet, die Sicherheit der Allerhöchsten Herrschaften zu gefährden. Da mir deren Schutz durch besonderen Auftrag zur Aufgabe gemacht ist, so halte ich es für meine Pflicht, darauf hinzuwirken, daß ähnlichen Veranstaltungen vorgebeugt wird. Die bestehenden Polizeiverordnungen, die meines Wissens durchweg nach einheitlichem, ministeriell vorgeschriebenem Muster erlassen sind, bieten hierzu keine Handhabe. Ich erlaube mir daher Ew. Exzellenzen zur Erwägung zu geben, ob nicht eine Bestimmung geboten wäre, welche das Überfliegen von Königlichen Schlössern und Parks unmöglich macht. Unauffällig wäre diese nur dann, wenn überhaupt das *Überfliegen von Ortschaften* verboten würden.

Berlin, den 31. Oktober 1912 Der Polizei-Präsident

Jagow“

(Hervorhebungen im Original. Zentrales Staatsarchiv Merseburg. Rep 120 Tn Nr. 1 Bd. 3, Bl. 126/127)

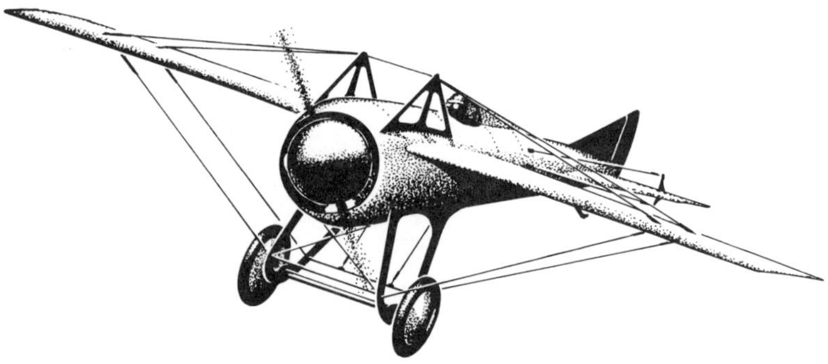

IX. Französische Eindecker

Frankreich galt bis zum Jahre 1914 als das Mutterland des Flugsports, obwohl ein französischer Flugpionier, Ferdinand Ferber, ausdrücklich dem deutschen Ingenieur Otto Lilienthal rühmend bescheinigt hatte, durch ihn hätte die Menschheit das Fliegen erlernt, und obgleich die Amerikaner Orville und Wilbur Wright sehr viel früher und mit sehr viel besseren Ergebnissen flogen als die ersten Motorflieger in Frankreich. Aber es ist nicht zu bestreiten, daß Frankreich bis zum Sommer 1914 die führende Stellung im europäischen Motorflug einnahm.

Von den gelungenen, aber in Zurückgezogenheit vorgenommenen Motorflügen der Brüder Wright waren erst vage Berichte in Europa im Umlauf, als im Oktober des Jahres 1906 der französische Aero-Club die ersten Flugpreise ausschrieb und französische Flugtechniker entschlossen an die Verwirklichung des Motorfluges gingen. Ernest Archdeacon und Ferdinand Ferber gehörten dazu, die Brüder Charles und Gabriel Voisin, Léon Delagrange, Léon Levavasseur, Robert Esnault-Pelterie, Louis Blériot, Henry Farman und der in Frankreich lebende Brasilianer Alberto Santos-Dumont.

Zwar wirkte es anfangs wie ein Schock auf die französische Öffentlichkeit, als im August 1908 Wilbur Wright mit dem „Wright-Flyer" bei Flugvorführungen in Frankreich mit Stundenflügen und weiten Überlandflügen die französischen Aviatiker geradezu deklassierte. Doch die französischen Flugtechniker lernten viel dabei und wurden durch die Überlegenheit des Amerikaners zu verstärkten Anstrengungen angespornt. Als Ende August 1909 die erste Flugwoche in Europa in der Nähe von Reims stattfand, hatten sie bereits beträchtlich aufgeholt. Insgesamt 23 Flugapparate starteten in Reims, 15 Doppeldecker und acht Eindecker, wobei die letzteren ausschließlich französischer Bauart waren. Das Ergebnis waren 87 Flüge, die jeweils über eine Strecke von mehr als 5 km führten, sieben Flüge gingen sogar über 100 km hinaus. Die größte Höhe wurde mit 155 m erreicht, und die höchste Geschwindigkeit betrug 80 km/h.

Schon vorher, am 25. Juli 1909, hatte Louis Blériot mit seinem Eindecker den Ärmelkanal von Calais nach Dover überflogen und damit den Preis der britischen Tageszeitung „Daily Mail" in Höhe von 1000 Pfund Sterling gewonnen. Dieser Erfolg machte weltweit Schlagzeilen und führte in Frankreich zu einem wahren Begeisterungstaumel. Auf dem nachfolgenden ersten Pariser „Aero-Salon" wurde der Eindecker wie ein nationales Heiligtum bewundert.

Der Pariser „Aero-Salon" (Salon de l'Aéronautique) war die größte Luftfahrtausstellung Europas und fand fortan in jedem Jahre statt. Der dritte Salon im Jahre 1911 hatte durch die Teilnahme mehrerer deutscher und britischer Flugzeugfirmen bereits einen internationalen Charakter, der danach allerdings wieder verlorenging. Er blieb jedoch in jedem Jahr von französischen Ausstellern so reich beschickt, daß Fachleute aus allen Industrieländern nach Paris reisten, um sich einen Überblick über den letzten Stand der hochentwickelten französischen Flugzeugindustrie zu verschaffen.

Die jahrelange Überlegenheit Frankreichs auf dem Gebiet der Flugtechnik war besonders auf das Vorhandensein geeigneter Flugmotoren sowie auf eine bewußt einfache und leichte Bauart gegründet. Die französischen Konstrukteure legten größten Wert auf gerade Tragflächen und eine möglichst glatte Oberfläche am Rumpf, um den Luftwiderstand zu verringern. Der Blériot-Eindecker mit verwindbaren Tragflächen und Rudern für die Höhen- und Seitensteuerung wurde zum Vorbild für viele andere schnelle Maschinen wie die der Firmen Hanriot, Borel, Nieuport, Deperdussin, Morane-Saulnier und Ponnier. Sie alle benötigten wegen der leichten Bauart und des geringen Luftwiderstandes nicht mehr als 18 bis 25 PS Motorleistung, um zu fliegen. Mit stärkeren Motoren entwickelten sie demzufolge bedeutendere Fluggeschwindigkeiten.

Bemerkenswert war auch die Entwicklung der Steuereinrichtungen an französischen Flugapparaten. Während in Deutschland die Steuerung mit Fußhebeln für das Seitensteuer, beweglicher Steuersäule für die Höhensteuerung sowie das daran angebrachte Handrad für Quersteuerung als sogenannte Militärsteuerung festgelegt war und allgemein gebräuchlich wurde, behielt man in Frankreich die einfache Knüppelsteuerung bei. In einer deutschen Fachzeitschrift hieß es dazu: „Es ist keine Frage, daß bei Maschinen mit Flächenverwindung, wie sie die meisten französischen Flugzeuge darstellen, diese Steuereinrichtung besser am Platze ist als das Handrad, da hier kurze, ruckweise Ausschläge ausgeführt werden. Der Führer braucht nur mit der Hand den Griff zu umfassen, während er beim Handrade stets beide Hände zu gebrauchen hätte."

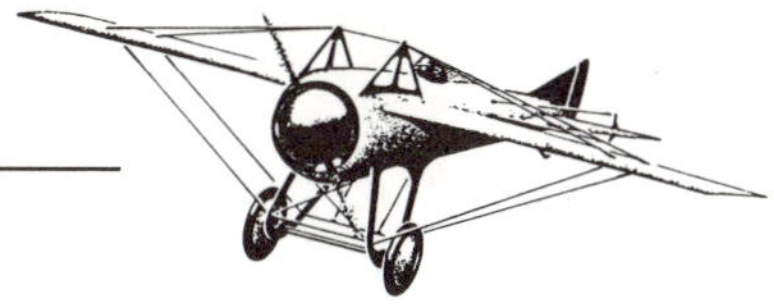

DIE FLUGZEUGFABRIK VON ARMAND DEPERDUSSIN GEhörte zu den größten in Frankreich und beschäftigte schon im Jahre 1912 durchschnittlich 200 Arbeiter. Ihre ersten Eindeckerkonstruktionen à la Blériot waren nicht sehr erfolgreich, auch die ersten Doppeldecker nicht. Ein großer Erfolg stellte sich erst ein, als das Werk im Jahre 1912 einen Eindecker mit windschlüpfigem Torpedorumpf unter der Bezeichnung „Monocoque", zunächst noch in Holzbauweise, herausbrachte. Es war eines der schnellsten Flugzeuge der damaligen Zeit, hatte nur 7 m Spannweite und 9 m^2 Tragfläche. Mit dem 14-Zylinder-Gnôme-Motor von 140 PS Leistung erreichte der Eindecker Geschwindigkeiten bis zu 170 km/h. In die Stoffbespannung der rechteckigen Tragflächen sowie der Steuerflächen des einsitzigen Apparates war ein Verstärkungsnetz eingewebt.

Mit einer weiterentwickelten Version des „Monocoque"-Eindekkers, unter Verwendung eines 160-PS-Gnôme-Motors, verbesserte der Pilot Maurice Prévost im Verlaufe des Jahres 1913 in Reims – dem Standort des Deperdussin-Werkes – dreimal den Geschwindigkeitsweltrekord und erreichte zuletzt mehr als 200 km/h. Auch deutsche Fachleute sahen in diesem Flugzeug eine der zukunftsträchtigsten Konstruktionen. Seine Tragflächen wiesen unter allen damals gebräuchlichen Flugzeugprofilen die geringste Wölbung auf.

Deperdussin verstand es, bekannte und tüchtige Ingenieure und Piloten zu gewinnen. Dadurch und mit deren Hilfe stieg er auf der Leiter des Erfolges immer höher.

„Monocoque"-Eindecker wurden von der französischen Heeresverwaltung in großer Stückzahl angekauft, und es wurden daraus eigene „Deperdussin-Luftgeschwader" aufgestellt. Der Firmenflugplatz in der Champagne nahe Reims wurde allgemein als mustergültig angesehen und zu den schönsten der Welt gezählt. An mehreren anderen Orten wurden Deperdussin-Fliegerschulen eingerichtet.

Der Unternehmer Deperdussin nahm nicht nur in der französischen Flugzeugindustrie, sondern auch in einschlägigen nationalen und internationalen Verbänden und Organisationen einen bevorzugten Platz ein. Er geizte nicht mit großzügigen Spenden für flugtechnische Veranstaltungen und soziale Zwecke – bis er im August 1913 als abenteuerlicher Geschäftemacher und Betrüger entlarvt wurde. Die Zeitungen in aller Welt waren voll von dieser Affäre, zumal Deperdussin kurz zuvor von der französischen Regierung zum „Ritter der Ehrenlegion" ernannt worden war. Seine Schulden wurden mit 30 bis 50 Millionen französischer Francs beziffert, in damaliger Zeit eine Summe von astronomischer Höhe. Weil aber noch beträchtliche Lieferungen an die Heeresverwaltung ausstanden, einigten sich die Gläubiger darauf, die Flugzeugfabrikation ohne Deperdussin weiterzuführen.

Vor allem bei Geschwindigkeitswettbewerben erfolgreiche Eindecker-Flugzeuge entstanden im Werk von Armand Deperdussin in Frankreich.

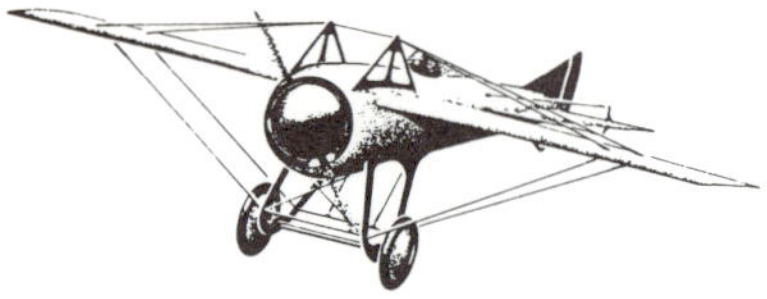

DER EINSITZIGE MORANE-SAULNIER-EINDECKER IST IN Deutschland vor allem durch die weiten Überlandflüge von Marcel Brindejonc des Moulinais, Léon Letort und Edmond Audemars bekannt geworden. Brindejonc stieg am 8. August 1912 auf dem Flugplatz Villacoublay bei Paris auf, um in Etappen nach Berlin zu fliegen, mußte aber in einem Gewittersturm bei Attendorf im Sauerland notlanden, wobei der Flugapparat schwer beschädigt wurde und an einen Weiterflug nicht mehr zu denken war. In der Woche darauf startete in Paris der schweizerische Pilot Audemars zum gleichen Zielort mit einem Morane-Saulnier-Eindecker. Er erreichte Berlin, aber erst nach Zwischenlandungen in Wanne bei Bochum sowie in Döberitz, das er irrtümlich für Johannisthal gehalten hatte. Seine Ankunft wurde auf dem Johannisthaler Flugplatz als große fliegerische Leistung und als der Anfang eines friedlichen Luftverkehrs von Land zu Land stürmisch gefeiert. Im Jahre 1913 gelang dann dem Franzosen Letort der erste Nonstopflug nach Berlin.

Schon beim Pariser Salon von 1911 hatte der ausgestellte neue Eindecker der Firma Morane-Saulnier berechtigtes Aufsehen erregt. Léon Morane, ein früherer Blériot-Flieger, und der Ingenieur Raymond Saulnier hatten ihn gemeinsam konstruiert. Die Leistungen des Flugzeuges beeindruckten sowohl hinsichtlich der Geschwindigkeit als auch der Zuverlässigkeit beim Überlandflug. Im Frühjahr 1912 wurde auf einem Flug von Pau nach Paris eine mittlere Geschwindigkeit von 147 km/h erzielt, was um so bemerkenswerter ist, als der 7-Zylinder-Gnôme-Motor nur 50 PS leistete. Damit konnte den Attributen Schnelligkeit und Zuverlässigkeit auch noch das der Wirtschaftlichkeit hinzugefügt werden.

Durch hohe Geschwindigkeits- und Dauerflugleistungen zeichneten sich die französischen einsitzigen Morane-Saulnier-Eindecker aus.

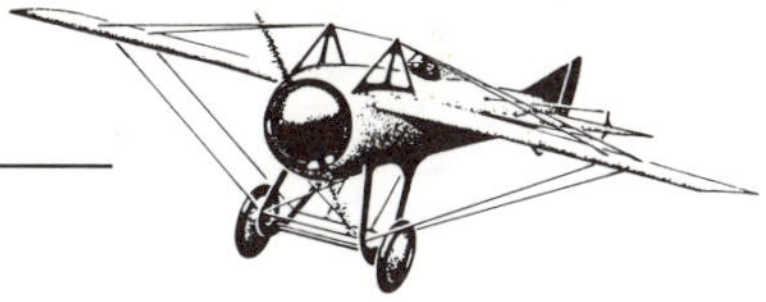

Morane und Saulnier hatten den Tragflächen den Umriß eines Trapezes gegeben, um geschwindigkeitshemmende Luftwirbel an den Flügelenden zu vermeiden, und die Flügel sehr kräftig gebaut. Die Spannweite betrug wenig mehr als 9 m, der Tragflächeninhalt 14 m^2. Bei der zweisitzigen großen Version erreichte die Spannweite 11 m, die Fläche 18 m^2. Das Profil war dünn, aber stärker gewölbt als bei Deperdussin. Zur Verspannung dienten doppelte, starke Drahtseile, die auf der unteren Vorderseite zu einem Knotenpunkt am Zweiradfahrgestell, außerdem nach hinten zu einem aus dem Rumpf hervorragenden Stahlrohrdreieck führten. An diesem Dreieck war auch der Zugmechanismus für die Flügelverwindung angebracht.
Bei der Konstruktion des Rumpfes mit viereckigem Querschnitt hatten sich Morane und Saulnier offensichtlich von der Firma Nieuport beeinflussen lassen.
Der Eindecker war vollständig bespannt. Aus dem Führersitz im vorderen Teil ragte nur der Kopf des Piloten heraus. Die Ausbildung der Steuerflächen am Heck erinnerte an das Blériot-Leitwerk.
Auf dem fünften Pariser „Aero-Salon" am Jahresende 1913 wurde der Morane-Saulnier-Eindecker als Zweisitzer mit 70-PS-Gnôme-Motor sowie mit 80-PS-Rhône-Motor vorgestellt. Die Flügel hatten jetzt eine Fläche von 16 m^2. Der zweite Sitz war ein enger, sogenannter Reitsitz unmittelbar hinter dem Piloten. Die Fluggeschwindigkeit dieses Eindeckers wurde mit 150 km/h angegeben.

Landeindecker auf dem Pariser „Aero-Salon" des Jahres 1913

Aussteller	Spannweite m	Tragfläche m^2	Leermasse kg	Sitze	Motor
Bathiat-Sanchez	8,9	16,0	290	1	50-PS-Gnôme
Blériot	8,9	15,0	265	1	80-PS-Gnôme
Blériot	10,3	19,0	335	2	80-PS-Gnôme
Borel	11,5	22,0		2	80-PS-Gnôme
Deperdussin	6,6	9,0	450	1	160-PS-Gnôme
Morane-Saulnier	10,0	16,0	740	2	70-PS-Gnôme
Morane-Saulnier	9,2	14,0	305	2	70-PS-Gnôme
Moreau	11,4	21,0	480	2	80-PS-Gnôme
Nieuport	9,0	14,5		1	50-PS-Gnôme
Nieuport	13,3	24,0		2	80-PS-Gnôme
Ponnier	6,4	7,0	320	1	160-PS-Gnôme
Ponnier	9,2	13,0	215	1	60-PS-Gnôme
Ratmanoff	8,6	16,0	340	1	45-PS-Anzani
Ratmanoff-de Beer		18,0	320	2	80-PS-Anzani
Robert Esnault-Pelterie (R.E.P.)	10,2	16,0	350	1	80-PS-Rhône
Robert Esnault-Pelterie (R.E.P.)	11,6	20,5	415	2	80-PS-Rhône

(Nach: Zeitschrift des „Vereins Deutscher Ingenieure", Bd. 58, Nr. 4 vom 24. 1. 1914, S. 122)

Der Aviatiker Louis Blériot war, wie manch anderer vor ihm, ein erfolgreicher Automobil-Rennfahrer gewesen, bevor er sich dem Fliegen zuwandte. Seine Erfindung der Karbidlampe verschaffte ihm reichliche finanzielle Mittel. Gegen Jahresende 1906 beschäftigte er sich mit der Konstruktion eines leichten Flugmotors. Danach begann er, selbst Flugmaschinen zu konstruieren, und zwar ausschließlich Eindecker. Blériot arbeitete mit großer Beharrlichkeit und änderte seine Flugapparate wiederholt.
Als er sich im Sommer des Jahres 1909 um den Preis der „Daily Mail" für den ersten Überflug des Ärmelkanals bewarb, trat er dazu mit seinem elften Flugapparat an. Alle vorherigen Konstruktionen hatten sich als untauglich erwiesen und waren zumeist schon bei den ersten Versuchen zu Bruch gegangen, wobei Blériot oft genug Blessuren davongetragen hatte. Als er, erstmals in der Motorfluggeschichte, den Ärmelkanal zwischen dem französischen Festland und der britischen Insel bezwungen hatte, landete er ebenfalls ziemlich hart nahe Dover und hinkte den herbeieilenden Beobachtern entgegen. Viele glaubten, er hätte sich soeben verletzt, doch litt er noch unter den Folgen eines vorangegangenen Unfalls.
Die einsitzige „Blériot XI" war mit einem luftgekühlten Dreizylinder-Motor von Anzani mit einer Leistung von nur 25 PS ausgestattet. Die Luftschraube war vorn direkt auf die Motorwelle gesetzt, Höhen- und Seitenruder lagen hinten am Rumpfende. Die Spannweite des mit dem Gitterrumpf sehr zierlich wirkenden Flugzeuges betrug nur 8,7 m, der Tragflächeninhalt 14 m^2. Nur die vordere Hälfte des viereckigen Rumpfes war zur Verkleidung

des Motors und des Pilotensitzes mit Ballonstoff bespannt. Blériot, ein verhältnismäßig kleiner Mann, ragte mit dem ganzen Oberkörper aus dem Flugzeug heraus.
Sein größter Konkurrent beim Kanalflug war der in Frankreich lebende Brite Hubert Latham, der einen Antoinette-Eindecker mit einem 8-Zylinder-Anzani-Motor von 50 PS Leistung flog. Latham galt allgemein sogar als Favorit.
Blériot war 38 Jahre alt, als ihm am 15. Juli 1909 der Überflug von Calais nach Dover mit 43 km Flugstrecke glückte. Mit einem Schlage war er weltberühmt, und seine Auftragsbücher für den Bau des Eindeckers füllten sich zusehends.
Nur zwei Monate später trat Blériot zum „Konkurrenzfliegen der ersten Aviatiker der Welt“ in Berlin-Johannisthal an. Im „Berliner Tageblatt“ war nach dem ersten Flugtag zu lesen: „In seinem blauen Leinenanzug mit der schwarzen Automobilkappe, deren Kinnschluß lose flatterte, war er ein begehrtes Objekt für die Photographen. Willig hielt er still und gab dann das Zeichen zum Anfahren seines Aeroplans nach dem dazu auserwählten Startplatz. Sein Monoplan ist der schärfste Kontrast zu dem Voisin-Apparat des Baron de Caters. Während dieser ein mächtiger Doppeldecker in kastenartiger Form mit dem hinteren Stabilisierungskasten ist, in dem das Seitensteuer liegt, ist der Eindecker Blériots ein kleiner, schmetterlingsähnlicher Flugapparat.“ Der Eindecker „Blériot XI“ wurde zum Ausgangspunkt für eine ganze Reihe erfolgreicher Flugzeugkonstruktionen in Frankreich wie in anderen Ländern.
Auf dem Pariser „Aero-Salon“ im Herbst 1912 stellte Blériot einen verbesserten Einsitzer sowie einen größeren zweisitzigen Flugapparat mit 20 m^2 Tragflächeninhalt aus. Die Fluggeschwindigkeiten waren mit 100 und 115 km/h angegeben. Später baute er außerdem einen Militäreindecker, zweisitzig und gepanzert, mit 25 m^2 Tragfläche und angeblich 120 km/h Geschwindigkeit. Alle drei Flugzeuge waren mit 7-Zylinder-Gnôme-Umlaufmotoren ausgerüstet. Der „Star“ unter allen Blériot-Flugzeugen aber blieb der kleine Einsitzer mit 50-PS-Motor. Mit ihm erwarb im Jahre 1913 der Kunstflieger Adolphe Pégoud seinen weltweiten Ruhm.
Pégoud begeisterte im Oktober 1913 auch das Berliner Publikum mit ungewöhnlichen Sturzflügen, Steilkurven, Loopings und Rückenflügen. Der Direktor des Flugplatzes Johannisthal, Georg v. Tschudi, erinnerte sich: „Schon seit Wochen waren alle Zeitungen voll gewesen von den fabelhaften Flügen des französischen Fliegers Pégoud, der – was kein Vogel tun kann oder zu tun pflegt – einen Überschlag in der Luft machte. Ihn einer Stadt vor-

Nach dem aufsehenerregenden Ärmelkanalüberflug im Sommer 1909 war der einsitzige Eindecker „Blériot XI“ für längere Zeit das erfolgreichste und in vielen Ländern geflogene französische Flugzeugmuster.

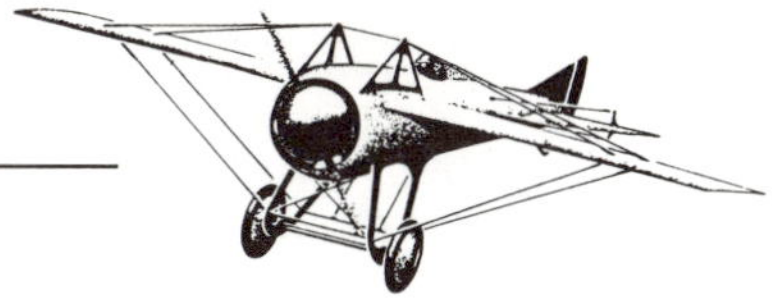

zuführen, kostete Geld, und solches war bei der Flugplatzgesellschaft knapp ... Da kam ein Unternehmer und bot Pégoud annehmbare Prozente von den Einnahmen an. Natürlich griff die Flugplatzgesellschaft zu. Pégoud flog an drei Tagen, die Menschenmenge ... war fabelhaft, natürlich blieb sie zum größten Teil außerhalb des Platzes, da man die Flüge ja bekanntlich beinahe bequemer von außerhalb als von innerhalb des Zaunes beobachten kann; braucht man doch den Kopf nicht so weit hintenüber zu beugen, wenn man weiter weg steht."

Erster Motorflug über den Ärmelkanal von Calais nach Dover (Auszug)

„Alles steht heute unter dem Eindruck der glücklich gelungenen Kanalüberquerung im Aeroplan, die der Franzose Blériot gestern ausgeführt hat ...

In der Daily Mail hat Blériot selbst seinen historischen Flug ausführlich beschrieben. Er erzählt, wie er um halb drei morgens mit wenig Hoffnung, daß ihm das Wetter den Flug gestatten werde, sein Bett verließ, um einen Probeflug zu machen. Wider Erwarten war das Wetter günstig ... Um 4 Uhr 30 entschloß er sich, den Flug zu wagen ... Um 4 Uhr 35 steigt die Flugmaschine anfangs schnell und hoch auf, um über die Telegraphendrähte hinwegzukommen. Erst einmal über dem Wasser, ist es nicht mehr nötig, die Motoren übermäßig anzustrengen. Das Torpedoboot ‚Escopette' hat den Flieger gesichtet und fährt mit Volldampf ..., aber es macht nur 42 Kilometer. Blériots Maschine aber saust hundert Meter über dem Wasserspiegel mit einer Geschwindigkeit von 68 Kilometern die Stunde durch die kühle, klare Morgenluft. Das Schwellen und Fallen der Wogen unter ihm verursacht dem kühnen Luftfahrer ein seltsam unangenehmes Gefühl. Zehn Minuten später hat der Flieger das hurtige Torpedoboot überholt. Einige Minuten darauf wendet Blériot den Kopf, um sich zu orientieren, aber nichts ist mehr zu sehen von der Küste Frankreichs, nichts von dem Torpedoboot, nichts von Englands Küste.

Ohne Anhaltspunkte ... fliegt die Maschine zehn Minuten lang dahin, immer aufs Geratewohl. Da kommt das grüne Ufer von Dover in Sicht, das graue Schloß und westlich davon der vorher vereinbarte Landungsplatz. Der Wind hat den Flieger stark von seiner Route abgetrieben, jetzt heißt es gegen eine steife Brise anzukämpfen, um das Ziel zu erreichen. Beim ersten Landungsversuch erfaßt der Wind die Maschine und dreht sie drei-, viermal wie einen Kreisel um sich selbst. Da läßt Blériot den Motor stoppen und seine Maschine fällt beinahe senkrecht, aber sanft auf britischer Erde nieder ...

Naturgemäß ist in Frankreich, dem Heimatland des neuen Rekordmannes, die Freude über diesen aviatischen Erfolg am lebhaftesten. Alle Zeitungen feiern ihn als Nationalhelden und ergehen sich in Lobeshymnen ...

In der englischen Presse ist die Stimmung etwas nüchterner und nicht ganz frei von Besorgnis und Neid auf den Erfolg der Franzosen."

(„Berliner Lokal-Anzeiger", Mittagsblatt, 26. Juli 1909)

DER FRANZÖSISCHE FLIEGER UND FLUGZEUGKONstrukteur Edouard de Niéport, der unter dem Namen Nieuport firmierte, war 35 Jahre alt, als er im Juni 1910 auf seinem ersten Eindecker das französische Flugzeugführerzeugnis erwarb. Er war einer der ersten, die gezeigt haben, daß mit einer aerodynamisch günstig ausgelegten Formgestaltung des Flugzeuges auch bei geringer Motorenstärke relativ hohe Geschwindigkeiten zu erzielen sind. Im März 1911 gelang es ihm, mit seinem Eindecker eine ganze Reihe von Geschwindigkeitsrekorden zu verbessern. Dabei flog er sowohl mit dem 50-PS-Gnôme-Motor als auch mit einem eigenen 2-Zylinder-Motor von 30 PS Leistung schneller als der mit einem 100-PS-Gnôme-Motor ausgerüstete Blériot-Eindecker – obendrein mit Passagieren.

Der erste Nieuport-Eindecker aus dem Jahre 1910 hatte eine Spannweite von 8,4 m und eine Tragflächengröße von 14 m^2. Er blieb das Grundmuster für alle späteren Renneindecker der Firma Nieuport. Der spätere Typ II war für Überlandflüge konzipiert und hatte bei gleicher Spannweite einen deutlich größeren Tragflächeninhalt von 19 m^2. Mit dem Zweisitzer Typ III wurden dann im Jahre 1911 mehrere Geschwindigkeitsweltrekorde geflogen. Dieser Apparat hatte 11,5 m Spannweite und 23,5 m^2 Tragfläche. Die Knüppelsteuerung entsprach der in Frankreich üblichen Anordnung. Während Ziehen und Drücken auf die Höhensteuerung einwirkten, betätigte eine Bewegung nach links oder rechts das Seitensteuer. Die Flügelverwindung wurde mittels Fußhebelbetätigung vorgenommen.

Im Oktober und November 1911 war der Typ-III-Zweisitzer in Reims beim Militärflugzeug-Wettbewerb erfolgreich. Auf Wunsch und mit einem Bauauftrag der Militärbehörden wurde er zum Typ „Concours Militaire" für drei Insassen weiterentwickelt und in großer Zahl von der Fliegertruppe übernommen. An dem

Flugzeug wurden die solide Bauweise, die Schnelligkeit und Robustheit besonders gelobt.
Über den Nieuport-Eindecker war im Frühjahr 1912 in Deutschland zu lesen: „Als Edouard Nieuport mit seinem kleinen Eindecker in der Reimser Flugwoche 1910 debutierte, dachten wohl die wenigsten daran, daß dieser Apparat, der damals schon berechtigtes Aufsehen erregte, ein Jahr später die erste Marke von Frankreich werden würde. Nieuport wußte, was den damaligen Maschinen fehlte. Er erkannte den Wert praktischer Laboratoriumsversuche und ihrer Resultate, er stützte sich auf diese, und seine Fähigkeiten als Konstrukteur ermöglichten es ihm, der Welt die Flugmaschine vorzuführen, die wirklich alles in sich vereinigte, was man von einer Zukunftsmaschine verlangen kann." Und: „In letzter Zeit ist direkt ein Raub nach dem Nieuport'schen Tragdeckenprofil ausgebrochen. Überall hört und spricht man von dem Geheimnis der Nieuport'schen Profilierung und glaubt einzig und allein die Vorzüge des Apparates darin finden zu können. Und doch ist nicht hier allein der Erfolg zu suchen, sondern in der Kombination der beim Bau des Apparates in Betracht kommenden Gesichtspunkte."
Das berühmte Nieuport-Flügelprofil lief an der Vorderkante fast spitz zu und war stark gewölbt. Genaue Festigkeitsberechnungen ermöglichten es, beim Bau von Nieuport-Flugzeugen mit der geringsten Anzahl von Spanndrähten auszukommen und dadurch den Luftwiderstand sehr niedrig zu halten. Die Tragflächen schlossen nicht direkt an den Rumpf an, sondern ließen einen Spalt offen. Der Rumpf war gedrungen und vollständig bespannt. Nur der Kopf des Fliegers ragte aus dem Rumpf heraus. Der vordere Rumpfteil mit dem Motor war bis zum Pilotensitz mit Aluminiumblech verkleidet.
Edouard de Nieuport stürzte am 12. September 1911 während der französischen Manöver in der Nähe von Verdun ab. Drei Tage später, am 15. September, erlag er seinen Verletzungen. Sein Bruder Charles, ebenfalls ein bekannter Flieger, der das Werk weitergeführt hatte, wurde im Februar 1913 vom gleichen Schicksal ereilt.

Die französischen Nieuport-Werke hatten sich auf kleine, wendige Renneindekker spezialisiert, die bei mehreren internationalen Flugwettbewerben erfolgreich waren.

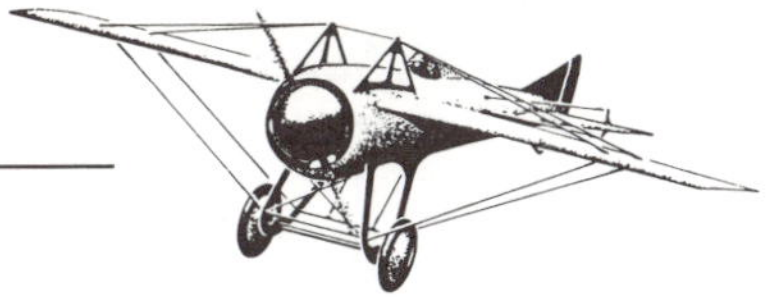

Preisliste für frühe französische Eindecker

System	Fabrikant	Motor	Preis Frs.
Antoinette	Société Antoinette, Paris	Antoinette	25 000
Blériot XI	Etablissement Blériot, Paris-Neuilly	Anzani	12 000
Blériot XI bis	Etablissement Blériot, Paris-Neuilly	Gnôme	24 000
Blériot XI bis 2,2	Etablissement Blériot, Paris-Neuilly	Gnôme	28 000
Grégoire-Gyp	P. J. Grégoire, Paris	Grégoire	12 500
Hanriot I	Hanriot, Paris	Hanriot	20 000
R.E.P.	Robert Esnault-Pelterie, Paris-Billancourt	R.E.-Pelterie	30 000
Santos-Dumont	Clément-Bayard, Paris, Levallois-Perret	Clément-Bayard	7 500

(Nach Vorreiter, A.: Jahrbuch über die Fortschritte auf allen Gebieten der Luftschiffahrt 1911. – Berlin–München, 1910, S. 166)

DER EINDECKER „LA COLOMBE“ IST VOM FRANZÖsischen Flugtechniker und Flieger Emile Ladougne im Frühjahr des Jahres 1912 konstruiert worden. Ladougne hatte schon im Mai 1910 seinen Pilotenschein erworben und bei der nachfolgenden großen Flugwoche in Reims durch gelungene Passagierflüge auf sich aufmerksam gemacht. Sein Eindecker hatte weniger als 8 m Spannweite und flog mit einem 3-Zylinder-Anzani-Motor mit einer Leistung von 30 PS. Die Fluggeschwindigkeit soll bei 110 km/h gelegen haben.
Der Eindecker von Ladougne wies keine auffälligen Neuigkeitsmerkmale auf, aber es muß erwähnt werden, daß sich Flugzeugkonstrukteure oft an die Bauweise bereits bekannter – und dann natürlich erfolgreicher Flugzeugmuster anlehnten. Das war nicht gerade von denen erwünscht, die in dem einen oder anderen Detail ihre eigene Idee wiederzuerkennen glaubten, aber es war ein vielmals nachweisbares Verfahren in der Frühzeit des Motorfluges. Unzählige Patentstreitigkeiten jener Jahre haben darin ihren Ursprung; sie beschäftigten zahllose Rechtswanwälte und Ge-

Ein Flugzeug, dessen Leistungen unter den Erwartungen seines Konstrukteurs blieben: der Eindecker „La Colombe“ von Emile Ladougne.

richte. Die meisten dieser Streitigkeiten verliefen im Sande, andere haben jahrelang die Gemüter bewegt.
Gegen den französischen Eindecker von Ladougne hat beispielsweise der deutsche Ingenieur Oskar Ursinus polemisiert. Er selbst hatte im Jahre 1909 einen Eindecker konstruiert, der keinerlei Verbreitung gefunden hatte. An dem Eindecker „La Colombe“ aus dem Jahre 1912 meinte Ursinus das von ihm entworfene Fahrgestell wiederentdeckt zu haben. Es war schwer, dieser Behauptung zu folgen, denn das von Ladougne gebaute Fahrwerk, selbst wenn man sein fotografisches Abbild mit der Lupe betrachtete, sah aus wie mindestens ein Dutzend andere auch.
Der Ladougne-Eindecker hat für die Entwicklung der Flugtechnik keine Rolle gespielt. Ursinus hat seinen eigenen Konstruktionsentwurf später als „Illusion“ bezeichnet. Der Streit um das Fahrwerk ist eine Episode geblieben.

EIN EBENSO ORIGINELL AUSSEHENDES WIE KURIOS GEbautes Flugzeug stellte der französische Konstrukteur Levièvre im Frühjahr 1913 mit seinem „Militär-Eindecker“ vor. Es war einer der ersten Hochdecker im Motorflugzeugbau mit tief liegender Triebwerkanlage und einer Kettentransmission zum hochgelagerten Propeller.
Levièvre (in der „Luftfahrerdank“-Marke zu diesem Flugzeug ist der Name fehlerhaft wiedergegeben) wollte damit offenbar einen möglichst tief liegenden Schwerpunkt schaffen. Um das Abspringen der Kette zu verhindern und Schwingungen zu vermeiden, hatte er eine zusätzliche starre Verbindung von der Motorwelle zur Propellerachse angebracht. Zwei Speichenräder in der Größe von Fahrradreifen bildeten das Fahrwerk, das einen leicht zerbrechlichen Eindruck machte und ganz gewiß schon das Rollen auf unebenem Fluggelände kaum ausgehalten hat, zumal der Motor direkt auf der Fahrwerkachse auflag. Im tiefen Rumpfvorderteil waren der vollständig verkleidete 50-PS-Motor und – direkt dahinter – der Pilotensitz angeordnet.
Der einsitzige Levièvre-Eindecker hatte 9,5 m Spannweite und 22 m^2 Tragfläche. Er wurde wie üblich durch Flächenverwindung und Ruderklappen am hochgelegenen Heck gesteuert. Ein hoher Sporn stützte den sich nach hinten stark verjüngenden, voll bespannten Rumpf etwa in der Mitte ab.
In die Fluggeschichte ging diese Konstruktion wohl nur ihrer Originalität wegen ein, denn von Flugleistungen oder einem Weiterbau dieses Musters ist nichts bekannt geworden. Jedoch – auch

Zu den fliegenden Kuriositäten der Eindeckerbauweise gehörte dieser Prototyp des Leviévre-Eindeckers aus dem Jahre 1913.

solche einmaligen Konstruktionen haben das allgemeine Erscheinungsbild der frühen Motorflugjahre bereichert.
Es braucht keineswegs übersehen zu werden, daß auch später erfolgreiche Flugzeugbauer – wie Louis Blériot – oft mit kuriosen Konstruktionen begonnen haben und erst daraus, wie etwas nicht funktioniert, für ihre Erfolgsflugzeuge lernten. Chancenlos blieben vor allem jene, deren finanzielle Mittel bereits mit ihrer ersten Fehlkonstruktion erschöpft waren und die für weitere Versuche keine Unterstützung finden konnten. Die Schrittfolge Versuch-Irrtum-Neuversuch war in der Frühzeit des Motorfluges durchaus üblich.

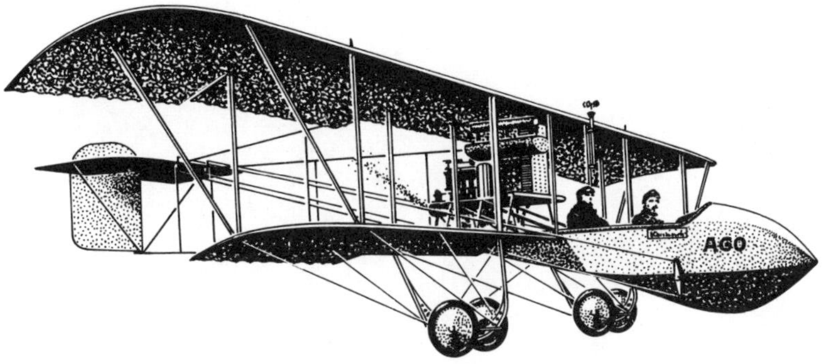

X. Deutsche Doppeldecker

Die ersten in Deutschland verfügbaren Doppeldecker waren die von der deutschen „Flugmaschine Wright GmbH." in Berlin hergestellten Wright-Zweidecker sowie die von mehreren Firmen nachgebauten französischen Voisin-, Farman- und Sommer-Typen. Da Henry Farman und Robert Sommer mit ihren Flugzeugen auf der Konstruktion von Charles und Gabriel Voisin aufbauten, gingen im Grunde alle flugfähigen deutschen Doppeldecker bis zum Jahre 1912 auf die Grundmuster der Brüder Wright und Voisin zurück.

Bis zu den großen Erfolgen der „Tauben"-Eindecker war der Zweidecker die allgemein bevorzugte und auch erfolgreichste deutsche Flugzeugbauart. Die besten Flugleistungen wurden zunächst mit Doppeldeckern erzielt. Von den wiederholt konstruierten Dreideckern – auch Hans Grades erstes Flugzeug aus dem Jahre 1908 war ein Dreidecker gewesen – war man inzwischen abgekommen. Nur August Euler stellte auf der „Allgemeinen Luftfahrt-Ausstellung" (ALA) im Frühjahr 1912 in Berlin noch einmal einen Flugapparat mit drei Tragflächen aus. Es hatte sich herausgestellt, daß sich für den Dreidecker „kein Vorteil gegenüber der Vermehrung des Gewichts, des Widerstandes und damit des Kraftbedarfs ergab", wie Ansbert Vorreiter damals formulierte, der sehr aufmerksam die internationale flugtechnische Entwicklung beobachtete und seine Erkenntnisse publizierte.

Die ersten Rumpfdoppeldecker mit vorn liegendem Motor und Zugpropeller kamen im Frühjahr 1912 fast gleichzeitig bei den „Albatros-Werken" in Johannisthal und den „Deutschen Flugzeug-Werken" in Leipzig-Lindenthal heraus. Beide Firmen hatten vorher französische Zweidecker nachgebaut und stellten nun ihre ersten eigenen Konstruktionen vor. Die sogenannte „Albatros-Doppeltaube", von Ingenieur Grohmann konstruiert, war mit 40 m^2 Tragflächeninhalt ein verhältnismäßig kleiner Flugapparat, verglichen mit französischen Doppeldeckern jener Jahre. Ihr oberes Tragdeck in Zanoniaform hatte 13,3 m, das untere 9,9 m Spannweite. Mit dem 100-PS-Argus-Motor erreichte die „Doppeltaube" 90 km/h Fluggeschwindigkeit. Die beiden Sitze lagen hintereinander im Rumpf, und gesteuert wurde mit einem Handrad, an das alle Regulierhebel für die Verwindung der Flügel sowie der Steuerflächen am Flugzeugheck angeschlossen waren. Am Fahrgestell war zwischen jedem Radpaar eine Kufe angebracht.

Etwa zur gleichen Zeit hatte Bruno Büchner, seinerzeit Chefpilot der „Deutschen Flugzeug-Werke", einen Doppeldecker entworfen, der vom Herstellerwerk „Mars-Doppeldecker" genannt wurde. Dieser Zweidecker mit 15 m Spannweite flog gleichfalls mit dem 100-PS-Argus-Motor. Seine Tragflächen waren nahezu rechteckig gehalten, und sie waren fast gleich groß. Die beiden Flächen waren noch nicht durch feste Streben, die sogenannten „Stiele", miteinander verbunden, sondern durch eine Stahlkabel-Verspannung. Im Unterschied zur „Doppeltaube" verfügte Büchners Zweidecker über Höhen- und Seitenruder sowie über Verwindungsklappen an den Flächenenden, einer Art Vorstufe zu Querrudern. Gesteuert wurde mittels Handrad und Fußhebel. Das Fahrwerk war bereits aus Stahlrohr konstruiert und hatte ebenfalls vier Laufräder, aber keine Kufen. Der Schwanzsporn war fast einen Meter hoch.

Von diesem Doppeldecker ist nur ein Exemplar gebaut worden. Aber seine Nachfolgetypen mit gepfeilten Tragflächen wurden erfolgreich.

Die Figuration eines Rumpfdoppeldeckers mit vorn liegendem Motor und Zugpropeller setzte sich für alle neuen Doppeldeckerkonstruktionen in Deutschland durch. Das Interesse der Militärbehörden an solchen Flugzeugen spornte die Flugzeugfabriken an, eigene Rumpfdoppeldecker zu entwickeln. Von den vorgegebenen militärischen Anforderungen beeinflußt, entstanden leistungsfähige Flugzeuge, mit denen vom Herbst des Jahres 1913 an bedeutende Fernflüge ausgeführt und zahlreiche Rekorde geflogen werden konnten.

Der Traum von einem internationalen Flugverkehr schien der Verwirklichung nähergekommen zu sein. In der Zeitschrift „Flugsport" hieß es im September 1913: „Die Zeit der ersten Flugstraße wird nicht mehr fern sein." Die Zeitschrift empfahl, in west-östlicher Richtung Fernflugstrecken zu organisieren, dafür in angemessenen Abständen gut ausgerüstete „Flugstationen" einzurichten und den Piloten geeignetes Kartenmaterial zur Verfügung zu stellen. Wie mangelhaft die Ausrüstung mit Orientierungsmitteln manchmal noch war, wurde mit den Worten belegt: „So flog ein Flieger vor einiger Zeit nach einer gewöhnlichen Eisenbahnkarte, die er einem Kursbuch entnommen hatte."

DER AEG-DOPPELDECKER DER „ALLGEMEINEN ELEKtrizitäts-Gesellschaft" wurde in Hennigsdorf bei Berlin nach rein militärischen Anforderungen gebaut. Dem Flugzeugbau hatte sich die AEG seit Ende des Jahres 1911 zugewandt, nachdem sie sich finanziell schon im Jahre 1908 an der Gründung der „Luft-Fahrzeug-Gesellschaft mbH." (LFG) beteiligt hatte. Als dann der „Deutsche Rundflug" des Jahres 1911 eine deutliche Aufwärtsentwicklung des Flugwesens anzeigte und die Aufstellung der preußischen Fliegertruppe bevorstand, hielt die AEG den Zeitpunkt für gekommen, eine eigene Abteilung Flugzeugbau einzurichten.

Das offensichtlich gewordene Interesse der Heeresverwaltung an einer leistungsstarken Flugzeugproduktion reizte nunmehr auch die Großindustrie, sich diesem Produktionszweig zuzuwenden. Im Frühjahr 1912 stellte die AEG in Berlin ihren ersten eigenen Doppeldecker aus, der nach Plänen von Oberingenieur PAUL STUMPF gebaut und mit einem 50-PS-Motor der „Neuen Automobil-Gesellschaft" (NAG) ausgerüstet war. Die NAG war eine Tochtergesellschaft der AEG und gleichfalls in Berlin ansässig.

Der Doppeldecker war eigentlich ein Anderthalbdecker, denn das obere Tragdeck überragte das untere Deck beträchtlich. Um den Apparat auch in Schuppen von geringerer Breite unterstellen zu können, konnten die äußeren Teile der oberen Tragfläche heruntergeklappt werden, und zwar so weit, wie sie über die unteren hinausstanden.

Schon ein Jahr danach verließ ein ausgereifter, zweistieliger Doppeldecker in Stahlbauweise die Hennigsdorfer AEG-Werkstätten. Er war in allen seinen Teilen so eingerichtet, daß er rasch demontiert und wieder aufgerüstet werden konnte. An diesem Flugzeug konnten die Tragflächen um 90^0 nach hinten geschwenkt und an den Rumpf angeklappt werden. In diesem Zustand betrug der Raumbedarf des Doppeldeckers nur 2,8 m Höhe sowie 2,6 m Breite und 9,5 m Tiefe, was dem zulässigen Lademaß der Eisenbahn entsprach. Beide Tragdecks hatten die gleiche Spannweite von 14,5 m, der Tragflächeninhalt betrug 44 m^2.

Als eines der ersten deutschen industriellen Großunternehmen wandte sich die AEG dem Flugzeugbau zu; die Tragflächen des Doppeldeckers aus dem Jahre 1913 konnten nach hinten an den Rumpf geklappt werden.

Die Firma ließ keinen Zweifel daran, daß der Apparat unter Verzicht auf sportliche Abnehmer lediglich für militärische Zwecke entwickelt worden war. Aus diesem Grunde verzichtete die AEG auch darauf, ihn bei öffentlichen Flugwettbewerben einzusetzen. Mit Ausnahme der Flügelrippen war der AEG-Doppeldecker des Jahres 1913 in allen Teilen aus Stahlrohr hergestellt. Das Zweiradfahrgestell hatte in der Mitte eine Stoßkufe oder ein abgefedertes Stoßrad. Für den Prototyp wurde ein 95-PS-NAG-Motor verwendet, in die bestellten Militärmaschinen dann ein 100-PS-NAG-Motor mit Schalldämpfer eingebaut, wodurch die Verständigung zwischen Flugzeugführer und Beobachter erleichtert sowie das lästige Beschlagen der Schutzbrillen durch Auspuffdämpfe vermieden wurden.

Im Flugzeug war die sogenannte Militärsteuerung mit Fußhebel für das Seitensteuer, beweglicher Steuersäule für die Höhensteuerung und das daran angebrachte Handrad für die Quersteuerung eingebaut. Um alle drei Achsen erfolgte die Steuerung durch Klappen. Die Leermasse des Doppeldeckers betrug 720 kg, die Zuladung erreichte beachtliche 320 kg. Im ersten Halbjahr 1914 wurden die ersten 18 Flugzeuge von der AEG an die Heeresverwaltung geliefert.

DIE „DEUTSCHEN FLUGZEUG-WERKE“ (DFW) IN LEIPzig-Lindenthal stellten ihre ersten Doppeldecker im Jahre 1911, da sie noch als „Sächsische Flugzeug-Werke“ firmierten, als Kopien des französischen Farman-Typs mit Gitterrumpf her. Diese Flugzeuge wurden damals auch „Thiele-Doppeldecker“ genannt – nach dem Technischen Leiter und Firmenmitbegründer Erich Thiele.

Mit einer für den deutschen Doppeldeckerbau neuartigen Konstruktion traten die DFW im Jahre 1913 an die Öffentlichkeit. Diese neue Konstruktion – mit drei Stielen zu beiden Seiten des Rumpfes zwischen den Tragflächen – war bereits weitgehend aus Stahlrohr hergestellt und wurde zum Vorläufer aller späteren leistungsfähigen Baumuster dieser Firma. Es hatte sich inzwischen die Erkenntnis durchgesetzt, daß Stahlrohr ein zweckmäßiges Baumaterial für Flugzeuge war; das teuerste Material zwar, doch mit Abstand das zuverlässigste, dazu sehr wetterbeständig. Die Stahlrohrbauweise verlangte allerdings eine sorgfältige Konstruktion und Fertigung, weil Korrekturen und Umbauten sehr viel schwieriger als in der traditionellen Holzbauweise auszuführen waren.

Der neue DFW-Doppeldecker hatte zudem gepfeilte Tragflächen, deren Spannweiten oben 17 m, unten 12 m betrugen. Der Tragflächeninhalt erreichte 46 m^2. Wegen der großen Differenz der Spannweiten ist auch dieser Apparat gelegentlich den Anderthalbdeckern zugerechnet worden. Der geschlossene schlanke Rumpf trug hinten das Leitwerk, bestehend aus festen Flossen und drehbaren Steuerklappen. Die beiden hintereinander angeordneten Sitze lagen auffallend weit auseinander. Die Quersteuerung erfolgte mittels Klappen an den Enden der oberen Tragflächen. Fast bei allen Rumpfdoppeldeckern hatte sich zu diesem Zeitpunkt bereits die Klappensteuerung um alle drei Achsen durchgesetzt.

Besonderer Wert war bei diesem „Mars-Pfeildoppeldecker“ auf ein sorgfältig durchgearbeitetes, widerstandsfähiges Fahrwerk gelegt worden, das aus vier Laufrädern bestand und Landungen auch auf unebenem Gelände erlaubte. Der Doppeldecker flog anfangs mit einem 95-PS-NAG-Motor, später mit einem 6-Zylin-

Ein relativ großer Doppeldecker mit gepfeilten Tragflächen wurde im Jahre 1913 von den DFW in Leipzig-Lindenthal gebaut.

der-Daimler-Motor von 100 PS Leistung. Der Daimler-Motor war mit Stirnkühler ausgestattet und vollständig verkleidet. Mit ihm wurden Fluggeschwindigkeiten von 110 km/h erreicht.

Der Werkflieger Heinrich Oelerich stellte mit diesem Doppeldecker am 8. Juli 1913 in sechs Stunden und acht Minuten einen deutschen Dauerflugrekord auf. Beim „Völkerschlacht-Erinnerungsflug“ des „Leipziger Vereins für Luftfahrt“ am 23. und 24. August 1913 gewann Oelerich damit auch den Wettbewerb um den kürzesten Auslauf. Sein Doppeldecker kam bereits nach 59,5 m zum Stehen. Und in der Kategorie „Kürzester Anlauf“ bis zum Abheben im Startvorgang kam Oelerich während dieser Veranstaltung auf den dritten Platz. Mit all diesen Leistungskriterien, die in jenen Jahren für die Verwendbarkeit von Flugzeugen herangezogen worden sind, erregte der Pfeildoppeldecker aus Leipzig in Fachkreisen große Aufmerksamkeit.

AUCH GUSTAV OTTO IN MÜNCHEN HATTE SEINE DOPPELdeckerproduktion mit dem Nachbau des Gitterrumpf-Zweideckers von Henry Farman begonnen. Dieses Flugzeugmuster blieb

deshalb die Grundlage für den im Jahre 1911 von Gabriel Letsch konstruierten Militärdoppeldecker, hergestellt für die im Aufbau befindliche bayerische Fliegertruppe. Das Flugzeug war zunächst noch in Holzbauweise ausgeführt und wurde erst später mit einem Stahlrohrgerüst gefertigt. Letsch hatte das Höhenruder, in der Farman-Otto-Version noch immer vor dem Flugzeugrumpf angeordnet, nach hinten verlegt. Dadurch hatte die Besatzung ungehinderte Sicht nach vorn. Der weite Gitterrumpf, der das Leitwerk trug, war unbespannt, und das Fahrwerk bestand aus zwei Radpaaren mit dazwischenliegenden Kufen.
Die Otto-Werke boten den Militär-Doppeldecker in zwei Versionen an: mit 70-PS-Gnôme-Umlaufmotor und Druckluftschraube hinter den Tragflächen sowie mit einem gleich starken, aber vorn liegenden Austro-Daimler-Motor mit Zugpropeller. Die bayerische Militärverwaltung zog die Lösung mit dem Druckpropeller vor. Im Laufe des Jahres 1912 übernahm sie 17 dieser Flugzeuge, und zwar mit dem 100-PS-Ago-Motor anstelle des französischen Umlaufmotors. Der Ago-Motor war in den Otto-Werken unter Leitung des Ingenieurs Hans Geisenhof entwickelt worden.
Der Militär-Doppeldecker wurde in München in zwei Größen gebaut: Typ A hatte oben 15 und unten 10 m Spannweite, beim kleineren Typ B betrug die Spannweite analog 13 und 8 m. Auffallend groß fielen die Klappen für die Quersteuerung an den oberen Tragflächen aus. Die Tragdecks waren gestaffelt so angeordnet, daß das untere Deck nach vorn hervorragte.
Die Zivilversion dieses Doppeldeckers wurde mit einem 100-PS-Argus-Motor in den „Ago-Flugzeugwerken GmbH." in Berlin-Johannisthal für Schulungszwecke und die Teilnahme an Flugwettbewerben hergestellt. Mit dieser Tochtergesellschaft versuchte Gustav Otto in Preußen Fuß zu fassen. Johannisthal war damals der bedeutendste deutsche Flugplatz und ein Zentrum des internationalen Motorfluges. Er unterlag demzufolge auch der ständigen Aufmerksamkeit der preußischen Heeresverwaltung.

Der zweisitzige Gitterrumpf-Doppeldecker wurde von den Otto-Flugzeugwerken im Jahre 1912 für die bayerische Fliegertruppe hergestellt.

Mit dem Doppeldecker der Ago-Werke wurden bemerkenswerte Wettbewerbserfolge erzielt. So gewann Ellery v. Gorrissen in der Frühjahrsflugwoche des Jahres 1912 in Johannisthal den „Kaiserpreis“ im Höhenflug, als er mit einem Passagier an Bord 880 m hoch stieg. Zwar erreichte Wsewolod Abramowitsch in diesem Wettbewerb mit einem Wright-Doppeldecker eine bedeutend größere Höhe, nämlich rund 2000 m, doch war der genannte Preis deutschen Reichsangehörigen vorbehalten – und Abramowitsch, einer der bekanntesten und erfolgreichsten Johannisthaler Flieger, war Russe.
Im Herbst des gleichen Jahres belegte dann der Werkflieger Anton Baierlein mit dem Otto-Doppeldecker beim Wettflug „Rund um Berlin“ den zweiten Platz. Mit dem gleichen Ergebnis hatte Baierlein bereits im Sommer den „Nordmarkenflug“ beendet, einen Zuverlässigkeitsflug, der von Kiel ausging. Und bei den Hamburger Flugwettbewerben am 8. und 9. Juni 1912 siegte Otto E. Lindpaintner mit dem Otto-Flugzeug in drei von sechs Wettbewerbskategorien; er gewann damit fast die Hälfte der insgesamt zur Verfügung stehenden Preisgelder. Im Oktober schließlich belegten Baierlein und Lindpaintner beim „Süddeutschen Flug“, der in vier Etappen von Mannheim nach München führte, hinter dem Sieger Hellmuth Hirth den zweiten bzw. dritten Platz unter den Zivilfliegern.
Die Leistungen, die mit Doppeldeckern aus den Werkstätten Gustav Ottos bei Vergleichswettbewerben erreicht worden sind, erlauben die Feststellung, daß diese im Jahre 1912 zu den erfolgreichsten deutschen Flugzeugmustern gehorten.

ZUM BEGINN DES JAHRES 1913 GAB DIE BAYERISCHE Heeresverwaltung 40 weitere Militär-Doppeldecker bei den Otto-Flugzeugwerken in Auftrag. Und es blieb auch diesmal beim offenen Gitterrumpf-Flugzeug mit hinten liegendem Motor und Druckschraube. Doch hatte Gabriel Letsch, inzwischen Chefkonstrukteur, verschiedene Verbesserungen vorgenommen. Am auffallendsten war die Bootsverkleidung der Sitze für zwei bis drei Personen vorn am Bug. Im ersten Dreisitzer dieser Art unternahm Gustav Otto mit seiner jungen Ehefrau am 21. Dezember 1913 seinen Hochzeitsflug mit Anton Baierlein am Steuer.

Flugvorbereitung im Jahre 1913

„Zuerst kontrolliert man sorgfältig alle Verspannungen, insbesondere diejenigen der Flügel, nebst ihren Befestigungslaschen und Spannschlössern, und ob letztere genügend gesichert sind. Weiterhin untersucht man genau die Steuerdrähte, besonders die Ösen, ob sie sich nicht durchgescheuert haben; dann kommen die Scharniere der Steuerflächen an die Reihe, sowie die der Klappen. Bei Maschinen, die zur Montage zerlegbare Tragflächen besitzen, worunter auch die Ansatzflächen der oberen Decks der Doppeldecker zu verstehen sind, kontrolliere man vor jedem Fluge ihre ordnungsmäßige Befestigung. Sämtliche Verbindungsbolzen der Flächen, der Verspannung und des Fahrgestelles sind auf ihr genügendes Festsitzen und ihre Versplintung hin zu prüfen. Der Propeller wird auf etwaige Schäden untersucht, und ob die Nabe und ihre Sicherungen nicht locker sind. Weiter kontrolliere man die Motorenanlage, ob alle Verschraubungen fest sitzen und keine Leitungsrohre schadhaft sind, oder Zündkabel aus den Klemmen gerutscht sind; ferner, ob Magnet, Wasser- und Ölpumpe, sofern letztere nicht mit dem Motor ein festes Ganzes bildet, nicht lose sind.
Nun erst besteige man das Flugzeug; hier überzeuge man sich, daß im Innern des Rumpfes und auf den Tragflächen kein Werkzeug oder Draht liegen geblieben ist. Man vergewissere sich ferner, ob genügend Wasser, Benzin und Öl vorhanden ist. Nun probiert man die Beweglichkeit der Steuer vom Führersitz aus, ferner das Funktionieren der Gas- und Zündverstellung. Die Einrichtung zur selbsttätigen Rückbetätigung der Gasdrossel soll so sein, daß sie beim Reißen des Zuges die Drossel aufzieht; zum Abstellen des Motors genügt dann immer noch das Wegnehmen der Zündung.
Nun lasse man auf der Stelle den Motor laufen, indem man das Flugzeug durch Vorlegen eines Balkens am Fortrollen hindert, und überzeuge sich, ob der Motor seine volle Tourenzahl erreicht. Häufig vorkommende kleine Übel sind Verstopftsein der Vergaserdüse oder Verrußen der Zündkerzen, diese sind durch Herausnehmen dieser Teile und entsprechende Reinigung schnell behoben.
Nachdem nun alles ordnungsgemäß befunden ist, kann der Start vor sich gehen.“

(Erblich, H.: Fliegerschule. – Berlin, 1914, S. 98 f.)

Der Militär-Doppeldecker Typ 1913 erreichte – mit der von der Heeresverwaltung vorgeschriebenen Belastung und mit Betriebsstoff für fünf Stunden Flugzeit – eine Steigfähigkeit von 1100 m in acht Minuten. Er kam mit 80 bis 90 m Anlauf beim Start sowie mit 50 bis 60 m Auslauf bei der Landung aus. Mit dem 100-PS-

Daimler-Motor, der von nun an als der Standardmotor der preußischen wie der bayerischen Fliegertruppe galt, erreichte der Otto-Doppeldecker Fluggeschwindigkeiten von 100 km/h. Das waren ganz beachtliche Leistungen, doch zeigte sich im Laufe des Jahres 1913 bei Flugwettbewerben, daß diese Konstruktion mit den Rumpfdoppeldeckern anderer Firmen nicht mithielt und die Wettbewerbserfolge des Vorjahres nicht wiederholt werden konnten.

Die Haupttragzelle dieses Flugzeuges war bereits vollständig aus einem Stahlrohrrahmen hergestellt. Bemerkenswert war die Konstruktion des Stahlrohr-Bugbootes, das mit einem Schutzkiel versehen war, der den Bug zurückfedern ließ, wenn die Maschine bei der Landung kopflastig aufsetzte. Vorher hatten Mittelkufen und ein kleines Bugrad weitaus weniger Sicherheit bei der Landung bewirkt.

Auch die Schwanzgitterträger waren aus Stahlrohr hergestellt, und zwar mit Wandungen in der Propellerbahn, die gegen eventuell absplitternde Propellerstücke schützen. Es waren nicht mehr vier Gitterträger, die in gerader Linie nach hinten verliefen, sondern drei. Sie bildeten einen dreieckigen Gitterrumpfquerschnitt. Das Leitwerk bestand jetzt aus einfachem Höhen- und Seitensteuer und war leicht abnehmbar. Darunter saß ein federnder Stahlsporn. Die unteren Tragflächen hatten eine leichte V-Stellung zur Erhöhung der Stabilität um die Längsachse. Das Fahrwerk war zwar verstärkt, aber im Aufbau vereinfacht worden.

Der Otto-Doppeldecker ist im Jahre 1913 in drei verschiedenen Größen gebaut worden, auch in den „Pfalz-Flugzeugwerken GmbH." im damals bayerischen Speyer, einer im Juli 1913 gegründeten weiteren Tochtergesellschaft der Otto-Werke. Die Spannweiten der drei Muster betrugen jeweils 14,8 m, 13,5 m und 12,5 m. Auffallend war die geringe Flügeltiefe von nur 1,8 m. Es blieb das Standardflugzeug der bayerischen Fliegertruppe bis zum Sommer 1914, war zuletzt aber nur noch als Schulflugzeug eingesetzt. Die Heeresverwaltung in München entschloß sich schon gegen Ende des Jahres 1913, zwölf Rumpfdoppeldecker der „Luft-Verkehrs-Gesellschaft A.G." (LVG) in Berlin zu bestellen, von denen sechs in Lizenz von den Otto-Werken gebaut wurden. Einen eigenen Rumpfdoppeldecker konnte Gustav Otto erst im Juni 1914 vorweisen – zu spät, um damit noch konkurrenzfähig zu sein.

Eine Weiterentwicklung des Otto-Doppeldeckers mit verkleidetem Bug und modernisiertem Leitwerk aus dem Jahre 1913.

DIE IM JAHRE 1910 GEGRÜNDETE „AVIATIK GMBH.“, AB dem Jahre 1911 „Automobil & Aviatik A.G.“ in Mülhausen (heute Mulhouse) im Elsaß, errang die ersten großen Wettbewerbserfolge mit Doppeldeckern. Mit der Kopie eines Farman-Zweideckers beherrschte der Flieger Emil Jeannin noch im Jahre 1910 die gesamte Konkurrenz. Er gewann im Mai des Jahres in Johannisthal den Dauerpreis in Höhe von 10 000 Mark für die Aviatik-Werke, siegte auch in der nachfolgenden Flugwoche im August 1910 mit der längsten Gesamtflugzeit und wurde bei der dritten Flugwoche des Jahres, im Oktober in Johannisthal, Zweiter in der Gesamtwertung. Im August 1910 siegte er beim Überlandflug von Frankfurt a. M. nach Mannheim, und im September 1910 gewann er den Überlandflug Trier–Metz, wobei er mit zwei Stunden und 24 Minuten auch einen neuen Dauerrekord mit Passagier flog.

Im Mai des Jahres 1911 nahm Emil Jeannin mit einem Aviatik-Farman-Doppeldecker außer Konkurrenz am Zuverlässigkeitsflug am Oberrhein teil, durchflog als einziger neben dem Sieger Hellmuth Hirth alle sieben Etappen und gewann 20 000 Mark Sonderprämien. Nach ihm war der Pilot Bruno Büchner mit dem gleichen Typ für die Aviatik-Werke mehrmals erfolgreich, und in den ersten Tagen des Jahres 1913 flog dann Arthur Faller mit einer verbesserten Version, bei der das Höhensteuer nach hinten verlegt und der Bug verkleidet worden war, drei Weltrekorde mit vier, fünf und sieben Passagieren. Auch bei diesem Typ lag die Luftschraube noch hinter den Tragflächen.

Daneben stellten die Aviatik-Werke aber auch schon leistungsstarke Rumpfdoppeldecker mit Zugpropeller her. Der erste Rumpfdoppeldecker hatte drei Streben und war recht groß geraten. Aus ihm ging im Jahre 1913 ein zweisitziger Schuldoppeldecker hervor, der leicht gepfeilte Tragflächen aufwies und bereits mit dem 100-PS-Daimler-Motor ausgerüstet war. Sein oberes Tragdeck hatte 14,5 m, das untere 10,8 m Spannweite. Der Tragflächeninhalt betrug 45 m^2. Die unteren Flächen wiesen eine V-Stellung auf. Die Verbindung zum oberen Deck wurde durch zwei Parallelstiele und zwei schräge Hilfsstiele hergestellt.

Einer der ersten modernen Rumpfdoppeldecker mit Bugmotor und Zugpropeller aus deutscher Produktion: das gepfeilte Schulflugzeug der Aviatik-Werke aus dem Jahre 1913.

Dieser Pfeildoppeldecker trug die Typenbezeichnung „P 14“. In zeitgenössischen Berichten wurde an ihm gerühmt, daß alle Einzelteile sehr sorgfältig durchkonstruiert seien. Die Verspannung bestand aus gespleißten Stahlkabeln, die größere Sicherheit gewährleisteten als die nur mit Drahtseilklemmen gesicherten Kabelstränge.
Der schlanke Rumpf war bis zum hinteren Führersitz mit Blech verkleidet. Die seitlichen Stoffbahnen dahinter waren geschnürt, damit erforderlichenfalls schnell an das innere Gestänge und an die Steuerkabel heranzukommen war. Die Bespannung bestand nicht mehr aus dem bisher noch weitgehend verwendeten gummierten Baumwollstoff, sondern aus emaillierten Stoffbahnen. Durch die Imprägnierung mit dem sogenannten Emaillit wurde der Bespannstoff windschlüpfig geglättet, wasserundurchlässig und recht wetterbeständig. Der Emaillitbezug war auch gegen Ölspritzer und Benzin weniger empfindlich als jeder Kautschukstoff.
Zur Kühlung des Motors waren zu beiden Seiten des Rumpfes in leicht zugänglicher Weise zwei Kühler montiert, deren Zu- und Ableitungen während des Fluges kontrolliert werden konnten. Neben dem Zweiradfahrgestell waren auch alle Steuerflächen aus autogen geschweißtem Stahlrohrrahmen hergestellt – die Klappen für die Quersteuerung ebenso wie die halbkreisförmigen Höhenruder und das abgerundete Seitenruder.

Preisliste früher Doppeldecker in Deutschland

System	Fabrikant	Motor	Preis Mk
Wright	Flugmaschine Wright G.m.b.H., Berlin-Reinickendorf	N.A.G., Argus oder Körting	22 000
Farman	Albatros G.m.b.H., Berlin-Johannisthal	Argus Gnôme	15 000 22 000
Farman	Aviatik G.m.b.H., Mülhausen i.E.	Argus	15 000
Roger-Sommer	Albatros G.m.b.H., Berlin-Johannisthal	Argus Gnôme	15 000 22 500
Dr. Huth	Flugmaschinen- u. Motoren G.m.b.H., Johannisthal-Flugplatz	Huth	15 000
Farman	Rumpler, Berlin	Rumpler	15 000

(Nach Vorreiter, A.: Jahrbuch über die Fortschritte auf allen Gebieten der Luftschiffahrt 1911. – Berlin–München 1910, S. 165)

DER PFEILDOPPELDECKER „P 15“ DER AVIATIK-WERKE war das verbesserte und etwas kleinere Nachfolgemodell des Typs „P 14“: mit nur 12,5 m Spannweite und ohne Hilfsstiele verfügte er aber über eine wesentlich größere Nutzmasse. Der Werkflieger Viktor Stoeffler flog damit am 26. August 1913 mit zwei Zwischenlandungen an einem Tage von Mülhausen (heute Mulhouse) 1200 km weit. Am 16. September des gleichen Jahres kam er mit dem selben Flugzeug in nur acht Stunden Flugzeit und ohne Zwischenlandung von Mülhausen bis in die Nähe von Warschau. Nur einen Monat später, am 14. Oktober, krönte Stoeffler seine Leistungen mit einem Flug über 2000 km innerhalb von 24 Stunden und gewann damit einen 100 000-Mark-Preis für die Aviatik-Werke.
Der Aviatik-Doppeldecker war für die Rekordflüge speziell ausgerüstet worden, wozu auch der Einbau zusätzlicher Kraftstoffbehälter gehörte. Mit dem gleichen Flugzeugmuster legte im Februar 1914 der Aviatik-Pilot Karl Ingold 1600 km ohne Zwischenlandung in 16 Stunden und 20 Minuten zurück. Als er frühmorgens auf dem Werkflugplatz Habsheim bei Mülhausen startete, hatte er 600 l Benzin und 55 l Öl gefaßt. Das Flugzeug glich beim Start einem auffliegenden Kraftstofftank.
Einen weiteren spektakulären Alleinflug mit dem Doppeldecker „P 15“ vollbrachte wiederum Viktor Stoeffler. Er startete in der ersten Stunde des 14. Oktober 1913 in Johannisthal und schrieb später dazu: „Dienstag um Mitternacht steht die Aviatik-Maschine startbereit. Benzin habe ich 445 Liter an Bord, der Motor ist gründlich im Schuß, Karten, Instrumente sorgfältig revidiert. Ich fühle mich äußerst gut aufgelegt und bin gewillt, das Letzte an das Gelingen dieses Fluges zu setzen. Es kann nichts fehl gehen diesmal. Ich will.“
Er fliegt, in dickes Wollzeug gehüllt, nach Osten und erreicht nach zwei Stunden die Stadt Posen (heute Poznań). Eigentlich hatte er den dortigen Flugplatz nur als Wendepunkt überfliegen wollen, doch die Kälte zwingt ihn zu landen und sich aufzuwärmen. Nach knapp halbstündiger Pause geht der Flug zurück nach Berlin. Ein Lichtermeer am Horizont zeigt bereits die Hauptstadt an, als der Motor zu stottern, d. h. unregelmäßig zu arbeiten beginnt: „Ich finde einen passenden Landungsplatz und

ebenso schnell auch den ‚Krankheitsherd' meines Motors. Ein unwesentlicher Magnetdefekt. Der Schaden ist rasch geheilt. Und froh steuere ich Johannisthal zu, wo ich kurz nach 6 Uhr meinen Freunden die Hand schütteln kann."

Weiter geht der Flug dann in südwestlicher Richtung. STOEFFLER überfliegt Halle und den Thüringer Wald. Bei Würzburg überquert er den Main. Über Stuttgart fängt er ein paar Glockenschläge des Mittagsgeläutes auf. Der Schwarzwald ist zu überfliegen, dann leuchtet der Rhein als silbriges Band auf, und am Horizont erscheint Mülhausen. Er ist zu Hause: „Es gibt allerlei zu erzählen. Aber ich bin nicht recht dazu aufgelegt. 2000 Kilometer will ich schaffen. Ich dränge, würge hastig mein Essen herunter, ein Schuß Kognak, damit die Lebensgeister wieder ‚auf Touren' kommen. Dann geht es weiter."

Die nächste Etappe führt über Straßburg (heute Strasbourg) und Karlsruhe nach Darmstadt. Nur wenige Minuten Aufenthalt auf dem Flugplatz Griesheim, dann geht es nach Mülhausen zurück, nun schon in die beginnende Nacht hinein. STOEFFLER landet diesmal nicht in Habsheim, sondern begnügt sich mit einem verabredeten Lichtsignal. Nun wissen sie unten, daß der Rekordflug weitergeht. Wieder nimmt er Kurs auf Darmstadt: „Ich habe dieses Mal eine schwere Fahrt. Aus den Vogesentälern kommen böse Winde, die mich ungestüm hin- und herwerfen, und immer mehr verhängt sich der Himmel. Mechanisch gebrauche ich die Steuerung. Die Beine sind ziemlich gefühllos und reagieren nur mit Mühe."

Auch der Platz Darmstadt-Griesheim wird diesmal nur überflogen, dann geht es auf schnellstem Wege nach Mülhausen zurück. Minuten vor Mitternacht landet STOEFFLER in Schlettstadt zur Kontrolle, jagt dann weiter. Und endlich leuchten die Benzinfeuer des Habsheimer Platzes auf. Aus 1500 m Höhe setzt er zum Gleitflug an. Der Rekordversuch ist gelungen. Als Gesamtflugstrecke wurden, auf 24 Stunden bezogen, 2078 km anerkannt.

Es war ein „Gewaltritt" durch die Lüfte gewesen. Streckenflüge mit immer größeren Weiten und von zunehmender Dauer galten spätestens seit dem Jahre 1913 in mehreren Ländern, daher auch in Deutschland, als Gradmesser für die Zuverlässigkeit der Flugtechnik und das Leistungsvermögen der Flieger. Die „tollkühnen Männer in ihren fliegenden Kisten" – um die durchaus treffende Bezeichnung eines Filmtitels zu gebrauchen – vollbrachten Flugleistungen unter den für sie schwierigsten technischen, meteorologischen und navigatorischen Bedingungen, dabei in den offenen Sitzen Wind und Wetter ausgesetzt, bei jedem Flug ganz auf sich allein gestellt. Wie sie solche Flugbedingungen meisterten, war schon damals in des Wortes bestem Sinne bewundernswert.

Mit Aviatik-Doppeldeckern sind mehrere Rekordflüge ausgeführt worden: VIKTOR STOEFFLER (links im Bild) bewältigte im Oktober 1913 in 24 Stunden mit Zwischenlandungen mehr als 2000 km Flugstrecke.

XI. Rekordflug-Doppeldecker

Die Entwicklung der Flugtechnik vollzog sich in so hohem Tempo, daß es manchem Zeitgenossen den Atem verschlug. Zwar spielte sich das hauptsächliche Geschehen an nur wenigen Orten ab – aber doch unter den Augen der Öffentlichkeit. Die meisten Rekordflüge fanden bei Flugwettbewerben vor Zehntausenden von Zuschauern statt. Die Tageszeitungen räumten der Berichterstattung darüber breiten Raum ein und beschrieben bei solchen Gelegenheiten regelmäßig aussichtsreiche neue Flugzeugmuster. Auf dem Flugplatz Johannisthal gab es darüber hinaus in jedem Vierteljahr ein neues informatives und reich bebildertes Flugplatzheft zu kaufen. Auch die Bildpostkarten mit den Porträts prominenter Flieger sowie Abbildungen von Flugmaschinen fanden reißend Absatz und trugen zur Popularisierung des Motorfluges bei.

Die großen Fortschritte waren sowohl in der fliegerischen wie in der technischen Entwicklung festzustellen. Es hatte allmählich die Qualität der fliegerischen Ausbildung zugenommen, und mit zunehmender Flugpraxis wuchs die Erfahrung. Die Konstrukteure ihrerseits lernten mit neuen Baustoffen umzugehen und aerodynamische Gesichtspunkte wirkungsvoller zu berücksichtigen. Sie profitierten allmählich von den Erkenntnissen wissenschaftlicher Institute und Forschungsanstalten. In den Flugzeugfabriken war ein Stamm von Facharbeitern herangewachsen, der sich nicht nur in der Bearbeitung von Holz und Metall auskannte, sondern zunehmend auch mit dem Reihen- und Serienbau vertraut wurde.

Das Ausmaß der Leistungssteigerung des Flugwesens im Jahrfünft von 1908 bis 1912 läßt sich in wenigen Zahlen verdeutlichen: Das Jahr 1908 endete mit einem Rekord im Einzelhöhenflug von 115 m; am Ende des Jahres 1912 stand dieser Rekord bei 5800 m Höhe. Ähnlich war es mit dem Dauerflug. Hier betrug im Jahre 1908 die Höchstleistung zwei Stunden und 20 Minuten, fünf Jahre später 13 Stunden und 17 Minuten. Mit der Flugdauer stiegen auch die zurückgelegten Flugstrecken ohne Zwischenlandung; im angegebenen Zeitraum von 124,7 auf 1010,9 km.

Sehr bald wurde deutlich, daß es sich beim Motorflug durchaus nicht mehr nur um einen „Schönwettersport" handelte. Auf dem Flugplatz Johannisthal, wo von Anfang an über alle Flugbewegungen Buch geführt wurde, ist im Jahre 1911 bereits an 289 Tagen, im Jahr darauf an 317 Tagen und im Jahre 1913 an 336 Tagen geflogen worden, zuletzt also an mehr als 90 Prozent aller Tage des Jahres. Im Jahre 1914 fanden an den 28 Tagen des Monats Februar 6046 Flüge in Johannisthal statt, was durchschnittlich 216 Starts und Landungen an einem Tage entsprach!

Die Piloten hatten gelernt, auch bei Dunkelheit und selbst bei stürmischem Wetter zu fliegen. In diesem Zusammenhang ist zu erwähnen, daß der junge Pilot Bruno Hanuschke aus Berlin mit einem selbstkonstruierten Eindecker schon am 1. Oktober 1912 in Johannisthal aufgestiegen ist, als der Windmesser am Platz eine Windgeschwindigkeit von 25 m/s anzeigte. Man zählte Hanuschke fortan zu den „Sturmfliegern".

Der konstruktive Grundaufbau der Flugmaschine war bis zum Jahre 1914 im wesentlichen abgeschlossen. Die Zeit des suchenden Bastelns und Probierens war vorbei, fast alle Eindecker und Doppeldecker waren jetzt Rumpfflugzeuge mit vorn liegendem Motor und aufgesetzter hölzerner Luftschraube. Das Leitwerk war durchweg nach hinten gerückt, und alle Steuerflächen waren drehbar an Scharnieren befestigt. Auch die Steuerung durch Verwindung der Tragflächen hatte sich überlebt.

Erzielte Flugweltrekorde waren schon damals mit nationalem Prestige verbunden. Sie galten, wenn sie von der im Jahre 1905 gegründeten „Fédération Aéronautique Internationale" (FAI) anerkannt waren, und wurden bis zum Jahre 1912 in erster Linie von französischen Fliegern und Flugzeugen gehalten. Übersteigerter Nationalismus löste fortan in Deutschland verstärkte Anstrengungen aus, auf diesem Gebiet „aufzuholen" und sich wie in der Luftschiffahrt auch im Flugwesen eine Vormachtstellung zu sichern. Ein Ausdruck dieser Forcierung war die breit angelegte „National-Flugspende" des Jahres 1912 mit deutlicher militärischer Zielsetzung. Der Einfallsreichtum der Konstrukteure sowie die Risikobereitschaft der Piloten wurden finanziell stimuliert. Bis zur Mitte des Jahres 1914 befanden sich vorerst alle Flugweltrekorde mit Ausnahme des Geschwindigkeitsrekordes in deutscher Hand.

DER DREISTIELIGE PFEILDOPPELDECKER DER „LUFT-Fahrzeug-Gesellschaft mbH." (LFG) ist innerhalb weniger Monate entwickelt worden und war mit großen Erwartungen der Firma verbunden. Sein oberes Tragdeck war taubenflügelähnlich ausgebildet und überragte das untere Tragdeck beträchtlich. Bei 13 m Spannweite betrug der Tragflächeninhalt 42 m^2. Als Motor fand von Anfang an der neue 100-PS-Sechszylinder von Daimler Verwendung.

Über die Zielstellung des LFG-Flugzeugbaus hieß es im Firmenprospekt vom Frühjahr 1914 recht unverblümt: „Bei Beginn des Jahres 1913 nahm die Luft-Fahrzeug-Gesellschaft die Herstellung von Flugzeugen nach den Wünschen der Preußischen Heeresverwaltung auf. Von Anbeginn wurde das Ziel verfolgt, für die Konstruktion ausschließlich Stahl zu verwenden. Die Verarbeitung dieses Materials ist allerdings schwieriger und kostspieliger als die von Holz, dafür besitzen aber stählerne Flugzeuge eine ganz erheblich größere Widerstandsfähigkeit gegen Beschädigungen; vor allem sind sie vollständig unempfindlich gegen Witterungseinflüsse. Diese Tatsache war ausschlaggebend, denn unsere Maschinen sollten nicht nur in Europa verwendbar sein, sondern in gleicher Weise auch in Überseeländern, insbesondere in den deutschen Kolonien." Tatsächlich ist noch im Jahre 1913 ein „Roland"-Pfeildoppeldecker in die damalige Kolonie Deutsch-Südwest-Afrika verschifft worden und hat dort zahlreiche Überlandflüge ausgeführt.

Die LFG hatte die Hallen der in Liquidation gegangenen deutschen Wright-Gesellschaft am Flugplatz Johannisthal für ihren Flugzeugbau übernommen. Einen „Ansporn zu weiterer reger Tätigkeit" erhielt sie nach eigener Aussage durch die „National-Flugspende", wozu auch die Einrichtung einer Flugschule gehörte.

Die stark pfeilförmig gestellten Flächen des Doppeldeckers lagen senkrecht übereinander, die oberen Flächen konnten in der Mittelachse des Rumpfes auseinandergenommen werden. Die unteren Tragflächen hatten eine V-Stellung. Im rechteckigen Rumpf

Der stark gepfeilte LFG-Doppeldecker gehörte zu den auffälligsten Flugzeugen der Wettbewerbe des Jahres 1913.

war der Sitz des Beobachters vorn, unmittelbar hinter dem Motor, angeordnet, dann folgte ein fest eingebauter Tank, dessen Inhalt für fünf Stunden Flugzeit ausreichte, und erst dahinter der Pilotensitz. Das Flugzeug verfügte über die übliche Militärsteuerung; das Leitwerk bestand aus Dämpfungsflächen und den in Scharnieren beweglichen Rudern.
Am Instrumentenbrett im Führersitz waren als Standardausstattung die folgenden Instrumente angebracht: elektromagnetischer Anlasser, Motor-Tourenwähler, Manometer für die Anzeige des Drucks im Benzintank, Uhr und Thermometer. Auf Wunsch wurden zusätzlich Barometer und Kompaß eingebaut.
Über die Zerlegbarkeit der „Roland"-Flugzeuge hieß es im LFG-Firmenprospekt: „Die ‚Roland'-Flugzeuge lassen sich innerhalb weniger Stunden für den Transport zerlegen und ebenfalls in kürzester Zeit aufstiegbereit zusammensetzen. Ein Ausrichten der Flächen ist im allgemeinen nicht erforderlich, da die Spannschlösser, welche die Lage der Drahtseile bestimmen, für die Demontage nicht gelöst zu werden brauchen. Die Größe der einzelnen Bestandteile ist so bemessen, daß ‚Roland'-Flugzeuge mit der Eisenbahn befördert werden können."
In den Akten der „National-Flugspende" im Staatsarchiv Potsdam fand sich unlängst die Vereinbarung der „Luft-Fahrzeug-Gesellschaft" vom 22. November 13 mit dem Piloten Paul Oppermann, die in mehrfacher Hinsicht bemerkenswert ist und deshalb im Wortlaut hier wiedergegeben werden soll:
„Nachdem von Ihnen erklärt worden ist, daß Sie auf einem Harlan-Eindecker die erste Flugführer-Prüfung bestanden haben, sind wir bereit, Sie unentgeltlich bis zum Bestehen der zweiten Flugführer-Prüfung (Feldpilotenprüfung) auszubilden, vorausgesetzt, daß die ‚National-Flugspende' – wie sie uns mündlich zusagte – M 3000,– dafür zahlt. Auch für Sie gilt sinngemäß der Vertrag der ‚National-Flugspende' und die Ausführungsbestimmungen dazu. Haben Sie auf diese Weise Ihre zweite Flugführer-Prüfung bei uns bestanden, ohne erheblichen Bruchschaden zu verursachen, so stellen wir Ihnen unsere 100-PS-Mercedes-Pfeiltaube zu einem Dauerflug um die Prämien der ‚National-Flugspende' zur Verfügung. Von diesen Prämien erhalten Sie den vollen Betrag von M 1000,– für die zweite Stunde; 75 % – M 750,– für die dritte Stunde und 60 % für alle weiteren Stunden von der vierten ab. Verursachen Sie während Ihrer Flugtätigkeit auf unseren Apparaten Bruchschäden, so sind wir berechtigt, die dadurch entstehenden Kosten von Ihren eben erwähnten Prämienanteilen, jedoch nicht mehr als 20 % von diesen, in Abzug zu bringen."
Das war, verglichen mit dem Vorgehen anderer Flugzeugfabrikanten, noch eine relativ kulante Vereinbarung, denn andere Flieger haben zumeist geringere Anteile von erflogenen Preisen erhalten.

VON EINEM REKORDFLUG MIT DEM „MARS-PFEIL-doppeldecker" der „Deutschen Flugzeugwerke" (DFW), der in keiner offiziellen Statistik zu finden, aber dennoch sehr beachtenswert ist, berichtete Ende November des Jahres 1912 die „Deutsche Luftfahrer-Zeitschrift". Verfasser des Berichtes war der Fachschriftsteller Eduard v. Pustau, der den Flieger Heinrich Bier als Passagier auf diesem Flug begleitet hatte. Er schrieb:
„Oberleutnant Bier von den Deutschen Flugzeugwerken Leipzig-Lindenthal hat dem sensationellen Fluge, mit dem er Anfang Juni d. J. seinen ‚Mars-Eindecker' mit Leutnant v. Freyberg als Passagier in nur 1 Stunde 20 Minuten von Leipzig nach Johannisthal überführte, ein zweites Bravourstück mit dem neuen ‚Mars-Pfeil-Zweidecker' folgen lassen. Am 11. d. M. flog er mit dem Unterzeichneten als Passagier mit dem Apparat, der erst drei Tage vorher die Werkstatt verlassen, von Leipzig nach Döberitz – 142 km – in 1 Std. 42 Min., indem er bei einer Maximalhöhe von 2300 m die Durchschnittshöhe von 2000 m während des Fluges einhielt. Der Doppeldecker hatte außer den beiden Fahrern auch deren Reisegepäck und 160 kg Benzin und Öl mitgenommen. Mit dieser Nutzlast erreichte er in 40 Sekunden 100 m, in 4½ Minuten 500 m. Dann wurde der Aufstieg unterbrochen, bis der richtige Kurs nach Norden eingeschlagen war, trotzdem waren noch nicht 11 Minuten verflossen, als unsere Höhenmesser 1000 m anzeigten.
Auch der weitere Aufstieg vollzog sich mit der größten Leichtigkeit, bis wir auf 2300 m angekommen waren. Noch höher zu steigen hatte keinen Sinn, weil die Skala der mitgenommenen Höhenmesser nicht weiter reichte."
Daß eine so großartige Leistung mit dem Prototyp eines neuen Flugzeugmusters erzielt wurde, war in der Tat ungewöhnlich. Das erste Flugzeug eines neuen Typs diente in erster Linie der Erprobung. Es waren in der Regel nach Versuchsflügen noch zahlreiche Änderungen vorzunehmen oder Verbesserungen anzubringen, bevor das Flugzeug in den Reihenbau ging oder gar schon in einer Serie aufgelegt wurde. Mit den Serienmaschinen ließen sich damals kaum Rekorde fliegen, die dem Renommee des Flugzeugführers und der Fabrik dienten oder vielleicht mit nationalem Prestige verbunden waren. Deshalb wurden häufig

Flugzeuge für solche Vorhaben speziell konstruiert oder zumindest hergerichtet. Ein Beispiel dafür boten die DFW mit ihrem Renndoppeldecker im Jahre 1914, mit dem der Pilot Max Schüler überlegen den Dreieckflug Berlin–Leipzig–Dresden–Berlin gewann.
Der Dreieckflug wurde am 30. Mai 1914 in Johannisthal gestartet und endete nach sechs Tagen am gleichen Ort. Es war der letzte bedeutende Flugwettbewerb vor dem Kriege. Max Schüler ging mit dem DFW-Doppeldecker, der mit dem neuen 150-PS-Benz-Motor flog, schon auf der ersten Etappe von Johannisthal über Leipzig nach Dresden in Führung. Er gab danach die Spitzenposition nicht mehr ab und legte die 1107 km lange Gesamtstrecke mit ihren Etappen in acht Stunden und 57 Minuten zurück. Am Ende hatte er mehr als eine Stunde Vorsprung vor Karl Krieger, der mit seinem Eigenbau-Eindecker mit 100-PS-Argus-Motor angetreten war.
Dieser Dreieckflug war übrigens ein herausragendes Ereignis in der deutschen Motorfluggeschichte, denn erstmals waren die Städte Berlin, Leipzig und Dresden eine Woche lang durch stabilen, zeitlich geplanten und unfallfreien Flugverkehr miteinander verbunden. Das war nicht nur neu, sondern es eröffnete auch eine zukunftsträchtige Perspektive für den städteverbindenden Linienflugverkehr. Dazu wurden sogleich Ideen entwickelt und Pläne entworfen, die aber schon wenige Monate später, bei Kriegsbeginn, aufgegeben werden mußten.

DIE „ALBATROS-WERKE", AM 29. DEZEMBER 1909 IN Berlin von Dr. Walter Huth und dem Ingenieur Otto Wiener gegründet, hatten schon im Jahre 1910 in Johannisthal mit dem Nachbau französischer Flugmaschinen begonnen. Zwei Jahre später kam die erste Eigenkonstruktion auf dem Gebiete des Doppeldeckerbaus zustande: der Militär-Zweidecker „MZ 1", die sogenannte „Doppeltaube" mit vorn liegendem Motor.
Die „Doppeltaube" war einer der ersten Rumpfdoppeldecker und flog mit dem 4-Zylinder-Argus-Motor von 100 PS Leistung. Auf der „Allgemeinen Luftfahrzeug-Ausstellung" (ALA) im Frühjahr 1912 wurde sie mit zwei großen Azetylengas-Scheinwerfern zwischen den Flügeln für Nachtstarts gezeigt. Sie war verhältnis-

Der Mars-Doppeldecker der Leipziger DFW: eines der letzten gepfeilten Motorflugzeuge des Jahres 1913.

mäßig leicht gebaut, die Leermasse betrug nur 480 kg. Die Tragflächen hatten die für „Tauben“ typische Zanoniaform, und die Steuerung erfolgte noch durch Verwindung der Tragflächen wie auch der Steuerflächen am Schwanzleitwerk.

Fortan nahm der Bau von Doppeldeckern in den „Albatros-Werken“ einen relativ breiten Raum ein. Experimentiert wurde vor allem mit Spannweiten, Tragflächenformen, Steuerungen und Motoren. Etliche dieser Flugzeuge wurden an die preußische Fliegertruppe geliefert und für Schulungszwecke verwendet.

Während der Herbstflugwoche 1913 in Johannisthal war ein Albatros-Doppeldecker durch ausgezeichnete Flugeigenschaften und seine große Tragfähigkeit aufgefallen. Robert Thelen gewann damit die Einzelwettbewerbe um den kürzesten Anlauf, die größte Steigfähigkeit sowie die größte Belastung. Der Flieger Ernst Stoeffler, Bruder des Rekordfliegers Viktor Stoeffler, wurde damit Dritter in der Kategorie „Kürzester Anlauf“. Robert Thelen gelang mit diesem Doppeldeckermuster ein Fernflug um einen Preis der „National-Flugspende“, als er in 24 Stunden mit Passagier fast 1400 km zurücklegte – was den „Albatros-Werken“ 40 000 Mark einbrachte.

Noch größere Erfolge wurden mit einem speziell ausgerüsteten Albatros-Doppeldecker im Sommer 1914 erzielt. Der erst 21 Jahre alte Flieger Werner Landmann stellte am 27. Juni einen Weltrekord im Dauerflug mit 21 Stunden und 49 Minuten ununterbrochener Flugzeit auf. Im Alleinflug kreiste Landmann, der erst im April 1914 seine Flugzeugführerberechtigung erworben hatte, unentwegt über dem Flugplatz Johannisthal. Nach Einbruch der Dunkelheit wurden Leuchtfeuer entzündet, um ihm die Orientierung zu erleichtern. In der Morgendämmerung flog er dann zur Abwechslung zwischen Johannisthal und Schulzendorf im Norden Berlins hin und her, blieb dann aber wieder am Johannisthaler Flugplatz, bis auch der letzte Tropfen Benzin verbraucht war. Der Pilot landete im Gleitflug mit stehendem Propeller.

Doch auch sein Rekord hatte nur zwei Wochen lang Bestand, bevor ein anderer Albatros-Pilot, Reinhold Boehm, ihn mit dem gleichen Flugzeug überbot. Boehm flog am 10. und 11. Juli 1914 im Alleinflug 24 Stunden und zehn Minuten. Für diesen Dauerflugrekord war der Doppeldecker mit einem gewaltigen Zusatztank ausgerüstet worden, der 600 l Treibstoff faßte. Boehms Leistung wurde von der FAI als neuer Weltrekord anerkannt.

Ein Johannisthaler Albatros-Doppeldecker; mit diesem Baumuster gelangen in den Jahren 1913/14 mehrere erfolgreiche Rekordflüge.

Eines der ersten Flugzeuge der „Albatros-Werke“ im Jahre 1910: die Kopie des französischen Farman-Doppeldeckers.

DER GRÜNDER DER „ALBATROS-WERKE“, Dr. WALTER HUTH, war selbst kein Flieger und darf nicht mit seinem Namensvetter Dr. FRITZ HUTH aus Berlin verwechselt werden, der Flugzeuge konstruierte, den „Verein Deutscher Flugtechniker“ mitbegründete und schon im Jahre 1909 ein bemerkenswertes Buch mit dem Titel „Luftfahrzeugbau – Die Konstruktion von Luftschiffen und Flugmaschinen“ veröffentlichte. WALTER HUTH war nicht mehr und nicht weniger als ein gewiefter Geschäftsmann, der sich schon im Oktober 1909 dem preußischen Kriegsministerium als Flugzeugfabrikant und Militärlieferant empfahl.
Wie mancher andere Flugzeugfabrikant setzte WALTER HUTH darauf, sofort verwendbare Flugmaschinen, auch für militärische Zwecke, anbieten zu können. In einer Firmenschrift der „Albatros-Werke“ las es sich so: „Infolge ihres Grundsatzes, von erfolgreichen Vorbildern auszugehen, das Gute und Bewährte zu verwenden und durch schrittweises Ändern das Fehlerhafte zu verbessern, war es den Albatros-Werken möglich, mit sofort gebrauchsfähigen Flugzeugen auf den Markt zu kommen und mit ihnen ... recht ansehnliche Leistungen zu erzielen, sowohl hinsichtlich Betriebssicherheit als auch Tragfähigkeit, Flugdauer etc.“
HUTH tat ein übriges und schickte seinen Chauffeur SIMON BRUNNHUBER sowie den jungen Ingenieur EUGEN WIENCZIERS zur Pilotenausbildung nach Frankreich. WIENCZIERS erwarb dann Anfang Mai 1910 in Johannisthal den Flugzeugführerschein des DLV. BRUNNHUBER erhielt ihn im August des gleichen Jahres. Um die preußische Militärverwaltung zu interessieren und sie den „Albatros-Werken“ zu verpflichten, stellte HUTH im Sommer 1910 kostenlos einen Farman-Doppeldecker samt Ausbilder in der Person von BRUNNHUBER für die Ausbildung der ersten Militärpiloten auf dem Truppenübungsplatz Döberitz zur Verfügung. In der Firmenschrift hieß es dazu: „Mit den preußischen Militärbehörden stehen die Albatros-Werke schon seit ihrem Bestehen in Fühlung; wurden doch die ersten deutschen Offiziere durch sie ausgebildet, und auch von den von der Heeresverwaltung bestellten Flugzeugen haben bisher die Albatros-Werke die Mehrzahl geliefert.“
So entwickelten sich die „Albatros-Werke“ in kurzer Zeit zu einem der leistungsfähigsten Betriebe in dem jungen Industriezweig. Die Anzahl der Arbeiter und Angestellten betrug am 15. Oktober 1911 nach HUTHS Angaben bereits 112 Personen. Und: „Die Fabrikation der normalen Typen erfolgt in Serien à 10 Stück. Die Leistungsfähigkeit der Fabrik beträgt derzeit ca. 2 Flugzeuge pro Woche, außer den neuen Versuchstypen. Nach Vollendung der in Ausführung begriffenen Erweiterungsbauten wird die Leistungsfähigkeit auf 4 Flugzeuge pro Woche steigen.“
Die ersten, im Jahre 1910 in Johannisthal gebauten Farman-Kopien trugen die Bezeichnung „F 1“. Sie hatten 10,5 m Spannweite und flogen mit dem französischen 50-PS-Gnôme-Umlaufmotor mit Druckpropeller. Im nächsten Jahr kam die größere „F 2“ mit 14,5 m Spannweite und 56 m^2 Flächeninhalt hinzu, ebenfalls noch mit vornliegendem Höhensteuer und Doppelradfahrgestell mit Landekufen. Außerdem wurde der sehr ähnlich aussehende französische Sommer-Doppeldecker in einigen Exemplaren nachgebaut.
Mit dem Albatros-Farman-Doppeldecker gewannen die „Albatros-Werke“ im Jahre 1911 mehrere bedeutende Flugwettbewerbe. Dieser Doppeldecker „alter Bauweise“ flog inzwischen mit 50- wie mit 70-PS-Motoren der Firmen Gnôme und Daimler; in der Militärausführung mit dem 100-PS-Argus-Motor. Damit

erreichte er eine Geschwindigkeit bis zu 80 km/h. Der Flieger Felix Laitsch siegte damit im Mai 1911 beim „Sachsen-Rundflug“, womit der Gewinn von 35 000 Mark für das Herstellerwerk sowie der Ankauf des Flugzeuges durch das preußische Kriegsministerium verbunden waren.

Der Pilot Alfred Pietschker gewann mit dem gleichen Flugzeugtyp die Herbstflugwoche des Jahres 1911 in Johannisthal mit 13 Stunden und 19 Minuten Gesamtflugzeit an den acht Wettbewerbstagen.

Den größten Erfolg freilich erzielte Benno König auf einem Albatros-Farman-Doppeldecker mit dem Gewinn des „Deutschen Rundfluges“, der im Juni und Juli 1911 von Johannisthal aus über 13 Etappen und 1854 km durch Deutschland führte, und zu dessen Start in den frühen Morgenstunden des 11. Juni der Ort Johannisthal den größten Ansturm aller Zeiten erlebte: Nicht weniger als 600 000 Menschen waren nach übereinstimmenden Schätzungen seit den Nachtstunden nach Johannisthal geströmt, von denen allerdings nur etwa 300 000 wirklich bis auf den Flugplatz vordringen konnten. Benno König bewältigte mit Passagier elf der ausgeschriebenen Etappen. Ihm wurden in der Endabrechnung 1882,5 Flugkilometer zuerkannt. Die „Albatros-Werke“ erhielten dafür Gesamtpreise in Höhe von rund 90 000 Mark.

Welchen Anteil Benno König, der diesen strapazenreichen Sieg errungen hatte, davon erhielt, war bisher nicht feststellbar. Sein Bild und sein Name aber fanden sich wochenlang in den Zeitungen und Zeitschriften. Die „wirklichen Gewinner“ jedenfalls, so schrieben kritische Kommentatoren, waren die Fabrikanten der gutplazierten Flugzeuge.

Der siegreiche Albatros-Farman-Doppeldecker wurde unverzüglich von der preußischen Militärverwaltung angekauft; weitere Aufträge folgten.

DER UNION-PFEILDOPPELDECKER DER „UNION-FLUGzeugwerke“ in Teltow bei Berlin erregte im Herbst 1913 einiges Aufsehen, als Dr. Josef Sablatnig mit diesem Flugzeug bei der Herbstflugwoche in Johannisthal mehrere Höhenweltrekorde mit Passagieren flog.

Schon am ersten Tage der Veranstaltung stieg Sablatnig mit zwei Passagieren 2100 m hoch und verbesserte damit den deutschen Rekord, den bis dahin Viktor Stoeffler gehalten hatte, um 400 m. Zwei Tage später verbesserte er den Höhenweltrekord

Deutsche Flugwettbewerbe des Jahres 1913

Wettbewerb	Datum	Sieger	Kategorie	Flugzeug	Motor
Prinz Heinrich-Flug	10. bis 17. Mai	Ferdinand v. Hiddessen	Gesamtflugdauer	DFW-Eindecker	100-PS-Daimler
Flugwoche Johannisthal	25. Mai bis 1. Juni	Alois Stiploschek	Gesamtpreise	Jeanin-Eindecker	100-PS-Argus
Flugwoche Breslau	8. bis 15. Juni	Viktor Stoeffler	Gesamtpreise	Aviatik-Doppeldecker	100-PS-Argus
Rund um München	14. bis 15. Juni	Hellmuth Hirth	Gesamtpreise	Albatros-Eindecker	100-PS-Daimler
Rundflug Mecklenburg	21. bis 23. Juni	Willy Rosenstein	Gesamtpreise	Gotha-„Taube“	100-PS-Daimler
Bodensee Wasserflug	29. Juni bis 5. Juli	Hellmuth Hirth	Gesamtpreise	Albatros-Eindecker	100-PS-Daimler
Flugwoche Kiel	10. bis 15. Juli	Alois Stiploschek	Gesamtpreise	Jeannin-Eindecker	100-PS-Argus
Flugwoche Gelsenkirchen	27. Juli bis 3. August	Wilhelm Krumsieck	Gesamtpreise	Gotha-„Taube“	100-PS-Daimler
Rundflug Ostpreußen	9. bis 14. August	Alfred Friedrich	Gesamtpreise	Etrich-„Taube“	100-PS-Daimler
Aeroplan-Turnier Gotha	16. bis 18. August	Viktor Stoeffler	Gesamtpreise	Aviatik-Doppeldecker	100-PS-Argus
Völkerschlacht-Erinnerungsflug Leipzig	23. bis 24. August	Alois Stiploschek	Gesamtpreise	Jeannin-Eindecker	100-PS-Argus
Rund um Berlin	30. bis 31. August	Anton Baierlein	Gesamtpreise	Otto-Eindecker	100-PS-Argus
Flugwoche Johannisthal	28. September bis 5. Oktober	Robert Thelen	Gesamtpreise	Albatros-Doppeldecker	100-PS-Daimler

mit drei Passagieren, worüber eine Berliner Tageszeitung anderntags berichtete: „In einer sehr gleichmäßigen Kurve war er nach dreißig Minuten auf zweitausend Meter Höhe angelangt, hatte nach weiteren zwölf Minuten den bestehenden Weltrekord erreicht und war nach einundfünfzig Minuten auf 2830 Metern angelangt. Mangel an Benzin zwang ihn dann, den Abstieg aus dieser Höhe anzutreten, den er in sieben Minuten beendet hatte."

Am 1. Oktober 1913 fügte Sablatnig einen weiteren Weltrekord hinzu, indem er mit vier Passagieren im Rumpf des Union-Pfeildoppeldeckers 2080 m Höhe erreichte. Und noch einmal machte der Unermüdliche von sich reden, als er schon zwei Tage danach in 23 Minuten mit fünf Passagieren auf 1000 m Höhe kam und damit seinen dritten Weltrekord innerhalb weniger Tage aufstellte.

Sablatnig war Ingenieur und kam aus Österreich. Im Jahre 1910 hatte er in Johannisthal auf einem Wright-Doppeldecker fliegen gelernt und danach in Österreich den Pilotenschein erworben. Im Sommer 1911 gewann er den österreichischen Rundflug und ging danach als Wettbewerbspilot und Fluglehrer zu den Nieuport-Werken nach Frankreich. Anfang des Jahres 1913 wurde er Mitinhaber und Technischer Leiter der „Union-Flugzeugwerke" in Teltow, wo nach Plänen des Berliner Oberingenieurs Karl Bomhard der Union-Pfeildoppeldecker gebaut wurde.

Mit diesem Flugzeug, dessen Tragflächenstellung für damalige Bauweisen ungewöhnlich stark gepfeilt war, hatte die Firma einen guten Start. Es flog mit österreichischen Austro-Daimler-Motoren von 100 und 120 PS Leistung. Damit gewann Josef Sablatnig während der Wiener Flugwoche im Juni 1913 vier erste Preise, bevor er dann im Herbst des gleichen Jahres in Johannisthal die beschriebenen Höhenweltrekorde flog. Da er sich zuvor in Deutschland hatte einbürgern lassen, wurden die Passagierhöhenflüge von der FAI in Paris als deutsche Flugweltrekorde geführt.

Durch besonders starke Pfeilung der oberen Tragfläche fiel im Jahre 1913 dieser Doppeldecker der „Union-Flugzeugwerke" aus Teltow bei Berlin auf.

Als die preußische Heeresverwaltung den Pfeildoppeldecker hauptsächlich wohl wegen des österreichischen Motors ablehnte, gingen die „Union-Flugzeugwerke" dazu über, deutsche Daimler- und Argus-Motoren einzubauen sowie einige konstruktive Veränderungen vorzunehmen, die jedoch allesamt nicht zu Leistungsfortschritten führten. Die letzten Flugzeuge aus Teltow hatte eine weitaus geringere Pfeilform. Auch andere Flugzeughersteller kamen im Laufe des Jahres 1914 von der Pfeilform wieder ab. Beim Dreieckflug Berlin–Leipzig–Dresden–Berlin haben sich weder Walter Höhndorf, der den Union-Doppeldekker mit einem 80-PS-Stahlherz-Motor flog, noch der Werkpilot Walter Stagge mit einem 100-PS-Daimler-Motor im Vorderfeld plazieren können.

DIE „AGO-FLUGZEUGWERKE GMBH." IN BERLIN-JOHANNISTHAL sind aus der „Ago-Fluggesellschaft mbH." hervorgegangen, die am 1. April 1912 als Johannisthaler Flugschule und Vertretung der Münchner „Flugmaschinen Werke Gustav Otto" gegründet worden war. In einer Firmendarstellung hieß es dazu: „Nach den äußerst günstigen Resultaten, die die Vorführung der Flugzeuge sowie besonders die Flugschule gezeitigt hatten, sah sich die Firma speziell durch die Anforderungen des Kriegsministeriums veranlaßt, eine eigene Fabrikationsabteilung zu bilden, die zuerst auf dem Flugplatz, späterhin auf den von der Gesellschaft erworbenen Grundstücken Waldstraße 11–15 zu Johannisthal eingerichtet wurde."

Die Ago-Werke bauten anfangs den Otto-Gitterrumpf-Doppeldecker in verschiedenen Versionen, brachten aber schon im Jahre 1913 einen Pfeildoppeldecker und einen schnellen sogenannten „Kavallerie-Eindecker" heraus. Mit beiden Typen kam die Firma bei der preußischen Heeresverwaltung aber nicht zum Zuge. Sie waren von Gabriel Letsch konstruiert worden, der von den Otto-Werken nach Johannisthal gekommen war. Erfolgreicher waren die Ago-Werke dann mit Wasserflugzeugen.

Technischer Leiter der Johannisthaler Werke war Hermann Fremery, der im Oktober 1911 das Pilotenexamen auf einer Etrich-

Die Doppeldecker der Münchner Otto-Flugzeugwerke wurden in Johannisthal als Ago-Doppeldecker gebaut; sie nahmen seit dem Jahre 1912 an allen bedeutenden deutschen Flugwettbewerben teil.

Rumpler-„Taube“ abgelegt hatte. Leiter der Flugschule war Ellery v. Gorrissen, erster Vorsitzender des „Bundes Deutscher Flugzeugführer“ (BDF). Aus der Ago-Flugschule sind so bekannte Flieger wie Wilhelm Kießling und Max Schüler hervorgegangen. Die Firma schrieb es neuen Ausbildungsmethoden zu, daß von ihren Flugschülern während der Zeit der Ausbildung kaum Bruch gemacht wurde.

Der Ago-Gitterrumpf-Doppeldecker mit verkleidetem Rumpfbug gehörte längere Zeit zum Erscheinungsbild des Flugbetriebes auf verschiedenen Flugplätzen des Landes. In Johannisthal vorwiegend für die fliegerische Ausbildung verwendet, war das Baumuster aber auch an vielen Flugwettbewerben und Rekordversuchen beteiligt. Hervorzuheben ist ein Rekordflug, den Ellery v. Gorrissen am 7. November 1912 mit sechs (!) Fluggästen unternahm, die sich dabei allerdings an Rumpfkanten, Tragflächenstielen und Drahtverspannungen festhalten mußten, um nicht schon beim Start aus dem Flugapparat herauszufallen. Der Flug hatte zwar kaum einen sportlichen Wert, bewies aber die Robustheit und Belastbarkeit des Flugzeuges.

So kam der Doppeldecker mit dem Gitterrumpf aus Johannisthal wiederholt in die Schlagzeilen der Presse. Zu den damals aufsehenerregenden Leistungen gehörte auch ein sogenannter Sturmflug, den der Flieger Max Schüler mit einem solchen Flugzeug von Johannisthal nach Döberitz unternahm. Trotz heftiger Windböen gelangte er mit seiner „fliegenden Kiste“ nach waghalsigen Steuermanövern an sein Ziel und landete unbeschadet. Am Rumpfbug seines Flugzeuges, mit dem er so durchgeschüttelt worden war, stand der Name „Känguruh“.

Der Ago-Doppeldecker ist vor dem ersten Weltkrieg konstruktiv weiterentwickelt und im Zeitraum der Jahre 1913/14 auch mit gepfeilten Tragflügeln angeboten worden.

Flugleistungen in Johannisthal 1911 bis 1913
(Nach: Flugplatzheft Johannisthal, 5. Aufl. April–Juni 1913 und 9. Aufl. April–Juni 1914; ohne Flugwochen)

Monat	Flugtage	Beteiligte Flieger	Starts	Gesamtd. der Flüge Std.	Min.	Flugprüf.	Überlandflüge	Bruchschäden
1911								
Januar	19	16	193	20	8	4	–	7
Februar	16	23	125	15	4	7	1	4
März	23	19	365	33	17	2	7	5
April	22	22	674	47	4	1	4	2
Mai	28	25	481	63	25	2	4	4
Juni	23	19	101	12	35	–	–	3
Juli	26	27	312	38	55	1	2	3
August	29	46	1151	133	33	8	6	8
Sept.	29	53	1213	113	42	5	5	8
Oktober	24	50	717	77	48	3	3	7
Nov.	24	55	1051	139	20	9	4	5
Dez.	26	53	1106	126	50	5	7	7
1912								
Januar	21	38	654	72	25	1	8	6
Februar	28	78	2011	220	37	6	3	11
März	26	79	1619	179	53	6	10	9
April	26	87	1600	211	35	23	5	13
Mai	28	72	1353	134	19	4	3	12
Juni	29	77	1758	205	20	9	3	16
Juli	31	78	1496	184	36	16	12	12
August	28	74	1316	176	38	1	9	6
Sept.	25	84	2537	214	36	13	2	8
Oktober	28	71	1036	97	44	4	15	8
Nov.	24	61	1187	138	16	5	12	2
Dez.	23	61	1134	160	4	10	7	3
1913								
Januar	25	47	824	101	11	1	6	5
Februar	23	69	2373	254	44	7	8	14
März	26	81	1564	205	51	3	8	8
April	29	97	3224	343	5	6	5	14
Mai	29	105	2734	307	20	13	9	12
Juni	28	114	2712	311	46	16	19	6
Juli	30	120	3300	356	22	10	17	6
August	31	168	4558	496	26	27	31	14
Sept.	30	158	4061	446	19	33	23	11
Oktober	31	162	4732	509	52	25	53	7
Nov.	28	132	4325	450	33	17	25	6
Dez.	26	134	2410	313	39	14	8	12

XII. Doppeldecker international

Das kaiserliche Deutschland war in flugtechnischer Hinsicht ganz auf den „Erbfeind" und Rivalen Frankreich fixiert, während es sich im Marinewesen ausschließlich an Großbritannien orientierte. Das war einerseits durch chauvinistisches Denken begründet, zum anderen aber auch der Tatsache geschuldet, daß Großbritannien im Flottenbau und Frankreich in der Flugtechnik führend waren.

Der Motorflug hatte in Frankreich früher als in allen anderen europäischen Ländern begonnen, und auch die US-amerikanischen Brüder Wright hatten aus guten Gründen ihren „Europa-Auftritt" nach Frankreich verlegt. Die erste große Flugwoche in der Welt war im August 1909 nahe der französischen Stadt Reims veranstaltet worden, und in Paris fand seitdem in jedem Jahr eine internationale Luftfahrtausstellung, der „Salon de l'Aéronautique" statt. Deutschland hatte den fünf Pariser Luftfahrtsalons bis zum Weltkriegsbeginn 1914 lediglich zwei vergleichbare Ausstellungen entgegenzusetzen: die „Internationale Luftschiffahrt Ausstellung" (ILA) im Jahre 1909 in Frankfurt a. M. und die „Allgemeine Luftfahrzeug-Ausstellung" (ALA) im April 1912 in Berlin. Frankreich war damals unbestritten das Zentrum des Flugwesens in der Welt. Deshalb ist die Geschichte der ausländischen Doppeldecker bis zum ersten Weltkrieg vordergründig eine Geschichte der französischen Flugzeugindustrie.

Ingenieur Gabriel Voisin hatte beispielsweise schon im Jahre 1902 beim Bau von Gleitflugapparaten mitgewirkt, später gemeinsam mit Louis Blériot experimentiert und danach mit seinem Bruder Charles in Billancourt an der Seine eine gemeinsame Flugapparatebauwerkstatt „Voisin Freres Atelier d'Aviation" gegründet.

Die fortwährenden Presseberichte über die Entwicklung des Flugwesens in Frankreich fanden auch in deutschen Fachkreisen große Aufmerksamkeit. Die deutsche Öffentlichkeit hingegen war damals noch mit Luftschiffen beschäftigt, denn der Luftschiffbau im Lande hatte zu jener Zeit schon mancherlei Erfolge und Mißerfolge aufzuweisen, aber ein funktionstüchtiges deutsches Flugzeug gab es noch nicht. Daher prägten auch vor allem der Ballon- und Luftschiffbau das Ausstellungsbild der Frankfurter ILA im Jahre 1909.

In Frankreich dagegen dominierten bei Luftfahrtausstellungen, die bald als Pariser „Aero-Salon" bekannt wurden, von Anfang an die Flugapparate. Über den fünften Pariser „Aero-Salon" im Dezember 1913 schrieb die Zeitschrift des „Vereins Deutscher Ingenieure": „Der allgemeine Eindruck, den man von der äußeren Erscheinung der Ausstellung hatte, bewies wieder einmal, daß die Franzosen Meister in der Anordnung derartiger Veranstaltungen sind. Eine ausgezeichnete Übersichtlichkeit und eine wohlgefällige Gesamtwirkung vereinigen sich mit ansprechender Innenausschmückung des Gebäudes."

Dem Berichterstatter fiel auf, daß fast alle ausgestellten Flugzeuge unter dem Aspekt ihrer militärischen Verwendung standen: „Dies merkte man an den Bewaffnungen mit Maschinengewehren und Bombenwerfern und auch daran, daß der wichtigen militärischen Forderung eines uneingeschränkten Ausblickes auf dem Führersitz weitgehend Beachtung geschenkt war." Auch im Frankreich des Jahres 1913 dominierte also der militärische Flugzeugbau.

Die meisten französischen Doppeldecker flogen zu jener Zeit mit luftgekühlten Gnôme-Umlaufmotoren von 80 und 100 PS Leistung. Wassergekühlte Motoren waren nur in Einzelexemplaren auf den „Aero-Salons" vertreten. Die Stoffbespannung der Tragflächen und von Rumpfteilen war fast durchweg mit Cellon-Emaillit getränkt, einer zellkornartigen, nicht brennbaren Substanz, die das Bespannungsgewebe gegen äußere Einflüsse weitgehend unempfindlich machte. Die Oberfläche des Bespannstoffes wurde außerdem durch diese Behandlung fast spiegelglatt, was den Reibungswiderstand der Luft verringerte.

In der deutschen Fachzeitschrift „Flugsport" war zu jener Zeit in einer kritischen Betrachtung zu lesen: „In Frankreich spricht man nur von der Flugmaschinenindustrie. Vom Sport verspricht man sich wenig oder gar nichts mehr. Ein großer Fehler. Die Flugmaschine gehört in Frankreich allein dem Militär. Bei uns in Deutschland ist es Gott sei Dank etwas besser und wird vielleicht noch besser, wenn man einsichtig genug ist und der Überland-flug-Ausbeuterei im geeigneten Moment ein Ziel setzt."

Die Hoffnung, daß die deutschen Militärbehörden die Flugmaschine weniger für ihre Interessen vereinnahmen würden als die französischen, blieb aber ein realitätsfremder Wunsch. Zudem war dieses „Flugsport"-Urteil im Jahre 1913 ein unzutreffender Vergleich, denn der Motorflugsport in Frankreich behielt weiterhin seine weltweite Spitzenposition – trotz der zunehmenden Verbreitung des Militärflugwesens.

KARL BOMHARDS Pfeildoppeldecker aus dem Jahre 1913.

DIE GESCHICHTE DES BOMHARD-DOPPELDECKERS IST zugleich die Vorgeschichte des im Kapitel XI beschriebenen Union-Pfeildoppeldeckers. Der Berliner Oberingenieur KARL BOMHARD hatte am 22. Mai 1911 ein Patent auf einen Flugapparat mit zwei übereinander angeordneten Tragflächen angemeldet, Tragflächen, die im Gegensatz zu der herkömmlichen Anordnung „pfeilförmig, versetzt und aufgezogen“ waren und dadurch eine automatische Stabilität im Fluge bewirken sollten. Damit war gemeint, daß die Tragflächen sowohl V-förmig wie auch pfeilförmig gestellt waren und das Oberdeck gegenüber dem unteren Deck nach vorn gestaffelt war.

Im Januar 1912 berichteten dann die großen Zeitungen in Berlin über erfolgreiche Versuche mit dem Bomhard-Doppeldecker auf dem Flugplatz Wiener Neustadt durch den österreichischen Offizierspiloten PHILIPP v. BLASCHKE. Diese Versuche, hieß es, hätten das Interesse der österreichischen Heeresverwaltung in solchem Maße geweckt, daß sie sofort ein Flugzeug gekauft und weitere Ankäufe in Aussicht gestellt hätte. An Einzelheiten wurde noch mitgeteilt, daß die Spannweite des oberen größeren Tragdecks 12 m und der Tragflächeninhalt 32 m^2 betrugen.

Das zweisitzige Flugzeug war mit einem Austro-Daimler-Motor von 70 PS Leistung ausgestattet. Der Motor war vorn verhältnismäßig tief angeordnet und trieb die große Luftschraube von 3 m Durchmesser mittels Kettenübertragung an. Die bei den Probeflügen erzielte Geschwindigkeit betrug 100 km/h. Der Führersitz lag ziemlich weit hinten im Rumpf in einer Aluminiumkarosserie. Das Fahrwerk bestand aus zwei weit auseinanderstehenden Radpaaren.

Der Bomhard-Doppeldecker war zuerst in den „Autoplan-Werken“ des JAKOB LOHNER in Wiener Neustadt gebaut worden, wo auch die Etrich-„Tauben“ für Österreich hergestellt wurden. Er wurde als „Monobiplan“ bezeichnet, womit wahrscheinlich zum Ausdruck gebracht werden sollte, daß es sich eigentlich um einen Anderthalbdecker handelte. Die fabrikmäßige Herstellung des neuen Flugzeuges „mit der automatischen Stabilität“, so war zu lesen, sollte nach Beendigung der Versuche beginnen. Tatsächlich war der „Lohner-Pfeilflieger“, wie er auch hieß, das einzige Flugzeug neben der „Taube“, das in Österreich vor dem ersten Weltkrieg in einer kleinen Serie gebaut wurde. Im Sommer 1912 nahm der österreichische Flieger v. BLASCHKE auf diesem Typ am Fernflug Berlin–Wien teil und wurde Zweiter hinter dem Rumpler-Erfolgspiloten HELLMUTH HIRTH.

In Wiener Neustadt hatte schon im Jahre 1910 der Ingenieur KARL PAULAL einen sogenannten Pfeilflieger-Doppeldecker konstruiert. Andere österreichische Doppeldecker-Konstruktionen der Frühzeit waren der „Autobiplan“ von ADOLF WARCHALOWSKI sowie ein Druckschrauben-Zweidecker von JOSEF SABLATNIG. Sie blieben Einzelstücke. Nur PAULAL hat an der Idee des gepfeilten Doppeldeckers festgehalten. Er stand in Diensten des Fabrikanten JAKOB LOHNER und hat unter anderem den Bau des Bomhard-Flugzeuges geleitet.

Prinz HEINRICH v. PREUSSEN, der Bruder des Kaisers, soll seine Hand im Spiel gehabt haben, als Ende 1912 in Teltow bei Berlin die „Union-Flugzeugwerke“ für den Bau des Bomhard-Doppeldeckers in Deutschland gegründet wurden und als Technischer Leiter der Österreicher JOSEF SABLATNIG gewonnen werden konnte. In Teltow wurde das durch seine Pfeilung auffällige Flugzeug fortan nicht mehr Bomhard-Doppeldecker (nach dem Patentinhaber) oder Lohner-Pfeildoppeldecker (nach dem Hersteller), sondern Union-Pfeildoppeldecker (nach dem Teltower Herstellerbetrieb) genannt.

EINE DEUTSCHE FACHZEITSCHRIFT HAT IHN ALS „EIN sehr wunderliches Flugzeug“ bezeichnet: Die Rede ist vom britischen Dunne-Doppeldecker, für dessen Bau die Rechte im Jahre 1913 nach Frankreich an die Firma Nieuport verkauft worden waren. Dieser Flugapparat sah nicht nur ungewöhnlich aus, sondern war angeblich auch automatisch stabil, und französische Zeitungen berichteten wahre Wunderdinge über ihn. In Europa sind nur zwei Exemplare gebaut worden: der Prototyp in Großbritannien und ein etwas veränderter Nachbau von NIEUPORT in Frankreich. Danach wurde eine Nachbaulizenz an den US-amerikanischen Flugzeughersteller W. STARLING BURGESS verkauft.

Das in Form und Flugleistung ungewöhnlichste Flugzeug der Frühzeit des europäischen Motorfluges war der britische Nurflügel-Doppeldecker des Konstrukteurs Dunne, dessen Lizenz im Jahre 1913 die französische Firma Nieuport erwarb.

Erbauer dieses schwanzlosen Nurflügel-Doppeldeckers war der ehemalige britische Leutnant John William Dunne, der bei seiner Regierung wenig Interesse für diese eigenwillige Konstruktion fand. Daraufhin verkaufte Dunne die Lizenz an Nieuport, und der Prototyp, den die französische Armee angeblich ankaufen wollte, wurde von Eastchurch in Großbritannien nach Billancourt bei Paris überführt. Pilot des Überführungsfluges war der französische Major Felix, der bei ungünstigem Wetter dreimal zwischenlanden mußte, bevor er Paris erreichte.

Das allgemeine Aufsehen, das der Dunne-Doppeldecker erregte,

Zweidecker auf dem Pariser „Aero-Salon“ im Jahre 1913

Aussteller	Land- oder Wasserflugzeug	obere Spannweite m	Tragfläche m^2	Leermasse kg	Sitze	Motor
Bathiat-Sanchez	Land	13,5	46	550	2	80-PS-Gnôme
Blériot	Land	12,7	38	390	2	80-PS-Gnôme
Borel	Wasser	11,9	21,5	450	1	80-PS-Gnôme
Bréguet	Wasser	15,5	50	950	2	120-PS-Salmson
Bréguet	Land	15,5	50	700	2	120-PS-Salmson
Bristol	Land	11,0	38	430	2	80-PS
Caudron	Wasser	14,6	35	600	2	100-PS-Gnôme
Caudron	Land	11,9	30	360	2	80-PS-Gnôme
H. Farman	Land	12,0			1	50-PS-Gnôme
M. Farman	Wasser	15,5		600	2	70-PS-Renault
Franco-Brit. Aviation	Wasser	12,7	29	630	2	120-PS
Goupy	Land	6,0	14		1	80-PS-Gnôme
Goupy	Wasser	13,0			3	100-PS-Gnôme
Nieuport-Dunne	Land	14,75	50	450	2	80-PS-Gnôme
Paul Schmitt	Land	17,5	49	550	3	160-PS-Gnôme

(Nach: Zeitschrift des „Vereins Deutscher Ingenieure“, Bd. 58, Nr. 4 vom 24. 1. 1914, S. 122)

ist vor allem darauf zurückzuführen, daß er als Nurflügler in Form und Gestalt von allen anderen Flugapparaten extrem abwich. Die beiden gleich großen Tragflächen waren stark gepfeilt, Steuerklappen befanden sich an den hinteren Enden beider Tragflächen. Mit zwei Steuerhebeln wurden die Klappen auf jeder Seite gleichsinnig betätigt. Schob der Flieger beide Hebel gleichzeitig nach vorn oder hinten, schlugen alle vier Klappen gleichermaßen nach oben oder unten aus und wirkten wie Höhenruder. Wurde dagegen ein Hebel nach vorn, der andere gleichzeitig nach hinten gelegt, gingen auf der einen Seite die Klappen hoch, auf der anderen nach unten und wurden zu Querrudern, mit denen das Flugzeug um die Längsachse gesteuert und der Kurvenflug eingeleitet werden konnte.

Die beiden Tragdecks waren auf jeder Seite durch drei Parallelstiele miteinander verbunden und zusätzlich verspannt. Die Flächen waren 15,8 m lang und gleichmäßig 1,65 m tief. Die Spannweite, an der Dreieckgrundlinie gemessen, betrug 14,75 m, der Tragflächeninhalt 50 m^2. Das Zweiradfahrwerk wurde durch ein Hilfsrad unterstützt, wodurch ein Dreieckverband entstand. Die beiden Sitze und der dahinter liegende 7-Zylinder-Motor von Gnôme mit 80 PS Leistung waren in einem verhältnismäßig kurzen Rumpfboot angeordnet.

Mit dem Prototyp kam es wenige Wochen nach der Überführung bei einer Notlandung in der Nähe von Deauville zu einem schweren Bruch. Wahrscheinlich wollten die Nieuport-Werke und vielleicht auch schon das französische Kriegsministerium diese Tatsache verschleiern, denn der Verlust wurde erst zwei Wochen später bekanntgegeben, dazu in einer höchst unglaubhaften Version. Es hieß, der Prototyp wäre nach einer Außenlandung vorsätzlich zerstört worden, um die Konstruktionsgeheimnisse zu wahren.

Auf dem Pariser „Aero-Salon“ im Dezember 1913 stellte Nieuport seinen Nachbau des Dunne-Doppeldeckers aus: mit Änderungen im Detail unter Beibehaltung der Grundkonzeption.

Bei Burgess in den USA sind die ersten beiden Nachbauten auf Schwimmer gesetzt und erfolgreich erprobt worden. Eines dieser Exemplare wurde nach Kanada geliefert und dort als erstes Militärflugzeug in Dienst gestellt. Das andere wurde von der US-Marine gekauft und erhielt die Bezeichnung AH-7.

DIE FLUGTECHNIKER WILBUR UND ORVILLE WRIGHT, Inhaber einer Fahrradwerkstatt in Dayton im US-amerikanischen Bundesstaat Ohio, haben ihr Motorflugzeug im Jahre 1903 aus einem Gleitflug-Doppeldecker entwickelt. Am Gleiter hatten sie bereits die Steuerung durch Flügelverwindung erprobt, auf die sie in den USA, aber auch in europäischen Industrieländern, umfassenden Patentschutz nahmen. Durch den Einbau eines 4-Zylinder-Motors aus eigener Werkstatt, der über Ketten zwei

Druckpropeller antrieb, wurde daraus der erste „Wright-Flyer“. In Europa war man noch Jahre später sehr skeptisch gegenüber Berichten von geglückten Motorflügen der Brüder Wright, doch wurde in Frankreich bereits die Gründung einer Gesellschaft zur Verwertung der Wright-Patente unter der Leitung von Lazare Weiller vorbereitet. Wilbur Wright, der ältere der Brüder, kam daraufhin mit einem Flugapparat nach Europa, wo er im August und September 1908 zu Demonstrationsflügen über der Rennbahn in Hunaudiéres bei der Stadt Le Mans aufstieg. Danach zog er auf das nahegelegene größere Manöverfeld von Avours um. Hier führte er vor, was er unter Fliegen verstand. Allein am 21. September 1908 verbesserte er die Weltrekordleistungen im Streckenflug, im Dauerflug und im Geschwindigkeitsflug. Nach diesen überzeugenden Leistungen wurde die Weiller-Gesellschaft etwa im Oktober 1908 gegründet, und der Bau wie auch der Verkauf des Wright-Doppeldeckers in Frankreich konnten beginnen.

Nach weiteren bedeutenden Weltrekordsteigerungen bis zum Jahresende (Höhenflug: 115 m; Streckenflug: 124,7 km; Dauerflug: zwei Stunden, 43 Minuten, 25 Sekunden) verlegte Wilbur Wright am 2. Januar 1909 seinen Standort nach Südfrankreich in die Heide von Pont-Long bei Pau am Fuße der Pyrenäen. Dort gründete er die welterste Motorfliegerschule. Seine drei ersten Flugschüler, die ihm von der Weiller-Gesellschaft benannt worden waren (aufgrund einer Vertragsklausel) wurden Paul Tissandier, Charles de Lambert und Lucas Gerardville.

Geflogen wurde in Pau mit dem schon in den USA weiterentwickelten Wright-Doppeldecker „Typ A“, dem Standardmuster der Brüder Wright. Die Werkstatt von Pau wurde zu einem kleinen Montagebetrieb, in dem man die Teile des Doppeldeckers, aus Dayton in den USA geliefert, zusammenbaute. Mit einem solchen Flugzeug führte Wilbur Wright im April 1909 Demonstrations- und Passagierflüge in Rom vor und bildete zwei italienische Offiziere zu Fliegern aus. Im Mai erhielten die Flieger Charles de Lambert und Paul Tissandier, im Juli, als dritter Franzose, Eugène Lefebvre je einen Doppeldecker aus Pau. Alle drei nahmen damit im August 1909 am ersten großen Flugmeeting bei Reims teil, das vor allem Lefebvre große Popularität einbrachte. Zwei

Monate später stürzte Lefebvre beim Einfliegen eines der ersten in Frankreich in Lizenz gebauten Wright-Doppeldecker tödlich ab.
Von Ende August bis Mitte Oktober 1909 flog Wilburs Bruder Orville Wright in Berlin-Tempelhof und auf dem Bornstedter Feld bei Potsdam. An letztgenanntem Orte bildete er die ersten beiden Piloten für die inzwischen gegründete deutsche „Flugmaschine Wright GmbH." aus.
Auch in Großbritannien wurde eine Verwertungsgesellschaft für die Wright-Patente gegründet, die jedoch im Gegensatz zu denen in Frankreich und in Deutschland ziemlich bedeutungslos blieb. Erst danach, gegen Ende des Jahres 1909, kam es in den USA zur Gründung einer großen Gesellschaft für den Bau der Wright-Flugzeuge, deren Präsident Wilbur Wright wurde und die eine große Flugzeugfabrik in Dayton errichtete. Dies war der Standort, an dem die Wrights einst eine kleine Werkstatt für ihren Flugzeugbau betrieben hatten. Als Wilbur im Jahre 1912 im Alter von 45 Jahren an Typhus starb, folgte ihm Orville im Amt des Präsidenten der Gesellschaft.
In den USA und in Europa hatten sich inzwischen heftige Patentauseinandersetzungen vor allem daran entzündet, daß die Wrights für sich in Anspruch nahmen, Patentschutz für jede Art von Flächenverwindung zur Steuerung eines Flugapparates zu besitzen. Das galt für Deutschland schon insofern nicht, als hier im Patentanspruch die Flügelverwindung mit der gleichzeitigen Betätigung des Seitensteuers gekoppelt war. Das Patentamt in Berlin entschied deshalb im Jahre 1912 zu Ungunsten der Wrights, während in Frankreich die Konstrukteure das Problem dadurch umgingen, daß sie anstelle der Flügelverwindung die Klappensteuerung entwickelten.
Die Brüder Wright hatten ihren Standard-Doppeldecker „Typ A" mit dem sie in Europa Fuß faßten, im Jahre 1908 entwickelt. Er flog, wie schon die „Wright-Flyer" (I bis III) der Jahre 1903 bis 1905, mit den zwei gegenläufigen Druckpropellern hinter den Tragflächen und hatte 12,5 m Spannweite bei einer Flügelfläche von rund 50 m^2.
Typisch waren das ausladende große Kufengestell, die doppelte Höhensteuerfläche weit vor den Tragdecks und die beiden schmalen Seitensteuerflächen hinter den Tragflächen. Der 4-Zylinder-Motor leistete jetzt 30 PS.
Zum Start bedurfte es einer besonderen Vorrichtung mit Fallge-

Ein in Frankreich gebauter Wright-Doppeldecker mit verkleidetem Bug, Heckleitwerk und Radfahrwerk.

wicht, Umkehrrolle und Holzschiene. Das Flugzeug stand dazu mit laufenden Propellern auf einem kleinen Transportwagen mit zwei Rädern, der durch die im Starthilfsturm herabfallende Masse über die etwa 20 m lange einspurige Schiene in die Flugrichtung katapultiert wurde.
Bis zum Jahre 1913 wurden vielfältige Veränderungen am Wright-Doppeldecker vorgenommen, die zu einem „Typ B" und einem „Typ C" führten. Daran waren Konstrukteure in Dayton, aber auch die eigenständigen europäischen Gesellschaften beteiligt. Zwar fehlte es dadurch an einer gemeinsamen Nomenklatur, doch gingen die Veränderungen alle in die Richtung, Tragkraft und Geschwindigkeit zu vergrößern und die Sicht nach vorn zu verbessern.
Zunächst wurde das Kufengestell zusätzlich mit Rädern versehen, wodurch das Flugzeug nunmehr eigenstartfähig und die Startvorrichtung überflüssig war. Das vordere Höhensteuer wurde nach hinten verlegt, die Sitze einzelner Ausführungen mit einem Rumpfbug verkleidet.
Da sich der Kettenantrieb der beiden Luftschrauben als störanfällig erwies, wurde auch mit der Motorkraftübertragung experimentiert, an der Grundkonzeption dieses Doppeldeckers aber festgehalten.
In Frankreich waren die Astra-Wright-Flugzeuge beim „Grand Prix" des französischen Aero-Clubs im Jahre 1912 die einzigen Doppeldecker, die alle Etappen des Rundfluges zurücklegten. Auch in der vom militärischen Gesichtspunkt her als sehr wichtig erachteten und mit hohen Preisen dotierten Konkurrenz um den Michelin-Preis siegte ein Astra-Wright-Flugzeug. Gegen die modernen Rumpfdoppeldecker des Jahres 1913 hatte die Wright-Flugmaschine dann aber keine Chance mehr, und die europäischen Wright-Gesellschaften gingen in Liquidation.

Mitgliedsverbände der „Fédération Aéronautique Internationale" Ende 1910
Deutscher Luftschiffer-Verband, Berlin
K.K. Österreichischer Aero-Club, Wien
Aéro Club de France, Paris
Royal Aero Club of the United Kingdom, London
Aéro Club de Belgique, Brüssel
Niederländische Vereinigung für Luftschiffahrt, La Haye
Societa Aeronautica Italiana, Rom
Danske Aeronautiske Selskab, Kopenhagen
Norsk Luftseiladsforening, Christiana
Kgl. Svenska Aeronautiska Sallskapet, Stockholm
Aéro Club Suisse, Bern
Real Aero Club de España, Madrid
Aero Club of America, New York City
Aero Club von Äypten, Kairo
Kaiserl. Russischer Aero-Club, St. Petersburg

(Vorreiter, A.: Jahrbuch über die Fortschritte auf allen Gebieten der Luftschiffahrt 1911. – Berlin–München, 1910, S. 466)

AUF DEM PARISER „AERO-SALON" DES JAHRES 1913 war die Flugzeugfirma Ponnier, früher Hanriot, mit zwei bereits bekannten Eindeckern, nicht aber mit ihren neuen Doppeldekkern vertreten. Manche stellten damals die Frage: Sollte das Publikum nur zu sehen bekommen, was es sehen sollte? Wollte man die neuen Konstruktionen, von denen es hieß, daß sie wesentlich von den bekannten Ausführungsformen abwichen, aus Konkurrenzgründen oder gar schon aus Gründen militärischer Geheimhaltung der Öffentlichkeit vorenthalten?
Der Franzose Ponnier war als Konstrukteur des schnellen Hanriot-Eindeckers bekanntgeworden, und so richtete sich die Aufmerksamkeit der Besucher ganz besonders auf seinen leicht gebauten Eindecker von nur 6,5 m Spannweite und ganzen 7 m^2 Tragfläche. Mit dem 160-PS-Gnôme-Motor hatte dieses Flugzeug bereits die außerordentlich hohe Geschwindigkeit von 210 km/h erreicht. Der zweite Ponnier-Eindecker auf dem fünften „Aero-Salon" im Jahre 1913 war ebenfalls ein Einsitzer, doch mit 13 m^2 Flächeninhalt fast doppelt so groß. Er war mit einem nur 60 PS starken Rhône-Motor ausgerüstet.
Die beiden neuen Doppeldecker der Firma Ponnier, die Eingeweihte in der Ausstellung vermißten, waren offene Gitterrumpf-Flugzeuge und wurden ebenfalls in zwei Größen hergestellt. Beide flogen mit Druckpropeller, in einer Zeit, da sich in Deutschland bereits der Rumpfdoppeldecker mit vorn liegendem Motor und Zugpropeller durchgesetzt hatte. Und beide Maschinen waren mit dem 70-PS-Gnôme-Motor ausgestattet, der jeweils offen zwischen den Tragflächen aufgehängt war. Erstaunlicherweise hatte der größere Apparat nur einen Sitz in einem Rumpfboot, während der kleinere Typ über zwei Sitze verfügte, offen vor den Tragflächen angeordnet; zweifellos der guten Bodensicht wegen.
Der kleinere der beiden Zweidecker war ein typischer Andert-

halbdecker, denn während das obere Tragdeck 12 m Spannweite aufwies, betrug die Spanne am unteren Deck nur wenig mehr als 4 m. Als Verstrebung waren auf jeder Seite nur ein Parallelstiel mit schrägem Hilfsstiel erforderlich. Das Leitwerk wurde von zwei Gitterträgern gehalten, die nach hinten dreieckförmig zusammenliefen. Sämtliche Teile einschließlich der Klappensteuerung und des einfachen Zweiradfahrgestells waren aus Stahlrohr hergestellt. Der Anderthalbdecker wurde in zeitgenössischen Berichten ausdrücklich als Militärtyp bezeichnet.
Am größeren Doppeldecker hatte das Oberdeck 12,4 m, das Unterdeck 8 m Spannweite. Die Gesamttragfläche betrug 39 m^2. Zwei Parallelstiele stellten auf jeder Seite die Verbindung zwischen den Tragdecks her, und es war das besondere Kennzeichen dieses Typs, daß die Stiele nicht – wie sonst üblich – senkrecht, sondern schräg nach außen gestellt waren. Auch bei diesem Flugzeug bestand der Rahmen aus autogen geschweißtem Stahlrohr. Die Fluggeschwindigkeit soll 120 km/h betragen haben.
Aus zeitgenössischen Berichten von jener Pariser Ausstellung ist die Vermutung zu entnehmen, daß die Ponnier-Doppeldecker aus Gründen der übermächtigen Konkurrenz im Zweideckerbau nicht vorgezeigt wurden und das Herstellerwerk es deshalb vorgezogen hat, ihre schnellen Eindecker zu präsentieren.

WIE VIELE NAMHAFTE AVIATIKER DER FRÜHZEIT KAMEN auch HENRY FARMAN und sein jüngerer Bruder Maurice vom Automobilsport zur Flugtechnik. Beide wurden nicht nur gute Flieger, sondern auch ausgezeichnete Konstrukteure. Der Erfolgreichere von beiden war allerdings Henry, der im Jahre 1910 mehrere Weltrekorde flog, darunter den Dauerrekord von acht Stunden und zwölf Minuten. Sein zweisitziger Gitterrumpf-Doppeldecker wurde in Lizenz auch in Deutschland gebaut und hat hier hervorragende Wettbewerbsergebnisse erzielt.

Ein Gitterrumpf-Doppeldecker mit Druckluftschraube und unverkleideten Sitzen, den die französische Firma Ponnier im Jahre 1913 vorstellte.

Ähnlich wie Ponnier entwickelte auch Henry Farman im Jahre 1913 einen Anderthalbdecker nach ausgeschriebenen Wünschen der französischen Militärbehörden zu Aufklärungsflügen für die Artillerie und die Kavallerie. Die Vorgabe dafür muß ziemlich detailliert gewesen sein, denn Farmans Flugzeug glich demjenigen Ponniers sehr. Auch bei ihm betrug die Spannweite des Oberdecks 12 m, die am unteren Deck nur 4 m. Sein Flugzeug war ebenfalls sehr leicht gebaut und mit einem 50-PS-Gnôme-Motor sowie Druckpropeller ausgerüstet. Die Gondel mit den beiden Sitzen war nach vorn ausladend angebracht, die verhältnismäßig kurze Verbindung zu den Schwanzflächen als Stahlrohr-Gitterwerk hergestellt. Neuartig war das Zweiradfahrgestell, welches keine durchgehende Achse besaß. Jedes Rad war für sich an einer Halbachse aufgehängt, die nach oben zur Unterseite des Tragdecks führte.

Ebenfalls nach den Wünschen der Militärverwaltung und mit der gleichen Grundkonzeption baute Henry Farman zur gleichen Zeit einen großen Doppeldecker mit 19 m Spannweite und 60 m^2 Tragflächeninhalt. Dieses Flugzeug war mit dem 160-PS-Gnôme-Motor ausgerüstet, der einen ungewöhnlich großen Druckpropeller von 4 m Durchmesser über eine Gelenkkette antrieb. Das Rumpfboot mit den beiden Sitzen war an der Unterseite gepanzert und trug vorn ein Maschinengewehr. Neben der ungehinderten Sicht für den Piloten war es vor allem das freie Schußfeld nach vorn sowie nach den Seiten, das die Militärs solche Doppeldecker ohne vorderes Höhensteuer und mit Druckschraube hinter den Tragflächen bevorzugen ließ.

Die Panzerung der Bodenwanne mit Nickelstahlblech von 0,5 bis 2,0 mm Stärke sollte die Insassen schon in 300 m Höhe gegen Infanteriebeschuß vollkommen schützen. Die Masse der Panzerung betrug 20 bis 40 kg, die Gesamtmasse des 160-PS-Farman-Zweideckers lag bei 750 kg.

Eine Modifikation dieses Flugzeuges mit 80-PS-Gnôme-Motor hat Farman im Jahre 1913 zunächst als Renndoppeldecker eingesetzt und so auf die vorzüglichen Flugleistungen aufmerksam gemacht. Das Interesse der französischen Militärs war sofort geweckt, als der Flieger Auguste Séguin mit diesem Doppeldecker – ausgestattet mit einem voluminösen Zusatztank – am 13. Sep-

Ein französischer Doppeldecker in der für Henry Farman typischen Bauweise aus dem Jahre 1913 zu Besuch in Johannisthal (am Leitwerk ist das Firmenzeichen zu erkennen).

tember 1913 nach einem Nonstopflug aus Frankreich kommend auf dem Berliner Flugplatz Johannisthal landete und damit die deutsche Presse wie auch die Johannisthaler Flugzeugfabrikanten in helle Aufregung versetzte. Von seinen deutschen Motorflugsportkameraden hingegen wurde der französische Flieger nach dieser bravourösen Leistung gebührend gefeiert.

Französischer Rumpfdoppeldecker der Firma Bréguet mit vierblättriger Luftschraube im Jahre 1913.

LOUIS BRÉGUET IN DER NORDFRANZÖSISCHEN STADT Douai gehörte zu den ersten Franzosen, die sich mit dem Bau von Motorflugzeugen beschäftigten. Nach anfänglichen Versuchen im Hubschrauberbau, wovon an späterer Stelle noch die Rede sein wird, gelangen ihm im Jahre 1909 mit seinem ersten Doppeldecker einige erfolgreiche Flüge. Mit diesem Flugzeug erschien er im August zur ersten großen Flugwoche bei Reims, aber schon beim dritten Flugversuch ging der Apparat zu Bruch.

Dieser Zweidecker „Bréguet I" hatte 12 m Spannweite am Oberdeck und 10 m am unteren Tragdeck. Der gesamte Flächeninhalt betrug etwa 50 m^2. Die Strebenverbindung zwischen den Tragflächen bestand nicht, wie sonst üblich, aus hintereinander angeordneten Parallelstielen, sondern jeweils aus nur einer Stahlrohrstrebe, die auf den Hauptholm im ersten Viertel der Tragflächentiefe aufgesetzt war. Der 60-PS-Renault-Motor mit einer dreiflügeligen Luftschraube war vorn angeordnet. Das kastenartige Heck wurde von parallel nach hinten geführten Gitterträgern gehalten. Das Fahrwerk bestand vorn aus zwei Laufrädern mit Kufen sowie zwei Laufrädern unter dem Heckkasten. Hinzu kamen zwei Stützräder an den Enden der unteren Tragflächen zum Schutz gegen Bodenberührung der Flächen.

Im Jahre 1910 konstruierte Louis Bréguet mit dem Typ „Bréguet II" den ersten Rumpfdoppeldecker der Welt. Es war wieder ein einsitziges Flugzeug mit gleicher Tragflächenanordnung, doch trugen die Stiele zwischen den Tragdecks an ihrer oberen Hälfte jetzt auffallende vertikale Stabilisierungsflächen. Einfache Steuerflächen bildeten das Leitwerk am Rumpfende. Der Motor war der gleiche wie im vorausgegangenen Doppeldecker, und auch an der dreiflügeligen Luftschraube hatte Bréguet, wenn auch in veränderter Ausführung, festgehalten.

Der Zweidecker „Bréguet II" war aber nicht nur in seinen äußeren Konstruktionsmerkmalen richtungweisend, sondern auch in seiner Steuereinrichtung. Höhen- und Quersteuerung erfolgten durch Flächenverwindung, während das Seitensteuer bereits drehbar an einer Achse befestigt war. Die Steuerung um alle drei Achsen wurde mit nur einem Steuerhebel bewirkt.

Während der Flugwoche des Jahres 1910 bei Reims hat Louis Bréguet mit diesem Flugzeug gut abgeschnitten, und er ist diesem Typ sowie seiner Konstruktionsweise treu geblieben. Seine Firma in Douai hatte mit dieser fortschrittlichen Konstruktion dennoch nur mäßigen wirtschaftlichen Erfolg. Auf dem vierten „Aero-Salon" in Paris im Jahre 1912 wurde der Bréguet-Landdoppeldecker zweisitzig mit 13,75 m Spannweite und 36 m^2 Flächeninhalt in Stahlbauweise vorgestellt. Ein 80-PS-Gnôme-Motor trieb den vierflügeligen Propeller an. Ein Jahr danach, beim fünften und letzten Salon vor dem Kriege, war wieder eine größere Ausführung mit 15,5 und 12,6 m Spannweite als Zweisitzer, nunmehr mit 130-PS-Salmson-Motor ausgerüstet, ausgestellt.

XIII. Deutsche Wasserflugzeuge

Als „Vater der Wasserflugzeuge" gilt der französische Ingenieur Henri Fabré. Während noch alle anderen Konstrukteure und Flieger davon ausgingen, vom Boden aus zu starten und dort auch wieder zu landen, schlug Fabre erstmals in der Motorfluggeschichte einen gänzlich anderen Weg ein, als er im Jahre 1909 mit der Entwicklung eines Flugzeuges begann, das sich vom Wasser erheben und auf dem Wasser landen sollte. Sein erstes Muster stieg zwar noch nicht vom Wasser auf, aber mit seinem zweiten Flugzeug gelang ihm am 28. März 1910 im Hafen von La Mède ein Wasserstart mit einem anschließenden Flug in 2 m Höhe und mit einer Weite von 500 m. Der Flug schloß mit einer störungsfreien Wasserung ab. Das erste Wasserflugzeug existierte.

Seither sprach man von Land- und Wasserflugzeugen. Und als sich zu den Schwimmerflugzeugen auch Flugboote (personentragende Bootskörper mit Tragflächen) gesellten, wurde die Bezeichnung „Wasserflugzeug" nur noch als Oberbegriff für Flugzeuge verwendet, die auf Gewässern starten und landen konnten.

Die Entwicklung von Wasserflugzeugen, obgleich sie schon relativ zeitig begonnen hatte, ging nur zögernd voran, weil sich gleich mehrere Schwierigkeiten einstellten, von deren Bewältigung Erfolg oder Mißerfolg abhingen. Diese Schwierigkeiten waren komplexer Art: In den ersten Jahren standen noch keine leistungsstarken und zugleich leichten Flugmotoren zur Verfügung. Erbrachte ein Motor hohe Leistungen, so hatte er zugleich eine verhältnismäßig hohe Masse.

Das hatte für Landflugzeuge kaum nachteilige Auswirkungen, aber ein Wasserflugzeug wurde in seinen Untergrund hineingedrückt, was vor allem den Start erschwerte, sogar oft dazu führte, daß das Flugzeug nur auf dem Wasser herumfahren, mit dem Propeller das Wasser aufpeitschen, aber nicht abheben konnte. Der Zusammenhang von leistungsstarkem, aber schwerem Motor und Tiefgang der Schwimmer infolge der hohen Startmasse (Flugzeug, Motor, Kraftstoff, Flugzeugführer) führte bei vielen Versuchen dazu, daß die nötige Startgeschwindigkeit gar nicht erst erreicht wurde.

Das ingenieurtechnische Streben richtete sich nun darauf, tragfähige Schwimmer zu entwickeln und diese so unter dem Flugzeug zu verteilen, daß eine gleichmäßige Belastung gewährleistet wurde, die zugleich den Schwimmertiefgang möglichst weitgehend minimierte. Zugleich mußte sich die Aufmerksamkeit auf eine für den Start und die Landung hydrodynamisch zweckmäßige Form richten, damit die Schwimmer mit hohem Gleiteffekt den Wasserwiderstand beim Start zügig überwinden und ihn bei der Landung so stark vermindern konnten, daß sich das Flugzeug beim Wassern nicht plötzlich nach vorn überschlug. Andererseits war es unerläßlich, die Schwimmer möglichst klein, zumindest aber auch aerodynamisch günstig zu formen, damit nicht der Luftwiderstand die Flugleistung verminderte.

Die Entwicklung von Wasserflugzeugen war demnach eine neue technische Anforderung, die für den Schwimmerbau vielerlei praktisch Versuche mit Baustoffen, Formen und Größen erforderlich machten. Solche Versuche wurden durch die jeweilige Wettersituation erschwert. Frischte der Wind auf, so entstand daraus für den Flugbetrieb auf dem Lande noch keine Schwierigkeit, denn auf den Flugplatzrasen hatte die Luftbewegung keinen Einfluß.

Anders auf dem Wasser. Mancher Startversuch ist allein an den Wellen gescheitert. Und bei einer Wasserlandung in bewegter See war eine „Bruchwasserung" voraussehbar, woraus ersichtlich wird, daß sich auch für Flugzeugführer völlig neue Anforderungen ergaben. Die später aus Erfahrungen geprägte Fliegerweisheit „Fliegen ist Starten und Landen" galt für den Wasserflugbetrieb erst recht.

In Deutschland setzte die Entwicklung von Wasserflugzeugen im Jahre 1912 ein, angeregt vom „Ersten deutschen Wasserflugmaschinen-Wettbewerb" in Heiligendamm, einem Ostseebad. Der Hauptwettbewerb war für die Zeit vom 29. August bis 5. September 1912 ausgeschrieben worden. Nur vier Flugzeugwerke und vier Einzelkonstrukteure meldeten sich zur Teilnahme an, von denen aber nicht alle tatsächlich an den Start gingen. Deutlich besser war die Beteiligung ein Jahr später, denn zum „Bodensee-Wasserflugwettbewerb" vom 29. Juni bis 5. Juli 1913 meldeten 17 Bewerber ihre Teilnahme, von denen elf mit ihren Flugzeugen die Vorkontrolle ohne Beanstandungen durchliefen.

Das erklärte Ziel dieser Wasserflugzeugwettbewerbe hatte darin bestanden, brauchbare Marineflugzeuge zu finden. Deshalb sind nicht nur relativ hohe Wettbewerbspreise, sondern vom Reichsmarineamt auch Ankäufe der erfolgreichsten Flugzeuge in Aussicht gestellt worden.

EINES DER ERSTEN DEUTSCHEN WASSERFLUGZEUGE war der Ago-Doppeldecker. Wie allgemein üblich, ist ein Landflugzeug auf Schwimmer gesetzt worden. Insofern waren Schwimmerflugzeuge – im Unterschied zu den Flugbooten, die später entstanden – keine Neukonstruktionen, sondern lediglich Umbauten, wobei sich die Änderung vor allem auf die Schwimmeranlage und deren Gestellverbindung mit dem Flugzeugrumpf und den tragenden Flächen bezogen.
Der Ago-Wasserdoppeldecker wies demzufolge alle Merkmale des Landdoppeldeckers auf. Anstelle des Fahrwerks waren zwei bootsförmige Holzschwimmer in Rumpfnähe mit kräftigem Stützgerüst unter die Tragflächen montiert worden. Unter dem Heck des leichten und unverspannten Gitterrumpfes befanden sich ein, mitunter zwei kleine Stützschwimmer aus torpedoförmigen Blechhohlkörpern, wie sie damals oft als Kraftstofftanks verwendet wurden.
An jeden der beiden vorderen Schwimmer (Hauptschwimmer) war ein Räderpaar für den Landtransport und das Rollen zum Gewässer angebracht. Dieses Hilfsfahrwerk konnte zum Start auf dem Wasser vom Flugzeugführersitz aus über ein Handrad nach vorn hochgezogen werden, wodurch es das Gleiten der Schwimmer nicht behinderte. Andererseits war das Radfahrwerk so stabil konstruiert, daß es auch den Landstart ermöglichte.
Die letztgenannte Version war für den „Bodensee-Wasserflugwettbewerb“ im Jahre 1913 von besonderer Bedeutung, denn es war ein „Großer Preis vom Bodensee“ in einer Gesamthöhe von 40 000 Mark ausgeschrieben worden, der eine Flugstrecke von ungefähr 200 km vorsah und im wesentlichen bestimmte: „Der Abflug erfolgt vom Land aus. Der Flug führt zweimal um den Bodensee ... In der ersten Runde ist in einem bestimmten, durch Bojen bezeichneten Viereck von ca. 500 m Seitenlänge zu wassern, der Propeller zum Stillstand zu bringen und innerhalb des Bojenvierecks wieder aufzusteigen. Danach ist der Flug zu beendigen und im Bojenviereck ... zu wassern.“ Damit war von vornherein gefordert, daß die Bewerber um diesen Preis mit Flugzeugen an

Der Ago-Wasserdoppeldecker beim „Bodensee-Wasserflug-Wettbewerb“ im Jahre 1913 (vorn im Sitz Anton Baierlein).

den Start gehen mußten, die als Amphibien ausgerüstet waren. Der Ago-Wasserdoppeldecker blieb am Bodensee erfolglos. Zwar gelangen der Landstart, das vorgeschriebene Umfliegen des Bodensees und die Wasserung im Bojenviereck, aber der erneute Start vom Wasser aus mißglückte. Das Flugzeug kam nicht vom See los und mußte von einem Motorboot abgeschleppt werden.
Da die Marine aber auf geeignete Wasserflugzeuge drängte, fand auf Veranlassung des Reichsmarineamtes am 21. August 1913 ein „internes Prüfungsfliegen“ in der Seeflugstation Putzig in der Nähe von Danzig (heute Gdańsk) statt. Danach wurde ein Ago-Wasserdoppeldecker angekauft. Im Ergebnis von weiteren Erprobungen sind die Radgestelle von den Schwimmern als überflüssiger Ballast entfernt worden. Das Flugzeug fand Verwendung für Schulungszwecke.

DER AVIATIK-WASSERDOPPELDECKER UNTERSCHIED sich in einem wesentlichen Detail von den meisten anderen Schwimmerflugzeugen seiner Zeit. Während diese überwiegend über zwei Hauptschwimmer verfügten, fiel der Aviatik-Doppeldecker aus Mülhausen (heute Mulhouse) durch nur einen Hauptschwimmer auf, der etwa im Abstand eines Meters unter der Rumpfkarosserie als Zentralschwimmer angeordnet war. Das war damals ungewöhnlich und ist in der Fachpresse gebührend kommentiert worden. Ähnlich wie beim Ago-Wasserdoppeldekker war am Schwimmer des Aviatik-Flugzeuges ein Fahrwerk mit zwei Rädern installiert, das den Landstart ermöglichte.
Der Zentralschwimmer war aus Holz gefertigt und mit Furnieren verkleidet. Diese Verkleidung war nicht aufgeleimt, sondern aufgeschraubt. Nach zuverlässigen Angaben sind dafür 7000 (!) Schrauben verwendet worden. Schon allein infolge dieser Metallmenge muß der Schwimmer eine respektable Eigenmasse gehabt haben. Zur Konstruktion des Schwimmers war damals zu lesen:
„Die Längsträger des Schwimmers werden durch starke Kreuzverstärkungen verbunden. Einige derselben teilen den Schwimmer in 6 voneinander vollständig unabhängig abgedichtete Kammern, die durch verschließbare obere Oeffnungen zugängig und mit geeigneten Ablaufvorrichtungen für etwa eingedrungenes Wasser versehen sind. Mit dem Eindringen von Wasser in unter normalen Verhältnissen dichte Schwimmer muß gerechnet werden. Würde nämlich der Apparat längere Zeit in warmer Luft auf dem Lande stehen und dann aufs kalte Wasser gesetzt werden, so wird durch die heftige Abkühlung der Luft in den Schotten eine ganz erhebliche Saugwirkung hervorgerufen.“
Die damaligen Schwimmer waren demzufolge in mancherlei Hinsicht anfällig. Vor allem aus Holzhohlkörpern – wenn auch in Schotten unterteilt, die aber offenbar nicht zuverlässig abdichtbar waren – ergab sich von vornherein eine erheblich geminderte Verwendungsdauer. Das ständige Wechselbad des Holzes zwischen Wasseraufnahme und Trocknung bei unterschiedlichen Temperaturen, oft sogar als Schnelltrocknungsvorgang in Wind und Sonne, haben die Holzschwimmer buchstäblich zerrissen und häufiges Auswechseln erfordert.
Neben seinem Zentralschwimmer war der Aviatik-Doppeldecker mit seitlichen Hilfsschwimmern aus leichten und langgezogenen Metallhohlkörpern ausgestattet, weil nur dadurch die Seitensta-

Zugelassene Flugzeuge für den „Bodensee-Wasserflug-Wettbewerb“ 1913

„– Aviatik-Pfeil-Doppeldecker mit vorn liegendem 120 PS 4 Zyl. Argus-Motor, 2 Hauptschwimmer,
– Aviatik-Doppeldecker mit hinten liegendem 100 PS Argus-Motor, ein Hauptschwimmer,
– Flugzeugbau Friedrichshafen, Eindecker-Sportmaschine mit vorn liegendem 70 PS Argus-Motor, 2 Hauptschwimmer, ohne Landungsgestell,
– Flugzeugbau Friedrichshafen, Doppeldecker mit hinten liegendem 140 PS 6 Zyl. N.A.G.-Motor, ein Hauptschwimmer,
– Albatros-Eindecker mit vorn liegendem 75 PS Stahlzylinder-Mercedes-Motor, 2 Hauptschwimmer, kein Landungsgestell,
– Albatros-Doppeldecker mit vorn liegendem 100 PS 6 Zyl. Mercedes-Motor, 2 Stufen-Hauptschwimmer,
– Albatros-Eindecker mit vorn liegendem 100 PS 6 Zyl. Mercedes-Motor, 2 Hauptschwimmer,
– Ago-Doppeldecker mit hinten liegendem 120 PS 6 Zyl. Argus-Motor, 2 Hauptschwimmer,
– Strack-Eindecker mit vorn liegendem 55 PS Hilz-Motor und zwei hochziehbaren zylinderförmigen Schwimmern,
– Gotha-Doppeldecker mit hinten liegendem 100 PS Mercedes-Motor, 2 Hauptschwimmer,
– Otto-Doppeldecker mit hinten liegendem 100 PS 6 Zyl. Argus-Motor, 2 Hauptschwimmer.“

(Nach: „Flugsport“, Nr. 14/1913, S. 503 f.)

Der Aviatik-Wasserdoppeldecker mit Zentralschwimmer, Argus-Motor und Druckluftschraube (1913).

bilität auf dem Wasser gewährleistet werden konnte. Ein weiterer Stützschwimmer war unter dem Flugzeugheck befestigt.
Im Verlaufe von Erprobungen ist das Flugzeug, wie es hieß, „sowohl mit einem Grundanker als auch mit Treibanker und 30 m Kabel ausgestattet" worden. Dadurch ließ sich das Flugzeug „beim Versagen des Motors je nach Wunsch entweder vor Anker legen oder vor dem Treibanker treiben". Auch an das Ausheben des Flugzeuges war gedacht worden, denn: „Am oberen Tragdeck befinden sich über dem Motor vier Stahlseilösen, durch welche der Apparat mittels Kranes an Land bzw. an Bord gehißt werden kann."
Der Aviatik-Wasserdoppeldecker nahm ebenfalls am Wettbewerb um den „Großen Preis vom Bodensee" des Jahres 1913 teil, aber schon beim Landstart kam es zu einer Havarie: „Durch einen Fehler des Fliegers kam der linke Hilfsschwimmer auf den Boden, so daß sich die Maschine scharf nach links drehte und das Fahrgestell abschlug. Das Flugzeug schied somit aus dem Wettbewerb aus."

UNGEWÖHNLICH ELEGANT UND BUCHSTÄBLICH EIN „Renner" unter den deutschen Wasserflugzeugen war der erstmals im Jahre 1913 beim Bodensee-Wettbewerb eingesetzte Schwimmereindecker der Johannisthaler „Albatros-Werke" mit dem Erfolgsflieger Hellmuth Hirth am Steuer.

Als Chefpilot der Rumpler-Fabrik hatte Hirth an bedeutenden Motorflugwettbewerben teilgenommen und mit „Tauben"-Eindeckern gesiegt oder einen der vorderen Plätze belegt. Er war der erfolgreichste unter den deutschen Fliegern in der Frühzeit des Motorfluges. Im Frühjahr 1913 trennte er sich von Rumpler und übernahm die Aufgaben des Technischen Direktors der „Albatros-Werke". Von ihm angeregt und geleitet entstand ein taubenähnlicher Eindecker, der zum ersten Albatros-Wassereindecker weiterentwickelt wurde. Eigentlich war es ein Land-Wassereindecker, ein Amphibium also. Das Flugzeug hatte anstelle des Fahrwerks zwei langgezogene Hauptschwimmer und einen tropfenförmigen Stützschwimmer unter dem Heck. Die Räder für den Landstart waren hochziehbar.
Mit diesem Flugzeug nahm nun Hellmuth Hirth im Jahre 1913 am Wettbewerb um den „Großen Preis vom Bodensee" teil. Der Gesamtpreis in Höhe von 40 000 Mark war für die drei Erstplazierten aufgeteilt worden: 25 000 Mark für den Ersten, 10 000 Mark für den Zweiten und 5000 Mark für den Dritten.
Hirth gewann vor Robert Gsell, einem schweizerischen Flieger, der mit einem Doppeldecker der „Flugzeugbau Friedrichshafen GmbH." (FF) gestartet war. Gsell hatte von vornherein vermutet, daß Hirth Favorit sei und kaum zu schlagen wäre.

Wasser im Benzinkanister (Auszug)
„Auf morgens fünf Uhr war der Start ... angesetzt. Wir verspäteten uns beim Aufstehen ein wenig, füllten rasch Benzin aus den plombierten Kannen ein und ich startete als erster ... Ich rückte mich auf meinem Flugzeug zurecht ..., als plötzlich mein Motor stark aussetzte und nach wenigen Sekunden vollständig aufhörte ... Ein Kartoffelfeld ... diente mir als Landeplatz, und dank meiner Bremse konnte ich den Apparat zum Stillstand bringen, ohne das irgend etwas daran verletzt war.
Ich nahm mir sofort den Vergaser vor, zog die Schwimmernadel hoch, und es kam auch Flüssigkeit, doch war es – Wasser statt Benzin.
Nun kannte ich den Grund meines Elends und mußte warten bis meine Monteure kamen ... Die Kannen, denen das Wasserbenzin entnommen worden war, hatten über Nacht in meinem Schuppen gestanden. Wie das Wasser in diese hineingekommen, ist mir bis heute unerklärlich, denn die Plomben ... waren alle in Ordnung gewesen.
Dieser Zwischenfall sollte eine Lehre für jeden sein, der an Wettflügen teilzunehmen gedenkt. Vor jedem Flug lasse ich das Benzin jetzt vollständig ab und filtriere es durch ... Leinentücher."

(Hirth, H.: 20 000 Kilometer im Luftmeer. – Berlin, 1913, S. 116 ff.)

„Er ist ja die deutsche Flugkanone und sein Albatros-Tiefdecker steht aerodynamisch hoch über den anderen Kisten des Wettbewerbs.“
Zwischen Hirth und Gsell wurde dann auch das Duell um den „Großen Preis“ ausgetragen, und „ihre ausgezeichneten Leistungen“, so war in einem Bericht zu lesen, „hatten das Fliegerlager am Bodensee in nicht geringe Aufregung versetzt. Überall wurde mit Raffinement an den Maschinen gearbeitet, um sie in gute Form zu bringen. Man sah, wie Schwimmer, um ihnen eine große Gleitfähigkeit zu geben, mit Schmierseife massiert wurden. An anderen Stellen sah man haufenweise Propeller der verschiedensten Konstruktionen herumliegen, die nacheinander ausprobiert wurden, um eine möglichst große Geschwindigkeit zu erreichen. Handelte es sich doch um Sekunden, die ausschlaggebend waren. Wohl selten zeigte sich ein so guter Sport wie in diesen Tagen …“
Außer dem „Großen Preis“ hatte es noch einen Wettbewerb der kleinen Sport-Wasserflugzeuge am Bodensee gegeben. Dafür hatten die „Albatros-Werke“ einen Schwimmereindecker ohne zusätzliche Räder vorbereitet, weil für diese Konkurrenz ein Landstart nicht verlangt wurde. Als Pilot ging Hans Vollmoeller an den Start – und siegte ebenfalls für die Firma Albatros. Die Zeitschrift „Flugsport“ vermerkte den Flug unter dem 30. Juni 1913 und schilderte:
„Nachmittags 16:15 startete Vollmoeller auf Albatros-Sporteindecker mit 75 PS Mercedes-Motor um den Preis für Sportflugzeuge … Vollmoeller stieg im Wasserungsviereck bei Konstanz auf, überflog die Kontrollstation Romanshorn, die durch zwei gelbe Flaggen markiert war, und wasserte vorschriftsmäßig hinter der Ziellinie, gekennzeichnet durch zwei Bojen auf dem Untersee bei Radolfzell. Hinter der Ziellinie stieg er wieder auf und flog nach dem Bojenviereck bei Konstanz zurück. Für die 84 km lange Strecke benötigte Vollmoeller 95 Minuten, entsprechend einer Stundengeschwindigkeit von 105 km.“ Der Siegespreis in dieser Wettbewerbsklasse betrug 5000 Mark.
Die Albatros-Wassereindecker hatten sich mit den Siegen in beiden ausgeschriebenen Disziplinen als die erfolgreichsten erwiesen. Es war zugleich ein Sieg über die vorherrschende Doppeldecker-Konzeption im Wasserflugzeugbau jener Jahre.

Eine Albatros-„Taube“ auf Schwimmern mit Zusatzfahrwerk im Jahre 1913.

Das zweite Albatros-Flugzeug beim Bodensee-Wettbewerb 1913: ein umgebauter Landdoppeldecker mit Mercedes-Motor und Druckluftschraube.

DER ERSTE ALBATROS-WASSERDOPPELDECKER WAR ohne Zutun des Werkes entstanden. Die relativ hohen Entwicklungs- und Versuchskosten für seetüchtige Marineflugzeuge hatten auch die „Albatros-Werke" längere Zeit davon abgehalten, sich mit Schwimmerversionen zu beschäftigen. Dadurch war die Situation entstanden, daß inzwischen eine Seeflugstation der Marine in Putzig bei Danzig (heute Gdańsk) existierte, die aber kein einziges Wasserflugzeug besaß. So kaufte die Marine, um einen Anfang zu machen, in Johannisthal zwei Albatros-Landdoppeldecker mit Gitterrumpf, den einen mit 70-PS-Mercedes-Motor für 19800 Mark, den anderen, ohne Motor, für 12300 Mark.

Den Erfahrungen folgend, die inzwischen aus anderen Ländern beim Bau von Marineflugzeugen vorlagen, sind in Putzig mehrere Versuche mit Schwimmern unternommen worden. Auf diese Weise wurden die Landflugzeuge in Wasserflugzeuge umfunktioniert und für die seefliegerische Ausbildung verwendet. Dieses Umbauverfahren ist beibehalten worden, bis Flugzeugfirmen geeignete Wasserflugzeuge herstellten und anboten.

Im Jahre 1912 haben dann die „Albatros-Werke" im Bemühen um militärische Bauaufträge erstmals selbst einen Doppeldecker auf Schwimmer gesetzt und ihn „Wasser-Militär-Zweidecker" (WMZ) genannt. Das Flugzeug hatte einen unverkleideten Gitterrumpf, aber einen verkleideten Bug für den Flugzeugführer und den Beobachter. Über die Spannweite fanden sich unterschiedliche Angaben zwischen 20,90 und 21,15 m.

Als Triebwerk wurde ein 100-PS-Argus-Motor mit Druckluftschraube verwendet. Der in Tankbehältern mitführbare Kraftstoffvorrat reichte für eine vierstündige Flugzeit. Die Fluggeschwindigkeit lag zwischen 80 und 85 km/h. Die beiden vorderen Hauptschwimmer, so hieß es in einer technischen Beschreibung, hatten „ähnlich wie die Gleitboote eine Stufe, damit sich das Flugzeug beim Starten vom Wasser aus schneller abhebt. Der Querschnitt der Schwimmer ist viereckig; alle vier Seiten sind mit Sperrholz benagelt, wodurch eine sehr hohe Festigkeit und Dichtigkeit erzielt wird."

Auch an diesem Doppeldecker waren an den Schwimmern zusätzliche Räder vorhanden, die vom Flugzeugführersitz aus so-

Auf dem Bodensee gekentert (Auszug)

„Nun soll der Eindecker mit aller Gewalt in die Luft gebracht werden, trotzdem ich dem Dinge noch immer nicht traue ...

Mit langem Anlauf bekomme ich drei Sprünge fertig. Richtig beim Anwassern abfangen läßt sich die Klamotte aber nicht, ich muß sie immer mit Drosseln absacken lassen. Nun heißt es aber wenigstens einen langen Gradausflug versuchen, wozu hat man schließlich einen großen See vor sich. Daß sich die Kiste in der Kurve selbständig machen wird, bin ich ja überzeugt.

Sie macht sich aber sofort selbständig, hängt links und immer linkser und geht trotz aller Gegenwehr nach dieser bevorzugten Seite über Kopf unter Wasser. Wir sind etwa zwei Kilometer im See draußen.

Unangenehm ist, daß ich mich beim Auftauchen immer wieder im Spanndrahtgewirr und unter den Flügeln verfange. Hätte ich doch die Kapok-Schwimmweste nicht angezogen – sie zieht mich immer wieder nach oben und ich muß nun einmal unten raus! Einigermaßen nach Luft japsend komme ich ans Tageslicht und klettere auf den gekenterten Apparat. Da dieser nach und nach absackt, gehe ich auf den einen abgebrochenen Schwimmer; dieser ist noch durch ein Kabel mit den sinkenden Trümmern verbunden und wird mitgezogen. Ich kann aber mit der stets in meiner Lederjacke steckenden Zange die Sicherung des Spannschlosses durchkneifen und das Schloß aufschrauben.

Vergnügt, daß es gut ging und ich mit meiner Vorhersage Recht behielt, paddle ich mit den Händen ... dem zur Rettung nahenden Motorboot entgegen. Ich schlottere etwas, denn gerade warm kann man das Märzwasser nicht nennen."

(Gsell, R.: 25 Jahre Luftkutscher. – Zürich–Leipzig, 1936, S. 86f.)

wohl hochgezogen als auch ausgefahren werden konnten. An dieser Stelle soll der Hinweis nicht versäumt werden, daß das Vorhandensein „eines klappbaren Radgestells zur Ermöglichung einer Notlandung auf festem Boden“ eine ausdrückliche Bedingung des Reichsmarineamtes war, ohne deren Erfüllung ein Wasserflugzeug für den eventuellen Ankauf nicht in Betracht kam.

Noch im selben Jahre wurde der Wasserdoppeldecker von den „Albatros-Werken“ überarbeitet. Vor allem ging es darum, die Fluggeschwindigkeit zu erhöhen, denn die Marine forderte 100 km/h. Ob diese Forderung mit dem neuen Muster „WMZ 2“ erfüllt werden konnte, ließ sich nicht zweifelsfrei feststellen, jedoch sind mehrere dieser Flugzeuge von der Marine angekauft und in Dienst gestellt worden.

Für den „Bodensee-Wasserflugwettbewerb“ im Jahre 1913 hatten die „Albatros-Werke“ neben ihren Eindeckern auch einen neuen Wasserdoppeldecker ins Rennen geschickt. Er war durch den Umbau eines Landdoppeldeckers mit voll verkleidetem Rumpf entstanden, der um die Jahreswende 1912/13 erstmals mit einem 100-PS-Argus-Motor aus der Johannisthaler Werkhalle gerollt war.

Für den Wasserflug ist ein 100-PS-Mercedes-Motor eingebaut und das Radfahrwerk durch ein Schwimmergestell mit hochziehbaren Rädern ersetzt worden. Fachleute schrieben von „hervorragender Werkstattarbeit und konstruktiver Durchbildung“. Robert Thelen, ein ebenfalls bekannter Flieger jener Jahre, belegte im „Großen Preis“ mit diesem Doppeldecker den dritten Platz und trug damit zur deutlichen Überlegenheit der Albatros-Flugzeuge am Bodensee bei.

VON VORNHEREIN UND VOR ALLEM FÜR DEN BAU VON Wasserflugzeugen war die „Flugzeugbau Friedrichshafen GmbH.“ gegründet worden. Die Firma entstand im Juni 1912 durch Finanzierung Zeppelins und nahm ihre Tätigkeit in einer alten Luftschiffhalle in Manzell am Ufer des Bodensees auf. Unter Verwendung der Firmeninitialen erhielten die Flugzeuge aus Manzell die Typenkennzeichnung FF (für: Flugzeugbau Friedrichshafen).

Die Standortwahl am Bodensee erwies sich für den Wasserflugzeugbau als besonders förderlich, denn die Flugzeugmuster konnten ohne Transportaufwendungen gewissermaßen vor den Toren der Werft erprobt werden. Im Jahre 1912 war zunächst ein Wasserdoppeldecker mit Gitterrumpf vorhanden. Im Jahre 1913 entstanden mehrere Wassereindecker, bevor das Werk dann 1914 generell zum Doppeldeckerbau überging.

Der Bau und die Erprobung der FF-Wasserflugzeuge verlangten eine spezifische konstruktive Durcharbeitung der Flugzeugschwimmer. Aus einem damaligen Bericht über das Werk geht hervor, daß im Verlaufe der Jahre mehr als 100 Schwimmerversionen erprobt worden sind.

Im Wettbewerb der kleinen Sport-Wasserflugzeuge, der parallel zum „Großen Preis“ im Jahre 1913 am Bodensee ausgetragen wurde, setzte das FF-Werk einen neuentwickelten Sporteindekker ein, der die Typenbezeichnung FF 8 trug. Es war ein schnittiges Flugzeug mit stoffbespanntem Rumpf. Eine Beschreibung besagte:

„Der vierkantige Rumpf des Apparates wird durch zwei schmale Hauptschwimmer und einen kleinen Stützschwimmer am Schwanzende getragen. Der Unterbau besteht aus vier Doppelstützen, je zwei derselben sind durch eine Kufe verbunden, deren vorderer Teil auf dem Schwimmer gelenkig befestigt ist. Das hintere Ende der Hauptschwimmer ist gegen die Kufen durch Zwischenschaltung von Gummiringen abgefedert. Der Apparat hat verwindbare Flügel, ein Seitensteuer mit großer Kielfläche und eine dreieckige Schwanzfläche mit daran anschließender Höhensteuerklappe.“

Dieses Wasser-Sportflugzeug war unterschiedlichen Quellen zufolge mit einem Argus-Motor von 65 oder 70 PS ausgerüstet. Es war das einzige, das ernsthaft mit dem Albatros-Wassereindekker in der Klasse der kleinen Sportflugzeuge konkurrieren konnte, und so war das Bemühen der Friedrichshafener Mannschaft speziell darauf gerichtet, die von dem Albatros-Piloten Vollmoeller erreichte Zeit zu unterbieten. Das verführte den Flieger am Steuer des FF-Flugzeuges offenbar zu waghalsigen Flugmanövern, denn, so war in einem Wettbewerbsbericht zu lesen: „Um Zeit zu sparen, nahm er hinter der Ziellinie ... auf dem Wasser eine zu scharfe Kurve, wobei er mit dem einen Tragdeck das Wasser streifte und den Schwimmer abbrach.“

Damit schied der Wassereindecker des Friedrichshafener Flugzeugbaus aus dem weiteren Wettbewerb aus, weil er bis zum Ende der Konkurrenzen nicht wieder einsatzfähig repariert werden konnte. Am Wettkampfende wurde wenigstens ein Trostpreis von immerhin noch 2000 Mark zuerkannt.

Die Wasser-Sporteindecker-Entwicklung ist von den Friedrichshafenern nicht weiterverfolgt worden, denn zunehmend richtete sich das Werk am Bodensee auf den Seeflugzeugbedarf der Marine ein. Und diese zog für die nächsten Jahre die Wasserflug-

Im Jahre 1913 von der Firma „Flugzeugbau Friedrichshafen GmbH." vorgestellt: der neuentwickelte Wasser-Sporteindecker FF 8.

zeuge der Doppeldeckerbauart den Eindeckern vor. Wie überhaupt die Feststellung nicht umgangen werden kann, daß in der damaligen Militärfliegerei den Doppeldeckern mit ihren Stielen und Drahtverspannungen ein wesentlich höheres Vertrauen entgegengebracht wurde, obgleich in den bedeutenden europäischen Motorflugwettbewerben die Eindeckerflugzeuge ihre Leistungsüberlegenheit bereits hinreichend unter Beweis gestellt hatten.

OBWOHL IM JAHRE 1913 DIE „FLUGZEUGBAU FRIEDrichshafen GmbH." bereits ein auf den Wasserflugzeugbau spezialisiertes Werk war, konnten erste Plätze im Bodensee-Wettbewerb nicht erreicht werden. Das erfolgreichste FF-Flugzeug wurde der eingesetzte Doppeldecker mit Robert Gsell am Steuer, der den zweiten Platz beim „Großen Preis" belegte.

Der schweizerische Flieger Gsell, zuvor auf dem Flugplatz Johannisthal als Dorner-Pilot bekannt geworden, hatte später die Reißner-Ente eingeflogen und suchte danach, eigenen Erinnerungen zufolge, „eine neue Versuchspilotentätigkeit". Er schrieb: „Schon lange zieht es mich zur Wasserfliegerei. Wasserfahrt ist seit Kindertagen meine große Sehnsucht gewesen. Mein größter Schmerz war, daß die Schweiz kein Meer und keine Marine besaß. Als daher eine Stellung beim Flugzeugbau Friedrichshafen, einer Tochtergesellschaft des Zeppelin am Bodensee ... frei wird, melde ich mich sofort."

Gsell wurde eingestellt. Er hatte die neuentwickelten Wasserflugzeuge zu erproben. Als Versuchsflieger war er deshalb auch an der Vorbereitung des Bodensee-Wettbewerbes im Jahre 1913 beteiligt, zumal er den Wasserdoppeldecker der FF-Werke, der dafür gebaut worden war, selbst fliegen sollte.

Dieser Doppeldecker war an die US-amerikanische Curtiss-Bauweise angelehnt: ein unverspannter Gitterrumpf mit Querruderblättern zwischen den Tragflächen, seitlich herausstehend; dazu ein Zentralschwimmer mit seitlichen Stützschwimmern und einem weiteren kleinen Stützschwimmer unter dem Flugzeugheck. Neben dem Aviatik-Doppeldecker war dieses FF-Flugzeug das zweite im Bodensee-Wettbewerb mit nur einem tragenden Schwimmer an kräftigen Verstrebungen unter dem Rumpf. Es erhielt die Typenbezeichnung FF 9.

Die konstruktive Anlehnung an die Curtiss-Bauweise hatte ihre Ursache darin, daß die Friedrichshafener Flugzeugwerke vom Reichsmarineamt einen alten Doppeldecker auf Schwimmern aus den USA gekauft hatten und diesen als Ausgangsmuster für eigene Entwicklungen benutzten. Diesen Doppeldecker fand Gsell vor, als er im Jahre 1912 seine Tätigkeit im FF-Werk aufnahm. Er schrieb:

„Bei meinem Eintritt als Ingenieur-Pilot war an flugfähigen Maschinen nur ein amerikanischer Curtiss-Wasserdoppeldecker mit 70 PS Curtiss Achtzylinder-V-Motor vorhanden, ein primitives Ding, das einen Gitterschwanz mit stufenlosem Mittelschwimmer sowie vorderem und hinterem Höhensteuer besaß. Für die Gleichgewichtshaltung auf dem Wasser dienten zwei Stützschwimmer. Nach der Schwerpunktlage hätte die Kiste auch einen Schwanzschwimmer haben müssen, doch dieser war entfernt worden, da sein Wasserwiderstand jeden Start verunmöglichte. Die Querruder befanden sich in halber Höhe zwischen den Tragflächen und wurden durch seitliche Verschiebung des Pilotensitzes betätigt, während das Handrad auf der Steuersäule das Seitenruder bediente. Um auch den Füßen etwas zu tun zu geben, wurden diese zur Bedienung der Gasdrossel benutzt – aber nicht wie beim Auto zum Gasgeben, sondern zum Drosseln, weil der Vogel ohne Vollgas ohnehin nicht flog."

Ausgehend von dieser konstruktiven Vorlage entstanden die Wasserdoppeldecker FF 1 (1913) sowie FF 9. Über das letztere Flugzeug und seinen Einsatz im Bodensee-Wettbewerb schrieb Robert Gsell einige knappe Tagebuchnotizen auf:

„17. Juni 1913: Der Wettbewerbs-Doppeldecker für den Großen Preis vom Bodensee ist fertig. Er gleicht der alten Kiste, hat aber einen 140-PS-N.A.G.-Motor mit sechs Zylindern zum Antrieb. Ich stelle nur kleine, leicht behebbare Fehler fest, nachdem das Einfliegen auf Anhieb klappte ...

24. Juni 1913: Der Wettbewerb steht bevor, er verlangt auch einen Landstart. Wir fliegen also nach Konstanz, wo beim Wasserwerk ein kleiner Flugplatz geschaffen worden ist (300 × 50 Meter). Ich mache vorsichtig die ersten Landstartversuche.

29. Juni 1913: Petrus scheint unserem Wettbewerb nicht gut gesinnt. Niemand will fliegen, und dabei ist der Großherzog von Baden zu Besuch da. Verzweifelt kommt ein Herr der Wettbewerbsleitung zu mir: ‚Sie sind doch der geübteste Wasserflieger und kennen den Bodensee wie Ihre Hosentasche. Fliegen Sie doch seiner königlichen Hoheit etwas vor!' Aber ich ... erwidere: ‚Das könnte Ihnen so passen, daß ich Genick und Maschine riskiere, und Sie dafür einen Orden kriegen!' Der Großherzog beschränkt sich also auf die Besichtigung der Flugzeuge und eine leutselige Unterhaltung ...

1. Juli 1913: Ich starte als Erster zum ‚Großen Preis vom Bodensee'; es geht um 25 000 Mark! Der See ist zweimal zu umrunden, wobei in Lindau zwischengewassert werden muß; dabei soll der Motor abgestellt und wieder angelassen werden. Diese Zeit wird mitbewertet. Die Flughöhe ist freigestellt, nur muß einmal 500 Meter über See erreicht werden. Mit meiner Zeit von 106 Minuten 51 Sekunden habe ich gute Aussichten. Wir versuchen anschließend einen neuen Geschwindigkeitspropeller und erzielen zwei Stundenkilometer mehr – das kann uns zum Sieg verhelfen, obschon Start und Steigen schlechter sind. Der große Preis darf nämlich mehrfach versucht werden ...

3 Juli 1913: Hirth fliegt zum großen Preis – 35 Sekunden hat er weniger gebraucht als ich – nicht viel für 200 Kilometer Flugstrecke samt Zwischenlandung und Wiederanlassen des Motors.

4. Juli 1913: Ich muß Hirth um die 35 Sekunden schlagen – sie machen 15 000 Mark aus! Leider weht ein böiger Südwestwind ... Begreiflich, daß ich wüte, als in der zweiten Runde vor Arbon eine Zündkerze ausfällt. Mit fünf Zylindern ist nichts zu machen. Mit dem Sieg ist es aus; wir müssen den Motor auseinandernehmen, weil Teilchen der Kerzenisoliermasse in den Zylinder gefallen sind ...

5. Juli 1913: Noch ein Versuch um den großen Preis, trotz ungünstigem Wetter. Diesmal klappt das Anlassen bei der Zwischenwasserung nicht und trotz aller Kräfte komme ich auf 108 Minuten, erreiche also nicht einmal meine eigene Zeit."

Es blieb beim zweiten Platz, trotz aller Bemühungen des Fliegers Gsell. Am Ende unterlag er nicht nur der besseren aerodynamischen Durchbildung des Albatros-Eindeckers und der größeren Flugerfahrung Hirths – sondern auch, wie es vielen Piloten in jenen Jahren immer wieder erging, den technischen Mängeln am eigenen Flugzeug.

Erfolgreich beim Bodensee-Wettbewerb des Jahres 1913 war der Doppeldecker des Friedrichshafener Flugzeugbaus, gesteuert vom schweizerischen Flieger Robert Gsell.

XIV. Wasserflugzeuge international

Die technische Entwicklung und der Bau von leistungsfähigen Wasserflugzeugen sind auch in mehreren anderen Ländern durch Preisstiftungen und wasserflugsportliche Wettbewerbe gefördert worden. Von besonderem Anreiz für den internationalen Leistungsvergleich wurde der „Schneider-Pokal", gestiftet am 5. Dezember 1912 von dem französischen Industriellen Jacques Schneider, und zwar für Motorflugzeugwettbewerbe, die nur mit möglichst seefähigen Flugzeugen bestritten werden sollten. Darüber hinaus fanden nicht nur in Frankreich, sondern auch in Großbritannien und Italien regelmäßige Wasserflugwettbewerbe statt.

Vor allem französische Experimenteure und Ingenieure haben neben der Entwicklung von Landflugzeugen vielerlei erfolgreiche Versuche mit Wasserflugzeugen unternommen. Aber auch britische, italienische, US-amerikanische und russische Konstrukteure trugen zum Entstehen zuverlässiger Wasserflugzeuge bei.

Mit Gewässern als Start- und Landeplatz waren, wie sich bald herausstellen sollte, gänzlich neue Anforderungen an die Flieger verbunden.

Deshalb fanden sich in technischen Fachzeitschriften mitunter Aufsätze, die darauf hinwiesen, daß ein Seeflieger auch ein Seemann sein müsse und folglich als solcher ausgebildet sein sollte:

„Er kennt die Windstreifen auf dem Wasser, aus denen man dessen Richtung und Stärke ohne andere Hilfsmittel erkennt; das Tauwerk auf seiner Maschine wird von der gleichen mustergültigen Ordnung sein, wie das auf einem Boot. Die hinter der Hafenecke lauernde Böe vermag ihm nichts anzuhaben, denn er rechnet mit der Selbstverständlichkeit, mit der der Stadtbewohner sich am Straßenübergang nach den Wagen umsieht. Er kennt Anker und Treibanker, hat mit ihnen gearbeitet und wird sie am Flugzeug anstecken mit den gleichen so unendlichen zweckmäßigen Knoten, mit denen er sein laufendes und stehendes Gut an Bord versorgt hat . . . Und vor allem kennt der Seemann Wind und Wolken über See, und er hat gelernt, sie zu beachten als Hilfe und als Warnung . . ."

Damit waren Erkenntnisse verallgemeinert worden, deren rationaler Kern letztendlich in der Feststellung bestand, daß das Wasserfliegen nicht unbedingt höhere, jedenfalls aber andersgeartete Anforderungen als das Landfliegen stellt.

Dies berücksichtigend, waren die Veranstalter von Wasserflugwettbewerben überwiegend darum bemüht, Flugunfälle dadurch zu vermeiden, daß das Starten und Landen auf ruhigen Wasserflächen erfolgen konnte. Binnenseen oder Häfen in windgeschützter Lage sind demzufolge für derartige Konkurrenzen bevorzugt worden.

Allerdings brachte dies die Konsequenz mit sich, daß selbst herausragende Siegerflugzeuge für militärische Zwecke nur bedingt verwendbar, im maritimen Sinne nicht hinreichend seetüchtig waren.

Das aber hat besonders die meisten französischen Wettbewerbe kaum beeinträchtigt – und schon gar nicht die Wettkampfflüge um den „Schneider-Pokal", denn dieser war ein durchweg motorflugsportlicher Geschwindigkeitswettbewerb für Wasserflugzeuge. Er sollte jährlich ausgetragen werden, fand daher bis zum ersten Weltkrieg nur zweimal statt.

Im Jahre 1913 ging der Sieg an Frankreich. Maurice Prevost gewann mit einer Durchschnittsgeschwindigkeit von 72,6 km/h auf dem Deperdussin-Schwimmer-Eindecker. Im darauffolgenden Jahre schaffte es dann der Brite Howard Pixton auf einem Tabloid-Doppeldecker, konstruiert von Thomas O. M. Sopwith, mit einer Durchschnittsgeschwindigkeit von 139,66 km/h.

Nun wäre es aber eine unzureichende Beurteilung, wollte man aus der Tatsache, daß die bekanntesten Flugzeugfirmen mit ihren erfahrenen Werkpiloten an der Leistungsspitze solcher Wettbewerbe standen, ableiten, es seien allein Vergleichskonkurrenzen der Flugzeug- und Flugmotorenindustrie gewesen. In hohem Maße gingen von den Wettbewerben vielfältige Impulse aus, die von zuvor völlig unbekannten Konstrukteuren genutzt wurden, eigene Flugzeugmuster zu bauen, sich mit diesen zu beteiligen und deren Eignung im fliegerischen Vergleich zu prüfen. Was für jede andere Sportart galt, war auch für den sich entwickelnden Motorflugsport gültig:

Der vergleichende Wettbewerb wurde zum intensiven Leistungsanreiz. Darüber hinaus haben die Motorflugwettbewerbe, auch die für Wasserflugzeuge, mit ihrer hohen Zuschauerwirksamkeit ganz wesentlich zur breiten Popularisierung des Luftfahrtgedankens beigetragen.

BEI BEDEUTENDEN FRANZÖSISCHEN WASSERFLUGwettbewerben des Jahres 1913 richtete sich die Aufmerksamkeit der Fachpresse unter anderem auf ein Wasserflugzeug in der Konstruktionsweise eines Flugbootes, damals häufig auch „fliegendes Boot“ genannt. Die Bezeichnung des Flugbootes, die sich in zeitgenössischen Veröffentlichungen fand, ist teilweise irreführend, denn man schrieb vom „Denhaut/Donnet-Lévêque-Flugboot“ oder vom „Donnet-Lévêque-Flugboot“ ebenso wie vom „Flugboot Lévêque de Molla“ oder vom „Lévêque-Flugboot“. Die letztere Bezeichnung war zutreffend, wenn berücksichtigt wird, daß der verwendete Name nicht der des Konstrukteurs, sondern des Inhabers der Firma war, in der das Wasserflugzeug entstand. Und Molla war der Name des französischen Fliegers, der im Jahre 1913 mit diesem Flugboot an Wettbewerben teilnahm.

Die damaligen Bezeichnungsunsicherheiten hatten ihre Ursache in wechselnden Partnerschaften, die ihren Anfang nahmen, nachdem am 15. März 1912 der französische Ingenieur und Flieger Denhaut mit einem Motorflugboot eigener Konstruktion aufgestiegen war. Er startete auf der Seine bei Juvisy. Der Flug endete mit einem Unfall, bei dem Denhaut verletzt wurde, aber überlebte. Er verbesserte sein Flugboot und unternahm bald darauf mehrere gelungene Wasserstarts und -landungen.

Dieses Denhaut-Wasserflugzeug war ein Doppelsitzer mit einem 50-PS-Gnôme-Umlaufmotor und erregte beträchtliches Aufsehen, weil es das erste flugfähige europäische Flugboot war. So fiel es Denhaut auch nicht schwer, Geldgeber für weitere Konstruktionsbemühungen zu finden. Es entstand eine Gesellschaft zum Bau und zum Verkauf des Denhaut-Flugbootes, deren Vor-

Neuheit in Europa: ein „fliegendes Boot“ aus Frankreich, gebaut bei Lévêque, erstmals ausgestellt auf dem Pariser „Aero-Salon“ im Jahre 1912.

standszusammensetzung bereits die Aufgabenteilung markierte: Die finanzkräftigen Gesellschafter Donnet und Lévêque waren mit der kommerziellen Seite des Unternehmens befaßt, Denhaut übernahm die Aufgaben des Chefkonstrukteurs für den Flugbootbau, der bekannte französische Flieger und Marineleutnant Jean Conneau, der unter dem Pseudonym André Beaumont an Luftrennen teilnahm, wurde Chefpilot der Firma.

Bis zum Juli 1912 entstanden zwei weitere Flugboote. Aus dieser Zeit stammt die Bezeichnung „Denhaut/Donnet-Lévêque-Flugboot“ für die Baumuster. Zur Verkaufswerbung wollte Conneau am 9. August 1912 auf der Seine bei Paris starten, nach London fliegen und dort auf der Themse landen. Aber ein Startunfall beendete den Fernflug schon beim Beginn. Einen Monat später führte Conneau das Flugboot erfolgreich bei einem Seeflugwettbewerb in Belgien vor.

Das Flugboot-Konzept des Konstrukteurs Denhaut, das sich in der Folgezeit nur unwesentlich veränderte, bewährte sich. Die deutsche Zeitschrift „Flugsport“ beschrieb das Flugzeug als einen Wasserzweidecker, „der durch einen als Gleitboot ausgebildeten Hauptschwimmer getragen wird. Dieses Gleitboot ist als Stufenboot ausgebildet. Der Führersitz befindet sich in diesem Gleitboot. Der 70-PS-Gnôme-Motor ist, damit die Schraube nicht das Wasser berührt, sehr hoch gelagert. An dem Vorderteil des Gleitbootes sind zu beiden Seiten Leitflächen angeordnet, die ein Einspringen des Gleitbootes in das Wasser vermeiden und die Bugwellen ablenken sollen. Es hat sich gezeigt, daß bei hohen Geschwindigkeiten das Bugwasser unter Umständen 2–3 m hoch aufspritzt.“ Das Flugboot hatte zwei Hilfsschwimmer unter den äußeren Enden des unteren Tragflügels, Höhen- und Seitensteuer befanden sich am Heck.

Im Oktober 1912 war das Flugboot auf dem Pariser „Aero-Salon“ ausgestellt, und zwar als Amphibium mit einem zusätzlichen, hochziehbaren Fahrwerk ausgerüstet. Zu jener Zeit sprach man unter Weglassen des Konstrukteurnamens nur noch vom „Donnet-Lévêque-Flugboot“. Es ist als Marineflugboot nach Großbritannien, Österreich-Ungarn, Dänemark und Schweden geliefert worden.

Zum Jahresbeginn 1913 trennten sich die beiden Finanziers der Gesellschaft aus Gründen kommerzieller Unstimmigkeiten. Donnet verließ das Unternehmen, Lévêque führte es weiter. Fortan sprach man vom „Lévêque-Flugboot“. Unter dieser Bezeichnung wurde es mit dem französischen Flieger Molla zum Wasserflugzeugwettbewerb vom 24. bis 31. August 1913 angemeldet, der eigentlich aus zwei Konkurrenzen bestand: Erstens aus einem Fernflug von Paris, dem Lauf und den Windungen der Seine folgend bis zur Seine-Mündung bei Deauville, über eine Strecke von 300 km mit 24 Kontrollstationen – ausgeschrieben vom „Aéro-Club de France“. Zweitens aus einem Marineflugzeugwettbewerb mit diversen und besonders schwierigen Bedingungen, Vorprüfungen und einem Hauptwettbewerb, bestehend aus einem Flug über 180 Seemeilen in weniger als acht Stunden; Starts und Wasserungen auf bewegtem Meer, zwei aufeinanderfolgenden Flügen mit Maximal- und Minimalgeschwindigkeiten in höchstens 50 m Höhe; einer Rundkurs-Geschwindigkeitsprüfung über 250 Seemeilen mit Zwischenwasserungen; einer Dauerflugprüfung ohne Zwischenwasserungen – ausgeschrieben vom französischen Marineministerium.

Zu jenem Zeitpunkt waren einige weitere Verbesserungen am Flugboot erkennbar. Die Fachpresse schrieb: „Lévêque bringt ein fliegendes Boot ... Zum Betrieb dient ein 120 PS wassergekühlter Salmson-Motor. Das Seitensteuer ist, um es aus dem Bereich des Kielwassers zu bringen, sehr hoch angeordnet.“

Technische Daten des Bauzustandes vom August 1913 waren: obere Spannweite 13 m; Tragflächengröße 30 m^2; Flugbootlänge 9 m, Leermasse 600 kg; Startmasse 850 kg; Fluggeschwindigkeit 110 km/h.

Der Fernflugwettbewerb entlang der Seine wurde am 24. August in Pecq bei Paris gestartet. Molla hatte unterwegs Benzinrohrbruch und mußte notwassern. Das Flugboot wurde nach Pecq zurückgeschleppt und rasch repariert; schon um 10.30 Uhr wurde es erneut gestartet. Es belegte den dritten Platz. Beim Marinewettbewerb von Deauville siegte das Flugboot in der Geschwindigkeitsprüfung über 250 Seemeilen. Damit gehörte das Lévêque-Flugboot zu den erfolgreichsten europäischen Wasserflugzeugen des Jahres 1913.

DIE ERSTEN VERWENDBAREN FLUGBOOTE HAT DER US-amerikanische Konstrukteur und Flieger Glenn Hammond Curtiss gebaut. Zum Ende des Jahres 1908 hatte er zunächst ein Landflugzeug eigener Konstruktion, den Doppeldecker „June Bug“ (Junikäfer), auf Schwimmer gesetzt und ihn „Loon“ (Eistaucher) genannt. Aber er konnte damit lediglich auf dem Wasser herumfahren. Ein Wasserstart ist nie gelungen. Im Zeitraum 1909/10 experimentierte er mit einem Dreidecker auf Schwimmern, dann kehrte er für weitere Versuche zum Doppeldecker zurück.

Um diese Zeit machte CURTISS auf seine Flugzeuge aufmerksam, als er die Flugzeugträgeridee erprobte. Er traf gemeinsame Vorbereitungen mit der US-Marine und gewann einen Flugzeugführer. Dieser, EUGENE ELY, startete am 14. November 1910 mit einem Curtiss-Doppeldecker vom speziell präparierten Deck des Kriegsschiffes „Birmingham". Und zwei Monate später, am 18. Januar 1911, ist ELY in der Bucht von San Francisco eine Landung auf dem Achterdeck des Kriegsschiffes „Pennsylvania" gelungen. Der aufsetzende Doppeldecker war mit herabhängenden Bremshaken ausgestattet, die an Deck ausgelegte Bremskabel erfaßten und das Flugzeug zum Stillstand brachten.
In der Folgezeit trieb CURTISS die Entwicklung von Wasserflugzeugen weiter voran. Er baute ein Flugzeug mit Zentralschwimmer im Jahre 1911. Es war ein Doppeldecker mit vorgezogenem Höhensteuer (nach dem Prinzip der WRIGHTschen Landdoppeldecker) mit zwei nebeneinanderliegenden offenen Sitzen. An den Enden der unteren Tragflächen befanden sich Hilfsschwimmer. Die Spannweite der Tragdecks betrug 8,74 m, mit den seitlich herausragenden Querruderblättern zwischen den Tragflächen 11,28 m; die Länge 8,43 m.
Das Schwimmerflugzeug wurde von einem 75-PS-Curtiss-Motor angetrieben und erreichte Fluggeschwindigkeiten von etwa 105 km/h. Es ist von der Marine angekauft und als „U.S. Navy Airplane No. 1" in Dienst gestellt worden. Dies war offenbar das erste Marine-Wasserflugzeug in der Luftfahrtgeschichte. Es wurde für Schulungszwecke verwendet. Das Wasserflugzeug ist im weiteren Fertigungsverlauf in mehreren Details modifiziert worden.
Mit dem weltersten Flugboot trat CURTISS im Januar 1912 an die Öffentlichkeit. In einer Beschreibung hieß es: „Der amerikanische Konstrukteur CURTISS baute seit längerer Zeit Wasserdoppeldecker, welche einen großen Mittelschwimmer besaßen. CURTISS verlegte dann die Sitze in den Schwimmer, und so entstand das Curtiss-Flugboot. Das Boot hat die Form der modernen Gleitboote mit einer Stufe an der Unterseite. Es ist aus dünnen Furnierplatten hergestellt und mit wasserdichtem Segeltuch überzogen ... Der Motor befindet sich auf einem Gestell unter der oberen Tragfläche, ziemlich hoch gelagert und treibt direkt eine Druckschraube. Das Ende des Bootes trägt eine dreieckige Schwanzfläche, welche etwas hochgelegt ist, damit sie durch Wellenschlag nicht beschädigt werden kann; hieran schließt sich ein geteiltes Höhensteuer ... Die Querlagensteuerung erfolgt durch zwischen den Tragdecks angeordnete Klappen wie bei den normalen Curtiss-Flugzeugen. Führer und Begleiter sitzen im Boot nebeneinander."
Für den Seeflugzeugbau stellte das Curtiss-Flugboot einen beträchtlichen Fortschritt dar. Es war am 10. Januar 1912 zum Erstflug aufgestiegen und wurde in den Jahren 1912/13 als Standardmuster mit einem 100-PS-Curtiss-Motor und Druckluftschraube in mehreren Modifikationen gebaut. Wegen seiner sehr guten Eignung für maritime Zwecke ist es sogleich von der US-Marine angekauft worden und fand auch in anderen Ländern Verbreitung.
Im Bauzustand des Jahres 1912 hatte der Flugboot-Doppeldekker eine Spannweite von 12,5 m, eine Flügelfläche von 35,12 m^2 und eine Länge von 8,33 m. Mit einem 100-PS-Motor lag die Fluggeschwindigkeit bei reichlich 100 km/h. Noch im Jahre 1912 ging CURTISS dazu über, die Querruderblätter zwischen den

Konstruktives Vorbild für den europäischen Flugbootbau: das Curtiss-Flugboot aus den USA (Erstflug im Januar 1912, danach in mehreren Varianten gebaut).

Tragflächen zu entfernen und die Spannweite der unteren Tragfläche zu verkürzen.
Mit dem Blick auf die von Curtiss eingeleitete Entwicklung von Flugbooten wurden die Vorteile solcher Konstruktionen seinerzeit folgendermaßen beschrieben: „Neben den Flugzeugen, welche durch einfaches Daruntersetzen von Schwimmern für den Gebrauch auf dem Wasser tauglich gemacht werden, hat sich ... eine selbständige Wasserflugzeugtype gebildet, das Flugboot. Wenn auch heute noch die Schwimmerflugzeuge manchen Erfolg einheimsen, scheint es doch, als ob das fliegende Boot einmal später als das geeignetste Wasserflugzeug sich allein behaupten wird. Dieser Gedanke liegt sehr nahe, da das Flugboot in vieler Beziehung technisch große Vorteile bietet. Die Sitze der Insassen im Schwimmer selbst, also im Boot, unterzubringen, erübrigt einen besonderen Rumpfaufbau, weiter werden dem Führer die Wasserlandungen bedeutend erleichtert. Es liegt sogar die Möglichkeit vor, selbst den Motor im Boot unterzubringen, welcher bei einem größeren Hochseeflugboot im Notfalle eine Wasserschraube antreiben könnte. Flugboote im größeren Maßstab bieten daher für einen praktischen Ausbau und zweckmäßige Verwendungsmöglichkeiten die weitesten Aussichten."
Diese prognostische Beurteilung erwies sich als richtig. Auch Curtiss hat das Flugboot-Konzept weiterentwickelt. Am Jahresanfang 1914 begann er mit der Konstruktion und dem Bau eines größeren zweimotorigen Flugbootes mit einer Spannweite von 21,95 m. Es war geplant, daß der britische Marineflieger John C. Porte damit etappenweise den Atlantik überfliegen sollte. Jedoch kam dieses durchaus realistisch erscheinende Vorhaben einer erstmaligen Atlantiküberquerung nach Europa wegen des ersten Weltkrieges nicht mehr zur Ausführung.

DIE VORZÜGE VON FLUGBOOTEN GEGENÜBER SCHWIMMERFLUGZEUGEN haben vor allem in den USA, von dort ausgehend auch sehr bald in Frankreich und Großbritannien, zur Verbreitung dieser Bauweise von Wasserflugzeugen geführt. Fast alle Konstrukteure, die sich später auf den Wasserflugzeugbau spezialisierten oder ihn zumindest in ihrer Fertigungspalette nicht vernachlässigten, hatten ihre Erfahrungen zuvor mit Landflugzeugen gesammelt. Besonders durch die Ausschreibung von Wasserflugzeugwettbewerben angeregt, übernahmen sie bereitwillig die ersten Erfahrungen auf diesem neuen flugtechnischen Gebiet und modifizierten sie nach ihren eigenen Vorstellungen.
In den USA gehörte der Flieger Paul Peck zu den strebsamen Flugzeugbauern der Frühzeit des Motorfluges. Die ersten Meldungen über sein Wirken fanden sich in der europäischen Fachpresse im Jahre 1912. Daraus geht hervor, daß er, um mit Flugzeugversuchen beginnen zu können, finanzielle Förderer gesucht und gefunden hat und im Jahre 1911 die „Washington Aeroplane Company" gründete. Er wählte als Firmenstandort die US-amerikanische Bundeshauptstadt Washington D.C. (District of Columbia). Das erklärt auch, weshalb er seinem ersten Landdoppeldecker, den er im Jahre 1912 vorstellte, den Namen „Columbia" gab.
Der Doppeldecker war zierlich und machte mit seiner Gitterbauweise einen zerbrechlichen Eindruck. Unterhalb der unteren Tragfläche, die nur etwa einen halben Meter über dem Boden lag, befand sich das Radfahrwerk mit zwei hintereinander angeordneten Radpaaren und vorgezogenen Doppelkufen, die beim Landen das Vornüberkippen des Flugzeuges verhindern sollten, falls die kleinen gummibereiften Räder in Bodenlöcher gerieten. Knapp über den Kufen war ein kleiner verkleideter Rumpfbug für den recht engen Flugzeugführersitz vorgesehen.
Von beiden Tragflächen, etwa im Abstand von 2 m, verlief ein unverkleideter Leitwerkträger im spitzen Winkel zum Heck, wo sich Höhen- und Seitensteuer befanden. Dieses Heck stand ohne Sporn frei in der Luft. Zwischen den Tragflächen war ein 50-PS-Gyro-Motor mit Druckluftschraube angeordnet. Das Flugzeug hatte eine Länge von etwa 8 m.

Eine interessante Episode im Wasserflugzeugbau: das Flugboot „Columbia Gyro" mit aerodynamisch gut durchgebildetem Bootsrumpf und frei aufgehängtem Umlaufmotor mit Druckpropeller.

Noch im Sommer des Jahres 1912 – ganz gewiß angeregt von den flugtechnischen Erfolgen seines Landsmannes Curtiss – hat Peck ein Flugboot fertiggestellt und mit der Erprobung begonnen. Es war ein dreistieliger Doppeldecker, die obere Tragfläche beidseitig verlängert, mit einem elegant und schnittig geformten Bootskörper. Für diese Konstruktion verwendete Peck einen 80-PS-Gyro-Motor. Dieses Triebwerk und der Name „Miß Columbia", den Peck seinem Flugboot gab, haben zu der aufgefundenen Bezeichnung „Miß Columbia Gyro" geführt.

An dieser Stelle sei angemerkt, daß intensives Suchen nach näheren Angaben über Flugleistungen, die mit diesem interessanten Flugboot erreicht worden sind, wie auch nach weiteren Flugzeugbauten der Aeroplane-Company ergebnislos blieben. Die Erklärung dafür fand sich dann in einer Notiz, festgehalten in Flugunfall-Listen: Am 11. September 1912 ist Paul Peck bei Chicago abgestürzt. Er fand dabei den Tod.

DER FRANZÖSISCHE FABRIKANT VON FLUGZEUGEINZELteilen, Gabriel Borel, hatte gemeinsam mit Léon Morane leichte Landeindecker gebaut, bevor er sich dem Bau von Wasserflugzeugen zuwandte. Dazu hatte er ein Landflugzeug im Jahre 1912 auf zwei Schwimmer mit breiten Gleitflächen gesetzt, einen gleichartigen kleinen Stützschwimmer unter das Heck montiert – und mit diesem Flugzeug konstruktive Erfahrungen gewonnen, die zur Weiterentwicklung des Schwimmereindeckers zu einem Wasser-Renneindecker führen sollten.

Das Schwimmerflugzeug nahm, gesteuert von dem französischen Flieger Chambenois, vom 24. bis 26. August 1912 am Wettbewerb in Saint-Malo an der Bretagneküste teil, zu dem sieben Doppeldecker und fünf Eindecker gemeldet worden waren. Doch endete der erste Auftritt des Borel-Flugzeuges in einem Wettbewerb schon vor dem Startbeginn mit einem Fiasko. Ein Berichterstatter schrieb: „Der Borel-Eindecker kippte schon gleich beim ins Wasserbringen um, sobald er den Slip verlassen hatte, weil seine beiden Schwimmer viel zu dicht beieinander angebracht waren und die Seitenstabilität deshalb durchaus nicht ausreichte. Beim Herumhantieren mit dem Apparat wurde auch noch der eine Flügel gebrochen, und er schied endgültig aus dem Wettbewerb aus."

Tatsächlich wurden die beiden Hauptschwimmer nach diesem

Der erfolgreiche französische Borel-Eindecker auf Schwimmer gesetzt im Bauzustand des Jahres 1913.

Vorfall lediglich etwas weiter auseinander gerückt – und die Bewegungseigenschaften auf dem Wasser verbesserten sich. Das Flugzeug war dann auch am Borel-Stand des Pariser „Aero-Salons" im Jahre 1912 ausgestellt.

Im kombinierten Wasserflugzeugwettbewerb vom 24. bis 31. August 1913 schlug sich der französische Flieger Géo Chemet auf dem Borel-Eindecker sehr achtbar, denn er gewann den Flug von Paris nach Deauville und belegte dort einen zweiten Platz in einem Geschwindigkeitswettbewerb. Damit, von einzelnen Sonderpreisen abgesehen, erflog Chemet für das Borel-Werk 23 000 französische Francs.

Im Bauzustand vom August 1913 waren für den Borel-Eindecker angegeben: Spannweite 13,00 m, Flügelfläche 10,58 m^2 und Länge 8,25 m. Die Leermasse betrug 850, die Startmasse 1100 kg. Ausgerüstet mit einem 100-PS-Gnôme-Motor erreichte das Wasserflugzeug die damals recht hohe Geschwindigkeit von 120 km/h.

Ab dem Jahre 1913 hat Borel auch Flugboote gebaut und mit guten Erfolgen bei Wasserflugzeugwettbewerben eingesetzt. Das erste Doppeldecker-Flugboot hatte der Borel-Werkpilot Chemet beim Wasserflugwettbewerb von Monaco vom 4. bis 16. April 1913 vorgeführt. Allerdings beschränkte er sich hier auf Demonstrationsflüge, weil die Flugbooterprobung noch nicht abgeschlossen war. Dieses fliegende Boot hatte eine Spannweite oben von 10,0 m, unten von 6,4 m, eine Länge von 7,3 m und flog mit einem 80-PS-Motor der Marken Gnôme oder Anzani.

Noch im selben Jahr wurde eine Weiterentwicklung, die „Aeroyacht Borel", nach einer Konstruktion von Denhaut bei öffentlichen Vorführungen gezeigt. Jedoch haben sich keine Belege über die Teilnahme an Wasserflugzeugwettbewerben gefunden.

DER FRANZÖSISCHE FLIEGER UND FLUGZEUGBAUER Maurice Farman hatte lange im Schatten seines erfolgreicheren Bruders Henry gestanden, obgleich er schon recht zeitig seinen ersten Doppeldecker „M.F.1" herausgebracht hatte. Dieser Landdoppeldecker wurde erstmals am 1. Februar 1909 in Buc geflogen und bewältigte auf Anhieb die damals bemerkenswerte Flugweite von 300 m. Allerdings waren weitere Versuche vorerst nicht möglich, weil das Flugzeug infolge einer allzu harten Landung erheblich beschädigt worden war.

Schon bei diesem Erstflug fielen die ungewöhnlich weit nach vorn ausladenden Stahlrohrkufen auf, von denen man sich leicht vorstellen konnte, daß sie imstande waren, den von Fliegern gefürchteten „Kopfstand" zu verhindern, wenn das Fahrwerk bei hoher Rollgeschwindigkeit etwa in ein Kaninchenloch geriet. Diese gewaltige Bugkufe ist von Maurice Farman über mehrere Jahre hinweg beibehalten worden und wurde geradezu ein Erkennungsmerkmal für seine Doppeldecker.

Im Jahre 1910 hat er einen seiner Landdoppeldecker für Versuchszwecke erstmals auf Schwimmer gesetzt, die mit ihrer zylindrischen Form noch primitiv wirkten. Im Verlaufe zielstrebiger Erprobungen wurden daraus sehr elegante, wasserschlüpfige, rennbootförmige Schwimmer. Mit diesen war der Maurice-Farman-Doppeldecker, den der französische Flieger Eugène Renaux zum „Wettbewerb der Wasserflugmaschinen" in Monaco vom 24. bis 31. März 1912 flog, ausgestattet. Es war der erste internationale Wettbewerb „für Flugmaschinen, die sich mit Hilfe ihrer Motorenkraft vom Wasser aus in die Luft erheben können und nach ausgeführtem Flug auf die gleiche Weise wieder auf das Wasser niedergehen können", wie es in einem Bericht der „Deutschen Luftfahrer Zeitschrift" im Mai 1912 hieß.

Der Wasserdoppeldecker von Maurice Farman im ersten internationalen „Wettbewerb der Wasserflugmaschinen" in Monaco im März 1912.

Die Bedingungen dieses Wettbewerbes waren unkompliziert. Allzu hohe Leistungen wurden noch nicht verlangt. Sieben Teilnehmer gelangten in die Wertung. Den ersten Platz belegte ein Wasserdoppeldecker aus der Werkstatt Henry Farmans. Auf den zweiten Platz gelangte Renaux mit dem Doppeldecker von Maurice Farman. Immerhin war es den Brüdern gelungen, die damals schon gut bekannten Wasserflugzeuge mit Zentralschwimmer aus der Werkstatt von Curtiss auf die Plätze drei und vier zu verweisen.

Für die anspruchsvolleren Bedingungen späterer Wasserflugzeugwettbewerbe reichte jedoch die Konstruktionsweise des Jahres 1912 bei weitem nicht mehr aus. Maurice Farman blieb beim Schwimmerdoppeldecker, gab ihm aber einen moderneren konstruktiven Aufbau. Die überdimensionierten Kufen verschwanden völlig, die Schwimmer wurden weiter verbessert. Beibehalten wurden der unbespannte Leitwerkträger und die Druckluftschraube hinter dem Motor. Für zwei Sitze war jetzt eine verkleidete Buggondel vorhanden. Die Motorleistung wurde auf 120 PS erhöht.

Gleich zwei dieser Doppeldecker meldete Maurice Farman für den Marinewettbewerb im August 1913 in Deauville. Von den Fliegern Renaux und Gaubert gesteuert, konnten sie sich sehr gut plazieren. Beispielsweise belegten sie im Geschwindigkeitswettbewerb über 250 Seemeilen den zweiten und dritten Platz, und zwar mit kurzen Zeitabständen hinter dem von Molla geführten Lévêque-Flugboot.

Auf überraschende Weise gewannen Renaux und Gaubert gemeinsam die Dauerflugprüfung. Als die beiden Flieger nach 300 Seemeilen als einzige noch immer ihre Runden drehten, erklärte die Jury den Wettbewerb zum „toten Rennen" und mit dem Sieg der beiden als beendet. So trug auch Maurice Farman mit seinen leistungsbereiten Piloten zur europäischen Vorrangstellung des französischen Flugwesens jener Jahre bei.

DIE FRANZÖSISCHEN BRÜDER JACQUES UND LOUIS Bréguet gehörten mit ihren Leistungen zu den Pionieren des Motorfluges, und das auf vielfältige Weise. Im Jahre 1907 hatten beide gemeinsam mit Prof. Charles Richet im nordfranzösischen Douai einen Hubschrauber-Apparat gebaut. Es war, mit späteren Hubschraubern verglichen, eine noch unbeholfene Konstruktion, wie sie Versuchsapparaten oft eigen ist, für die noch keine technischen Vorbilder und somit auch noch keine verwertbaren Erfahrungen existieren.

Auf einem großen Kreuzgerüst aus Stahlrohren waren an den vier Auslegerenden vierblättrige Doppelrotoren montiert, von denen sich jeweils zwei im Uhrzeigersinn und zwei gegenläufig drehten. Der Pilotensitz befand sich in der Mitte des Gestells. Dieser „Gyroplane Nr. 1" wurde am 24. August 1907 erstmals erprobt. Von je einem Mann an den vier Auslegerenden mußte das Gerät mittels Stangen in der Balance gehalten werden, weil es ohne jegliche Steuervorrichtung „total instabil in der Luft taumelte". Beim Erstversuch wurde eine Höhe von 60 cm erreicht, bei weiteren Erprobungen nicht mehr als 1,5 m. Das war nicht viel, aber immerhin galten sie als erste bemannte Hubschrauberaufstiege, wenngleich sie als „freie Aufflüge" später nicht akzeptiert wurden, weil Unterstützung benötigt wurde.

Louis Bréguet gründete etwa im Jahre 1908 gemeinsam mit Prof. Richet die „Société des Ateliers d'Aviation Bréguet-Richet" und wandte sich dem Bau von Starrflüglern zu. Im Jahre 1909 verließ der erste Landdoppeldecker „Bréguet I" die Werkstatt. Weitere Doppeldecker brachte Louis Bréguet in den folgenden Jahren heraus. Sie flogen erfolgreich und wurden in mehreren Exemplaren auch ins Ausland verkauft.

Sein „Einstieg" in den Wasserflugzeugbau begann, als er, einem üblichen Verfahren folgend, im Jahre 1912 seinen ersten Doppeldecker auf Schwimmer setzte. Dieses Flugzeug hatte eine vordere Dreipunktlage: ein großer Mittelschwimmer unter dem Rumpfvorderteil, zwei Stützschwimmer an den unteren Tragflächenenden. Das Heck am vollverkleideten Rumpf stand frei in der Luft und besaß in dieser ersten Version keinen Schwimmer zur Verhinderung von Wasserberührungen.

Deutlich verbessert hinsichtlich seiner Stabilität war der Wasserdoppeldecker des Jahres 1913. Der Mittelschwimmer war geblieben, die Seitenschwimmer befanden sich jetzt etwa in der Mitte der unteren Tragfläche, außerdem war ein zusätzlicher Heckschwimmer vorhanden. Der bespannte Rumpf mit rundem Querschnitt hatte hinter dem zweiten Sitz eine bis nahe an das Hecksteuer heranreichende Stabilisierungsflosse erhalten. Als technische Daten wurden angegeben: Spannweite 15,5 m, Flügelfläche 45 m^2, Länge 9,8 m. Die Quersteuerung erfolgte mittels Tragflächenverwindung. Mit einem 14-Zylinder-Salmson-Motor von 200 PS und mit Zugschraube erreichte das Flugzeugmuster Geschwindigkeiten von 115 km/h.

Zwei dieser Flugzeuge hatte Bréguet für den Marinewettbewerb von Deauville im August 1913 gemeldet. Mit den Piloten Moineau und Brégi an den Steuern konnten sich die Wasserflugzeuge

speziell bei einem 100-Seemeilen-Geschwindigkeitsrennen ganz vorn plazieren.
Trotz dieser Erfolge der französischen Wasserflieger, zu denen auch der Sieg im „Schneider-Pokal"-Rennen des Jahres 1913 gehörte, mußten sich die französischen Konstrukteure und Flieger im Jahre 1914 ihren britischen Konkurrenten beugen. Hatte noch im April 1913 in Monaco der Deperdussin-Flieger Maurice Prévost auf einem Rundkurs über 280 km mit einer im Protokoll vermerkten Geschwindigkeit von durchschnittlich 72,6 km/h gesiegt, so holte sich im Jahre 1914, wiederum im April in Monaco, der britische Flieger Howard Pixton den Sieg. Seine Durchschnittsgeschwindigkeit über die wiederum 280 km lange Rundkursdistanz wurde mit 139,66 km/h protokolliert. Er war mit einem Tabloid-Doppeldecker auf Schwimmern geflogen, den sein Landsmann Thomas O. M. Sopwith konstruiert hatte.

Bedeutende europäische Wasserflugwettbewerbe des Jahres 1913

1. Frankreich Wasserflugzeugwettbewerb in Monaco	4. bis 16. April
2. Deutschland Bodensee-Wasserflugwettbewerb	29. Juni bis 5. Juli
3. Schweiz Wasserflugmaschinen-Wettbewerb zu Genf	9. und 10. August
4. Frankreich Wasserflug-Meeting in St.-Malo	24. bis 26. August
5. Frankreich Wasserflugzeugwettbewerb Paris–Deauville	24. bis 31. August
6. Italien Italienischer Wasserflugzeugwettbewerb	3. bis 8. Oktober

Mit Zentralschwimmer und zwei Seitenschwimmern ausgestattet war der Wasserdoppeldecker von Louis Bréguet aus dem Jahre 1913.

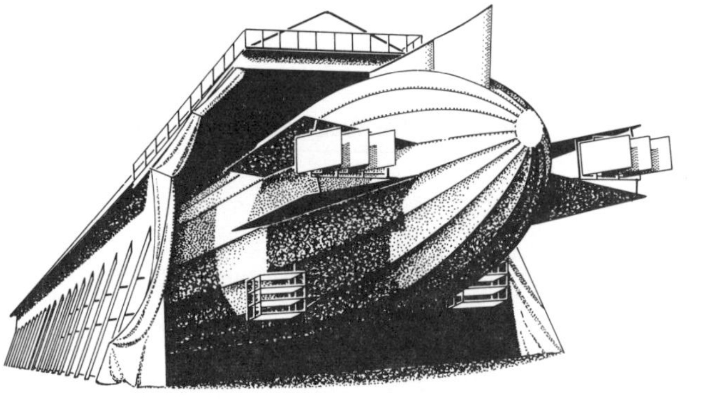

XV. Luftschiffhallen und -werften

Eine bedeutende Investition für die Inbetriebnahme von Luftschiffen und für den Fahrtenbetrieb waren der Erwerb (Pacht oder Kauf) geeigneter Gelände als Standort von Luftschiffhäfen sowie der Bau und die Ausstattung von Luftschiffhallen. Während die damals noch sehr kleinen Flugzeuge nur leichter, niedriger und kleinflächiger Schuppen bedurften, war der notwendige Bauaufwand für großräumige und langgestreckte Hallen zur Unterbringung von Luftschiffen beträchtlich höher. Hinzu kam, daß für Reparatur- und Wartungsarbeiten sowie für die Gasfüllung von Luftschiffen bedeutend mehr Platz in einer Halle beansprucht wurde, als für die Reparatur eines Flugzeuges. Eine Luftschiffhalle diente daher nicht allein der witterungsgeschützten Unterbringung solcher „Riesenzigarren", sondern sie mußte auch den Anforderungen einer Reparaturhalle genügen.
Mit der Konstruktion und zweckmäßigen Bauweise von Luftschiffhallen haben sich seinerzeit viele Ingenieure beschäftigt. Manche der ausgearbeiteten Lösungen fanden ihren Platz in der Patentliteratur. Einige Unternehmen haben sich schließlich auf den Bau von Luftschiffhallen spezialisiert. Es entstanden Hallen in Holz- und Metallgerüstbauweisen, deren Umwandungen bretterverschalt oder massiv gemauert wurden. Die Hallentore waren anfangs riesige Zeltstoffvorhänge, später stabile Torflügel, die wegen ihrer enormen Eigenmasse nur auf Rollen, die auf Schienen gelagert waren, auseinandergezogen und geschlossen werden konnten – meist auch nur mit Hilfe spezieller Winden.
Wurden in der ersten Zeit Einzelhallen als ausreichend angesehen, so entstand bald die Idee von Hallen, in die gleich zwei Luftschiffe nebeneinander „eingefädelt" werden konnten.
Ein spezielles Problem für das Ein- und Ausbringen von Luftschiffen in Hallen hatte von vornherein darin bestanden, daß dieser Vorgang sehr entscheidend von der jeweiligen Richtung und Geschwindigkeit des Windes beeinflußt wurde.
Der Ausweg wurde in drehbaren Luftschiffhallen gesehen. Die erste deutsche drehbare Halle war die schwimmende Zeppelin-Halle auf dem Bodensee vor Manzell. Sie konnte, so war es jedenfalls vorgesehen, auf dem Wasser schwimmend in den Wind drehen, wodurch ein Luftschiff auf Pontons ungefährdet ein- oder ausgebracht werden konnte. Doch erwies sich diese Lösung als unzureichend, weil die Schwimmhalle bei starkem Wind auf dem Wasser ebenso stark pendelte wie das einzubringende Luftschiff. Eine weitaus bessere Lösung waren drehbare Landhallen. Die gesamte Hallenkonstruktion wurde auf eine ausreichende Anzahl von Laufachsen gestellt, deren Räder auf mehreren, ringförmig angelegten Schienen fuhren und auf diese Weise die Luftschiffhalle – von leistungsstarken Motoren bewegt – auf der Stelle drehen konnten. So konnte die Halleneinfahrt in jede gewünschte Richtung gebracht werden. Die erste Konstruktion dieser Art war die Siemens-Schuckert-Halle in Berlin-Biesdorf.
Mit der Unterstützung mehrerer Städte und überwiegend auf deren Kosten sind mehrere Zeppelin-Luftschiffhallen entstanden. Doch einzelne davon waren schon nach relativ kurzer Zeit nur noch bedingt verwendbar, weil die Dimensionen der Zeppelin-Luftschiffe fortwährend zunahmen. Allein im Zeitraum von 1905 (LZ 2) bis zum Mai 1914 (LZ 24) erhöhte sich die Länge der Zeppeline von 128 auf 158 m. Manche Halle konnte nur noch als Notunterkunft benutzt werden, weil das Luftschiffheck ins Freie hinausragte und der Witterung ausgesetzt blieb.
In einer analytischen Betrachtung aus dem Jahre 1914 wurden die folgenden Luftschiffhallentypen näher gekennzeichnet:
Erstens – die „schwimmende Halle", die aber zu jener Zeit bereits eine historische Episode war, weil sie, wie die Erfahrungen gezeigt hatten, das leichte und gefahrlose Ein- und Ausbringen der Luftschiffe nur bei ruhiger Wetterlage ermöglichte.
Zweitens – die „feststehende Halle", die verbreitet war, obgleich sie für das Ein- und Ausbringen von Luftschiffen mancherlei wetterbedingte Nachteile bot, jedoch relativ kostengünstig zu errichten war. Die Baukosten für eine derartige Einzelhalle in Holzbauweise lagen zwischen 170 000 und 200 000 Mark.
Drittens – die „drehbare Halle", die, wenn die Laufwagen für das Eindrehen störungsfrei funktionierten, sehr günstige Bedingungen für das Ein- und Ausbringen von Luftschiffen schaffte, deren Vorteile aber sofort aufgehoben wurden, wenn es im Sommer zu Sandverwehungen oder im Winter zu Schneeverwehungen des Schienenkranzes kam und die Motoren deshalb das Drehen der Halle nicht mehr bewältigen konnten.
Im Verhältnis zu „feststehenden Hallen" waren die drehbaren mit bedeutend höheren Herstellungs- und Wartungskosten verbunden. Die Baukosten für eine drehbare Einzelhalle mit einer Breite von 35 m wurden damals mit 800 000 Mark veranschlagt, die einer drehbaren Doppelhalle von 60 m Breite sogar mit 2 000 000 Mark.

Die ehemalige Zeppelin-Schwimmhalle, nunmehr als Uferhalle bei Manzell aufgebaut, mit dem Aluminiumgerippe des Luftschiffes LZ 3 im Jahre 1906.

DIE ERSTE ZEPPELIN-LUFTSCHIFFHALLE IST IM JAHRE 1899 aus Mitteln der „Gesellschaft zur Förderung der Luftschifffahrt" gebaut worden, und zwar als schwimmende Holzhalle. Sie wurde nach der Fertigstellung etwa einen halben Kilometer vor dem Ufer des Bodensees bei Manzell – ungefähr 4 km westlich von Friedrichshafen – verankert.

Diese Luftschiffhalle hatte eine Länge von 142 m, eine Höhe über Wasser von 23,5 m und war 23,4 m breit. Sie stand auf 51 Holzpontons, die in zwei Reihen miteinander verbunden waren. Dieses Schwimmfundament – oder: dieser Pontongürtel – hatte die Last der Halle zu tragen und befand sich ständig unter der Wasseroberfläche, denn schon die Halle hatte einen Tiefgang von etwa 80 cm.

Ein gesonderter Bestandteil der Halle war eine Schwimmplattform, ebenfalls aus hölzernen Pontons zusammengefügt. Sie war sowohl die Montageplattform für das Luftschiff als auch zugleich das bewegliche Floß, auf dem befestigt es durch das offene Tor ein- und ausgefahren wurde.

Die dem Einfahrttor gegenüberliegende Giebelseite der Halle war als leicht vorgezogener, spitzer Anbau gestaltet worden. Darin befanden sich mehrere kleine Räume (ein Büro, Werkstätten, Materiallager, Aufenthaltsraum für die ständigen Nachtwachen). Der Anker, der an dem langgestreckten Bau in einer Tiefe von reichlich 20 m auf dem Grund lag, war zuerst ein rund 40 t schwerer Betonklumpen. Er wurde später durch zwei schwere Schiffsanker mit einer Gesamtmasse von weiteren 5 t ergänzt. Offenbar konzentrierte sich die Halterung der schwimmenden Halle auf den Abschnitt des zugespitzten Giebels, denn sie drehte sich jeweils mit dieser geschlossenen Spitze in den Wind – genau wie ein Boot, das nur an seiner Bugspitze vom Ankertau gehalten wird.

Im Juni 1899 wurde die Halle vor Manzell an der Grundverankerung festgemacht. Wiederholt riß sie sich im Sturm los und mußte von Schleppdampfern wieder herbeigeholt werden. In dieser Halle ist das Luftschiff LZ 1 aus Fertigteilen aufgerüstet worden. Diese Teile wurden von der Firma des Aluminiumfabrikanten Carl Berg in Lüdenscheid montagefertig geliefert und mit Booten vom Ufer des Bodensees zur Halle gebracht.

Fern von neugierigen Blicken zusammengebaut, begannen am 2. Juli 1900 gegen 13.00 Uhr die Vorbereitungen für den ersten Aufstieg. Um 19.30 Uhr wurde LZ 1 auf seinem Montagefloß im Schlepp eines Dampfers aus der Halle gezogen, um 20.03 Uhr stieg das Luftschiff mit fünf Personen an Bord auf. Diese erste Probefahrt war 20.20 Uhr beendet. Während des Landevorganges trieb LZ 1 in Ufernähe gegen einen Holzpfahl, der aus dem Wasser ragte. Dabei wurde die Hülle beschädigt. Vom Schleppdampfer erneut an die Leinen genommen, wurde LZ 1 zum Floß zurückgebracht, aufgehievt und wieder in die Halle dirigiert. Das

Einbringen und das Aufhängen des Luftschiffes in der Halle waren am nächsten Morgen um 1.30 Uhr beendet.
Auch dieser Sachverhalt, ein Zeitaufwand von mehr als zwölf Stunden für eine Luftschiffahrt von nur 17 Minuten (die notwendig gewordene Reparatur der Hülle nicht eingeschlossen), kennzeichnet auf besondere Weise die Schwierigkeiten jener ersten Luftschiffjahre mit den vielfältigen tastenden Schritten in technisches Neuland und zu weiterführenden Erfahrungen.
Nach zwei weiteren kurzen Probefahrten am 17. und am 21. Oktober 1900 wurde das Luftschiff LZ 1 stillgelegt und im Jahre 1901 abgewrackt. Danach ist auch die schwimmende Halle demontiert und am Ufer bei Manzell als feste Landhalle wieder errichtet worden, erneut – unter Verwendung des Abrißmaterials – als Holzhalle. Das Prinzip, ein Luftschiff auf einem Floß in die Halle einzubringen oder herauszuziehen, hatte man beibehalten. Dazu war die Hallenanlage am Ufer auf festen Grund gestellt, ragte aber mit ihrer Toröffnung etwa 50 m weit auf das Wasser hinaus – vergleichbar mit einem überdimensionalen Bootshaus oder einem Schiffsdock. Der Hallenaufbau war im Frühjahr 1905 abgeschlossen. Danach wurden dort die Luftschiffe LZ 2 (1905) und LZ 3 (1906) montiert.

AUF BESCHLUSS DES REICHSTAGES WAR IM APRIL 1907 mit dem Bau einer neuen schwimmenden Halle begonnen worden, und zwar mit der Maßgabe, daß Zeppelin das alleinige Nutzungsrecht haben, die Halle aber Eigentum des Reiches bleiben sollte. Daher wurde sie „Reichshalle“ oder auch „schwimmende Reichshalle“ genannt. Die Baukosten betrugen rund 450 000 Mark. Im wesentlichen sind damit aber die gleichen nachteiligen Erfahrungen wie mit der ersten schwimmenden Halle gemacht worden. Die „Reichshalle“ wurde ebenfalls vor Manzell auf dem Bodensee verankert, ist noch im Dezember des Jahres 1907 von einem Sturm teilweise zum Einsturz gebracht worden, wurde mit einem Kostenaufwand von 100 000 Mark wiederhergestellt und – nach weiteren Sturmschäden – im Frühjahr 1910 endgültig demontiert.
Inzwischen hatten im Herbst des Jahres 1908 in Friedrichshafen auf dem Festland die Arbeiten zur Einrichtung eines Zeppelin-Werftgeländes begonnen. Als vorläufige Unterbringungsmöglichkeit entstand eine Zelthalle. Das war eine Holzgerüsthalle für ein Luftschiff, überspannt mit Zeltstoffgewebe. Der Bau hatte eine Länge von 132 m. Mit dieser Abmessung war die Halle aber bald zu klein und wurde im Juli 1912 wieder abgerissen.
Im Frühjahr 1909 war außerdem auf dem neuen Werftgelände mit dem Bau einer Doppelhalle begonnen worden, bestehend aus einer stabilen Eisenträgerkonstruktion mit festen Mauerwänden, einer starken Betonsohle als Hallenboden und einem Transportgleis über die gesamte Hallenlänge. Zu den Abmessungen dieser ersten deutschen Luftschiff-Doppelhalle fanden sich erstaunlicherweise unterschiedliche Angaben. Beispielsweise soll die Hallenlänge im Bauplan mit 200 m ausgewiesen worden sein. Nach den Vermessungsunterlagen in Heeresarchiven betrug die Länge der Halle aber nur 176 m.
Im Oktober 1909 war die neue Halle fertig, die fortan zur Haupt-

Aus Mitteln der „Zeppelinspende“ errichtet: die zentrale Werfthalle der „Luftschiffbau Zeppelin GmbH.“ in Friedrichshafen.

Zeppelin-Luftschiffhallen zum Zeitpunkt Juni 1914
Bis zur Jahresmitte 1914 standen die folgenden Hallenanlagen für die Nutzung oder Mitbenutzung durch Zeppelin-Luftschiffe zur Verfügung (in alphabetischer Folge der Standorte):

Standort	Hallenart	Länge m	Breite m	Höhe m
Allenstein (heute Olsztyn)	feststehende Einzelhalle	176,0	36,0	28,5
Baden-Oos	feststehende Einzelhalle	161,0	25,0	24,0
Berlin-Biesdorf	drehbare Einzelhalle	135,0	25,0	25,0
Berlin-Johannisthal	feststehende Doppelhalle	162,5	45,0	28,5
Düsseldorf	feststehende Einzelhalle	160,0	25,75	24,4
Dresden	feststehende Doppelhalle	192,0	58,0	28,0
Frankfurt a. M.-Rebstock	feststehende Einzelhalle	160,0	30,36	24,0
Friedrichshafen	feststehende Doppelhalle und Bauwerft	176,0	43,0	20,0
Gotha	feststehende Einzelhalle	152,0	25,0	25,0
Hamburg-Fuhlsbüttel	feststehende Einzelhalle	160,0	30,36	24,0
Köln	feststehende Doppelhalle	152,8	40,3	25,0
Königsberg (heute Kaliningrad)	feststehende Doppelhalle	154,0	40,4	25,0
Leipzig	feststehende Doppelhalle	184,0	60,0	25,0
Liegnitz (heute Legnica)	feststehende Einzelhalle	170,0	35,0	28,0
Metz (heute zu Frankreich gehörig)	feststehende Doppelhalle	150,0	40,25	25,0
Posen (heute Poznań)	feststehende Einzelhalle	170,0	35,0	28,0
Potsdam	feststehende Doppelhalle und Bauwerft	168,5	50,5	25,0
Trier	feststehende Einzelhalle	170,0	35,0	28,0

(Nach Unterlagen der preußischen Heeresverwaltung, Bundesarchiv Koblenz, Militärarchiv – PH V/47)

und Stammwerft der „Luftschiffbau-Zeppelin GmbH." werden sollte. Der Bau von Luftschiffen in dieser modernen Fertigungsanlage begann, nachdem rings um die Halle und in ihrer Nähe auch Werkstätten, Materiallager, Verwaltungsgebäude und weitere Einrichtungen entstanden waren. Das erste Luftfahrzeug, das diese Werft verließ, war das DELAG-Luftschiff LZ 7 „Deutschland" im Jahre 1910. Bis zum Juli 1914 wurden dort außerdem die Luftschiffe LZ 8 bis LZ 25 gebaut.
Seit dem Jahre 1906 (LZ 3) war das Zeppelin-Unternehmen der Hauptlieferant von Luftschiffen für das preußische Heer und die Marine. Bis zum Beginn des ersten Weltkrieges sind zwölf Luftschiffe im Auftrage des Heeres und drei im Marineauftrag gebaut worden.
Die Zeppelin-Werft in Friedrichshafen entwickelte sich seit ihrem Bestehen unter der technischen Leitung des Chefingenieurs Ludwig Dürr zu einem bedeutenden Zentrum für die Weiterentwicklung von Starrluftschiffen in Leichtmetallbauweise und für die kontinuierliche Steigerung ihrer Leistungsparameter wie Nutzmasse, Steighöhe, Fahrgeschwindigkeit und Reichweite.
Mit fortschreitender Produktionsorganisation ist außerdem das Bautempo in der Werft ständig beschleunigt worden. Hatten im Jahre 1911 noch drei Luftschiffe die Werft am Bodensee verlassen, waren es im Jahre 1913 bereits sieben. Bei gleichzeitig sprunghaft steigenden Verkaufspreisen für die gelieferten Militärluftschiffe wurde der Luftschiffbau zur wichtigsten Quelle der Anhäufung von Finanzmitteln zur fortwährenden wirtschaftlichen Expansion des Zeppelin-Konzerns. In den Jahren bis zum ersten Weltkrieg wurde die Stammwerft in Friedrichshafen zur bedeutendsten europäischen Luftschiffabrik.

IM JAHRE 1910 WAR DIE LUFTSCHIFFHALLE VON DÜSSELdorf fertiggestellt und wurde ihrer Bestimmung übergeben. Eigentümer war die Stadt Düsseldorf, Nutzer die DELAG. Es war eine feststehende Einzelhalle mit einer Länge von 160 m, deshalb für den DELAG-Fahrtenbetrieb völlig ausreichend. Die Düsseldorfer Halle gehörte zu jenen, die bald auch als „Schleusenhalle" bezeichnet wurden, weil sowohl das Hallentor – mit seinen schweren aufklappbaren Flügeln – als auch die Hallenrückseite – mit einem zusammenraffbaren Zeltbahnvorhang versehen – für die Ein- und Ausfahrt von Luftschiffen verwendet werden konn-

ten. Die Funktion derartiger Schleusen konnten Hallen selbstverständlich nur dann erfüllen, wenn sie frei auf dem Luftschiffhafen standen, deren Rückseite also nicht von einem Geländezaun, von Bäumen oder Werkstattanbauten blockiert war.
Wohl sämtliche DELAG-Luftschiffe waren in ihrer Einsatzzeit irgendwann in Düsseldorf untergestellt. Von hier aus sind etliche Passagierfahrten in die nähere Umgebung oder zu anderen Luftschiffhäfen unternommen worden. Nachdem es aber durch Kollisionen mit der Halle zu schweren Havarien gekommen war, haftete der Düsseldorfer Luftschiffhalle der Ruf einer „Unglückshalle“ an.
Der erste Vorfall dieser Art ereignete sich am 16. Mai 1911. Betroffen war das Luftschiff LZ 8 „Deutschland II“ (das Nachfolgeluftschiff des LZ 7 „Deutschland“, das ein Jahr zuvor im Teutoburger Wald gestrandet war). LZ 8 war am 30. März erstmals in Friedrichshafen aufgestiegen. Nach mehreren Probefahrten ist es im April 1911 zum Standort Düsseldorf gefahren und in der dortigen Halle stationiert worden. Insgesamt 24 Fahrten über zusammen 2379 km hatten seither stattgefunden. Die 25. Fahrt sollte an jenem 16. Mai 1911 eine Luftreise nach Baden-Baden werden. Doch es kam nicht dazu. Die erste Mittagszeitung meldete:
„Als das Luftschiff ‚Deutschland‘ heute morgen zu einer Passagierfahrt aus der Halle gebracht wurde, wurde es von einem Windstoß erfaßt und gegen die Halle geworfen. Da nicht genügend Mannschaften zur Stelle waren, konnte das Luftschiff nicht mehr festgehalten werden, und es wurde mit solcher Wucht gegen die Hallenwand geworfen, daß es in der Mitte geknickt wurde. Dann ergriff ein zweiter Windstoß das Schiff und riß es empor, so daß es auf das Dach der Luftschiffhalle geschleudert wurde, von der es mit der hinteren Hälfte zum Boden herabhing. In der Gondel befanden sich acht Personen, und zwar vier Herren und vier Damen ... Sie befanden sich in einer recht gefährlichen Lage und mußten durch die Feuerwehr mit einer großen Schiebeleiter heruntergeholt werden. Auf die gleiche Weise wurden die Bedienungsmannschaften gerettet. Es wurde indessen niemand verletzt. Das Schiff ist gänzlich unbrauchbar geworden und muß vollständig demontiert werden ...“
Noch am selben Tage äußerten Männer der Haltemannschaft in Düsseldorf, daß die „verhängnisvolle Schwere“ des Unfalls dem Umstand zuzuschreiben sei, daß die Halle völlig frei und ungeschützt vor jeglichem Wind auf dem Gelände stünde sowie „auf völlig sandigem Boden“. Daraus seien besondere Erschwernisse entstanden: „Die Bedienungsmannschaften haben, wenn der Luftkreuzer aus der Halle gezogen wird, gar keinen Halt unter den Füßen.“
Ein Jahr später ist wiederum ein Luftschiff an der Düsseldorfer Halle durch Totalzerstörung verlorengegangen – diesmal LZ 10 „Schwaben“.
LZ 10 hatte eine erfolgreiche Bilanz aufzuweisen, als es nach seiner 224. Fahrt am 28. Juni 1912 auf dem Luftschiffhafen Düsseldorf landete. Doch dann entstand erneut die kaum zu beherrschende Schwierigkeit, das Luftschiff bei kräftigem Seitenwind in die Halle einzubringen. Um der Kollisionsgefahr zu entgehen, wurde LZ 10 auf dem Landeplatz verankert. Allerdings konnte die entstandene Gefährdung auch dadurch nicht umgangen wer-

Die im Jahre 1910 in Düsseldorf fertiggestellte Zeppelin-Luftschiffhalle galt unter Luftschiffern als „Unglückshalle“; im Bild die Havarie des LZ 8 „Deutschland II“ im Mai 1911.

den. Von heftigen Böen erfaßt, brach das Luftschiff auseinander. Traggas strömte aus und explodierte, worauf LZ 10 völlig zerstört wurde. 40 Personen erlitten teilweise schwere Verletzungen.

IM JAHRE 1909 IST AUF DEM TERRAIN DES VORORTES Oos von Baden-Baden eine Zeppelin-Luftschiffhalle in Betrieb genommen worden, deren Eigentümer die Stadt Baden-Baden und deren Nutzer die DELAG war. Die Halle war in dieser ersten Ausführung 148 m lang. Es war die erste DELAG-Luftschiffhalle. Die Baukosten hatten 180 000 Mark betragen.

Für die Konstruktion und Beschaffenheit von Luftschiffhallen lagen mittlerweile eine Vielzahl von „System-Vorschlägen" vor. Die Halle in Baden-Oos ist nach einer in der damaligen Fachliteratur als „System Stephan" bezeichneten Konstruktionsweise gefertigt worden, und zwar, wie zu lesen war, von einer „Gesellschaft für freitragende Dachkonstruktionen" in Düsseldorf (die übrigens auch den Auftrag für den Düsseldorfer Hallenbau übernommen hatte).

Es war eine sorgfältig ausgeführte Luftschiffhalle in Holzbauweise, gekennzeichnet durch eine spezielle Dach- und Stützbinderkonstruktion, die hohem Winddruck und starker Schneelast standhielt sowie – was schließlich für eine Luftschiffhalle zur Bedingung gemacht werden mußte – den gesamten gewaltigen Innenraum freitragend überspannte. Die Wände, als Holzfachkonstruktion gestaltet, konnten, je nach Wunsch des Auftraggebers, bretterverschalt oder ausgemauert werden. Die mächtigen Torflügel waren mittels Gleitrollen auf einer einbetonierten Laufschiene bewegbar. Auch diese Tore sind aus Holzfachwerk hergestellt und mit Brettern verkleidet worden. Als kraftübertragender Mechanismus zum Öffnen und Schließen war für jeden Torflügel eine Handwinde eingebaut.

In diesem Zusammenhang ist der Umstand beachtenswert, daß seinerzeit oft nur an die Halle im Sinne einer witterungsgeschützten Unterstellmöglichkeit gedacht worden ist, aber Gefahren aus dem Umgang mit leicht entzündbaren Materialien nicht immer hinreichend bedacht wurden. Das betraf sowohl die ausreichende Gewährleistung von Zugluft im oberen Hallenbereich, um den Stau von Gasen zu verhindern, als auch bestimmte Einrichtungen für die sichere Lagerung und den Umgang mit Kraftstoffen. Im Jahr 1912 veröffentlichte beispielsweise die „Deutsche Luftfahrer-Zeitschrift" einen Beitrag, der sich mit den daraus entstandenen Sicherheitsrisiken beschäftigte. Der Anlaß war ein Vorfall in einer Tegeler Luftschiffhalle. Dort waren „drei Behälter auf dem Luftschiff und ein in der Halle liegender Benzinbehälter zur Explosion gekommen, die so stark gewesen ist, daß eine Füllung von ca. 8 m Breite einfach aus der Wand herausgeschlagen worden ist, während der Boden des Benzinfasses projektilartig quer durch die Halle geschleudert wurde".

Aus einer erheblichen Anzahl von Leichtfertigkeiten, die bei Wartungsarbeiten in Luftschiffhallen auftraten, ist der Hinweis abgeleitet worden: „Während man andere Sprengstoffe, wie z. B. Pulver und Dynamit, mit der größten Sorgfalt behandelt, wird tagtäglich die Beobachtung zu machen sein, daß das zündungsgefährliche Benzin, dessen Gefahrengebiet durch seine leichte Verdunstung sich auf einem erschreckend großen Umkreis erstreckt, vielfach mit einer Sorglosigkeit behandelt wird, die man gewöhnlich Wasser entgegenbringt."

Wenn bedacht wird, daß Luftschiffmotoren erhebliche Benzinmengen verbrauchten, weshalb, wie beschrieben wurde, „für jede größere Fahrt Vorräte von 1000 bis 3000 Liter an Bord genommen werden müssen", dann erlangte das sachkundige Installieren von Benzintanks sowie die auf Sicherheit gerichtete Anlage von Rohrleitungen und Zapfstellen für jede Luftschiffhalle ein besonderes Gewicht. Deshalb sind einige Hallen, mitunter erst Jahre nach ihrer Inbetriebnahme, mit zusätzlichem Bauaufwand nachgerüstet worden, nachdem es zu mehreren Brandkatastrophen gekommen war.

Am Fuße des Schwarzwaldes gelegen: die Luftschiffhalle von Baden-Oos, die im September 1910 mit dem Luftschiff LZ 6 verbrannte.

Auch in den damaligen Schilderungen zum Bau der Halle in Baden-Oos waren keinerlei Angaben über ein gesondertes Benzinlager zu entdecken. Gewiß wurde dort Benzin aus offenen Fässern mit einer Handpumpe in Eimer getankt und, in unverschlossenen Gefäßen aufbewahrt, für Reinigungsarbeiten verwendet.

Leichtfertiger Umgang mit Benzin war dann auch die Ursache dafür, daß LZ 6, das von der Heeresverwaltung nicht, wie ursprünglich erhofft, übernommen worden und deshalb als erstes Luftschiff der DELAG eingesetzt worden war, nach 73 Fahrten am 12. September 1910 zerstört wurde. Der Zeppelin-Geschäftsführer Colsman schrieb darüber, daß in der Halle von Baden-Oos die Gondeln des LZ 6 mit Benzin gereinigt worden seien. „Während dieser Arbeit hatte einer der Maschinisten den Motor angedreht und ein Gondelbrand war entstanden. Anstatt das Feuer zu dämpfen, wurde der Inhalt des zu einem Viertel gefüllten Benzineimers im Bogen hinausgegossen, worauf eine gewaltige Flamme das Schiff entzündete."

Aber die DELAG-Luftschiffe waren gegen derartige Vorfälle versichert. Daher erbrachte der Brand in Baden-Oos beträchtliche Mittel zum Weiterbauen in Friedrichshafen. Colsman hielt fest: „Für den Luftschiffbau war der Brand dieses Schiffes eines der glücklichsten Unglücke auf seinem Wege. Dies Schiff hatte keinen Käufer gefunden, und nur die von Lloyds-London bezahlte Versicherungssumme ermöglichte die Fertigstellung des Luftschiffes ‚Schwaben'." Auch die Holzhalle, in der LZ 6 ausbrannte, bedurfte danach der Erneuerung.

OFFENBAR STAND DIE HALLE VON BADEN-OOS NACH dem Brand von LZ 6 etwa seit der Jahresmitte 1911 wieder für die Nutzung zur Verfügung, denn zu dieser Zeit beherbergte sie vorübergehend das im Juni 1911 fertiggestellte DELAG-Luftschiff „Schwaben" (LZ 10). Später wurde die Halle auch von den Luftschiffen „Viktoria Luise" (LZ 11) und „Sachsen" (LZ 17) genutzt. Der Hallenneubau war eine Eisenkonstruktion und 161 m lang.

War Baden-Oos zunächst nur den DELAG-Luftschiffen vorbehalten, so gewann diese Halle bald für die Ausbildung von Heeresluftschiffern Bedeutung. Das hatte zumindest zwei Gründe: Baden-Oos war weit abgelegen von einer Großstadt. Deshalb blieb die Anzahl der Passagiere, die von hier aus Luftreisen über der Umgegend unternehmen wollten, bei weitem unter den Erwartungen, weshalb die Einnahmen aus Fahrpreisen die Ausgaben für den Fahrtenbetrieb nicht decken oder gar übersteigen konnten. Andererseits war gerade diese abgeschiedene Hallenlage für den zunehmenden militärischen Ausbildungsbetrieb mit Luftschiffen willkommen.

Das erste Heeresluftschiff, das sich in Baden-Oos noch im Jahre 1911 einquartierte, war Z II „Ersatz" (LZ 9). Danach waren nacheinander bis zur Jahresmitte 1914 die Luftschiffe des Heeres Z I „Ersatz" (LZ 15), Z IV (LZ 16), Z I „zweiter Ersatz" (LZ 19), Z V (LZ 20), Z VII (LZ 22) und Z VIII (LZ 23) in Baden-Oos stationiert.

Von den Katastrophen, die sich mit Zeppelin-Luftschiffen immer wieder ereigneten, blieben auch in Baden-Oos eingesetzte Militärluftschiffe nicht verschont. Beispielsweise wurde das Ersatzluftschiff des wegen technischer Unzulänglichkeiten abgewrackten Z I (LZ 3) – zum Jahresbeginn 1913 als LZ 15 fahrfertig und wiederum mit der Kennung Z I in Dienst gestellt – schon zwei Monate später am 19. März vollständig vernichtet. Eine Zeitung hat den Vorgang so geschildert:

„Der Luftkreuzer ‚Ersatz Z I' war am Dienstagabend gegen 8 Uhr in Baden-Oos aufgestiegen, um eine Nachtfahrt zu machen. Bei ziemlich günstigem Wetter verließ das Schiff ... mit einer Besatzung von 17 Personen Baden-Baden und flog nach Karlsruhe, wo es gegen 9 Uhr abends gesichtet wurde ... Der Fahrt lag eine militärische Übung zugrunde. Daher blieb die Karlsruher Militärradiostation im unausgesetzten Verkehr mit dem Luftschiff, das zum erstenmal auch eine Scheinwerferanlage ausprobieren sollte. Heute morgen erschien der Ballon wieder über Karlsruhe und flog auf Baden-Oos weiter. Das Wetter ... wurde in den Vormittagsstunden bedeutend ungünstiger. Scharfe Nordwestböen ... brausten über der Stadt, und man konnte erkennen, daß das Schiff schwer gegen den Sturm anzukämpfen hatte. Eine Landung, die in Baden-Oos versucht wurde, gelang nicht."

Der Luftschiffführer teilte deshalb über Funk mit, daß er nach Karlsruhe zurückkehren und man auf dem „dortigen Exerzierplatz eine größere Anzahl Soldaten" bereithalten solle, „um das Schiff dort bei der Landung zu halten und zu verankern. Infolgedessen wurde eine Kompagnie des Telegraphenbataillons Nr. 4 zum Exerzierplatz beordert, wo um 3 Uhr 40 Minuten die Landung erfolgte. Von 150 Mann gehalten, schwebte der Ballon über dem Platz ... Der Sturm riß so stark am Ballon, daß die Drahtseile, die zur Verankerung dienten, zu reißen drohten. Dann aber kam eine Böe, die das Vorderteil des Luftschiffes zu Boden drückte. Mit lautem Krachen schlug der Rumpf auf den Boden auf, das Gerüst löste sich in seinen Fugen, und die langen Alumi-

Das Ausbringen eines Zeppelin-Luftschiffes aus der wiedererrichteten Halle in Baden-Oos (Jahresmitte 1911).

niumträger in der Mitte brachen. Das Hinterschiff schwebte einige Sekunden frei in der Luft und schlug dann ebenfalls schwer auf den Boden auf. Die Soldaten, die vor dem Bruch des Schiffes in die Höhe gerissen worden waren, fielen zu Boden und ließen die Haltetaue los. Das gesamte Gerüst war demoliert."
Ein Jahr später ereignete sich ein ähnlicher Vorfall mit einem der zeitweilig in Baden-Oos stationierten Militärluftschiffe. Am 13. April 1914 geriet das zweite Ersatzluftschiff Z I, gebaut als LZ 19, während der Fahrt in ein Gewitter, mußte bei Diedenhofen notgelandet werden und wurde dort so stark zerstört, daß es abgewrackt werden mußte.

IM JAHRE 1911 WURDE IN REBSTOCK BEI FRANKFURT a. M. eine weitere Luftschiffhalle für die DELAG fertiggestellt. Über die Eigentumsverhältnisse fanden sich widersprüchliche Angaben. Während in frühen Hallenlisten die Stadt Frankfurt a. M. als Besitzer, die DELAG lediglich als Nutzer verzeichnet wurde, schrieb Colsman, der Geschäftsführer aller Zeppelin-Unternehmen, diese Halle sei auf DELAG-Kosten gebaut worden. Es war eine Einzelhalle in Eisenbauweise. Sie war mit 148 m Länge projektiert, hatte dann aber die Länge von 160 m aufzuweisen. Der Bau war von der „Gutehoffnungshütte" in Oberhausen ausgeführt worden.

Frankfurt a. M. war der Sitz der DELAG, als deren Fahrtenleiter Hugo Eckener mit einem vertraglich zugesicherten Jahresgehalt von 12 000 Mark angestellt war. Colsman hat sich in seinen Erinnerungen gegen die Behauptung gewandt, daß Eckener von Zeppelin für diese Aufgabe gewonnen worden sei und festgestellt, „der Graf hat auf die Personalbestimmungen dieser Gesellschaft nie Einfluß genommen“, denn er „war dem Fahrtenunternehmen keineswegs freundlich gesonnen; in der Verwendung seiner Schiffe zum Gelderwerb durch die DELAG sah er eine Profanisierung seiner Idee, darum blieb das Unternehmen für ihn, den Feudalherrn und alten Soldaten, eine Krämergesellschaft, zu deren Aufsichtsratsmitgliedern er Abstand zu halten wußte.“

Die Frankfurter Halle kann für jene frühen Jahre als die Stammhalle der DELAG angesehen werden. Sie verfügte über einen eigenen Gasometer mit einem Fassungsvermögen von 6000 m^3, der von der nahegelegenen „Chemischen Fabrik Griesheim Elektron“ über eine Entfernung von 4 km mit Wasserstoffgas versorgt wurde.

Das erste DELAG-Luftschiff, das in die Halle einzog, war im Frühjahr 1912 die „Viktoria Luise“, die kurze Zeit vorher, am 19. Februar 1912, als LZ 11 in Friedrichshafen zur Erstfahrt aufgestiegen war. Die Namensgebung des Luftschiffes (es war der Name der einzigen Tochter des Kaisers Wilhelm II.) soll in der Frankfurter Halle stattgefunden haben. Von hier aus sind DELAG-Luftschiffe vorwiegend zu zweistündigen Rundfahrten aufgestiegen.

Die Passagierluftschiffe sind bald auch zur Postannahme zugelassen worden. Dazu wurde als „amtliche Bekanntmachung“ (demzufolge auch im Amtsdeutsch) von Zeitungen am 28. August 1912 mitgeteilt: „An Bord der Luftschiffe der Deutschen Luftschiffahrts-Aktien-Gesellschaft Frankfurt (Main), Zweiganstalt Friedrichshafen (Bodensee) – Zeppelin-Luftschiffe – sind Postbetriebsstellen für die Annahme und Bearbeitung der von Mitfahrern der Luftschiffe während der Fahrt innerhalb Deutschlands aufgelieferten gewöhnlichen Briefe und Postkarten von postordnungsmäßiger Beschaffenheit widerruflich eingerichtet worden. Die mit gewöhnlichen Postwertzeichen zu frankierenden Sendungen werden mit einem Aufgabestempel von länglichrunder Form bedruckt, der als Inschrift die Bezeichnung ‚Luftpost‘, den Namen des Luftschiffes und das Datum (ohne Stundenangabe) trägt. Alle Sendungen sind der Ferntaxe unterworfen.“

Eine Zeitung nahm diese Neuerung zum Anlaß, auch die Regelung „standesamtlicher Verhältnisse“ als wünschenswert zu begründen: „Je wohnlicher sich der Mensch in der Luftgondel oder im Aeroplan einrichtet, um so leichter können dort auch Geburten, Trauungen oder Sterbefälle stattfinden.“

Seit dem Jahre 1912 ist die Rebstocker Halle auch von Heeresluftschiffen genutzt worden. Bis zur Jahresmitte 1914 gehörten dazu Z III (LZ 12), Z I „zweiter Ersatz“ (LZ 19), Z V (LZ 20) und Z VII (LZ 22).

Zeppelin-Luftschiff in der Anfahrt auf die DELAG-Halle in Frankfurt-Rebstock.

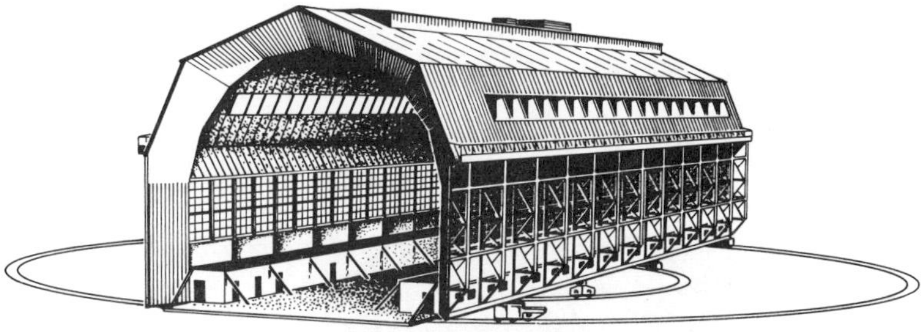

XVI. Bedeutende Luftschiffstandorte

In den Jahren der Luftschiffahrtentwicklung in Deutschland fanden einzelne Standorte die besondere Aufmerksamkeit der Fachpresse. Das lag teils in der „territorial interessanten Lage", teils in technischen Besonderheiten der Luftschiffhallen, aber auch in der Spezifik der Luftschiffe begründet, denen solche Standorte als Stammquartier dienten.

Im Hintergrund und für die Öffentlichkeit nicht bemerkbar, hatten sich Auseinandersetzungen entzündet, denn bis zum Jahre 1913 waren in der „General-Inspektion des Militär-Verkehrswesens" heftige Kontroversen über den militärischen Wert der Luftschiffe entstanden. Die Inbetriebnahme von Luftschiffen mit den verwendungsbedingten Nachfolgekosten war ein Faß ohne Boden geworden. In dieser Diskussion spielte der Umstand eine Rolle, daß die Zeppelin-Luftschiffe immer größer wurden, demzufolge ihre Handhabung am Boden immer schwieriger war und unter ungünstigen Windverhältnissen die „Selbstzerstörung" der Luftschiffe beim Ein- und Aushallen weiter zunahm. Damit war der militärische Nutzen von vornherein in Frage gestellt.

Andererseits mußte, wenn solche Luftschiffe weiterhin gebaut werden sollten, geklärt werden, wie fortan die Luftschiffhallen beschaffen sein müßten, um derartige Verluste zu verhindern, wenigstens aber stark einzuschränken. Diese Klärung wurde dadurch erschwert, daß – wie frühen Beratungsprotokollen und Berichten zu entnehmen war – „selbst erfahrene Luftschiffführer der Deutschen Luftschiffahrts-Aktiengesellschaft und des Luftschiffbaues Zeppelin in ihrem Urteil über die zweckmäßigste Art von Luftschiffhallen unsicher und schnell wechselnd waren".

Die kontroversen Standpunkte hatten einen Widerspruch deutlich gemacht, der darin bestand, daß die forcierte Steigerung der Leistungsparameter von Starrluftschiffen technisch möglich war und zu ihrer weiteren Vergrößerung führen mußte, die Verhinderung von Verlusten im Fahrtenbetriebsalltag unter den Gegebenheiten der vorhandenen und weiterhin im Bau befindlichen Luftschiffhallen jedoch unmöglich blieb, weil meteorologische Bedingungen weder beeinflußbar noch konkret voraussehbar waren.

Jetzt kamen sogar unterirdische Luftschiffhallen ins Gespräch, wurden allerdings angesichts der dafür zu erwartenden hohen Kosten als Lösungsweg verworfen. Da andererseits darin Übereinstimmung erzielt wurde, „daß der Bau der Hallen und der sonst für den Luftschiffbetrieb erforderlichen Einrichtungen mit der Vermehrung der Luftschiffe nicht nur Schritt halten, sondern ihr sogar vorausgehen müsse", blieb das technische Luftschiffhallen-Konzept unverändert, denn eine bessere Lösung war nicht in Sicht. „Selbstzerstörungen" der großen Luftschiffe am Boden und in Hallennähe mußten weiter in Kauf genommen werden.

Die Diskussion konzentrierte sich nunmehr auf die Begründung von Vor- und Nachteilen, die aus feststehenden oder drehbaren Hallen erwuchsen, sowie auf die Zweck- oder Unzweckmäßigkeit von Einzel- oder Doppelhallen. In der „Deutschen Flugtechniker-Zeitschrift" wurde dazu erklärt: „Der Vorteil der zweischiffigen Halle besteht neben ihrer größeren Wirtschaftlichkeit hauptsächlich in ihrer großen lichten Weite, die das Ein- und Ausfahren von Luftschiffen erleichtert und bis zu einem gewissen Grade ein schräges Anfahren ermöglicht. Dieser Vorteil besteht aber nur so lange, als die Halle nur von einem Luftschiff benutzt wird, da anderenfalls bei der zweischiffigen Halle gerade der Nachteil eintritt, daß bei Zusammenstößen oder Unglücksfällen – wie Bränden, Explosionen und dergleichen – gleich zwei Schiffe beschädigt werden können."

Bei solchen Erörterungen des Für und Wider blieb es dann auch. Eine verbindliche Entscheidung konnte nicht gefunden werden. Zwar wurden nun auch drehbare Doppelhallen konzipiert, aber bis zum ersten Weltkrieg nicht mehr fertiggestellt.

Diese in fast regelmäßigen Abständen erneut aufflackernde Diskussion betraf allein die Hallen für Zeppelin-Luftschiffe, denn der Hallenbestand für Pralluftschiffe der Systeme von Parseval oder Groß und Basenach hatte sich im wesentlichen schon seit dem Jahre 1912 als ausreichend erwiesen. Auch Hallen, die staatlicher Zuwendungen für den Bau und die Instandhaltung nicht bedurften – wie die Siemens-Schuckert-Halle in Berlin-Biesdorf oder die Schütte-Lanz-Werfthalle in Rheinau bei Mannheim – blieben davon unberührt.

Davon abgesehen ist auch eine bevorzugte Publizität zu erkennen gewesen, die einzelne Luftschiffstandorte in vielerlei Veröffentlichungen der Frühzeit fanden. Allein der Vergleich von Bildern mit Luftschiff- und Luftschiffhallen-Motiven, die sich in Zeitungen, Zeitschriften sowie als Postkartendrucke fanden, läßt erkennen, daß bis zum Sommer 1914 kein Standort so oft und von allen Seiten fotografiert worden ist, wie die Luftschiffhäfen Potsdam und Berlin-Johannisthal.

ZU DEN MITTELDEUTSCHEN LUFTSCHIFFSTANDORTEN gehörte Potsdam. Zeppelin-Geschäftsführer COLSMAN schrieb dazu, daß die DELAG bestrebt war, „mit der Luftschiffahrt möglichst bald auch in Berlin Fuß zu fassen, denn ... auch die Berliner glauben nicht, was sie nicht sehen“. Dafür wurde im Jahre 1910 im Zusammenwirken mit dem damaligen Potsdamer Oberbürgermeister ein Gelände „am Havelufer beim Wildpark“ auserwählt, von der Stadt Potsdam erworben und von dieser an die „Luftschiffbau Zeppelin GmbH.“ weitergegeben. Es entstand eine geräumige Doppelhalle mit einer Länge von 168,5 m. Die Bauarbeiten begannen im Jahre 1911, ein Jahr später wurde die Halle in Betrieb genommen.

Schon im Spätsommer 1911 ist das Gelände als Landeplatz benutzt worden, als das DELAG-Luftschiff „Schwaben“ (LZ 10), von Gotha kommend, eine Rundfahrt über Berlin unternahm und danach in Potsdam zwischenlandete. Dort wurde es im Freien verankert; Wasserstoffgas und Benzin wurden nachgefüllt, während zahlreiche Besucher dieses erste Luftschiff, das in Potsdam aus der Nähe zu betrachten war, bis in die Nacht hinein umlagerten. Mit einem nächtlichen Aufstieg fand dieser Erstbesuch sein Ende. Die „Schwaben“ fuhr nach Gotha zurück.

Im Dezember 1912 informierte die „Deutsche Luftfahrer-Zeitschrift“ darüber, daß die Potsdamer Luftschiffhalle inzwischen in Betrieb genommen worden sei und teilte mit:

„Um eine schnellere Heranbeförderung der Gasbehälter zu ermöglichen, verbinden Anschlußgleise den Luftschiffhafen mit der benachbarten Bahnstrecke Wildpark–Treuenbrietzen. Eine große Füllzentrale speist sowohl den Wasserstoffgasometer als auch die unterirdisch in der Halle angelegte Füllanlage ... Die Einrichtungen sind absolut gefahrlos angeordnet und gestatten ein sicheres Ein- und Ausbringen des Luftschiffes. Vom Ankerplatz führen Ein- und Ausfahrtvorrichtungen für zwei Luftschiffe in einer Länge von 300 m nach der Halle. Das Hineinbugsieren des Luftschiffes vollzieht sich in der Art, daß es an die auf der fest verankerten Laufbahn beweglichen Laufkatzenwagen angekuppelt wird. In der Längsrichtung der Halle laufen Krankonstruktionen, die zur Bewegung einer fahrbaren Montageleiter dienen, die über den Luftschiffkörper hinausragt. Die Halle wird

Die DELAG-Doppelhalle auf dem Luftschiffhafen Potsdam wurde Ende 1912 ihrer Bestimmung übergeben.

elektrisch erleuchtet, und zwar werden nur feuersichere Armaturen verwendet, weil der Innenraum unter Umständen Wasserstoffgasgemisch enthält ... Die respektable Höhe der Halle erforderte umfassende Blitzschutzvorrichtungen, und auch die völlig betriebssichere Benzinvorrichtung ist ... unterirdisch gelagert.“

An anderer Stelle wurde ergänzend mitgeteilt, daß der Wasserstoffgasometer ein Fassungsvermögen von 6000 m^3 hatte und „größere Werkstätten zu Reparatur- und eventuell auch Neubau-Zwecken direkt neben der Halle ihren Platz gefunden haben“.

Diese längerfristig projektierten „Neubau-Zwecke“ sind noch vor dem ersten Weltkrieg in Anspruch genommen worden. Beginnend im Jahre 1913 wurde der Potsdamer Luftschiffhafen zur Zeppelin-Bauwerft umgestaltet. Dort begann im Jahre 1914 die Fertigung des Luftschiffes LZ 30. Die allgemeinen Voraussetzungen waren dafür vorteilhaft, denn die Nähe einer Eisenbahnlinie und die unmittelbare Lage an der Havel als Wasserweg erlaubten die rasche und kostengünstige Anlieferung der verschiedenen Baumaterialien, teilweise aus Berliner Industriebetrieben. Da die Arbeiter und Angestellten aus Potsdam und Berlin kamen, brauchten gesonderte Wohngelegenheiten kaum oder gar nicht geschaffen zu werden.

Der Standort Potsdam wurde nach Friedrichshafen die zweite Zeppelin-Luftschiffwerft. Die Leitung übernahm Diplomingenieur W. E. Dörr, der im Jahre 1910 seine Tätigkeit in der DELAG aufgenommen hatte. Zunächst fuhr er auf dem Luftschiff „Deutschland“ (LZ 7) mit, danach erwarb er auf der „Schwaben“ (LZ 10) und auf der „Hansa“ (LZ 13) eigene Erfahrungen als Luftschiffführer, bevor er zum Luftschiffbau in Potsdam überwechselte.

DAS ERSTE DELAG-LUFTSCHIFF, DAS IM JAHRE 1912 in die neue Potsdamer Doppelhalle einzog, war die „Hansa“. Danach ist der Luftschiffhafen reihum auch von den anderen Passagierluftschiffen besucht worden. Nicht selten standen zwei dieser Luftriesen gemeinsam in der Halle. Gesichert ist auch, daß das neue Gelände bei Luftschiffbesatzungen schon nach kurzer Zeit wegen seiner landschaftlich begünstigten Lage besonders beliebt

Am Ufer der Havel gelegen, bot der Potsdamer Luftschiffhafen bei ruhigem Wetter die Möglichkeit der Wasserlandung (hier LZ 13 „Hansa“).

war. Frei von jedem anderen Flugbetrieb wurde der Landeplatz kaum strapaziert, die gesamte Fläche war von kräftigem Rasen bedeckt. Sie war nach drei Seiten umgeben von Parks und Wäldern. An ihrer vierten Seite wurde sie von der Havel begrenzt, die an dieser Stelle besonders breit war und bei ruhigem Wetter zu Wasserlandungen geradezu einlud.

Auch für die Besucher des Luftschiffhafens, ob sie als Zuschauer oder Fahrgäste kamen, bildete diese Anlage wegen ihrer reizvoll kontrastierenden Verbindung von landschaftlicher Schönheit und technischer Eleganz ankommender oder abfahrender Luftschiffe einen besonderen Anziehungspunkt. Da dieses Gelände vorläufig als einziges im Lande den Verkehrsluftschiffen vorbehalten blieb und nicht, wie andere, schon nach kurzer Zeit in die militärische Luftschifferausbildung einbezogen wurde, ging es in Potsdam vorerst gemächlich zu. Gemächlicher allerdings, als es von der DELAG gewünscht werden konnte.

In einem Prospekt wurde anfangs noch große Zuversicht geäußert: „Die Verbindung von Berlin zum Luftschiffhafen Potsdam ist recht günstig. Stadt-, Wannsee- und Vorortbahn geben mindestens alle halbe Stunde Gelegenheit, von allen Stadtteilen Berlins und der Vororte in kürzester Zeit Potsdam zu erreichen. Vom dortigen Bahnhof aus fahren die Elektrische … als auch Dampfer der Spree-Havel-Dampfschiffahrts-Gesellschaft ‚Stern‘ in 25 Minuten zum Lufthafen, wenn man es nicht vorzieht, sich ein Auto zu nehmen oder sich vom Motorboot der DELAG abholen zu lassen, so daß man dann schon nach 12–15 Minuten dort sein kann.“

Das war gewiß eine verlockende Einladung zu einem erlebnisreichen Ausflug. Doch blieb der Andrang offenbar unter den Erwartungen, denn Geschäftsführer Colsman beklagte: „Dieser Luftschiffhafen hat sich aber … als Fehlschlag erwiesen; für die von Berlin erhofften Besuche lag er zu weit; der Kraftwagenverkehr war noch im ersten Werden. Aber auch in fahrtechnischer Beziehung bewährte sich dieser Platz nicht.“ Es fanden sich – und so mochte der letzte Satz gemeint gewesen sein – Hinweise darauf, daß es schwierig war, ein Luftschiff zum Landeplatz zu steuern, wenn der Wind die Havel entlangblies, denn dann traf er das anfahrende Luftschiff fast genau von der Seite.

Die breite Havel und der Luftschiffhafen Potsdam waren schon binnen kurzer Zeit als vorzügliches Gelände für Filmaufnahmen entdeckt worden. Dreharbeiten begannen am 8. Dezember 1912 auf dem Flugplatz Johannisthal, wie am folgenden Tage einer Zeitung zu entnehmen war. An jenem Vormittag stand dort mitten auf dem Platz das Parseval-Luftschiff PL 6, das inzwischen den Reklamenamen „Stollwerck“ trug. Der Zeitungsbericht besagte: „Alles ist zur Abfahrt bereit, als plötzlich ein Automobil heranrast, aus dem ein Herr im Reiseanzug wild gestikulierend herauslehnt. Knapp vor dem Luftschiff hält das Auto an; ehe man recht weiß, was geschieht, hat der Fremde seinen Koffer in die Gondel geworden und ist selbst hintendrein gesprungen. Einen Augenblick später … schwebt das gelbe Wunder in den Aether empor …“

Die Fortsetzung folgte sogleich, denn PL 6, das „gelbe Wunder“, fuhr nach Potsdam. „Es handelte sich um den Beginn einer großzügigen Aufnahme für die Lichtbühne. In einem Detektivdrama ist der Held (der Detektiv natürlich) von einer Verbrecherbande verhindert worden, einen bestimmten Ozeandampfer zu erreichen. Er nimmt die Verfolgung des Dampfers per Luftschiff auf … Bei der Potsdamer Luftschiffhalle wurde angenommen, daß der Ozeandampfer erreicht sei. Als der ‚Stollwerck‘ etwa 30 Meter über der Landungsstelle schwebte, warf der Detektiv mit kühnem Griff das Schleppseil aus und begann, daran herabzuklettern, während unten bereits die Kinoleute wieder bereitstanden, um das halsbrecherische Unternehmen auf die Filmrollen zu bannen.“ Die Luftschiffahrt machte es möglich.

Im Jahre 1913 fand aber auch in Potsdam die beschauliche Idylle allmählich ihr Ende, als die Umgestaltung des Luftschiffhafens zur Zeppelin-Bauwerft begann und der Platz den Charakter eines militärischen Geländes annahm. Als erstes Heeresluftschiff war Z VII (LZ 22) Anfang 1914 in Potsdam stationiert.

EIN WEIT ÜBER DIE LANDESGRENZEN HINAUS GEschätztes Luftfahrtgelände war der Flugplatz in dem damaligen Berliner Vorort Johannisthal. Weithin bekannt war er auch als Luftschiffhafen, denn hier standen zwei Hallen nebeneinander, für Luftschiffe unterschiedlicher technischer Konzeptionen, die um Passagiere konkurrierten: eine Zeppelin-Doppelhalle und eine Parseval-Halle.

Die Parseval-Halle beherbergte in jenen Jahren vor allem das Rundfahrten- und Reklameluftschiff PL 6. Hier war auch, wie an früherer Stelle beschrieben, das für eine Transatlantikfahrt vorgesehene Pralluftschiff „Suchard II“ montiert worden. Diese Halle hatte die „Ballonhallenbau Arthur Müller GmbH.“ gebaut; sie gehörte zum Betriebsgelände der Johannisthaler „Luft-Verkehrs-Gesellschaft A.G.“ (LVG), die ebenfalls ein Unternehmen Müllers war.

Anders verhielt es sich mit der benachbarten Doppelhalle für Zeppelin-Luftschiffe, die im Jahre 1911 fertiggestellt wurde. Auch dieses Gebäude ist von Müllers Ballonhallenbau-Gesellschaft errichtet worden, aber früher aufgefundene Angaben, wonach die Halle der „Luftschiffbau Zeppelin GmbH." bzw. der DELAG gehörte, haben sich durch neuerliche Nachforschungen nicht bestätigen lassen. Statt dessen fanden sich Hinweise darauf, daß der Eigentümer dieser Halle entweder die LVG oder die „Luft-Fahrzeug-Gesellschaft mbH." (LFG) war. Daraus ergibt sich der interessante Aspekt, daß mit dem Bau der Johannisthaler Doppelhalle zu einem Zeitpunkt begonnen wurde, als die DELAG (lt. Colsman) darum bemüht war, „mit der Luftschiffahrt möglichst bald auch in Berlin Fuß zu fassen". Die Entscheidung der DELAG fiel dann aber zugunsten eines eigenen Betriebsgeländes in Potsdam aus.

Dennoch wollte die DELAG auf Johannisthal nicht verzichten, wenngleich die Benutzung der dortigen Halle jeweils mit entsprechenden Mietgebühren verbunden war. So belebten dann auch die Luftschiffe „Schwaben" und „Hansa" das Bild des Johannisthaler Flugbetriebes. Das erste DELAG-Luftschiff in Johannisthal war die „Schwaben" in der zweiten Hälfte des Jahres 1911. Den Fahrtenstatistiken der DELAG ist zu entnehmen, daß hingegen die „Hansa" nicht allein in ihrer Verwendungsfunktion als Passagierluftschiff, sondern vorwiegend als Luftschiff „im Heeresausbildungsdienst" zeitweilig in Johannisthal stationiert war. Für gleiche Aufgaben hielt sich die „Hansa" zu bestimmten Zeiten auf dem Biesdorfer Luftschiffhafen auf. Folglich wurde die möglichst weitgehende wirtschaftliche Auslastung des „Hansa"-Luftschiffes im Berliner Raum durch die vorwiegend funktionale Bestimmung der Standorte gewährleistet: Passagier-Rundfahrten ab Potsdam, Fahrten zur Ausbildung von Heeresluftschiffern ab Johannisthal und Biesdorf. An allen drei Orten stand eine Halle zur Verfügung. Die kommerziellen Bedingungen für diesen „Kreisverkehr" waren für die DELAG günstig. Die Potsdamer Halle gehörte ihr ohnehin, die Mietgebühren für die anderen Hallen wie auch die Ausbildungsgebühren für Militärluftschiffer übernahm die Heeresverwaltung.

Zwei Hallen unterschiedlicher Luftschiffsysteme nebeneinander: die Zeppelin-Doppelhalle (links) und die Parseval-Halle in Johannisthal.

Mit der Herausbildung einer eigenständigen Marineluftschiffahrt hat sich im Hinblick auf den Standort Johannisthal eine Änderung vollzogen, denn die dortige Luftschiffhalle wurde zum wichtigsten mitteldeutschen Ausbildungszentrum für Marineluftschiffer. Das erste Marineluftschiff, L 1 (LZ 14), zog am 14. Oktober 1912 in die Halle ein. Damit begann der Johannisthaler Ausbildungsbetrieb im Auftrag der Marineverwaltung.

Das zweite Marineluftschiff, L 2 (LZ 18), hatte in Johannisthal seit dem 20. September 1913 seinen Standort. Als drittes Luftschiff der Marine wurde dort ab Mai 1914 zeitweilig der Luftkreuzer L 3 (LZ 24) stationiert.

Darüber hinaus ist Johannisthal auch weiterhin für die Ausbildung von Heeresluftschiffern genutzt worden, denn die Marine verlor L 1 und L 2 in kurzer Aufeinanderfolge, weshalb zu jeder Zeit zumindest ein Stellplatz in der Doppelhalle frei blieb. Daher hielt sich bis zum Sommer 1914 wiederholt das Heeresluftschiff Z V (LZ 20) in Johannisthal auf.

DIE HAMBURGER LUFTSCHIFFHALLE ENTSTAND AUF dem Terrain von Groß-Borstel, erschien dann aber in der militärischen Hallenliste mit der Standortbezeichnung Hamburg-Fuhlsbüttel. Dieser Hallenbau war von Zeppelin im Jahre 1910 angeregt worden, als er in Hamburg auf die militärische Nützlichkeit einer Luftschiffhalle im nordseenahen Raum hinwies. Darüber berichtete die Zeitschrift „Der Luftverkehr“ im April 1912 rückblickend auf die Entstehungsgeschichte:

„Und in der Tat, wenn man die eigenartige Lage Hamburgs in Betracht zieht, wird man sich schnell genug darüber klar, daß ein

Luftschiffhalle mit Schiebetoren: die Eisenhalle in Hamburg-Fuhlsbüttel, im Jahre 1912 in Betrieb genommen.

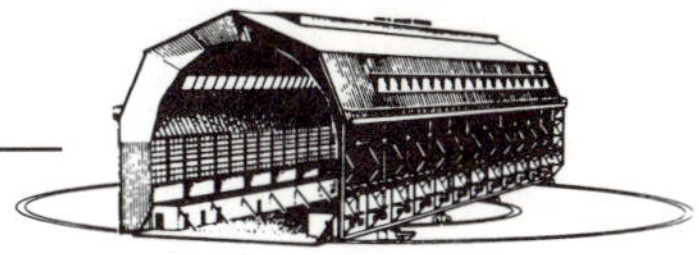

Luftschiffhafen gerade an diesem Orte von immenser Bedeutung für die gesamte Luftfahrt wie für das deutsche Heereswesen sein muß, ja, daß er fraglos der künftige Stützpunkt der deutschen Marine-Luftschiffahrt für die Nordsee im Kriegsfalle sein wird. Aber erst nachdem Graf ZEPPELIN gelegentlich eines Besuches in Hamburg speziell auf diese Punkte hingewiesen und der Hamburger Staat durch Überlassung eines geeigneten Geländes und pekuniäre Unterstützung sein lebhaftes Interesse für das Projekt bekundet hatte, konstituierte sich Ende 1910 in Hamburg eine G.m.b.H., welcher es auch sehr bald gelang, die Mittel für den Bau des Hafens aufzubringen." Die ZEPPELINsche Ausgangsidee war also die Anlage eines Kriegshafens an der Nordsee.
Zum Jahresbeginn 1911 sind von mehreren Baufirmen für dieses Vorhaben geeignete Projektierungsunterlagen angefordert worden. Aus der Fülle der Angebote wurde die Hamburger Firma „M.C.E.Eggers & Co." ausgewählt, die sich bereits durch die sorgfältige Ausführung von Spezialbauten – darunter Leuchttürme an der Unterelbe und die Dachkonstruktion der Hamburger Michaelis-Kirche („Hamburger Michel") – empfohlen hatte. Es wurde eine von Eisenbindern gestützte und überspannte Luftschiffhalle, deren Längsachse in der Hauptwindrichtung verlief. Der fertige Bau hatte eine Länge von 160 m, die absolute Breite betrug 45 m (lichte Breite 30,36 m), die absolute Höhe 26 m (lichte Einfahrthöhe 24 m).
Diese Gesamtanlage hatte eine enorme Masse. Allein jedes der beiden Schiebetore an der Halleneinfahrt, die nicht aufzuklappen, sondern nach beiden Seiten hinauszuschieben waren, wog 90 t. Die Bedienungsbeschreibung besagte: „Der Antrieb der Tore geschieht von Hand. Zum Öffnen jedes Flügels sind drei Mann erforderlich." Die Zeit für den Öffnungsvorgang betrug, in Abhängigkeit vom Druck des Windes auf die sich ausbreitenden Hallenflügel, bis zu 25 Minuten. Doch kam es auch vor, daß die Windgeschwindigkeit und der damit ausgeübte Druck das Ausfahren der Tore ganz und gar unmöglich machten.
In den ersten Monaten des Jahres 1912 sind die Bauarbeiten abgeschlossen worden. Es war die erste Luftschiffhalle im Nordwesten des Landes. Das erste DELAG-Luftschiff, das in die Hamburger Halle einfuhr, war die „Viktoria Luise" (LZ 11), danach die „Hansa" (LZ 13). Manche Rundfahrt über die Städte Hamburg, Kiel und Lübeck sowie über die Nordseee hinaus und die Insel Helgoland hinweg hat von dort aus stattgefunden. Zu den besonders reizvollen Luftreisen gehörten gewiß die Kreuzfahrten über Segelregatten in der Kieler Förde sowie über den ein- und auslaufenden Hochseeschiffen im küstennahen Raum.
Als erstes Heeresluftschiff wurde Z III (LZ 12) zeitweilig in der Hamburger Halle untergestellt. Seit dem Spätsommer 1913 nahm das Gelände zudem den Charakter einer Basis für die Marineluftschiffahrt an. Im September 1913 stieg vor der Hamburger Halle wiederholt das Marineluftschiff L 1 (LZ 14) zur Teilnahme an Flottenmanövern in der Nordsee auf, bis es bei stürmischem Wetter in das Meer gedrückt wurde und versank.
Bis zum Sommer 1914 wurde Hamburg zum Stationierungsort für das Marineluftschiff L 3 (LZ 24). Es pendelte zu dieser Zeit schon zwischen Hamburg und Nordholz, wo es zwar vorerst nur im Freien verankert werden konnte, aber ein ausgedehnter Marineluftschiffhafen im Entstehen war.

Hallen für Pralluftschiffe (Systeme Parseval und Groß-Basenach) bis zum Jahre 1913

Standort	Baujahr	Baustoff	Länge m	lichte Breite m	lichte Höhe m	Anmerkung
Berlin-Johannisthal	1910	Holz	83	25	25	
Berlin-Tegel/Reinickendorf	1905	Eisen	50	18		
	1906	Holz	80	25,5	21,8	
	1907	Eisen	70	22		
	(1910)		100	25	25	Umbau
Bitterfeld	1908	Holz	75	25	22	
	1910	Holz	80	33	25	
	(1913)		100	33	25	Umbau
Kiel	1910	Holz	85	30	25	
München	1910	Holz	80	25		

EIN TECHNISCH INTERESSANTER UND DESHALB STARK beachteter Luftschiffhafen war in jenen Jahren Berlin-Biesdorf mit der ersten deutschen drehbaren Halle. Sie hatte eine Länge von 135 m, erfüllte die Funktionen einer Werft- und Unterstellhalle und gehörte zum Besitz der „Siemens-Schuckert-Werke GmbH.". Die Hallenanlage stand ab dem Jahre 1909 zur Verfügung, wurde auch als „mitbenutzbar für Zeppelin-Luftschiffe" in militärischen Hallenlisten geführt, doch galt letzteres nur für

den Notfall, weil diese Luftschiffe länger waren als die Halle in Biesdorf.
Die Siemens-Schuckert-Halle stand mit ihrer Masse von – unterschiedlichen Angaben zufolge – 800 bis 1200 t auf acht Rollwagen, die sich auf zwei kreisförmig angelegten Schienenbahnen bewegten. Das Zentrum der Drehhalle wurde von einem starken Stahlbetondrehzapfen gebildet. Mittels zweier 40-PS-Motoren konnte die Halle gedreht und entsprechend der aktuellen Windrichtung in die günstigste Stellung gebracht werden. Dabei wurde der leicht zugespitzte Hallengiebel gegen den Wind, die Halleneinfahrt auf die Leeseite gedreht. Als Drehgeschwindigkeit für eine vollständige 360°-Wendung ist der Zeitraum von einer Stunde angegeben worden.
Die Halleneinfahrt war – jedenfalls in den ersten Jahren – nicht mit Toren, sondern mit Zeltstoffvorhängen verschlossen. Die Halle ist vom Siemens-Schuckert-Luftschiff, häufig aber auch von Parseval- und Groß-Basenach-Luftschiffen benutzt worden. Selbst bei Windgeschwindigkeiten von 16 m/s hat es keine Kollision mit der eingedrehten Halle beim Ein- oder Ausfahren gegeben. Damalige Feststellungen, wonach die Halle in Biesdorf die technisch modernste ihrer Zeit gewesen sei, waren nicht übertrieben. Sie wurde zum konstruktiven Vorbild für spätere Doppeldrehhallen.
Jedoch nicht nur die Halle erregte seinerzeit Aufsehen, sondern auch das dazugehörige Prallluftschiff, das als Siemens-Schuckert-Luftschiff (Abkürzung: SSL) bekannt geworden ist. Es war ein Versuchsluftschiff, das nicht bis zur Serienreife gelangte. Die Bau- und Versuchskosten wurden von der „Siemens-Schuckert-Werke GmbH." und der „Siemens & Halske A.G." aufgebracht.

Die erste drehbare deutsche Luftschiffhalle, schon im Jahre 1909 für das Siemens-Schuckert-Luftschiff in Berlin-Biesdorf fertiggestellt.

Die Leitung des Konstruktionsbüros hatte man Diplomingenieur Alexander Dietzius, die Bauleitung Oberingenieur Otto Krell übertragen.
Die Fahrten leitete Christoph H.-G. von Krogh. Das Luftschiff war zuerst für ein Traggasvolumen von etwa 10 000 m³ projektiert worden, wurde dann aber in der Größenordnung von 13 500 m³ bei 118 m Länge und einem größten Durchmesser des Tragkörpers von 13,2 m gebaut.
Nachdem die Biesdorfer Halle fertiggestellt war, begann dort noch im Jahre 1909 der Bau des Luftschiffes. Der Erstaufstieg im folgenden Jahr verlief erfolgreich. In einem zeitgenössischen Bericht hieß es: „Am 27. Januar 1910 machte einer der größten unserer Lenkballone, die je gebaut wurden, der ‚Siemens-Schukkert', seine erste Probefahrt von seiner riesigen drehbaren Halle zu Biesdorf bei Berlin aus. Er erhob sich zur Höhe von 450 m und gehorchte prompt den Steuern. Alles funktionierte vortrefflich. Mit großer Sicherheit umkreiste das Schiff die Halle und landete nach einer Fahrt von fast drei Stunden ohne Schwierigkeit. Die Bemannung zählte elf Personen."
Das war tatsächlich eine hervorhebenswerte Erstfahrtleistung, wenn auch die Wahrhaftigkeit dieses Berichtes angezweifelt werden muß. Denn erst am 23. Januar 1911 fand die erste offizielle Passagierfahrt mit einer Dauer von 40 Minuten statt.
Im Bauzustand des Jahres 1911 war das Schiff durch die folgenden Besonderheiten gekennzeichnet: Die Hülle war aus dreifach übereinandergelegtem Gewebe mit eingepreßten Gummizwischenlagen hergestellt worden. Der Tragkörper hatte eine torpedoartige Grundform. 70 m lange Stoffbahnen, mit ihren Enden an den beiden Flanken des Tragkörpers befestigt, bildeten herabhängend einen langgestreckten Kielraum von dreieckigem Querschnitt. In diesen Stoffbahnenkiel (man schrieb auch „Kielstoffkanal") waren unter dem Schiffskörper drei Gondeln verteilt. Der Stoffkiel diente zugleich als Stauraum und konnte – allerdings gehörte wohl einiges Geschick dazu – als Laufgang zwischen den Gondeln benutzt werden.
Die vordere und hintere Gondel waren die Motorengondeln. In jeder von ihnen befanden sich zwei 125-PS-Daimler-Motoren, und zwar so gelagert, daß jeweils einer davon quer zur Luftschiffachse lag (er trieb zwei beidseitig seitlich ausgestellte Luftschrauben an), der andere synchron zur Längsachse (an ihn war eine vierflügelige Druckluftschraube angeschlossen). Die insgesamt sechs Luftschrauben hatten einen Durchmesser von je 3 m. Mit seiner Antriebsausstattung erreichte das Luftschiff Fahrgeschwindigkeiten bis zu 61 km/h. Ein fünfter Motor von nur 25 PS Leistung befand sich in der Mittelgondel, die Führerstand und Passagierraum zugleich war. Dieser Motor diente zum Antrieb der Ballonetventilatoren. Die Wahrnehmung aller Aufgaben während der Fahrt verlangte eine Besatzung von zehn Mann.

Ein Konstruktionsproblem bestand in der Gasdruckverteilung in diesem langen Pralluftschiffkörper, weil auf einen durchgehenden Traggasraum wegen seiner Störanfälligkeit von vornherein verzichtet werden mußte. Die Lösung hatte schließlich darin bestanden, die gesamte Tragballonhüllenlänge in Schotten aufzuteilen, die aus Kugelballons gebildet und „rutschfest" mit der Außenhaut verbunden wurden.

Das SSL ist gegen Jahresende 1911 in seiner Biesdorfer Werft einem größeren Umbau unterzogen worden, wodurch die Bezeichnung SSL 2 für das veränderte Luftschiff angebracht erschien. Als technische Daten sind nach der Fertigstellung angegeben worden: Traggasvolumen 15 000 m^3; Länge 120 m; größter Durchmesser (ohne Stoffkiel) 13,5 m; Steighöhe 1500 m; Nutzmasse 4000 kg; Fahrgeschwindigkeit 71 km/h.

Die Patente, die aus der Entwicklung und dem Bau des Luftschiffes hervorgegangen sind, sollen von der Heeresverwaltung angekauft und zu Geheimpatenten erklärt worden sein. Das Luftschiff ist mit hoher Wahrscheinlichkeit letztmalig im Jahre 1913 aufgestiegen, denn im Frühjahr 1914 lag die Hülle gasentleert in der Biesdorfer Halle und wurde danach nicht mehr in Betrieb genommen.

BITTERFELD WAR DER BAUWERFTSTANDORT DER „Luft-Fahrzeug-Gesellschaft mbH." (LFG) für Parseval-Luftschiffe. Der erste Ausbauabschnitt des Werftgeländes war mit der Inbetriebnahme der Bitterfelder Luftschiffhalle im Jahre 1908 abgeschlossen. Zuerst war PL 1 hier untergebracht. Diese Halle, eine Holzkonstruktion, hatte nach Angaben der bauausführenden „Ballonhallenbau Arthur Müller GmbH." die folgenden lichten Maße: Länge 75 m, Breite 25 m, Höhe 22 m.

Der erste Luftschiffneubau in dieser Halle wurde das Militärluftschiff PL 2, das im August 1908 zu seiner Erstfahrt aufstieg. Es folgte das erste zweimotorige Parseval-Luftschiff, PL 3, das im Februar 1909 seinen Erstaufstieg unternahm. Zugleich war es das erste Passagierluftschiff aus Bitterfeld und fand daher auch besondere öffentliche Aufmerksamkeit. Wenige Tage später meldete eine örtliche Zeitung: „Am Abend des Tages, an welchem ‚Parseval 3' seine erste Probefahrt ausführte, wurde hier der ‚Verein für Luftschiffahrt für Bitterfeld und Umgegend' gegründet, dem sofort 63 Herren als Mitglieder beitraten. Die Zahl der Mitglieder ist inzwischen auf 115 gestiegen. Der Verein beabsichtigt die Anschaffung eines eigenen Ballons." Fortan ist dann auch die Halle mit ihren Einrichtungen und dem Aufstiegsgelände für den Freiballonsport mitgenutzt worden.

Zum Jahresbeginn 1909 machte die Luftfahrtzeitschrift „Im Reich der Lüfte" auf den neuen Luftschiffstandort aufmerksam. Sie teilte mit, daß der technische Betrieb, der in Tegel/Reinickendorf begonnen hatte, nunmehr vollständig nach Bitterfeld verlegt worden sei, „weil hier das zu Ballonfüllungen erforderliche Wasserstoffgas von einer chemischen Fabrik direkt und bedeutend billiger geliefert werden kann". Es handelte sich dabei um das in Bitterfeld gelegene Werk II der „Chemischen Fabrik Griesheim Elektron" (Hauptsitz bei Frankfurt a. M.), von dem aus durch die unterirdisch verlegten Leitungen das erzeugte Wasserstoffgas aus der elektrolytischen Anlage in die Luftschiffhalle geleitet wurde.

Im Jahre 1910 ist eine weitere Luftschiffhalle gebaut worden, und zwar als Doppelmontagehalle – wiederum eine Holzkonstruktion. Die lichten Maße betrugen: 80 m Länge, 33 m Breite und 25 m Höhe. Im Jahre 1913 wurde sie auf 100 m verlängert,

Die beiden hölzernen Werfthallen der „Luft-Fahrzeug-Gesellschaft mbH." für Parseval-Luftschiffe in Bitterfeld.

weil inzwischen auch die Parseval-Luftschiffe einen größeren Hallenraum beanspruchten.

Der Standort Bitterfeld entwickelte sich in den Jahren vor dem ersten Weltkrieg zu einer bedeutenden Bau- und Exportwerft für Pralluftschiffe, hatte aber auch die Aufgaben einer Reparaturwerft zu erfüllen. Vor allem waren wiederholt Luftschiffhüllen zu reparieren oder zu erneuern. Im Jahre 1912 umfaßte das Grundstücksgelände der Werft eine Fläche von 86 000 m^2. Es ist als Zwischenlandeplatz gelegentlich auch von Zeppelin-Luftschiffen in Anspruch genommen worden.

Pralluftschiffliste des Systems Groß-Basenach

Finanziert von der preußischen Heeresverwaltung, sind in Tegel/Reinickendorf bei Berlin von dem speziell damit beauftragten „Luftschiffer-Bataillon Nr. 2" bis zum Jahre 1913 die folgenden Militärluftschiffe (bezeichnet als „M-Luftschiffe") gebaut, erprobt, in Details wieder verändert oder gänzlich umgebaut und sowohl für Versuchsfahrten als auch für Ausbildungszwecke verwendet worden. Konstrukteur dieser Luftschiffe war Ingenieur Nikolaus Basenach in Zusammenarbeit mit Hans Groß, dem Kommandeur des Luftschiffer-Bataillons.

Luftschiffbezeichnung	Erstfahrt	Umbau	Indienststellung	Gasinhalt m^3	Länge m	größter Durchmesser m
Versuchsluftschiff	April 1907		Mai 1907	1400		
		1907/08		1800	40,0	8,2
M I			Juni 1908	5500	71,8	12,0
		1910/11	Juni 1911	5500	71,8	12,0
		1912/13	Februar 1913	5500		
M II	April 1909		September 1909	5000		
		1909		5500	66,5	11,1
M III	Dezember 1909		Januar 1910	7800	81,5	13,0
M IV	März 1911			11000	96,6	14,0
M II-Ersatz	August 1911		August 1911	5600	72,3	12,1
M III-Ersatz	August 1912		August 1912	9000	83,4	13,0
M IV-Ersatz			August 1913	13500	98,5	16,1

(Nach: Bundesarchiv Koblenz, Militärarchiv: PH 9 V/55, Bl. 10 ff.)

Die Aufgaben des Technischen Direktors der Werft hatten von Anfang an in der Zuständigkeit Prof. Parsevals gelegen. Sein engster Mitarbeiter bei der Weiterentwicklung der Luftschiffe und Leiter des Konstruktionsbüros war seit dem Herbst 1909 Diplomingenieur Hermann Naatz. In der Folgezeit sind die Parseval-Luftschiffe immer leistungsfähiger geworden. Die Zunahme ihrer Steighöhen, Fahrgeschwindigkeiten und Tragfähigkeiten bewirkten notwendigerweise auch die Zunahme ihrer Größe. Waren für das erste Versuchsluftschiff im Jahre 1906 noch ein Traggasvolumen von 2300 m^3 angegeben worden, so besaß PL 19 im Jahre 1914 ein Traggasvolumen von 10 000 m^3.

Mit der fortschreitenden Einbeziehung der Werft in den Bau von Militärluftschiffen stiegen auch die Vorgaben für deren Größe und Leistungen weiter an. So ist beispielsweise im April 1914 zwischen dem „Reichs-(Militär-)Fiskus" und der LFG ein Vertrag abgeschlossen worden, der für einen Kaufpreis von 800 000 Mark den Bau eines Parseval-Luftschiffes vorsah, das bei der Länge von 160,5 m und einem größten Durchmesser von 17 m ein Traggasvolumen von 23 000 m^3 haben sollte. Als Bedingung für den Ankauf war eine Dauerfahrt von 13 Stunden sowie eine sechsstündige Fahrhöhe von 2400 m mit einer Nutzmasse von 4300 bis 4600 kg bestimmt worden. Die Dauerfahrgeschwindigkeit sollte 21 m/s betragen. Für eine Steigerung um jeweils 0,5 m/s wurde vom Auftraggeber ein Kaufpreiszuschlag von 10 000 Mark in Aussicht gestellt.

Der letzte Erstaufstieg eines Parseval-Luftschiffes vor dem Beginn des ersten Weltkrieges fand in Bitterfeld am 30. August 1914 mit dem Marineluftschiff PL 19 statt.

XVII. Luftfahrt-Genrebilder

Genrebilder werden im allgemeinen Sinne als Spiegel und Abbilder des Alltags, der Sitten und Gebräuche einer Klasse oder einer Zeit aufgefaßt; sie drücken Spezifisches aus. Mit Genrebildern aus dem Leben der Berliner Arbeiterfamilien ist beispielsweise HEINRICH ZILLE bekannt geworden.
Genrebilder aus der Luftfahrt waren seinerzeit ebenso ungewöhnlich, wie vergleichsweise Genrebilder aus der Unterwasserwelt neuartig waren, als Taucher mit Spezialkameras ihre Beobachtungen zu fotografieren begannen. Insofern sind frühzeitliche Luftfahrt-Genrebilder zugleich Zeugnisse bestimmter Entwicklungsstadien und Vorgänge; sie sind luftfahrthistorische Belege. Ohne sie wäre es heute kaum möglich, die Anfänge der Luftfahrt zu studieren, zu analysieren und anschaulich zu beschreiben. Das gilt für Bilder mit Luftfahrtmotiven generell und ist keineswegs allein an Luftaufnahmen gebunden. Diese gehören dazu und sind oft besonders reizvoll, aber sie repräsentieren nur einen Teil des Genres Luftfahrt als Abbildungsbereich.
Dennoch, wie interessant auch immer, konnten solche Bilder (Abbilder) die Luftfahrtwirklichkeit nur stark begrenzt und annähernd wiedergeben. Schon ein Aufstieg mit dem Luftfahrzeug löste Empfindungen aus, die damals oft als „nicht zu beschreiben“ geschildert wurden. Die gewohnte Lebensumwelt sah aus der Höhe gänzlich verändert aus, Teilansichten vereinigten sich nunmehr zu einem großen städtebaulichen und landschaftlichen Ensemble. Ortschaften, Wälder und Seen, Straßen, Eisenbahnlinien und Flußläufe traten klar hervor. Dagegen sanken Bauwerke, die vorher hoch und überragend erschienen, in sich zusammen – Kirchtürme, Fabrikschornsteine und Hügel schrumpften. Der Teilnehmer an einer Luftfahrt sah und verstand plötzlich Zusammenhänge, die er bislang bei Wanderungen nicht einmal wahrgenommen hatte.
Eine besondere Welt war die Luftfahrt aber auch immer aus der erdgebundenen Sicht, wenn es beispielsweise um einen der spektakulären Motorflugwettbewerbe ging. Die Flieger stiegen nicht einfach in ihre Flugzeuge und flogen los, sondern mancher von ihnen flanierte erst einmal ausgiebig an den Zuschauertribünen vorbei und stellte sich „zur Schau“, warf eine Kußhand hierhin und dorthin, ließ sich, wenn er zu den prominenten Piloten gehörte und es nicht gegen das Reglement verstieß, möglichst mehrmals vom Startleiter aufrufen – denn er war, vergleichsweise, ein Matador; auf ihn konnte und wollte man sowieso nicht verzichten.
Und wie interessant waren gar erst die Flugzeuge, an denen sich die Monteure mühten, den Motor in Gang zu setzen. Gelang das schließlich und hatte sich der Flieger herbeibemüht, dann mußten sich viele Füße in den Boden stemmen und Hände zupacken, um das Flugzeug an seinem Leitwerk und an den Tragflächen festzuhalten, damit es nicht losrollte, wenn der Pilot den Motor mit Vollgas laufen ließ.
Es heulte und knatterte, machte tüchtigen Lärm und wirbelte Sandwolken auf, wenn gleich mehrere dieser Flugapparate vorbereitet wurden und nun doch plötzlich jeder Teilnehmer zuerst losfliegen wollte. Endlich kam das erwartete Handzeichen des Fliegers, und die Helfer ließen das Flugzeug los. Wer diesen Augenblick verpaßte, fiel sogleich auf die Nase. Der Flugapparat sauste davon, gewann langsam Höhe, und dann zeigte der Pilot, was im Wettbewerb verlangt wurde, denn, erst einmal in der Luft, versuchte nun jeder, die erforderlichen Punkte zu sammeln.
Es hat in der Frühzeit der Luftfahrt kaum einen Wettbewerb gegeben, der völlig störungsfrei ablief. Freiballone kollidierten nicht selten schon beim Start miteinander, einige beendeten ihren Aufstieg am nächsten Hindernis. Flugzeuge überschlugen sich mitunter schon beim Rollen, andere stürzten auf Bäume oder fielen in Gärten. Und trotzdem – angesichts nachlesbarer Unfallschilderungen oft unbegreiflich – verliefen die meisten dieser Vorfälle erfreulicherweise glimpflich. Mancher Flieger krabbelte nach einem „Totalbruch“ unter einem Haufen Kleinholz, zwischen Drähten und zerfetztem Bespannstoff hervor, besah sich die Reste seines Flugzeuges und ging dann mit den Händen in den Hosentaschen davon – zum nächsten Gasthof, denn dort fand er nicht nur einen „Trunk auf den Schreck“, sondern meist auch ein Telefon.
Bei alledem überwog aber die Ästhetik der Luftfahrt. Diese abzubilden haben sich viele Ballonfahrer, Luftschiffer und Flieger jener Jahre bemüht.

Vor dem Start zum Gordon-Bennett-Wettbewerb im Oktober 1912 in Stuttgart, an dem 20 Ballone aus neun Ländern teilnahmen.

DIE INTERNATIONALE „GORDON-BENNETT-WETTfahrt“ des Jahres 1912 wurde in Deutschland gestartet. Der „Deutsche Luftfahrer-Verband“ entschied sich für Stuttgart als Aufstiegsort.

Der Wettbewerb ging auf JAMES GORDON BENNETT zurück, den damaligen Besitzer des „New York Herald“, einer der auflagenstärksten Tageszeitungen in der Welt. BENNETT hatte im Jahre 1905 den Pokal und Preis für eine internationale Ballonwettfahrt gestiftet, die allen Verbänden offenstehen sollte, die Mitglied der „Fédération Aéronautique Internationale“ (FAI) waren, welche dann auch die Austragungsmodalitäten für den Wettbewerb festlegte, der als Fahrt um die größte Weite abgewickelt werden sollte. Unterstützt von der FAI, war die „Gordon-Bennett-Wettfahrt“ die bedeutendste und jährlich wiederkehrende Veranstaltung des Freiballonsports. Das Land, aus dem der Sieger kam, war berechtigt, den Wettbewerb des jeweils folgenden Jahres auszurichten.

Der Aufstiegsort für den ersten dieser Wettbewerbe im Jahre 1906 war Paris. Schon damals nahmen 16 Ballone aus sieben Ländern teil. Den Sieg errang FRANK P. LAHM aus den USA. Den ersten großen Erfolg für den deutschen Ballonsport erzielte OSCAR ERBSLÖH vom „Niederrheinischen Verein für Luftschiffahrt“ im Jahre 1907 in St. Louis in den USA. Er fuhr damals in 40 Stunden mehr als 1400 km weit. Nachdem dann die Wettfahrt des Jahres 1908 in Berlin ihren Anfang genommen hatte, war dem Ingenieur HANS GERICKE aus Potsdam im Jahre 1911 erneut ein deutscher Sieg gelungen, der die Fahrtenteilnehmer im Jahre 1912 nach Stuttgart führte.

Es war in Stuttgart im Oktober 1912 wie überall, wenn ein luftsportliches Ereignis seinen Anfang nahm. Die Anteilnahme der Bevölkerung war groß und die Berichterstattung in den Zeitungen entsprechend ausführlich. Schon das Bild der ausgelegten farbenprächtigen Ballonhüllen und der bereits zu früher Tageszeit einsetzende ameisenhafte Betrieb der Helfer auf dem Startplatz faszinierten die Zuschauer. Erst allmählich begriffen Laien, daß in dem scheinbaren Durcheinander doch Methode steckte und jeder Beteiligte sehr genau wußte, was er zu tun hatte. Als die Ballone sich mit Gas füllten und langsam aufrichteten, wurden die Namen auf den Hüllen lesbar. Die Ballone der einzelnen Länder konnten jetzt identifiziert, die deutschen Teilnehmer ausfindig gemacht werden. Es war klar, daß in erster Linie diesen die besten Wünsche der Zuschauer galten. Jeder der aufsteigenden Ballone wurde mit Hochrufen entlassen, bis schließlich ein ganzes Geschwader bunter Kugeln am Himmel stand und langsam am Horizont entschwand.

Aus neun Ländern hatten 20 Ballonführer den Wettbewerb in Stuttgart aufgenommen. Sie trafen ausgezeichnete meteorologische Bedingungen an und erreichten die größten Weiten, die jemals bei einer solchen Wettfahrt erzielt worden waren. Starker

Westwind trieb die Ballone nach Osten, viele gelangten bis weit in das damalige Rußland hinein. Sieger wurde der Franzose Maurice Bienaimé mit einer Fahrtstrecke von 2191 km.

DIE MODERNE FORTBEWEGUNGSTECHNIK, OB ALS Straßen-, Schienen-, See- oder Luftfahrzeug, bewirkte zu allen Zeiten eine starke Faszination. Flugplätze und Luftschiffhäfen gehörten zu den Attraktionen der frühen Luftfahrtjahre, denn hier durften die Flugzeuge und Luftschiffe in Aktion, oft auch in den Schuppen und Hallen aus unmittelbarer Nähe betrachtet werden; hier waren technische Einzelheiten und ungewöhnliche Erlebnisse zu erfahren. Und mitunter luden, dem Zuschauerinteresse folgend, die Flugplatzgesellschaften oder Luftschiffhafenverwaltungen auch zu speziellen Besichtigungen und Führungen ein.

Dabei hatten die Luftschiffungetüme ihren ganz besonderen Reiz, weshalb immer dort, wo sie aufstiegen, niedergingen oder einfach nur in ihrer Halle standen, zahlreiche Schaulustige herbeikamen und hofften, solchen Riesen vielleicht sogar einmal berühren zu dürfen. Verständlich, denn die Eindrücke waren schon allein wegen der Größenverhältnisse überwältigend.

Der Innenraum einer Luftschiffhalle glich mit dem eigentümlichen Halbdunkel und der Stille, die dort herrschte, wenn die Betriebsamkeit einer Fahrtenvorbereitung fehlte, der räumlich-be-

Die DELAG bot den Besuchern nicht nur die Möglichkeit, den Start- und Landevorgang zu beobachten, sondern das Schiff gegen Eintrittsgebühr auch in der Halle zu besichtigen (im Bild die „Schwaben“).

tonten Ruhe in einem Dom. Nur war eine Zeppelin-Halle großflächiger, sie war gar länger als ein Fußballstadion. Und darin das Luftschiff, dessen Längenmaß kein Ende zu nehmen schien. DELAG-Luftschiffe wie die „Viktoria Luise“ oder die „Hansa“ übertrafen mit ihrer Länge von jeweils 148 m jede Weite, die ein beliebiger Mensch mit einem beliebigen Wurfgegenstand auch nur annähernd hätte erreichen können. Schon der Luftschiffnamenszug, in der Luft vom Boden aus kaum zu erkennen, stellte sich bei der Nahbetrachtung als mannshoch heraus. So war es nicht verwunderlich, daß – wie damaligen Schilderungen zu entnehmen ist – die Hallenbesucher ehrfürchtig verharrten und sich oft nur im Flüstertone zu verständigen wagten, als befänden sie sich tatsächlich in einer Stätte religiöser Andacht. Manchem erschien es geradezu als Lästerung, wenn plötzlich ein Mechaniker unbekümmert zu hämmern begann.

Und wer die Gelegenheit hatte, beim Ein- oder Ausbringen eines Luftschiffes in der Hallennähe zu verweilen, der stand auch hierbei unter dem Eindruck des Ungewöhnlichen, denn ein solches Luftfahrzeug wurde langsam bewegt, im Schrittempo, von Männergruppen, die es an Seilen dirigierten – als hätte man einen Dinosaurier aus der Urzeit gezähmt und an die Leinen genommen. Dabei mußte man nicht einmal nur unbeteiligter Zuschauer sein, um zu einem derartigen Vergleich zu gelangen. Er wurde auch über die „Gefräßigkeit“ eines solchen Riesen assoziiert. Nicht nur die Tausende von Litern Kraftstoff, die vor jeder längeren Fahrt getankt wurden, riefen Erstaunen hervor, sondern auch die Gasmenge, die notwendig war, ein Luftschiff dieser Größe aufsteigen zu lassen.

Ein Publizist hat im Jahre 1908 beschrieben, daß für Zeppelin-Luftschiffe, bevor sie in der Friedrichshafener Werft ihre Erstfahrt antreten konnten, das Füllgas in Stahlflaschen aus Griesheim herangeschafft werden mußte. In jeder Stahlflasche war eine Gasmenge von „je etwa fünf Kubikmetern unter dem Druck von 150 Atmosphären enthalten“. Das bedeutete beispielsweise für das „Hansa“-Luftschiff mit seinem Traggasvolumen von 18 700 m^3, daß zumindest 3740 derartige Stahlflaschen für die Erstfüllung notwendig waren. Allein dafür betrugen die Kosten, einschließlich Fracht und Leihgebühr für die Stahlbehälter, etwa 10 000 Mark. Da fast nach jeder Fahrt eine Nachfüllung notwendig war, mußte für jeden Hallenstandort entweder ein Gasometer oder ein umfangreicher Stahlflaschenvorrat vorhanden sein, um den Fahrtenbetrieb gewährleisten zu können.

DIE BEGINNENDE LUFTFAHRT BRACHTE AUCH MANcherlei Nutzen für andere Bereiche, beispielsweise für die Fotografie, die damals selbst noch in den Kinderschuhen steckte. Seit dem Jahre 1858 konnte von der „Photographie aus der Luft“ gesprochen werden. Schrittweise wurde es möglich, die neue Sicht als Blick aus größeren Höhen auch anderen zugänglich zu machen, wenngleich vorläufig noch nicht in „bewegten Bildern“, nicht im Film also, sondern in Momentaufnahmen. Die neue Dimension mit ihren Einsichten und Ansichten wurde allmählich dokumentierbar und publizierbar.

Der erste Luftbildfotograf war der Franzose Gaspard Felix Tournachon, auch bekannt geworden unter seinem Pseudonym Nadar. Er hatte im Jahre 1858 in Paris eine Patentschrift einge-

Ballone waren die ersten Luftfahrzeuge, deren Korbinsassen unvergeßliche Eindrücke und zugleich wichtige meteorologische Erkenntnisse bei Fahrten auch über den Wolken gewinnen konnten.

reicht, in der er begründete: „Die Kombination verschiedener Mittel verspricht mir eine Anwendung der Photographie zur Herstellung topographischer Pläne ... Ich habe daher im Ballon zu arbeiten und besondere Vorrichtungen zu schaffen versucht, die mir erlauben, die Gondel in einen photographischen Arbeitsraum zu verwandeln ...“

Die ersten praktischen Luftbildversuche mit einer Plattenkamera sollen – unterschiedlichen Quellen zufolge – entweder im Jahre 1851 oder 1859 begonnen haben. Jedenfalls machte Tournachon mit seiner Erfindung einen zukunftsträchtigen Anfang. Mancher Wissenschaftsbereich nutzte diese neuen Möglichkeiten. Meteorologen beispielsweise begannen, Wolken in der Höhe zu fotografieren, und sie riefen Ballonfahrer auf, sie dabei zu unterstützen.

Die Wolkenfotografie hatte in Deutschland in den achtziger Jahren des vorigen Jahrhunderts begonnen – zunächst von der Erde aus. Es läßt sich denken, daß auf diese Weise nur bescheidene Schlüsse und Erkenntnisse gewonnen werden konnten. Immerhin trugen jedoch auch solche Aufnahmen dazu bei, die Kenntnisse von Erscheinungsformen und Bewegungen der Wolken zu vertiefen.

In einer Sitzung des „Deutschen Vereins zur Förderung der Luftschiffahrt“ referierte im Januar 1892 der Arzt und Amateurfotograf Richard Neuhauss über die Schwierigkeiten fotografischer Wolkenaufnahmen. Neuhauss legte dazu eine Reihe eigener Bilder von Cumulus- und Cirruswolken vor, die von den Vereinsmitgliedern durchweg als „ganz vorzüglich“ befunden wurden. Er empfahl, den Versuch zu unternehmen, Wolken aus dem Ballonkorb heraus zu fotografieren.

Dieser Gedanke führte dazu, daß der Berliner Meteorologe Carl Kassner – dem wir übrigens die ersten Momentaufnahmen von den Flugversuchen Otto Lilienthals aus dem Jahre 1891 verdanken – in der Vereinszeitschrift einen Beitrag „Über Wolkenphotographie, insbesondere bei Ballonfahrten“ veröffentlichte. Kassner vertrat darin die Ansicht, daß die genauere Kenntnis von den Wolken nicht nur im engeren Sinne der Fachwissenschaft erforderlich sei, sondern daß sie auch wichtige Erkenntnisse für die praktische Ballonfahrt vermitteln könne. Insbesondere wären die Ballonfahrer aufgefordert, die Kamera von oben auf die Wolken zu richten und die vom irdischen Beobachter abgewandte Wolkenseite zu erkunden. Durch das sogenannte Meßbildverfahren werde es möglich sein, künftig auch Höhe und Bewegungsrichtung fotografierter Wolken zu ermitteln.

Zu jener Zeit hatte die praktische Erfahrung bereits gelehrt, daß es im Sommer einfacher war, im Freien zu fotografieren, als zur Zeit der Herbstnebel oder des lichtarmen Winters. Je besser das Licht und je klarer die Luft waren, desto mehr Details waren auf den Abzügen zu erkennen, denn die Kontraste wurden stärker, die Umrisse schärfer. Es zeigte sich, daß diese Erfahrung generell auch für Wolkenaufnahmen vom Ballon aus galt, und daß überdies in der

Gordon-Bennett-Wettbewerbe für Freiballone bis zum Jahre 1913

Jahr	Veranstalterland	Aufstiegsort	Datum	Siegerland	Ballonname	Ballonführer	Strecke km	Dauer h	Landeort
1906	Frankreich	Paris	30. September	USA	United States	Frank P. Lahm	647,098	22:15	Fyling-Dales (Großbritannien)
1907	USA	St. Louis	21. Oktober	Deutschland	Pommern	Oscar Erbslöh	1403,554	40:00	nahe New York (USA)
1908	Deutschland	Berlin	11. Oktober	Schweiz	Helvetia	Theodor Schaeck	1212,000	73:01	Bergset (Norwegen)
1909	Schweiz	Zürich	3. Oktober	USA	Amerika II	Edgar W. Mix	1121,110	35:07	nordöstlich von Warschau (Polen)
1910	USA	St. Louis	17. Oktober	USA	Amerika II	Allan R. Hawley	1887,600	44:25	bei Peribonka (Kanada)
1911	USA	Kansas City	5. Oktober	Deutschland	Berlin II	Hans Gericke	757,839	12:28	nahe Holcombe (USA)
1912	Deutschland	Stuttgart	27. Oktober	Frankreich	Picardie	Maurice Bienaimé	2191,000	45:07	Rjasan (Rußland)
1913	Frankreich	Paris	12. Oktober	USA	Good Year	Ralph Upson	600,000	43:10	Briddlington (Großbritannien)

Regel hervorragende Lichtverhältnisse angetroffen wurden, wenn erstmal eine Wolkendecke durchstoßen war.
Die Wissenschaft vermochte es damals schon, die Wolken nach ihrer Form und Größe einzuteilen, indem sie zunächst grundsätzlich zwischen Haufen- oder Quellwolken (Cumulus) und Schichtwolken (Stratus) unterschied. Im mittleren Höhenbereich zwischen 2000 und 6000 m wurden diese Grundformen mit der Vorsilbe „alto“ gekennzeichnet, im hohen Bereich wurde ihnen die Silbe „cirro“ vorangesetzt. Nur die hochgetürmte Gewitterwolke entzog sich diesem Schema, weil sie häufig von einigen hundert Metern über dem Boden bis in den Cirrusbereich hinaufreichte und dort in den sogenannten Amboß, eine Schleierwolke feiner Eiskristalle, auslief.
Die Luftfahrer lernten schnell, solche Gewitterwolken wegen der ihnen innewohnenden Gefahren übergroßer Turbulenz und drohender Vereisung zu meiden. Die vielgestaltige und wandelbare Schönheit greifbar naher Wolkengebirge hat jedoch schon damals zur Ästhetik der Luftfahrt gehört.

DIE ERSTE INTERNATIONALE MOTORFLUGWOCHE AUF dem afrikanischen Kontinent fand vom 6. bis 13. Februar 1910 in Heliopolis statt. „Nordöstlich von Cairo“, wie es in einem offiziellen Bericht des „Kaiserlichen Generalkonsulats für Ägypten“ an die deutsche Regierung in Berlin hieß, „an der Karawanenstraße nach Suez gelegen“, hatten sich auf Einladung einer Veranstaltungsgesellschaft namhafte französische Aviatiker versammelt. Auch ein Niederländer war dabei. Der einzige deutsche Flieger im Teilnehmerfeld – und erster deutscher Flieger bei einer Flugwoche im Ausland – war Hans Grade mit seinem Eindecker. In einer Zeitungsmeldung war zu lesen: „Zwei kulturgeschichtliche Beförderungsmittel begegneten sich zum ersten Male in der Wüste: Kamel und Flugzeug.“
Hans Grade bewies Mut, als er seine Teilnahme für die Motorflugwettbewerbe in Heliopolis meldete. Erst Monate zuvor, im Oktober 1909, hatte er in Johannisthal den hochdotierten Lanz-Preis erflogen. Den ersten offiziellen deutschen Dauerflugrekord hatte er am 15. November 1909 in Bremen aufgestellt, und zwar mit einer Flugzeit von 54 Minuten und 30 Sekunden. Am 22. November 1909 erreichte er bei Vorführungsflügen in Breslau (heute Wrocław) die Höhe von 150 m; das war der erste deutsche Höhenflugrekord. Nun wollte er sich und sein Eigenbau-Flugzeug mit den Leistungen anderer Flieger und Flugapparate vergleichen, denn ein leistungsfähiges Feld von Sportmotorfliegern gab es im Februar 1910 in Deutschland noch immer nicht.
Schon der Transportweg mit dem kleinen Eindecker nach Heliopolis war recht umständlich. Angenehm waren dann aber die Temperaturen am Veranstaltungsort, denn der heimische Grade-Flugplatz in Bork (heute Borkheide) lag zu dieser Zeit in tiefem Schnee. Drei Wettbewerbe mit ansehnlichen Preisen waren in Ägypten ausgeschrieben: der Höhenpreis; der Preis für den längsten Flug ohne Zwischenlandung; der Gesamtstreckenpreis. In sämtlichen Konkurrenzen siegten französische Flieger mit Voisin-Doppeldeckern.
Der deutsche Generalkonsul in Ägypten meldete dann auch nach Berlin: „Wie es bei dem Uebergewicht der französischen Flieger nicht anders zu erwarten war, fiel das Gros der Gewinne nach

Der erste Flugwettbewerb auf dem afrikanischen Kontinent, im Februar 1910 im ägyptischen Heliopolis, konfrontierte moderne Technik mit Jahrtausende alter Tradition (im Bild Hans Grade bei einem seiner Flüge in Heliopolis).

Frankreich, und Herr Grade hatte demgegenüber einen sehr schweren Stand. Trotzdem hat er durch sein sicheres und unermüdliches Fliegen allgemeine Bewunderung erregt: Es gelang ihm stets nach kurzem Anlauf (25 m) in die Höhe zu kommen, und seine Flugmaschine zeigte besonders in der Höhensteuerung solche Leichtigkeit, daß seine Flüge großen Beifall fanden und die Zeitung ‚Egyptian Gazette‘ ihn nicht mit Unrecht den Liebling des Publikums nannte.“
Das nach allen Seiten offene Fluggelände hatte den Fliegern einige Schwierigkeiten bereitet, denn heiße Sandstürme verhinderten an zwei Tagen jeden Start. An mehreren Tagen traten „plötzliche Windböen“ auf, die „das Fliegen sehr gefährlich

machten“. Deshalb, so hieß es in einem Bericht, war der „mit Spannung erwartete Flug von Heliopolis nach der Cheopspyramide, für den Nubar-Pascha einen Preis von 10 000 Francs gestiftet hatte, nicht gewagt“ worden.
Mit den für Europäer ungewöhnlichen meteorologischen Bedingungen waren die erfahrenen französischen Flieger am besten zurechtgekommen, allen voran der Gesamtsieger Henry Rougier. Hans Grade konnte zwar einige Schnelligkeits-Nebenpreise gewinnen, weil er mit seinem kleinen und wendigen Eindecker früher als alle anderen starten konnte und danach auf einer Kurzstrecke kaum noch einzuholen war, aber er gehörte nicht zu den Erstplazierten, weshalb er auch in der Verteilungsliste der Hauptpreise nicht zu finden war. Allein seine Teilnahme war aber Anlaß für den „Deutschen Verein“ in Ägypten, zum Abschluß der Flugwoche „einen stark besuchten Bierabend“ zu veranstalten.
Hans Grade hat sich an keiner weiteren internationalen Flugveranstaltung mehr beteiligt. Sein leichter Eindecker hatte vielerlei Vorzüge: Er war problemlos zu transportieren, zusammenzubauen und zu demontieren; er benötigte nur kurze Startstrekken und war in der Luft überaus wendig. Hinsichtlich der Steig- und Fluggeschwindigkeiten sowie bei Langstreckenflügen war er jedoch schon damals den Flugzeugen anderer Länder – bald auch den Motorflugzeugen im eigenen Lande – nicht gewachsen. Insofern war Grades ägyptischer Flugexkurs nicht nur ein seltenes fliegerisches Erlebnis, sondern erbrachte für seine weiteren Pläne auch wichtige Erkenntnisse. Er berücksichtigte sie, indem er sich künftig auf Flugvorführungen mit seinem Eindecker sowie auf die Ausbildung von Flugschülern konzentrierte.

Ein traditionsreiches Flugfeld in der Frühzeit; schon im Juni 1908 fand der erste Motorflugwettbewerb in Kiel statt (im Bild die Wettbewerbsleitung der Kieler Flugwoche 1913).

FLUGVERANSTALTUNGEN HATTEN VON ANFANG AN ihre eigene starke Ausstrahlung und zuschaueranziehende Wirkung, denn sie verliefen damals zumeist in irgend einer Weise spektakulär. Ein Beispiel dafür waren die Kieler Flugtage und Flugwochen.
Noch bevor in Berlin-Johannisthal, dem ersten deutschen Motorflugplatz, das Experimentieren mit Flugapparaten begann und der Menschenflug mit Motorkraft rasch fortschreitend beherrscht wurde, hatte der „Kieler Verkehrsverein“ von sich reden gemacht. Er konnte das Verdienst für sich in Anspruch nehmen, den ersten deutschen Flugtag ausgeschrieben zu haben, und zwar für den 28. Juni 1908.
Zehn Wochen zuvor war der „Lanz-Preis der Lüfte“ ausgeschrieben worden, der deutsche Flugtechniker in ihren Bemühungen anspornen sollte. Der „Kieler Verkehrsverein“ bot die erste Möglichkeit einer deutschen Leistungsbestandsaufnahme auf diesem Gebiet. Aber sie war verfrüht. Als der Flugtag begann, stand nur ein Flieger mit seinem Eigenbau-Flugapparat am Start: der Däne Jacob Christian Hansen Ellehammer. Seine größte Flugweite betrug 47 m, die größte Flughöhe 2 m, die längste Flugzeit

elf Sekunden. Da er der einzige Starter war und tatsächlich Flüge vorgeführt hatte, wurde er dann auch der Sieger dieses Flugtages und erhielt den Betrag von 5000 Mark, der als erster Preis offeriert worden war.

Im Jahre 1911 war der Städtische Sport- und Spielplatz von Kiel der Zielort der vierten Etappe des „Deutschen Rundfluges" und zugleich Schauplatz des „Nationalen Wettfliegens Kiel 1911" vom 17. bis zum 22. Juni. Ausgeschrieben waren als Hauptpreise:

– der „Große Preis von Kiel" in Höhe von insgesamt 21 000 Mark, aufzuteilen auf die vier Teilnehmer mit der „längsten Gesamtflugzeit an allen Flugtagen",
– der „Höhenpreis" für die größte Flughöhe,
– der „Start- und Landungspreis" für die kürzeste Rollstrecke beim Start und für das möglichst nahe Aufsetzen an einem markierten Zielpunkt bei der Landung,
– der „Staffettenpreis".

Für den letzteren Wettbewerb war die in möglichst kurzer Zeit zu lösende Flugaufgabe wie folgt formuliert worden: „Fahrt über die Levensauer Hochbrücke, diese rechts lassend zum Friedrichsorter Leuchtturm, diesen ebenfalls rechts lassend zum Bismarckturm in Malente-Gremsmühlen, diesen in einer rechts geschlossenen Kurve umfliegen, dann zum Landungsplatz Eutin. Hier ist auf dem kenntlich gemachten Landungsplatz ein Brief herunter zu werfen, in welchem die Abfahrtszeit von Kiel vor der Abfahrt notiert wurde. Maßgebend für die zu bewertende Ankunftszeit in Eutin ist der Augenblick, in welchem der Brief den Landungsplatz berührt. Hierdurch wird vermieden, daß die Flieger sich bei der Landung übereilen, so daß sie nach dem Herunterwerfen des Briefes in Ruhe landen und sich vorher überzeugen können, daß der Landungsplatz von früher eingetroffenen Flugzeugen frei ist."

24 Flieger hatten sich für die Flugwoche angemeldet, davon elf Teilnehmer am „Deutschen Rundflug". Hellmuth Hirth aus Johannisthal bewies mit seiner Etrich-Rumpler-„Taube" (Rumpler-Lizenzbau des österreichischen Etrich-Eindeckers) erneut seine Spitzenposition unter den deutschen Motorfliegern, denn er belegte die ersten Plätze im „Großen Preis von Kiel", im „Höhenpreis" und im „Staffettenpreis". Auch der „Start- und Landungspreis" ging nach Johannisthal: Ihn gewann Raymund Eyring auf einem Albatros-Farman-Doppeldecker.

Während der Kieler Flugwoche hatte es einen Unfall gegeben, als Reinhold Jahnow mit seinem Harlan-Eindecker kurz nach dem Start abstürzte. In einem Zeitungsbericht hieß es: „Die Flugmaschine stürzte in einen Garten, wobei sie schwer beschädigt wurde. Ein Flügel und der Propeller sind zerbrochen ... Jahnow hat sich bei dem Unfall eine Schulter ausgerenkt sowie einen Armbruch und einen Nervenschock zugezogen. Er mußte in das Kieler Krankenhaus gebracht werden und dürfte wohl kaum vor sechs Wochen wieder geheilt sein. Auf seine weitere Teilnahme an dem Deutschen Rundflug ... ist daher nicht mehr zu rechnen."

Im Jahre 1913, vom 10. bis 15. Juli, fand noch einmal eine Flugwoche in Kiel statt. Wiederum waren ein „Großer Preis von Kiel" und ein „Höhenpreis", aber auch ein „Erkundungswettbewerb" und ein „Wurfwettbewerb" mit militärischen Aufgaben ausgeschrieben worden. In der Reihenfolge dieser Wettbewerbe belegten die ersten Plätze: Karl Caspar (Gotha-„Taube"), Gerhard Sedlmayr (Wright-Doppeldecker), Alois Stiploschek (Jeannin-„Taube") und nochmals Karl Caspar mit dem Eindecker aus Gotha. 20 Flieger waren mit insgesamt neun verschiedenen Flugzeugmustern an den Start gegangen.

LUFTSCHIFFAHRTEN ÜBER EINER GROSS-STADT gehörten zu den besonderen Attraktionen, die die DELAG ihren Passagieren zu bieten hatte. Vor allem für jene, die in solcher Stadt wohnten, hatte eine Rundfahrt über dem heimischen Häusermeer einen speziellen Reiz. Vom Flugplatz Johannisthal aus hat das Luftschiff „Hansa" mehrere solcher Besichtigungsreisen über Berlin unternommen und den Fahrgästen die Gelegenheit gegeben, sich aus der Vogelperspektive zu orientieren, markante Plätze und Straßen, Brücken und Gebäude zu erkennen – möglicherweise auch die eigene Villa.

Bei derartigen Anlässen fuhren Passagierluftschiffe kaum höher als 300 m. In der geschlossenen Mitschiffkabine saßen oder standen die Fahrgäste an den schräggestellten Fenstern, denn diese Aussicht war der Zweck der Fahrt; dafür hatten sie 200 Mark bezahlt. Damit war der Fensterplatz zwei Stunden lang gemietet.

Im Unterschied zu Flugzeugen mit ihren offenen Sitzen, aus denen selbst Flieger gelegentlich Blumensträuße oder Kränze über Berlin abwarfen, um ihre tatsächliche oder von anderen bezahlte Huldigung für eine Persönlichkeit auf diese Weise zu demonstrieren – was der Berliner Polizeipräsident gern durch ein generelles Überflugverbot unterbunden hätte –, brauchte die DELAG keine Abwurfaktionen zu befürchten, denn der Luftsteward achtete streng darauf, daß die Kabinenfenster während der Fahrt nicht geöffnet wurden.

Seit dem Herbst 1913 allerdings waren Besorgnisse anderer Art für den Einsatz von DELAG-Luftschiffen im Berliner Raum entstanden. Nachdem das Marineluftschiff L 2 über Johannisthal brennend abgestürzt war, wurden öffentlich Befürchtungen geäußert, daß sich eine ähnliche Katastrophe mit einem Zeppelin-Luftschiff über einer dicht besiedelten Stadt wiederholen und die ohnehin schrecklichen Folgen eines Absturzes vervielfachen könnte.

Wenigstens von Abstürzen und Brandausbrüchen in der Luft blieben aber die DELAG-Luftschiffe verschont, und wer sich eine Mitfahrt finanziell leisten konnte, war stets beeindruckt. Einer der „Hansa"-Passagiere hat damals seine Beobachtungen bei der Anfahrt auf die Hauptstadt so beschrieben: „Aus dem Dunst ragen zuerst die Türme, dann die Dächer auf, ein ganzes Meer von Dächern. Wie unermeßlich groß doch diese Stadt ist: gegliedert in Vorstädte, grüne Anlagen und Zentrum, durchschnitten von Straßenzügen und den Gleisen der Stadt- und Hochbahn. Das Asphaltpflaster glänzt wie Spiegelglas, und die Marmordenkmäler sehen alle sauber gewaschen und mit Puderzucker überstreut aus."

Dann steuert die „Hansa" langsam auf das Stadtzentrum zu. Die Luftreisenden erkennen den Potsdamer Platz mit seinem wogenden Hin und Her von Menschen, Droschken und Straßenbahnen. Die Straße Unter den Linden kommt in Sicht, schnurgerade mit ihrem breiten grünen Mittelstreifen und den Fahrbahnen. Auf beiden Seiten repräsentative Bauten: die Universität, Schinkels „Neue Wache" und das damalige Zeughaus auf der einen, das Opernhaus auf der anderen Seite.

Die hohen Fahrpreise bewirkten ganz ohne Zweifel eine soziale Auswahl der Fahrgäste. Doch kamen findige Berliner bald auf die Idee, eine Art von Passagier-Lotterie zu schaffen. Sie gründeten sogenannte „Vereine für Zeppelin-Fahrten". Der Jahresbeitrag wurde mit sechs Mark festgelegt. Mit 50 Pfennigen pro Monat war man also dabei. Das Beitragsaufkommen wurde dazu benutzt, Fahrscheine für DELAG-Fahrten zu kaufen, die dann unter den Vereinsmitgliedern verlost wurden. Auf diese Weise hatten auch einige weniger begüterte Berliner die Chance, ihre Stadt einmal von oben zu betrachten.

Neue Eindrücke von Berlin gewannen DELAG-Passagiere bei Rundfahrten aus der Vogelperspektive (im Bild der frühere Gendarmenmarkt, heute Platz der Akademie).

Waldlandung von Hans Grade in Bork

„Der deutsche Aviatiker Hans Grade unternahm gestern zwei Schauflüge von je fünf Minuten Dauer. Er beschrieb jedesmal Kreise über dem Sportplatz und den Lindenauer Wiesen. Nach seinem zweiten Fluge versuchte Grade gegen 6 Uhr einen Höhenflug. Durch seitlichen Wind wurde er jedoch nach dem neuen Schützenhof abgetrieben und stürzte dort mit seinem Apparat zwischen den Bäumen des Rosentals nieder. Grade selbst blieb an einer Baumkrone hängen und kletterte wohlbehalten am Baume herunter. Der Apparat konnte nach wenigen Minuten zwischen den Bäumen hervorgeholt und in der Halle auf dem Sportplatz geborgen werden. Wie sich herausstellte, ist das Seitensteuer beschädigt. Man hofft, den Schaden in etwa zwei bis drei Tagen ausbessern zu können.

Grade schilderte den Unfall wie folgt: ‚Ich war tadellos im Zug, plötzlich fühlte ich eine Luftströmung von oben, eine Wolke zog vorüber. Trotzdem ich sofort nach aufwärts steure, komme ich nur schlecht in die Höhe. Als ich aber mitten über dem Walde bin, treibt es mich direkt hinein. Ich gerate in eine kalte Luftschicht und sitze fest. Es knackt natürlich rings um mich her, und da bin ich eben ausgestiegen. Jetzt bin ich von Leipziger Luftschiffern darauf aufmerksam gemacht worden, daß die kühle Luft über diesem Walde auch den Ballon stark antrieb, und daß sie dort stets ein paar Säcke Ballast auswerfen müssen. Das habe ich natürlich nicht gewußt.'"

(„Berliner Zeitung", 21. März 1910)

XVIII. Luftfahrerperspektiven

Mit der Luftfahrt erfüllte sich der Mensch einen Jahrtausende alten Traum. Sein Denken und Handeln bewegte sich nun auch im Luftraum als einer neu erschlossenen Dimension; seine Betrachtungsweisen, sein praktisches Tätigsein und Wirksamwerden, auch seine Erlebniswelt wurden von einer neuen Sicht geprägt. Die Vogelperspektive war dem Menschen nicht mehr fremd. Sie wirkte sich auf beste Weise horizontweitend aus, gab den Technikern, Ingenieuren und Wissenschaftlern vielfältige Anregungen. Eigenständige Bereiche der Technik und Forschung, der Versuche und des Tatendranges begannen sich daraus zu entwickeln.
Die neue Perspektive, im engen Sinne nur als Blick von oben verstanden, blieb vorerst den Luftfahrern vorbehalten. Sie wurden darum oft beneidet, nicht selten bewundert, mitunter verlacht, manchmal sogar verdammt. Selbst der Vatikan fühlte sich herausgefordert. Im Juni 1911 hieß es in einer Zeitungsnachricht: „Wie verlautet, wird die Kongregation der Sakramente den Katholiken es als eine Todsünde verbieten, des Ruhmes oder des Geldgewinns wegen einen Aeroplan zu besteigen. Den verunglückten Fliegern soll auch, wie es weiter heißt, ein christliches Begräbnis versagt werden."
Nichts und niemand kam an dem Phänomen Luftfahrt mehr vorbei. Und immer dann, wenn etwas, das damit zusammenhing, zum ersten Male geschah, wurden entweder ein neuer Nutzungsbereich oder ein neuer Problemkreis sichtbar.
Nehmen wir beispielsweise den luftfahrtfachlichen Sprachgebrauch als Kommunikationsproblem jener Jahre. Jeglicher Sachverhalt, der mit und aus der Luftfahrt entstand, bedurfte auch der Bezeichnung. Lange sprach man vom Flieger, Flugschiff, Flugapparat, Aeroplan oder von der Flugmaschine, bevor sich das Wort Flugzeug durchsetzte, das von Otto Lilienthal in den Luftfahrtsprachgebrauch eingeführt worden war. Auch für den Flugzeugführer existierten anfangs vielerlei Bezeichnungen bis hin zum Luftkutscher.
Heftige und kontroverse Diskussionen sind in der Fachpresse darüber geführt worden. Der sechste „Deutsche Luftschiffertag" am 5. und 6. Dezember 1908 in Frankfurt a. M. hatte sich damit beschäftigt und schließlich einen Katalog von „aeronautischen Terminologien" angenommen. Im Jahre 1912 wurde dieser Katalog vom „Sprachenausschuß des Deutschen Luftfahrer-Verbandes" wieder verändert, und es wurden die „Ausdrücke" Flugwesen (als Oberbegriff für Flugtechnik, Flugindustrie, Flugsport und Flugverkehr), Flugzeuge (als Oberbegriff für „Kraftflugzeuge mit Triebwerk" und „Gleitflugzeuge ohne Triebwerk"), Flieger (als Oberbegriff für „Flugzeugführer oder Flugführer" sowie „Fluggäste oder Mitflieger, die aber keine Passagiere sind") festgeschrieben.
Die semantische Logik hinkte da manchmal noch ein wenig, aber die Breite der Diskussion läßt darauf schließen, daß solche Klärungsbemühungen damals wichtig gewesen sein mußten. Im Januar 1914 wurde in der Sitzung des „Österreichischen Luftschiffertages" eine Liste von Fachbezeichnungen verabschiedet, die nun wiederum in manchem Punkte von der inhaltlichen Ausdeutung und strukturellen Zuordnung deutscher Fachtermini abwich. Die terminologischen Debatten wollten kein Ende nehmen.
Neue Rechtsfragen entstanden. Die Staaten beanspruchten nicht nur die Hoheit ihrer Gebiete, sondern auch die „in der darüber gelagerten Luft", die Lufthoheit also. Einzelne Personen leiteten daraus die Berechtigung ab, das Überfliegen ihrer privaten Grundstücke zu verbieten, denn dann, so wurde erklärt, gehöre auch „die Luft über einem Grundstück seinem Eigentümer". Die Juristen bekamen Arbeit, denn eine Notlandung beispielsweise konnte keine Rücksicht darauf nehmen, ob ein dafür geeigneter Platz einem Gutsbesitzer oder der Öffentlichkeit einer Gemeinde respektive einer Stadt gehörte – zumal dies aus der Luft ohnehin nicht zu erkennen war. Überflugrechte, Landerechte und Schadenersatzansprüche beschäftigten die Gerichte.
Auch die Zollbehörden und die Polizei standen vor neuen Situationen, die mit der Fliegerei zusammenhingen. Wie im März 1911 von einer Zeitung gemeldet wurde, hatte „ein junger Italiener namens Antonio Smeroglio" versucht, „mit einem Aeroplan den Mont Cenis zu überfliegen, um Waren von Italien nach der Schweiz zu schmuggeln". Der Vorfall ist allein dadurch bekannt geworden, daß der Schmuggelflieger abgestürzt war, nachdem er die schweizerische Grenze bereits überflogen hatte.
Die neuen Perspektiven, im weiten Sinne nunmehr verstanden als luftfahrtbezogene Entwicklungsrichtung und vielseitiges Betätigungsfeld, waren hinsichtlich ihrer Auswirkungen außerordentlich ereignisreich. Die Luftfahrt war in ihren frühen Jahren immer kurios und vorwärtsdrängend zugleich.

Die Naturschönheiten der Havellandschaft mit den Kleinoden der Architektur und des Gartenbaus bestimmten die Eindrücke bei Luftschiffahrten über Potsdam.

WER VON POTSDAM AUS EINE RUNDFAHRT MIT DEM Luftschiff unternehmen wollte, konnte sowohl von der Landseite als auch über die Havel zum Luftschiffhafen gelangen. Wies er seinen Fahrschein vor, wurde er fortan aufmerksam betreut. Zunächst wurden die Fahrgäste in einen kleinen, freundlich möblierten Warteraum geführt, von wo aus sie die letzten Aufstiegsvorbereitungen auf dem Hafenplatz beobachten konnten. Waren alle Passagiere beisammen, wurden sie zum Luftschiff gebeten:

„Eine kleine Treppe wird an die Kabinentür herangerückt und es darf eingestiegen werden. Zwanzig Passagiere finden in der behaglich eingerichteten Kabine auf bequemen Korbsesseln Platz. Im Vorraum befindet sich die Kleiderablage; dort ist auch die Bordküche des Luftstewards untergebracht, bestehend aus Speisekammer und Eisbehälter. Am anderen Ende der Kabine geht es zur Kammer für die drahtlose Telegraphie und zur Toilette, die mit fließendem Wasser ausgestattet ist.“ So stand es im Werbeprospekt. Ergänzend sei vermerkt, daß die Anzahl der Mitreisenden 24 betragen konnte, wenn sich einige mit Klappsitzen begnügten.

Kein Zweifel – die Fahrgäste waren seit dem Betreten des Luftschiffhafens von einer freundlichen Atmosphäre umgeben, die ganz gewiß die Vorfreude auf das bevorstehende Erlebnis zu steigern vermochte. Schon die Umgebung hatte einen beträchtlichen Anteil daran. Im „DELAG-Führer“ des Jahres 1912 wurde besonders betont, daß der Potsdamer Luftschiffhafen der landschaftlich am schönsten gelegene in ganz Deutschland sei und sein Anblick von oben wie von ebener Erde „jeden Luftfahrer entzücke“.

Doch war wohl allemal der Blick aus der Höhe vorzuziehen. Die Stadt Potsdam, damals noch preußische „Hof- und Residenzstadt“, präsentierte sich dem Luftschiffpassagier wie ein Kleinod – eingefaßt von der Havel und ihren Seen, von Wäldern und Hügeln. Bei guter Sicht ließ sich die ganze Stadt und ihre Umgebung aus 300 m Höhe überblicken: von Sanssouci bis zum Brauhausberg, vom Luftschiffhafen bis zum Marmorpalais im Neuen Garten.

Mehrere Generationen fähiger Baumeister, hervorragende Bildhauer und tüchtige Handwerker hatten den Ruhm Potsdams als Stadt des Barocks, als Stadt selten schöner Gärten und Schlösser begründet. Aus dem Luftschiff war es nun möglich geworden, den Zusammenklang von Kunst und Natur geruhsam zu überschauen und als Gesamtkunstwerk zu begreifen. Diese Höhenbetrachtung kulturgeschichtlich entstandener Stadt-, Garten- und Landschaftsgestaltung war, wie oft zu lesen war, „überwältigend“ und konnte vergessen machen, daß Potsdam seit fast zwei Jahrhunderten auch als Stadt des preußischen Korporalstocks und engstirnigen Militärdrills verrufen war.

Der Dichter Jean Paul hat Potsdam um das Jahr 1800 einmal „die schönste Vorstadt von Berlin“ genannt. Das galt auch zur Zeit der Potsdamer Luftschiffahrten, denn die Stadt lag im Einzugsbereich der Berliner Nahverkehrsmittel und war ein beliebtes Ausflugsziel der Hauptstädter.

Jedoch – die Luftschiffahrer waren nicht die ersten, die Potsdam und seine Umgebung aus der Höhe sahen. Der erste war auch kein Luftschiffer, sondern ein Flieger: der US-amerikanische Pilot und Flugtechniker Orville Wright, der seit dem 29. September 1909 zeitweilig auf dem Bornstedter Feld seine Flüge vorgeführt und die ersten deutschen Flugschüler ausgebildet hatte. Es waren Fridolin Keidel und Paul Engelhard. Der eine, Keidel, wurde der erste Johannisthaler Fluglehrer, der andere Chefpilot – beide bei der „Flugmaschine Wright GmbH.“ Die Bornstedter Flüge waren das erste bedeutende Luftfahrtereignis für die Stadt Potsdam, das deshalb auch starkes Interesse fand und dazu führte, daß sich selbst der sonst zurückhaltende Hofadel zahlreich auf dem Fluggelände versammelte, um den flugtechnischen Fortschritt in Augenschein zu nehmen.

Erste Alpenüberquerung mit einem bemannten Freiballon
Die erste Alpenüberquerung mit einem Luftfahrzeug fand am 3. Oktober 1898 mit dem 3300-m^3-Ballon „Wega“ statt, und zwar unter der Leitung des schweizerischen Berufsaeronauten Spelterini. Es gelang die „Überfliegung des westlichen Zipfels der Berner Alpen, der 3251 m hohen Diableretsgruppe“. Der folgende Auszug ist dem Bericht eines Teilnehmers an dieser Fahrt entnommen:
„10 Uhr 45 Minuten! Die Gondel ist frei ... Langsam sinkt die Mutter Erde unter uns zurück und tausendstimmige Zurufe dringen herauf! Welch wunderbare Pracht! Keiner von uns ist eines Wortes fähig. Unter uns liegt das ganze herrliche Rhônetal ...
11 Uhr 43 Minuten. Das Barometer markiert bereits 4500 Meter Höhe und die Lufttemperatur ist auf -10 Grad Celsius gesunken ... 12 Uhr 25 Minuten. Wir sind schon weit über Montblanc-Höhe nahe 6000 Meter, und es fängt an, kälter zu werden; -16 Grad Celsius gibt mein Thermometer an! Doch höher! Wir überblicken fast die ganze nördliche Schweiz bis hinaus zum Säntis durch lückenhaftes Wolkenmeer ... 12 Uhr 45 Minuten: 6400 Meter! Wir stehen über Moudon, das Thermometer zeigt auf -20 Grad Celsius und das Barometer markiert kaum noch 340 Millimeter Luftdruck. In dieser enormen Höhe treiben wir eine volle Stunde lang dahin. Ich fühle, daß ich zusehends schwächer werde, zeitweise befällt mich eine starke Schlafsucht, aus der ich mich energisch aufraffen muß ...
Der Ballon hebt sich neuerdings im raschen Fluge aufwärts, um halb vier ... gelangt er in die maximale Höhe zwischen 6700 und 6900 Meter. Also Ventil los! Die ‚Wega‘ wird durch den Gasverlust rasch zum Fallen gebracht ...
Doch wo sind wir? Weite Strecken Wald mit kleinen Lichtungsflecken sind erkennbar. Da heißt es höchste Vorsicht. Wir machen uns zur Landung klar, die wegen des ziemlich starken Unterwindes durchaus nicht leicht erscheint. Die Erde kommt uns in rasender Eile immer näher, scheint auf uns zuzufliegen; das scharf spähende Auge des Kapitäns hatte ein günstiges Brachfeld entdeckt; der Anker fällt. Ich berge noch in Blitzesschnelle, so gut es geht, meine mobilen Instrumente im Korbe. Achtung! Klimmzug! Da schlägt die Gondel mit Gewalt auf dem Boden auf, die Ballonkugel erhebt sich noch einmal und schleift ein Stück weiter. Zum zweiten Male ein starker Anstoß, dann ein kräftiger Zug, der Anker hat fest gefaßt, der Ballon neigt sein stolzes Haupt und schmiegt sich der Erde an ...

(Beauclair, V. de: Im Ballon über die Alpen. – In: Wir Luftschiffer. Die Entwicklung der modernen Luftschifftechnik in Einzeldarstellungen. – Berlin und Wien, 1909, S. 376 ff.)

Eine Begleiterscheinung des beginnenden Motorfluges war die kommerzielle Vermarktung des mit fliegerischen Mitteln bewirkten Sensationskitzels durch Unternehmen, die als „Flugzirkus“ von Stadt zu Stadt zogen. Es ist kaum feststellbar, ob falsch verstandenes fliegerisches Streben nach Popularität oder die unternehmerische Idee am Anfang stand. Gewiß ist aber, daß weder die Leichtfertigkeit von Fliegern noch ihre risikobetonte Zurschaustellung dem Flugsport- und Luftfahrtgedanken nützlich waren.
Beachtenswert ist, daß namhafte „Kunstflieger“ der Frühzeit – wie der Franzose Pégoud oder der Niederländer Fokker – zwar wiederholt bis an die Grenze ihres Könnens herangeflogen sind, sich aber nie über diese hinausbewegt haben. Eine gewisse Portion Wagemut war stets dabei, wenn sie, bei welcher Flugveranstaltung oder Vorführung auch immer, mit ihrem Flugzeug zwischen Wolkenbasis und Bodennähe herumturnten. Aber sie waren meisterhafte Flieger, keine abenteuerlichen Glücksritter.
Anders so ein „Flugzirkus“, mit dem Schausteller von Sensationen ihr Geld machten und Flieger, die sich darauf einließen, mit der Aussicht auf hohe Prämien zu Flugzuständen anstachelten, die sie, wie ganze Unfallserien bewiesen, kaum noch beherrschen konnten. Derartige wandernde Flugschausteller hat es in den frühen Jahren in den USA gleich mehrere gegeben.
In Frankreich, Deutschland, Großbritannien oder Österreich gab es solche Erscheinungen nicht. Dort fanden anfänglich ortsgebundene Einzelvorführungen statt, veranstaltet von einem territorialen Luftfahrtverein, der damit für den Motorflug werben wollte. Sobald aber Gruppen von Fliegern das Programm bestritten, waren die Flugaufgaben vorgegeben, und die Organisation der Vorbereitung, des Veranstaltungsablaufs sowie der Ablaufkontrolle waren an die Existenz von Wettbewerbsausschreibungen, von Startreihenfolgen, von Flugbestimmungen und die Tätigkeit von Sportkommissionen, Flugleitungen und Schiedsgerichten gebunden. Flugunfälle ließen sich dadurch nicht ausschließen – und es gab infolge technischer oder fliegerischer Unzulänglichkeiten mehr als genug davon –, aber sie waren nicht das Ergebnis vernachlässigter Flugzeugwartung oder des strikten Verlangens nach gesteigertem Risiko.

Ein bezeichnendes Licht reflektierten seinerzeit Äußerungen beteiligter Flieger. Der US-Amerikaner Beckwith Havens, der im Jahre 1910 der wandernden Flug-Show von Curtiss beigetreten war, sagte wenig später zur Todesquote unter den Fliegern: „Sie starben uns so schnell weg, daß ich die Einsätze der anderen zu übernehmen begann." Und Charles hamilton, demselben Unternehmen zugehörig, erklärte: „Wenn nicht gründlich Wandel geschaffen wird, werden wir Aviatiker alle den Tod finden. Wann, ist nur eine Frage der Zeit." Hamilton hat 63 Abstürze überlebt und ist von den Ärzten immer wieder buchstäblich zusammengeflickt worden, bevor er im Jahre 1914 – an Tuberkulose starb.
Für die Flieger war die Mitwirkung an solcher „Flying Show" am Ende opferreich, für die Unternehmer einträglich. Das Geschwistertrio John, Alfred und Matilde Moisant beispielsweise, das im Jahre 1910 in New York die „Show Moisant International Aviation Ltd." gegründet und mehrere Flieger als Akteure angeworben hatte, verfügte über derartig hohe Einnahmen aus diesem Geschäft, daß man es sich leisten konnte, jedem der Flieger, je nach gezeigter Waghalsigkeit, pro Flugminute bis zu zwei Dollar zu zahlen. Es war, wie amerikanische Publizisten schrieben, „ein Spiel mit dem Tode", das da honoriert wurde. Man konnte lesen, daß sich die wildesten Draufgänger bei den Moisants an manchen Tagen eine Gage bis zu 1000 Dollar erfliegen konnten.

Kaum weniger gefährlich und auf Publicity bedacht waren die sogenannten „Kunststückchen" einzelner Flieger, die dafür von der Presse mit überschwenglichen Berichten bedacht wurden. Dazu gehörte das Unterfliegen von Brückenbogen und Telegrafenleitungen sowie das Landen und Starten auf Straßen inmitten einer Stadt. Zumeist wurden dabei auch andere Personen gefährdet.
So meldete eine amerikanische Presseagentur im Juli 1911, daß der Flieger Harry Atwood mit seinem Monteur an Bord einen neuen Geschwindigkeitsrekord mit Passagier in den USA aufgestellt habe, geflogen über eine Strecke von 140 Meilen von New London (US-Staat Connecticut) nach New York in drei Stunden und 15 Minuten mit nur einer Zwischenlandung zum Auftanken. Aber, so wurde mitgeteilt, es war dieser Rekordflug „als solcher weniger bemerkenswert als die Überwindung der gefährlichen Luftströmungen, welche ständig zwischen den Höhen der Wolkenkratzer herrschen. In kühnem Fluge umkreiste Atwood mehrere dieser Riesenhäuser ... Mehrfach wurde die nach Hunderttausenden zählende Menge von den schlimmsten Befürchtungen

Fliegerisches Können verführte in der Frühzeit nicht selten zu ebenso leichtfertigen wie spektakulären Kapriolen, wie das Unterfliegen von Brückenbögen (im Bild die Tower-Bridge in London).

erfaßt, wenn Atwoods Doppeldecker umzukippen schien." Die motorflugsportliche Rekordleistung wurde zwar gemeldet, besonders gewürdigt wurde aber das gefährliche Jonglieren zwischen den Wolkenkratzern von New York.

Derartige Kapriolen hatten ihren Preis. Bis etwa zum Beginn des ersten Weltkrieges waren fast ein Drittel aller US-amerikanischen Flieger tödlich verunglückt. Auch darüber berichtete die Presse jeweils in möglichst allen Einzelheiten. Es gehörte zur Vermarktung leichtfertigen Flugspektakels.

POPULARITÄT DURCH LEISTUNG WAR EIN QUALITÄTSmerkmal der besten Flieger; sie wurde durch Sachkenntnis, Trainingsfleiß und Flugerfahrung erworben. Der leistungsstärkste deutsche Flieger bis zum Sommer 1914 war Hellmuth Hirth, meisterhafter Beherrscher der „Taube" und bis zum Frühjahr 1913 Chefpilot der Rumpler-Werke.

Hirth war als herausragende Fliegerpersönlichkeit auf vielen Flugplätzen bekannt. Wenn er in einem Wettbewerb startete, dann konnte von vornherein damit gerechnet werden, daß sein Name bei der Schlußabrechnung ganz vorn auf den Ergebnislisten stand, sofern sich nicht ein größerer technischer Defekt einstellte, den er nicht in kurzer Zeit beheben konnte. Die Grenzen der technischen und seiner eigenen Belastbarkeit wußte er sehr klar zu beurteilen. Als Beleg dafür mag gelten, daß er sich nicht am „Deutschen Rundflug" des Jahres 1911 beteiligte, von dem beim damaligen Entwicklungsstand des Motorfluges vorauszusehen war, daß er mit seinen 13 Etappen über die Distanz von 1854 km vor allem eine „Materialschlacht" der beteiligten Flugzeughersteller werden würde. Dafür nahm er an der in den Rundflug eingefügten Kieler Flugwoche teil und siegte dort in drei von vier Hauptdisziplinen.

An Streckenflugwettbewerben beteiligte sich Hirth dann, wenn

Erfolgreichster deutscher Motorflieger der Anfangsjahre und Publikumsmagnet bei Flugwettbewerben war der Eindeckerpilot Hellmuth Hirth.

die Realisierungsbedingungen den gegebenen flugtechnischen Möglichkeiten entsprachen und fliegerisch kalkulierbar waren. Unter solchen Wettbewerben erwies sich beispielsweise der internationale Streckenflug Berlin–Wien als recht anspruchsvoll. Gemeinsam vom deutschen „Reichsflugverein“ (zuvor: „Verein Deutscher Flugtechniker“) und vom „K. K. Österreichischen Aero-Club“ organisiert, wurde der Berlin–Wien-Flug für die Zeit vom 9. bis 12. Juni 1912 anberaumt und als Zwei-Etappenkurs auf der Route Berlin-Johannisthal–Breslau (heute Wrocław)–Wien-Aspern festgelegt. Die Länge der Gesamtstrecke wurde mit „etwa 600 Kilometer“ angegeben. Im Veranstaltungsprogramm hieß es:

„Die Arbeitsausschüsse in beiden Hauptstädten haben in schöner Harmonie zusammengearbeitet, bei allen Stellen, an die sie sich wandten, freudiges und opferbereites Entgegenkommen gefunden. So darf man denn auf einen vollen Erfolg für den Berlin–Wien-Flug hoffen. Möge er die Freundschaft … im Herzen Europas noch enger gestalten und durch die Leistungen der Flieger und ihrer Flugzeuge zu einem würdigen Markstein in der Entwicklung des Flugwesens Österreichs und Deutschlands werden!“

Von den anfangs gemeldeten 28 Teilnehmern hielten bis zum Starttag noch elf ihre Nominierung aufrecht. „Diese elf aber“, schrieb eine Zeitung, „bilden die Elite im Flugsport beider Länder, so daß man auf wirklich glanzvolle Leistungen rechnen darf.“

Am 9. Juni 1912 standen seit den frühen Morgenstunden fünf österreichische und sechs deutsche Flieger mit ihren Flugzeugen und jeweils einem Passagier in Johannisthal bereit. Zehntausende von Zuschauern waren versammelt, Tausende von ihnen waren schon seit dem späten Vorabend unterwegs gewesen, um sich die besten Plätze zu sichern. Aber der Veranstaltungsbeginn verzögerte sich, weil eine „dicke undurchsichtige Nebelwand über dem Flugplatz Johannisthal lagerte“. Gegen 3.30 Uhr wurde dann der Start von der Flugleitung freigegeben.

Der Startbeginn gestaltete sich schwierig. Zuerst wurde der Österreicher Heinrich Bier aufgerufen, aber der Motor seines Flugzeuges lief unregelmäßig. Daher machte er die Startbahn wieder frei. Dann rief der Flugleiter den Österreicher Philipp v. Blaschke auf (er stand unter dem Pseudonym Csakay in der Teilnehmerliste), doch dieser verzichtete vorerst.

Jetzt war Hellmuth Hirth an der Reihe, aber sein Flugmotor sprang nicht an, also trat er zurück. Der nächste war der Flieger v. Thüna; er startete, obgleich der Motor noch nicht die volle Tourenzahl erreicht hatte, kam deshalb nur schwer vom Boden los, berührte gleich nach dem Abheben „mit seinem linken Flügel den Boden, so daß der Eindecker sich heftig um diesen drehte, sich auf den Kopf stellte, wobei der Propeller, das Fahrgestell und auch der Rumpf stark beschädigt wurden“. Danach kam Robert Thelen an den Start. Er flog um 4.22 Uhr ab, machte aber schon nach wenigen Kilometern Bruch bei einer Notlandung zwischen Alt-Glienicke und Grünau.

Sogleich nach Thelen war dann Hirth gestartet. Um 4.30 Uhr überflog er Storkow, um 5.20 Uhr die Stadt Guben. Jedoch kam auch er nicht ohne Zwischennotlandung aus. Um 7.45 Uhr setzte er bei Döbern auf (heute Dobrzeń), weil, wie aus einem Pressetelegramm hervorging, „eine Zündkerze verölt war. Glücklicherweise fanden Hirth und sein Passagier einen Bauern, der ihnen eine neue Zündkerze vom Motor seiner Dreschmaschine ablassen konnte.“ Um 8.30 Uhr ging der Flug weiter, um 8.50 Uhr erfolgte die Landung auf dem Flugplatz von Breslau. Weitere Teilnehmer trafen im Tagesverlauf dort ein. Vor dem sofortigen Weiterflug wurde gewarnt, da es am Zielort Wien-Aspern pausenlos regnete.

Am 10. Juni, dem zweiten Streckenflugtag, kam Hirth mit seinem Passagier nach störungsfreiem Flugverlauf als erster auf dem österreichischen Zielflugplatz an. Ein Zeitungskorrespondent telegrafierte unverzüglich nach Berlin: „Hellmuth Hirt ist um 6 Uhr 1 Minute nach einem Flug von 2 Stunden 56 Minuten von Breslau auf dem Flugplatz Aspern prachtvoll gelandet.“ Er wurde der gefeierte Sieger dieses internationalen Fernfluges. Auf den zweiten Platz setzte das Schiedsgericht den Österreicher v. Blaschke (Csakay).

Hirth war auch ein bekannter Fluglehrer, denn wenn er mal nicht für die Rumpler-Werke an einem Flugwettbewerb teilnahm, bildete er an der Fabrikfliegerschule Rumplers in Johannisthal die ihm zugewiesenen Flugschüler aus. Dabei kamen seinen Schülern die umfangreichen fliegerischen Erfahrungen ihres Lehrers zugute. Allerdings braucht auch nicht verschwiegen zu werden, daß seine einzige Schülerin, Melli Beese, von Hirth und den männlichen Schülern der Ausbildungsgruppe nicht gerade förderlich, nicht einmal gleichberechtigt behandelt worden ist. Frauen galten seinerzeit für das Führen eines Flugzeuges als völlig ungeeignet. Melli Beese bewies das Gegenteil, stieß aber deswegen auf den Widerstand der Männer. Der Fluglehrer Hirth schritt dagegen nicht ein, denn er selbst war von männlicher Selbstgefälligkeit nicht frei, die letztendlich auf die Nichtakzeptanz weiblicher Piloten hinauslief.

In seinem Buch „20 000 Kilometer im Luftmeer“, das in erster Auflage im Jahre 1913 erschienen war, unternahm Hirth für diese Haltung einen Begründungsversuch, indem er schrieb: „Der Unterricht von Damen als Flugschülerinnen hat seine Schattenseiten … Die ganze Sache wird von ihnen lediglich als Sensation aufgefaßt und dient dem Publikum nur zur Belustigung. Es ist vielleicht für einen Flugplatz sehr viel Wert, etwas Derartiges zu besitzen, da das Publikum … durch solche Frauen immerhin unterhalten wird.“

Dazu ist anzumerken, daß Melli Beese – die Hirth in seinem Buch meinte, obgleich er ihren Namen dort nicht erwähnte – am 13. September 1911 ihre Flugzeugführerprüfung erfolgreich bestand und schon zwei Wochen später, am 26. September, einen Höhenflugweltrekord mit Passagier für weibliche Piloten aufstellte, indem sie mit dem schweizerischen Flieger Robert Gsell als Fluggast an Bord auf die Höhe von 825 m stieg. Das geschah innerhalb der Johannisthaler Herbstflugwoche des Jahres 1911, an der sie teilnahm. Eine große Berliner Tageszeitung schrieb: „Alle Achtung! Was das kleine Fräulein auf ihrer Rumpler-Taube leistet, könnte manchem ihrer männlichen Berufskollegen zur Ehre gereichen ..."

ES WURDE RECHTZEITIG ZUM „KAISERJUBILÄUMSTAG" fertiggestellt: das 15 m hohe Luftschifferdenkmal auf dem Dönhoffplatz am östlichen Ende der Leipziger Straße nahe dem Spittelmarkt in Berlin. Und es ist tatsächlich am Sonnabend, dem 14. Juni 1913, vom DELAG-Luftschiff „Viktoria Luise" – benannt nach der Tochter des Kaisers – umfahren worden. Das auf der Luftfahrerdank-Marke abgebildete Foto ist also echt, was deshalb bemerkenswert ist, weil man sich damals schon auf die Kunst des Fotofälschens verstand und häufig genug Flugzeuge und Luftschiffe in fotografische Aufnahmen hineinkopierte; besonders, wenn es um symbolhafte Darstellungen ging.
In einer zeitgenössischen Beschreibung heißt es: „Das Luftschifferdenkmal am Dönhoffplatz ist jetzt freigelegt. Ein in einfachen Linien gehaltener Unterbau trägt einen von vier Kugeln gestützten Sockel, auf dem drei Adler ruhen. Vom Sockel erhebt sich ein schlanker, hoher Obelisk, der an seinen drei Seiten in je drei Medaillons die Namen bekannter Persönlichkeiten aus der Geschichte der Luftfahrt trägt: Prinz Heinrich von Preußen, Zeppelin, Sigsfeld, Haenlein, Daimler, Berson, Lilienthal, Parseval, Süring. Das Denkmal ist von dem Berliner Architekten Professor Bruno Möhring entworfen und von den Berliner Bildhauern Roch und Feuerhahn ausgeführt worden."

Im Juni 1913 auf dem Berliner Dönhoff-Platz zur Schau gestellt: ein „Luftschifferdenkmal" aus Holz.

Wer aus diesem Bericht den Schluß zog, daß von einem ehernen Gebilde aus Bronze und Stein die Rede war, der irrte jedoch. Tatsächlich war das „Denkmal" nichts anderes als „bepinselter Prunk aus Brettern und Pappe", wie eine Berliner Zeitung schrieb, „ein weißgestrichener Bretterobelisk, aus Anlaß der einwöchigen Festlichkeiten zum 25jährigen Regierungsjubiläum Wilhelm II." errichtet. Dieser „Bretterobelisk" hat dann auch die Feierlichkeiten nicht überdauert.
Neben der Prachtstraße Unter den Linden, der Friedrichstraße und dem damaligen Lustgarten war besonders die Leipziger Straße als Haupteinkaufs- und Hauptverkehrsstraße herausge-

putzt worden. Um die beiden alten Torhäuschen am Leipziger Platz hatte man einen gewaltigen Triumphbogen errichtet, der das Hauptstück und das höchste Wahrzeichen der ganzen Jubiläumsdekoration in der Berliner Innenstadt war. Das Luftschifferdenkmal am Dönhoffplatz, das die Errungenschaften auf dem Gebiete der Luftschiffahrt und des Flugwesens symbolisieren sollte, war quasi das Gegenstück dazu. Dazwischen prangten Fahnen über Fahnen, Girlanden, Kränze und Embleme: „Schmuck, der bestellt war, wie ein Hofkleid beim Schneider."

Am eigentlichen Jubiläumstage – Montag, dem 16. Juni 1913 – hatten die Kinder schulfrei und die Garnison dienstfrei, was zur Folge hatte, daß eine ungeheure Menschenmenge die Innenstadt bevölkerte. Am späten Vormittag leisteten auch die Johannisthaler Flieger ihren Beitrag zum Volksvergnügen: „In der elften Stunde zog eine Rumplertaube in einer Höhe von 1200 bis 1500 Metern ihre stolzen Kreise über Berlin. Der Pilot Wieting, mit dem Marineingenieur Lange als Passagier, umflogen in Schleifen das Schloß und flogen nach einem Rundflug von etwa drei Viertel Stunden wieder nach Johannisthal."

Im „Berliner Tageblatt" hieß es über die Jubiläumsdekoration, vom ganzen Prunk bliebe am Ende eine unfestliche Enttäuschung zurück. Es hätte erheblich an Geld gespart und an Schönheit gewonnen werden können, wenn der Plan des Festschmucks einheitlicher und einfacher gestaltet worden wäre. „Wobei noch immer in Betracht zu ziehen ist, daß die Speisung einiger tausend armer Teufel eine nützlichere Verwendung für das gesammelte Geld gewesen wäre als diese Ausschmückung, die die Mühe von vielen Tagen gekostet hat und in wenigen Stunden von Wind und Wetter vernichtet wird."

Das Berliner Luftschifferdenkmal war eine Episode. Rechtzeitig fotografiert und auf diesem Wege zu einem der Markenmotive geworden, blieb immerhin die Abbildung erhalten, bevor das Original in einem Regenguß zu zerfallen begann und die Reste der Straßenreinigung anheimfielen.

EINER DER INTERNATIONAL BEKANNTESTEN FRANzösischen Motorflugpioniere war Henry Farman. Er gehörte zu jenen, die als Flugtechniker und Flieger gleichermaßen erfolgreich waren. Land- und Wasserflugzeuge aus seinem Werk waren auf den Startlisten bedeutender Motorflugwettbewerbe zu finden, und zwar im In- und Ausland. So auch sein Wasserdoppeldecker, ausgerüstet mit einem 160-PS-Gnôme-Motor, beim Wettbewerb im April 1913 in Monaco am Mittelmeer.

Die Schwimmer dieses Flugzeuges offenbarten eine von Fachleuten beachtete Neuheit, die in einer Nachbetrachtung so beschrieben wurde: „Eine sehr interessante Bauart wiesen die Farmanschwimmer auf, deren Boden- und obere Fläche durch entsprechende Zwischenstücke sich elastisch gegeneinander bewegen konnten, um so die Härte des Aufstoßes auf die Wogen zu mildern." Auffallend war in Monaco außerdem, daß alle teilnehmenden Schwimmerflugzeuge mit Triebwerken ausgestattet waren, die zumindest 100 PS leisteten. Dies hatte seine Gründe darin, „daß die Schwimmer an sich erheblich schwerer sind als Räder" und „die für den Aufstieg erforderliche Geschwindigkeit auf dem Wasser sehr viel schwerer zu erreichen ist als auf dem Lande".

Der Wasserflugzeugwettbewerb war unterteilt in die Vorprüfung und zwei Hauptprüfungen. Die Vorprüfung verlangte: 1. – Ingangsetzen des Motors ohne fremde Hilfe und Abfahren einer 100-m-Strecke; 2. – Aufstieg vom Wasser bis auf 500 m Höhe; 3. – Gleitflug mit abgestelltem Motor aus mindestens 100 m Höhe; 4. – Abfahren einer Strecke von 6 km auf dem Wasser; 5. – Schleppfahrt hinter einem Motorboot; 6. – Aufhieven des Flugzeuges aus dem Wasser und Wiedereinbringen mit Hilfe eines Kranes. Von neun Teilnehmerflugzeugen überstanden sieben die Vorprüfung und waren damit zur ersten Hauptprüfung zugelassen.

Gesteigerte Schwierigkeitsgrade bei Start und Landung, aber auch großer Erlebnisreichtum für Flieger verbanden sich mit den in der Frühzeit des Motorfluges beliebten Wasserflugzeugwettbewerben.

Diese erste Hauptprüfung war ein Überseeflugwettbewerb am 12. April über 80 km auf der Route Monaco–Beaulieu–San Remo–Monaco mit jeweiligen Zwischenlandungen. Mit diesem Flug fand die Wasserflugveranstaltung ein unerwartetes und irreguläres Ende. Als der Wettbewerb beginnen sollte, setzte vom offenen Meer her stürmischer Wind ein, der „so schwere Dünung mit grobem Seegang“ in den Hafen hineintrieb, daß allgemein damit gerechnet wurde, die Wettkampfleitung würde die Starts verschieben. Doch dies geschah nicht.

Zwei Flugzeuge erlitten schon am Ankerplatz im Hafen so schwere Beschädigungen, daß sie ausscheiden mußten. Für die übriggebliebenen fünf Bewerber wurde der Start freigegeben. Er „gestaltete sich zu einem höchst aufregenden und interessanten Schauspiel. Ein Wunder schien es, daß ihre Maschinen, vom Winde wild hin und her gerüttelt, beim schweren Aufschlagen mit ihrem vollen Gewicht auf die Wogen nicht in Trümmer gingen ... Schließlich kamen alle fünf Konkurrenten hoch und verschwanden in Richtung auf Beaulieu zu.“

Doch bald darauf trafen nacheinander die Hiobsbotschaften in Monaco ein. Der Henry-Farman-Doppeldecker, gesteuert von einem Werkpiloten, war zwar in Beaulieu regelgerecht zwischengelandet, aber nach dem Wiederaufstieg aus 40 m Höhe abgestürzt. Ein Nieuport-Eindecker war in Beaulieu gekentert und zwei Doppeldecker beim Wassern erheblich beschädigt worden. Nur ein Bréguet-Doppeldecker gelangte noch bis zur nächsten Zwischenlandestation in San Remo, kenterte dort aber ebenfalls.

Damit hatte der Wasserflugwettbewerb keine Teilnehmer mehr, denn laut Ausschreibung konnte zur zweiten Hauptprüfung nur zugelassen werden, wer die erste absolviert hatte. Der 500-km-Rundkurs in Monaco, der für den 14. April 1914 vorgesehen war, hätte ausfallen müssen, weil sämtliche Bewerber vorher ausgeschieden waren. Die Wettkampfleitung setzte deshalb die Zulassungsklausel außer Kraft; am 15. April sollte der geplante 500-km-Flug als Kreiselfliegen um abgesteckte Bojenmarkierungen über dem Wasser stattfinden. Nur drei Bewerber traten noch an. Der erste gab nach 30 km auf, der zweite nach 190, der letzte nach 270 km – und wurde zum Sieger der zweiten Hauptprüfung erklärt.

Einige deutsche Zeitungen beeilten sich dann auch, die Ergebnisse von Monaco als „Fiasko“ zu beschreiben. Hingegen warnte die „Deutsche Luftfahrer-Zeitschrift“ im Mai 1913 davor, „mit überlegener Miene auf die vermeintliche Rückständigkeit der französischen Flugtechniker herabzusehen“ und stellte fest: „Dieser geringschätzigen Beurteilung können wir nicht nachdrücklich genug entgegentreten ... Ganz besonders aber sollten wir Deutschen uns vor dem bloßen Anschein der Überhebung hüten, denn wir stecken im Wasserflugwesen noch vollständig in den Kinderschuhen und haben dem, was vor Monaco geboten wurde, heute noch so gut wie nichts entgegenzusetzen.“

Das war für jene Jahre der deutsch-französischen Rivalität eine ungewöhnlich korrekte und realistische Einschätzung. Tatsächlich hatte die Veranstaltung in Monaco unter unerwartet schwierigen meteorologischen Bedingungen stattgefunden, weshalb eine Hauptkonkurrenz plötzlich zu einem Hochseewettbewerb wurde, dem die leichten Flugzeuge nicht standhielten. Zu jener Zeit flogen deutsche Wasserflugzeuge nur bei ruhigem Wetter und auf Binnenseen. Hochseefähige Wasserflugzeuge gab es im Jahre 1913 noch nirgendwo auf der Welt.

AM 22. JUNI 1913, SO WAR IN EINER LEIPZIGER FESTschrift zu lesen, „fand die feierliche öffentliche Einweihung des Luftschiffhafens und Flugplatzes Leipzig-Mockau in Anwesenheit der Behörden statt. Zur Ausnutzung dieser so geschaffenen Einrichtungen wurden nun zwei Luftschiffe in Leipzig-Mockau untergebracht, und zwar die Zeppelinluftschiffe ‚Sachsen‘ und ‚Viktoria Luise‘. Oft kreuzten diese Luftschiffe über Leipzig und unternahmen von hier aus weite Fahrten ins Land.“

Leipzig-Mockau war jedoch nicht der ständige, sondern ein zeitweiliger Standort der beiden genannten Luftschiffe. Auch die „Hansa“ war wiederholt in der dortigen Halle einquartiert.

Das neue Fluggelände ist im August 1913 für die öffentlichkeitswirksame Vorbereitung des 100. Jahrestages der Völkerschlacht bei Leipzig genutzt worden. Zum Gedenken daran ist vom „Leipziger Verein für Luftfahrt“ gegen Ende August 1913 ein „Völkerschlacht-Erinnerungsflug“ veranstaltet worden, der aus mehreren Motorflugwettbewerben bestand, zu denen ein Rundflug mit Erkundungsaufgaben über dem historischen Schlachtfeld des Jahres 1813 bei Leipzig gehörte.

Die nächstfolgende bedeutende Würdigung fand wenige Wochen danach statt. Ein „Deutscher Patriotenbund“ hatte jahrzehntelang das Geld für die Errichtung eines gewaltigen Denkmals gesammelt und die längerwährenden Bauarbeiten veranlaßt. Im

Symbolträchtig und deshalb gern fotografiert: Luftschiffe über markanten Bauten wie dem Völkerschlacht-Denkmal in Leipzig.

Oktober 1913 wurde das Bauwerk als Völkerschlachtdenkmal feierlich geweiht.

Zu dieser Zeit erwies dann auch der „Deutsche Luftfahrer-Verband“ der Stadt, dem neuen Luftschiffhafen und Flugplatz sowie dem Völkerschlachtdenkmal seine Reverenz, indem er seinen Verbandstag, den „Deutschen Luftfahrer-Tag 1913“, in Leipzig abhielt. Der Vorstand des Leipziger Vereins war mit den Vorbereitungen beauftragt worden und hatte dazu die folgende Adresse versandt: „In den Tagen, in denen in allen deutschen Gauen die Hundertjahrfeier der Völkerschlacht bei Leipzig festlich begangen, in denen Se. Maj. der deutsche Kaiser an der Spitze der deutschen Fürsten und begleitet von den Vertretern des österreichischen und russischen Kaisers das Völkerschlachtdenkmal bei Leipzig weihen wird, gibt sich der Leipziger Verein für Luftfahrt die Ehre, Sie zu den am 24., 25. und 26. Oktober d. Jahres stattfindenden Verbandstag des Deutschen Luftfahrer-Verbandes ergebenst einzuladen.“

Zum Programm gehörten neben den Verhandlungen im Plenum und in Kommissionen selbstverständlich auch die Besichtigung des neuen Leipziger Luftfahrtgeländes sowie Rundfahrten mit dem Luftschiff „Sachsen“. Man befand sich schließlich in Leipzig auf dem Territorium des Königreiches Sachsen, und es versteht sich von selbst, daß die „Sachsen“ bei jeder Rundfahrt das gerade geweihte Denkmal ansteuerte. Dies bot manche Gelegenheit für Fotografen, Luftschiff und Erinnerungsdenkmal, technische Gegenwart und ruhmreiche Vergangenheit für Zeitungen und Postkarten im Bild festzuhalten.

Ratschlag für Flugpassagiere

„Die Passagiere dürfen bei vorn liegendem Motor leichte Gegenstände hinauswerfen, wenn dadurch nicht unten befindliche Personen gefährdet werden können. Durch größere Gegenstände können die Steuerorgane gefährdet werden. Butterbrotpapiere, Deckblätter von Filmen, Karten usw. sollten immer auf der Seite hinausgeworfen werden, nach der die Schraube sich dreht, um ein Treffen des Führers zu vermeiden.

Bei Flugzeugen mit hinter dem Flieger liegender Schraube ist das Verlieren jedes Gegenstandes zu vermeiden, denn bei einem rasch rotierenden Holzpropeller genügt ein Blatt Papier, das die Schraube ungeschickt trifft, um sie zu beschädigen.“

(Hirth, H.: 20 000 Kilometer im Luftmeer. – Berlin, 1913, S. 228 f.)

XIX. Wegbereiter der Luftfahrt

Von einer Reihe bedeutender Persönlichkeiten ist in diesem Kapitel die Rede, die jede für sich eine herausragende Rolle in der Entwicklung der Luftschiffahrt und der Flugtechnik gespielt hat, und zwar auf höchst unterschiedliche Weise. Fast alle diese Personen lebten noch, als ihre Porträts gegen Ende des Jahres 1913 auf den Wohltätigkeitsmarken des „Luftfahrerdanks" erschienen. Zumeist waren sie auf ihrem jeweiligen Spezialgebiet auch noch tätig. Sie sind unter dem Sammelbegriff „Förderer der Luftfahrt" zusammengefaßt, doch wäre es wohl treffender gewesen, sie Wegbereiter zu heißen.

Denn Förderung ist sprachkundlich gleichzusetzen mit Unterstützung, Begünstigung, Protektion. Ein Förderer unterstützt, begünstigt, protegiert eine Sache oder eine Person. In diesem Sinne konnte genaugenommen nur Prinz Heinrich v. Preußen, der Bruder des deutschen Kaisers, in der Markenserie ein Förderer der Luftfahrt genannt werden. Er hat ihre Entwicklung – aus welchen Gründen immer – protegiert, stiftete Ehrenpreise, war Namensgeber für Flugveranstaltungen und Gründungsmitglied der „Wissenschaftlichen Gesellschaft für Flugtechnik" (WGF) im April des Jahres 1912.

Demgegenüber waren Hermann Moedebeck und Georg v. Tschudi, zwei ehemalige Luftschifferoffiziere, die sich auf vielfältige Weise um die Entwicklung der Luftfahrt verdient gemacht haben, wichtige Wegbereiter, doch in keiner Weise Förderer im Sinne unserer Definition. Moedebeck war der Propagandist der jungen deutschen Luftschiffahrt als Herausgeber und Schriftsteller, als Vortragender und als Chronist.

Der andere, Georg v. Tschudi, hatte seine Verdienste vor allem als Organisator. Tschudi war Geschäftsführer der „Internationalen Luftschiffahrt-Ausstellung" (ILA) im Sommer des Jahres 1909 in Frankfurt a. M., danach langjähriger Direktor des Flugplatzes Johannisthal. Er hat die ersten Sicherheitsbestimmungen für die Abwicklung eines Flugbetriebes formuliert und, wie Moedebeck, in nationalen und internationalen Gremien der Luftfahrt mitgewirkt.

Und der Graf Ferdinand v. Zeppelin, der so prominent war, daß sein Name später zum Synonym für das Luftschiff schlechthin wurde? Nun, er war in erster Linie der hartnäckige Verfechter des Baus seiner starren Luftschiffe. Diese Idee hat er über Jahrzehnte verfolgt, und er selbst sowie sein luftkriegsorientiertes Gebaren waren umstritten. Als die Katastrophe von Echterdingen im August des Jahres 1908 (mit LZ 4) zu einer großen und umfassend organisierten Spendenaktion führte, verlangte Kaiser Wilhelm II. eine „Beaufsichtigung und Begutachtung" aller weiteren Absichten Zeppelins, um zu verhindern, daß „das Geld verpulvert" werde.

Mit den millionenschweren Spendengeldern, zusammengeflossen hauptsächlich aus öffentlichen Mitteln der Städte und Gemeinden, von Zuwendungen der Industrie und der Banken, aus Sammlungen unter den Mitgliedern der Vereine sowie den Mitarbeitern diverser Institutionen, einschließlich der deutschen Kolonialverwaltungen, begründete Zeppelin sein Imperium, das bald nicht mehr nur den Leichtmetall-Starrgerüstbau, sondern auch den Hallenbau, den militärischen Flugzeugbau und andere Bereiche einschloß. Infolge der zunehmenden Unterstützung und schließlich lückenloser Absatzgarantie seitens der preußischen Heeres- und Marineverwaltungen war Zeppelins Monopolstellung sichergestellt. Auch hier kehrte sich der „Förderer"-Begriff um, denn Zeppelin selbst war es, der nach Kräften gefördert wurde. Ein Wegbereiter der Luftschiffe aber, die als Bausystem seinen Namen trugen, war er allemal.

Die Hochschullehrer August v. Parseval und Johannes Schütte, der eine an der Technischen Hochschule in Berlin-Charlottenburg, der andere an der Technischen Hochschule Danzig (heute Gdańsk), waren als Luftschiffkonstrukteure infolge eigener wissenschaftlich-technischer Leistungen erfolgreich. Sie ließen nicht konstruieren und erfinden, sondern unterzogen sich diesen Mühen auf der Basis eigener jahrelanger technischer, technologischer und aerodynamischer Forschungen selbst. Parseval und Schütte haben sich, im Unterschied zum Grafen Zeppelin, aktiv in Luftschiffahrtsvereinen und wissenschaftlichen Gesellschaften betätigt; sie haben mit zahlreichen Vorträgen, Studien, Veröffentlichungen, Gutachten sowie bei der Ausbildung von Studenten zur Entwicklung und Verbreitung wissenschaftlicher Kenntnisse auf den Gebieten der Luftfahrt beigetragen.

Aus der Sicht des Jahres 1913 sind jedenfalls die Pioniere des Flugwesens unterrepräsentiert geblieben. Die einzige Ausnahme, die „Luftfahrerdank" mit einem Fliegerporträt einräumte, war Otto Lilienthal, von dem noch die Rede sein wird.

PRINZ HEINRICH v. PREUSSEN WURDE GLEICHERMASSEN von der Marine, deren General-Inspekteur er war, von den Luftfahrern wie vom ebenfalls noch jungen Automobilwesen als Mentor und Protektor in Anspruch genommen. Er war an technischen Dingen sehr interessiert, segelte, fuhr Autorennen, nahm an Ballon- und Luftschiffahrten teil und erwarb selbst den Pilotenschein. Er galt als das sportlichste Mitglied der kaiserlichen Familie.

Im Freiballon fuhr Prinz HEINRICH im November des Jahres 1909 von Straßburg (heute Strasbourg) bis in den Spessart. Schon vorher, am 27. Oktober 1908, hatte er an der Fahrt eines Zeppelin-Luftschiffes von Friedrichshafen nach Schaffhausen und zurück über 210 km Entfernung teilgenommen. Im August 1910 war er nominell Leiter einer Luftschiff-Expeditionsfahrt nach Spitzbergen, die er mit dem Dampfer bewältigte. Er schrieb danach:

„Die Studienreise erschien als außerordentlich nutzbringend, bot sie doch Gelegenheit, klimatische, meteorologische sowie geographische Studien anzustellen, auch die Beschaffenheit des Polareises kennen zu lernen. In wie großer Nähe oder in wie weiter Ferne die Verwirklichung des Gedankens der Erforschung der arktischen Regionen mit Hilfe von Luftfahrzeugen liegt, wird wesentlich abhängig sein von dem Maße der Entwicklung dieser Fahrzeuge zu Dauerleistungen, großem Aktionsradius und Unabhängigkeit von technischen Hilfsmitteln. Sind diese Bedingungen erfüllt, so dürfte der Ausführbarkeit einer arktischen Forschungsreise mit Luftfahrzeugen – System Zeppelin – nichts im Wege stehen."

Jedoch hat auch eine künftige militärische Nutzung von Luftfahrzeugen, des Luftschiffes wie der Flugmaschine, in den Überlegungen Prinz HEINRICHS eine beträchtliche Rolle gespielt. In zeitgenössischen Berichten wird gerühmt, daß er die militärische Bedeutung von Luftfahrzeugen bereits sehr früh erkannt habe.

Die Sympathien der Öffentlichkeit, vor allem aber der Flieger, erwarb er sich, als er selbst die Pilotenprüfung ablegte. Er erfüllte die Bedingungen für den Flugzeugführerschein am 19. November 1910 in Darmstadt-Griesheim auf einem Euler-Doppeldekker vor zwei Sportzeugen und erhielt den Pilotenschein des „Deutschen Luftfahrer-Verbandes" (DLV). Er war damals 48 Jahre alt und nach Lebensjahren der älteste aller geprüften Flugzeugführer überhaupt.

AUGUST EULER, den Prinz HEINRICH bei der Besichtigung der ILA im Jahre 1909 in Frankfurt a. M. kennengelernt hatte, war sein Fluglehrer. Für die Prüfung hatte der Schüler drei Platzrunden zu fliegen mit je einer Zwischenlandung, bei der er nicht weiter als 150 m von der zuvor bezeichneten Landestelle aufzusetzen hatte. Über seine Erfahrungen als Flugschüler hat Prinz HEINRICH anschaulich in einem Aufsatz in der „Deutschen Luftfahrer-Zeitschrift" berichtet.

Seine Ausbildung verlief ohne Unfall, doch hat er unmittelbar nach der Prüfung einen schweren Bruch verursacht. Nach einer Landung raste er mit dem Euler-Doppeldecker, weil er das Vollgas nicht abstellen konnte, über den Platzrand hinaus in einen Wald. Das Flugzeug brach völlig zusammen, der Pilot hingegen

Der nach Lebensjahren älteste Pilot der Vorkriegszeit: Prinz HEINRICH VON PREUSSEN, Bruder des deutschen Kaisers, ausgebildet von AUGUST EULER.

kam mit einer leichten Verletzung davon. Danach ist Prinz Heinrich noch einmal im April des Jahres 1911 bei August Euler geflogen. Er beabsichtige einen Stundenflug, kam aber über 40 Minuten nicht hinaus.

August Euler hat damals nicht nur eine führende Rolle unter den Flugzeugfabrikanten, sondern auch in den Luftfahrerverbänden in Südwestdeutschland gespielt. Seinem Einfluß ist es wahrscheinlich zuzuschreiben, daß die Südwestgruppe des Luftschiffer-Verbandes den Prinzen Heinrich dazu veranlassen konnte, das Protektorat über den im Mai 1911 stattfindenden ersten Zuverlässigkeitsflug zu übernehmen und dafür einen Ehrenpreis zu stiften. In den Jahren 1913 und 1914 trug der Zuverlässigkeitsflug, der in mehreren Etappen zu bewältigen war, den Namen des Protektors.

Die Vereinigung der Flugzeugindustriellen konnte den Prinzen Heinrich dafür gewinnen, Schirmherr der „Allgemeinen Luftfahrzeug-Ausstellung“ (ALA) in Berlin zu werden und sie Anfang April des Jahres 1912 in Berlin auch zu eröffnen. Unter seinem Vorsitz wurde im gleichen Monat die „Wissenschaftliche Gesellschaft für Flugtechnik“ (WGF) gegründet. Ebenfalls zu diesem Zeitpunkt wurde von einem sogenannten Reichskomitee zur „National-Flugspende“ aufgerufen. In diesem Aufruf hieß es:

„Vor allem aber soll die Nationalspende die Mittel bieten, unaufhaltsam weiterzuarbeiten an der Vervollkommnung der Flugapparate, an der Ausbildung der Flieger, auf daß die Gefahren vermindert, die Leistungen erhöht werden. Mit Hilfe der Nationalspende soll auch die Entwicklung einer Technik gefördert werden, die immer neue Arbeits- und Erwerbsfelder erschließen wird. Häufige und ausgedehnte Wettkämpfe sollen Erfindungsgeist, Mut und Tatkraft anspornen und immer stolzere Leistungen von Mann und Maschine hervorrufen. Kurz, das deutsche Flugzeug soll, ob es in der Stunde nationaler Gefahr wachsam in der Luft kreist oder ob es in friedlichem Wettbewerb der Nationen als neuestes Mittel modernen Verkehrs und als geflügelter Bote vaterländischer Leistungsfähigkeit durch die Lande eilt, in jedem Augenblick bereit und imstande sein, zu erfüllen, was das Gebot der Stunde von ihm fordert.“

Im Hinblick auf den Ausbau der militärischen Fliegertruppe und den Aufbau einer leistungsfähigen Flugzeugindustrie hat die „National-Flugspende“ mit ihrem Spendenaufkommen die in sie gesetzten Erwartungen voll erfüllt. Dagegen blieb sie hinsichtlich der Fliegerfürsorge vieles, in der allgemein erhofften Förderung sportlicher Wettbewerbe fast alles schuldig.

GRAF FERDINAND v. ZEPPELIN WAR 57 JAHRE ALT, ALS er im August 1895 einen „Lenkbaren Luftzug mit mehreren hintereinander angeordneten Tragkörpern“ zum Patent anmeldete (Patentnummer 98580). Er war kein Techniker, und seine erste

ungelenke Skizze mutet im Nachhinein fast kindlich an: Mehrere Gasballone sollten hintereinander angeordnet und von zylinderähnlichen Gerippen aus Aluminium umgeben sein, die ihrerseits eine Stoffhülle erhalten sollten.

Beim vorgesehenen „Luftzug“ von drei solchen Tragkörpern sollte der erste Teil die Motoren, der zweite die Passagiere und der dritte schließlich Fracht tragen. Eine Art von Luftschifflokomotive sollte also zwei Luftschiffwaggons hinter sich herziehen. Das war eine ganz und gar unrealistische Vorstellung. Ein junger Ingenieur namens Theodor Kober, von Zeppelin herbeigeholt und eingestellt, hat schließlich die Idee des Grafen zur Patentreife gebracht.

Der Luftschiffzug ist aber nur als Modell gebaut worden. Die von dem Aluminiumfabrikanten Carl Berg eingebrachte Konstruktionsweise des Aluminiumstarrgerüstes sowie die Verwendung mehrerer voneinander isolierter Traggasbehälter wurde jedoch das Grundkonzept der nach Zeppelin benannten Bauweise.

Ferdinand v. Zeppelin war im Jahre 1890 vom König von Württemberg als Generalleutnant vorzeitig in den Ruhestand geschickt worden. Vorher war er einige Zeit lang Militärbevollmächtigter und danach Württembergischer Gesandter in Berlin gewesen. Die in dieser Zeit geknüpften Beziehungen kamen ihm bei der Verfolgung seiner Luftschiffpläne ebenso zugute wie sein taktisches Geschick, Verhandlungen zu führen. Er verfügte für den Anfang über ein ansehnliches Vermögen, über ein hohes Maß an Hartnäckigkeit, und er fand strebsame, leistungswillige, technisch befähigte Mitarbeiter. Als der größte Teil seines Geldes für Versuche verbraucht war, verstand er es, finanzielle Mittel zum Weiterbauen aus fremden Quellen herbeizuschaffen.

Im Sommer des Jahres 1909 beurteilte Zeppelin seine eigene Rolle sehr realistisch, als er während eines Festessens, das anläßlich seines Besuches der ILA für ihn gegeben worden war, sagte: „Ich glaube, daß nichts so sehr wie die ILA selbst zeigt, daß mein Verdienst gar kein besonderes ist, denn Sie sehen hier, wie schon von langer Hand her die Bausteine geliefert worden sind, die ich

dann mit mehr oder weniger Glück zusammengefügt habe, nicht als Baumeister, sondern als Bauherr. Ich habe gesagt, was ich brauche und wünsche, und habe die Kräfte gefunden, die mich dabei unterstützten. Allerdings eines muß der Bauherr auch tun: er muß das Geld dazu schaffen, und das ist manches Mal ein bißchen schwierig gewesen."

Diese Selbstdarstellung war zutreffend. Zeppelin war der Bauherr; nicht mehr und nicht weniger, als ein erst erfolgloser, dann sehr erfolgreicher Unternehmer, aber nicht der geniale Konstrukteur und Erfinder, als der er häufig dargestellt und mit einem Glorienschein umgeben worden ist. Die Baumeister hingegen, also die erfindungsreichen Konstrukteure des Zeppelin-Luftschiffbaus, waren die Ingenieure Theodor Kober und Ludwig Dürr. Die fahrtenkonzeptionellen und geschäftsführenden Baumeister waren Hugo Eckener und Alfred Colsman. Und die Bausteine, von denen der Graf Zeppelin sagte, daß er sie zusammengefügt habe, hatten – neben Versuchen französischer Experimenteure (beispielsweise die Bündelung mehrerer Gasballone zum Heben eines starren Luftschiffkörpers) – hauptsächlich der Erbauer des ersten aufstiegsfähigen Metallstarrluftschiffes David Schwarz aus Agram (heute Zagreb) und der im Aluminiumbau erfahrene Industrielle Carl Berg aus Lüdenscheid in Westfalen geliefert.

Elf Jahre nach dem Aufstieg seines ersten Luftschiffes erfüllte Ferdinand Graf v. Zeppelin die Prüfungsbedingungen für Luftschiffführer.

David Schwarz war nicht Exzellenz, nicht General, nicht ein Mann von höchsten Beziehungen wie Zeppelin. Dennoch hat er die Idee eines starren Luftschiffes aus Aluminium eher als der Graf in die Realität umgesetzt. Freilich: Als sein zweiter Aluminiumlenkballon (der erste war unter seiner Leitung in Rußland erbaut worden) mit Hilfe von Carl Berg und dessen Ingenieuren im Jahre 1897 in Berlin-Tempelhof zum Aufstieg vorbereitet wurde, da lebte er nicht mehr. Doch seine Frau Melanie führte das Werk vorerst weiter.

Das Schwarzsche Luftschiff war in Schotten unterteilt und verfügte über 18 Traggasbehälter („Füllsäcke"); außen war es mit dünnem Aluminiumblech verkleidet. Es hatte die Form eines riesigen Geschosses und wurde von einem 16-PS-Daimler-Motor angetrieben. Bei der ersten Auffahrt rutschten die Transmissionsriemen zu den Propellern von den Scheiben, das Schiff trieb wie ein Freiballon ab, strandete nahe Schöneberg und wurde vom Winddruck zerstört.

Graf Zeppelin nahm danach Kontakt mit Melanie Schwarz und Carl Berg auf. Gemeinsam mit Berg gründete er im Mai 1898 eine Aktien-„Gesellschaft zur Förderung der Luftschiffahrt". Diese Gesellschaft sollte Vorversuche anstellen, notwendige Anlagen und Hallen errichten und das erste Luftschiff Zeppelins bauen. Das Gründungskapital betrug 800 000 Mark, von denen der Graf 420 000 Mark einbrachte. Carl Berg lieferte kostenlos die Aluminiumteile, und beide schlossen einen Vertrag mit Melanie Schwarz, der die Zahlung einer Abfindung von 15 000 Mark sowie von je 10 000 Mark für die ersten 30 verkauften Luftschiffe an die Schwarz-Erben vorsah. Die Abfindung wurde in drei Raten tatsächlich gezahlt, weitere Zahlungen wurden aber später aus formaljuristischen Gründen verweigert. Darüber kam es zu Auseinandersetzungen, bei denen Melanie Schwarz dem Zeppelin-Luftschiffbau unterlag.

Graf Zeppelin war auch nicht der humanistische Visionär einer völkerverbindenden Luftschiffahrt zwischen den Kontinenten, wie es häufig heißt. In seiner Vorstellungskraft stand an erster Stelle die militärische Nutzung von Luftschiffen. Als mit Hilfe von Kober alle technischen Probleme theoretisch ausreichend gelöst zu sein schienen, sandte er die Unterlagen eilig und „vertrau-

lich“ an die preußische Militärverwaltung. Hugo Eckener, ein unverdächtiger Zeuge, schilderte die Beweggründe des Grafen mit folgenden Worten:
„Dieser Gedanke, daß der Lenkballon ein sehr wesentliches Instrument der künftigen Kriegsführung werden würde und daß deshalb Deutschland keine Anstrengungen scheuen dürfe, sich seinen Nachbarn in dieser Beziehung überlegen zu machen, beginnt den Grafen von nun an mehr und mehr zu beherrschen, und er ist es, der ihn treibt ...“
Anfang des Jahres 1896 trat Zeppelin dem „Verein Deutscher Ingenieure“ (VDI) bei zu dem alleinigen Zweck, dort Unterstützung für sein Luftschiffprojekt zu suchen. Tatsächlich erreichte er, daß der VDI noch am Ende des gleichen Jahres das Projekt für technisch durchführbar erklärte und den Mitgliedern eine Mitwirkung daran „warm ans Herz“ legte. Dieses Votum erwies sich als außerordentlich nützlich und wurde von Zeppelin in zahllosen Gesuchen, Denkschriften und Bittschriften entsprechend herausgestellt.
Auch andere Kontakte, die der Graf suchte, erwiesen sich als hilfreich. Im Jahre 1898 nahm er neben Prof. August v. Parseval an der Tagung einer „Internationalen Aeronautischen Kommission“ teil, und als am 2. Juli 1900 sein erstes Luftschiff am Bodensee aufstieg, leistete Prof. Hugo Hergesell meteorologische Hilfestellung.
Das Unglück von Echterdingen, bei dem das vierte Luftschiff zerstört wurde, schlug endlich zum Glück des Grafen Zeppelin aus. Er selbst bezeichnete die Katastrophe von Echterdingen, bei der einer seiner Luftschiffmaschinisten schwer verletzt wurde und an den Folgen starb, als die „glücklichste Unglücksfahrt“, denn schon wenige Wochen danach standen ihm mehr als sechs Millionen Mark aus dem Spendenaufkommen zur Gründung der „Luftschiffbau Zeppelin GmbH.“ in Friedrichshafen zur Verfügung. Geschäftsführer des Luftschiffbaus wurde Alfred Colsman, der spätere Generaldirektor des Zeppelin-Konzerns und Schwiegersohn von Carl Berg.
Im November 1909 wurde die DELAG gegründet, die unter der Leitung von Colsman und Eckener die ersten Passagierfahrten veranstaltete. Andere Tochtergesellschaften waren u.a. die „Zeppelin Hallenbau GmbH.“ sowie die „Luftfahrzeug-Motorenbau GmbH.“, die unter Leitung von Carl Maybach stand, dem Sohn Wilhelm Maybachs, des Partners von Gottlieb Daimler. Nachdem die ersten Schiffe mit Daimler-Motoren gefahren waren, wurden fortan nur noch Maybach-Motoren verwendet.
Schon am 9. September 1912 hatte die „General-Inspektion des Militär-Verkehrswesens“ in einem Planungsdokument den Bestand an Militärluftschiffen bis zum Jahre 1915 entworfen und sämtliche Zeppelin-Luftschiffe, einschließlich die der DELAG, als „Kampfschiffe“ mit speziellen Aufgaben bestimmt, und zwar „zur strategischen Aufklärung und Bekämpfung feindlicher Luftfahrzeuge und Einrichtungen, ausgerüstet mit Abwehrwaffen und Angriffswaffen sowie mit Abwurfgeschossen“.
Fortan war jedes Zeppelin-Luftschiff schon bei Baubeginn verkauft. Und als der erste Weltkrieg im August 1914 begann, war Graf Zeppelin, auf dessen Drängen seine Luftschiffe zum tragenden Bestandteil der Luftkriegskonzeption wurden, längst zu einem eifrig und schillernd beschriebenen Mythos geworden.

DIE ARBEITEN AUGUST v. PARSEVALS AUF DEM GEBIET der Luftschiffahrt und Flugtechnik reichen bis in das Jahr 1889 zurück, als er in Augsburg als Leutnant einem bayerischen Infanterie-Regiment angehörte. In jenem Jahr, in dem auch Otto Lilienthals berühmtes Buch „Der Vogelflug als Grundlage der Fliegekunst“ erschien, veröffentlichte der junge Parseval eine bemerkenswerte Schrift über „Die Mechanik des Vogelfluges“. In der „Zeitschrift für Luftschiffahrt“, herausgegeben vom „Deutschen Verein zur Förderung der Luftschiffahrt“ in Berlin sowie vom „Wiener Flugtechnischen Verein“, wurde darüber geurteilt: „Ein aus frischem freudigem Schaffensdrange und dem Gefühle des Könnens geschriebenes Buch!“
Mit Otto Lilienthal hat August v. Parseval damals korrespondiert. In einem seiner Briefe äußerte er, daß er nicht an die Lösung des Flugproblems durch Menschenkraft glaube, sondern auf einen starken Motor hoffe. In der „Zeitschrift für Luftschiffahrt“ veröffentlichte er danach wiederholt Aufsätze zum Flugproblem, und gemeinsam mit dem Luftschifferoffizier Bartsch v. Sigsfeld stellte er in Augsburg bis zum Jahre 1891 Schwebeversuche mit Drachenflieger-Modellen an. Die Modelle bestanden aus zwei hintereinanderliegenden, durch eine lange Stange verbundenen gewölbten Flächen und variierten in ihren Massen um bis zu 80 kg.
Vom Jahre 1892 an entwickelte Parseval gemeinsam mit Sigsfeld den Drachen- oder Fesselballon, der von der Kugelform abwich und im Jahre 1897 im deutschen Heer eingeführt wurde. Er

berichtete darüber: „Die Arbeiten am Drachenballon wurden sehr wesentlich gefördert durch ein Hilfsmittel, auf welches ich gleich anfangs aufmerksam wurde. Man konnte Vorversuche nicht nur mit Ballonkörpern in der Luft, sondern weit einfacher und leichter mit Schwimmkörpern im fließenden Wasser machen, indem man ein Modell von entsprechendem specifischen Gewicht verankerte. Unsere klaren und kräftigen Bergwasser gaben dazu die schönste Gelegenheit. Auf diese Weise konnte ohne großen Kosten- und Zeitaufwand eine große Menge Versuche gemacht werden, und wo möglich, wurde jede Verbesserung zunächst im Wasser probiert, ehe sie am Ballon ausgeführt wurde."

Um sein erstes Versuchsluftschiff bauen zu können, wurde August v. Parseval im Jahre 1902 aus dem Militärdienst beurlaubt. Im Jahre 1906 führte er das Pralluftschiff dem Luftschiffer-Bataillon in Berlin-Tegel erfolgreich vor. Das Schiff und die damit verbundenen Patente wurden von der „Motorluftschiff-Studiengesellschaft mbH." angekauft, die für den künftigen Bau dieser Luftschiffe die „Luft-Fahrzeug-Gesellschaft mbH." (LFG) gründete und als Werftstandort Bitterfeld auswählte. Parseval trat als Technischer Leiter in die Gesellschaft ein. Die Gesellschaft war ursprünglich auf den Bau kleinerer Schiffe des unstarren Systems eingerichtet, doch hat „die Konkurrenz der Aeroplane" nach den Worten Parsevals diesem Konzept den Boden entzogen.

Luftschiffkonstrukteur und einer der ersten Hochschullehrer für Luftschiffahrt und Flugtechnik: Prof. August v. Parseval.

„Parseval" als Zigarren-Markenzeichen

(Abschrift eines Briefes)

„H. W. Jacobs Hoflieferant
Cigarren

Barmen, den 8. Juni 1911

Herrn
Major Dr. August von Parseval

Berlin, Charlottenburg

Euer Hochwohlgeboren erlaubt sich der Unterzeichnete folgendes ganz gehorsamst zu unterbreiten:

Vor ca. 1½ Jahren führte ich in meinem Geschäft eine neue 12 Pfg. Cigarre in dem Format eines Parseval-Ballons ein. Mit dieser Cigarre habe ich bisher sehr große Erfolge erzielt und ist der Name der Cigarre, meine eingetragene Marke Ha We Ja, dabei vollständig außer acht gelassen worden, sondern einzig und allein verlangt man diese Cigarre unter dem Namen ‚Parseval'. Ich erlaubte mir, Euer Hochwohlgeboren mit gleicher Post 1/20 zu übersenden und bitte ganz gehorsamst, dieses entgegenzunehmen zu wollen.

Da mir nun in letzter Zeit wiederholt vorgekommen ist, daß von anderer Seite geringwertigere Ware meiner Kundschaft angeboten wurde, so bitte ich ergebenst, mir die Genehmigung erteilen zu wollen, Name und Bild Euer Hochwohlgeboren in einem Etikett vereint an Stelle des bisherigen anbringen zu dürfen und hierfür beim Kaiserlichen Patentamt für Warenzeichenschutz die Eintragung nachsuchen zu dürfen.

Mit vorzüglicher Hochachtung
Euer Hochwohlgeboren ergebenster
H. W. Jacobs"

Das Schreiben trägt den handschriftlichen Vermerk Parsevals: „Beantwortet am 12. 6. 1911 und Genehmigung des Gesuches erteilt."

(Bundesarchiv Koblenz, Militärarchiv: Nachlaß Parseval, N 277, Bl. 188/89)

Die ersten kleinen Schiffe waren den Flugmaschinen „an Geschwindigkeit weit unterlegen und an Fahrtdauer und Transportfähigkeit nicht genügend überlegen". Man ging deshalb zum Bau größerer Schiffe über, die Geschwindigkeiten bis zu 72 km/h erreichten, 24 Stunden Fahrtdauer erbrachten und erhebliche Lasten mitführen konnten, so daß, wie Parseval damals meinte, „in absehbarer Zukunft an einen Ersatz durch Aeroplane nicht zu denken ist".

August v. Parseval hat sich zeitweilig auch als Konstrukteur von Land- wie von Seeflugzeugen versucht, letzteres am Plauer See in Mecklenburg, allerdings mit wenig Erfolg. Im Jahre 1911 wurde er als Professor an die Technische Hochschule in Berlin-Charlottenburg berufen. Er war Inhaber des Ballonführerpatents sowie seit dem 8. Februar 1910 Inhaber der Erlaubnis Nr. 4 zum Führen eines Luftschiffes.

Außerordentlich vielseitig war das gesellschaftliche Engagement Parsevals. Der im Jahre 1909 gegründete „Verein Deutscher Flugtechniker" wählte ihn zum zweiten Vorsitzenden. In dieser Eigenschaft war er Sportzeuge, als Hans Grade im Herbst des gleichen Jahres in Johannisthal erfolgreich um den Lanz-Preis von 40 000 Mark flog. Später gehörte er dem Vorstand der „Reichsfliegerstiftung" sowie dem Vorstandsrat des „Deutschen Luftfahrer-Verbandes" an. Ferner war er Mitlied im Hauptausschuß des „Kaiserlichen Aero-Clubs".

Als sich im April 1912 die „Wissenschaftliche Gesellschaft für Flugtechnik" konstituierte, wurde August v. Parseval zu einem der drei Vorsitzenden gewählt. Er war nicht nur als Luftschiffkonstrukteur, sondern auch als Wissenschaftler anerkannt, somit eine Persönlichkeit, die der deutschen Luftfahrt jener Jahre vielfältige und tatkräftige Impulse gegeben hat.

JOHANN SCHÜTTE KAM ÜBER DIE SCHIFFAHRT ZUR Luftschiffahrt. Er hat bis zum Jahre 1897 den Schiffbau an der Technischen Hochschule in Berlin-Charlottenburg studiert und sich danach mit der Entwicklung moderner Schiffsformen befaßt. Nach seinen Plänen entstand im Jahre 1900 die Schlepp- und Versuchsanstalt des „Norddeutschen Lloyd" in Bremerhaven. Als Leiter der Versuchsanstalt trat Schütte in Wort und Schrift für eine zweckmäßige Verbreiterung der Schiffskörper sowie für eine neue Heckform an Schiffen ein. Ihm werden auch die Entwürfe für die beiden ersten deutschen Kabeldampfer zugeschrieben (Seefahrzeuge zum Verlegen, zur Überprüfung und zur Instandsetzung von Seekabeln).

Im Jahre 1904 wurde Schütte als Professor für theoretischen Schiffbau an die Technische Hochschule Danzig (heute Gdańsk) berufen. Nach der Zeppelin-Luftschiffkatastrophe von Echterdingen im August 1908 gehörte Johann Schütte zu jenen, die die Konstruktions- und Bauweise in Friedrichshafen am Bodensee einer weiterführenden Kritik unterzogen und Verbesserungen vorschlugen. Seither wandte er sich intensiv der Luftschiffahrt zu.

Prof. Johann Schütte entwickelte das Starrluftschiff in Holzbauweise.

Er wurde Mitbegründer und Vorsitzender des „Westpreußischen Vereins für Luftschiffahrt“ (dort erwarb er die Lizenz des DLV als Ballonführer). Außerdem gründete er die Ortsgruppe Danzig des „Deutschen Luftflotten-Vereins“.

Auf Anregung, möglicherweise sogar auf Anforderung militärischer Dienststellen entwarf Schütte in den Jahren 1908/09 ein Starrluftschiff von ähnlich großen Ausmaßen wie der Zeppelin. Es war auch das Militär, das den Mannheimer Maschinenfabrikanten Dr. Karl Lanz dafür gewann, den Bau des Schütteschen Luftschiffs zu finanzieren.

Lanz hat noch im Jahre 1909 eine Luftschiffhalle in Rheinau bei Mannheim für diesen Zweck errichten lassen. Ende April des Jahres 1910 wurde das halbfertige Schiff auf den Namen „Schütte-Lanz“ getauft. Bis zur Erstfahrt am 17. Oktober 1911 verging dann allerdings noch mehr als ein Jahr. Die Luftschiffe trugen fortan die Kurzbezeichnung „SL“ mit fortlaufender Numerierung.

Die Besonderheit des Schütte-Lanz-Schiffes bestand darin, daß Gerüst, Spanten und Längsträger aus Holz gefertigt waren, und zwar aus verleimtem Espenholz, das wegen seines geringen spezifischen Gewichtes und seiner Langfaserigkeit gewählt worden war, was eine relativ hohe Elastizität und daher verringerte Bruchgefahr bei harten Landungen oder ähnlichen Stoßbelastungen erwarten ließ. Beim ersten – SL 1 – der beiden bis zum Sommer 1914 gebauten Schiffe zeichneten sich die rautenförmigen Felder der Holzkonstruktion unter der Stoffbespannung deutlich ab.

Die äußere Gestalt des Schiffskörpers war, im Unterschied zu den Zeppelin-Luftschiffen, in der aerodynamisch günstigen Stromlinienform gehalten. Hier zahlten sich die Erfahrungen aus, die Prof. Schütte als Leiter der Versuchsanstalt des „Norddeutschen Lloyd“ auf dem Gebiet der Hydrodynamik gesammelt hatte. Die vordere der beiden Motorgondeln trug zugleich den Führerstand, die hintere den Passagierraum. Die Passage zwischen den Gondeln lag von Anfang an innerhalb des Schiffskörpers. Beide Gondeln waren nicht starr mit den Tragkörpern verbunden, aber durch eine besondere Anordnung in der Längs- wie in der Querrichtung gegen den Schiffskörper unverschiebbar.

Eine wichtige Rolle hat Johann Schütte auch bei der Gründung der „Wissenschaftlichen Gesellschaft für Flugtechnik“ (WGF) gespielt. Auf einem Flugtechnischen Kongreß, den die „Göttinger Vereinigung zur Förderung der angewandten Physik und Mathematik“ Anfang November des Jahres 1911 in Göttingen ausrichtete und auf dem flugtechnische Vorträge gehalten sowie Flugvorführungen von August Euler gezeigt wurden, stellte er den Antrag, einen flugwissenschaftlichen Verein zu gründen. Der Kongreß folgte dem Antrag und setzte einen Arbeitsausschuß zur Vorbereitung ein. Das Ergebnis war die Gründung der WGF fünf Monate später in Berlin.

Zu diesem Zeitpunkt lagen dem Verein bereits 170 Anträge auf Mitgliedschaft vor. Sein Name wurde zwei Jahre später, auf der dritten Jahrestagung im April 1914 in Dresden, in „Wissenschaftliche Gesellschaft für Luftfahrt“ (WGL) geändert, wodurch zum Ausdruck gebracht werden sollte, daß das ganze Spektrum der Luftfahrt in den Aufgabenbereich eingeschlossen war.

Vom Jahre 1913 an beschäftigte sich Schütte auch mit der Konstruktion von Flugzeugen. Und noch vor dem Kriege wurde der Firma „Schütte-Lanz-Luftfahrzeugbau GmbH.“ in Mannheim-Rheinau eine Flugzeugabteilung angegliedert. Auf Schüttes Anregung ging der Flugwettbewerb „Ostmarkenflug“ zurück, der im Juli 1914 in drei Etappen von Breslau (heute Wrocław) über Posen (heute Poznań) nach Königsberg (heute Kaliningrad) und Danzig (heute Gdańsk) führte.

Begründung für die „Verleihung des Charakters als Geheimer Regierungsrat“ an Prof. Johann Schütte

„Professor Schütte hat sich durch seine allgemein anerkannten wissenschaftlichen Arbeiten auf dem Gebiet des Luftschiffwesens und durch seine großen Erfolge bei dem Bau von Luftschiffen ganz außerordentliche Verdienste um die Weiterentwicklung der Luftschiffahrt in Deutschland erworben. Die Konstruktion des nach ihm und der Firma Lanz benannten Luftschifftyps hat sich bereits in dem ersten von der Heeresverwaltung übernommenen Versuchsschiffe hervorragend bewährt ... Als besonderes Verdienst des Professors Schütte ist aber anzusehen, daß er sich bereit erklärt hat, sämtliche Rechte aus den für sein System im Auslande genommenen und noch zu nehmenden Patenten auf das Deutsche Reich zu übertragen. Durch dies beabsichtigte Opfer wird ihm zweifellos ein ganz bedeutender pekuniärer Gewinn entgehen, auf den er aber im vaterländischen Interesse gern verzichtet.

Als Lehrer des Schiffsbaues, insbesondere in dem Fache „Luftschiffbau und Aerodynamik“, leistet Schütte Vorzügliches. Um seine wissenschaftlichen Arbeiten auf dem letztgenannten Gebiete nach Möglichkeit zu fördern, ist an der Technischen Hochschule zu Danzig soeben erst ein besonderes Aerodynamisches Institut eingerichtet worden ...“

(Aus einer Entscheidungsvorlage für Kaiser Wilhelm II. vom 22. August 1912. – Zentrales Staatsarchiv Merseburg, 2.2.1. Nr. 21389, Bl. 62/63)

HERMANN W.L. MOEDEBECK HAT LÄNGER ALS EIN Vierteljahrhundert an der Entwicklung der Luftschiffahrt und des Flugwesens an herausragender Stelle mitgearbeitet. Als junger Offizier wurde MOEDEBECK bereits im November 1883 Mitglied des „Deutschen Vereins zur Förderung der Luftschiffahrt" in Berlin, in dem er auch die Bekanntschaft von OTTO LILIENTHAL machte. Von 1884 bis 1890 gehörte er der „Preußischen Luftschiffer-Abteilung" an und wurde aktiver Ballonfahrer. Im Juni des Jahres 1889 war er Führer des Ballons „Nautilus", als es zur ersten wissenschaftlichen Simultanfahrt mit gleichzeitigen Aufstiegen in München und Berlin kam. Im Jahre 1907 nahm er als Oberstleutnant seinen Abschied aus dem Militärdienst, um seine reiche Erfahrung und sein umfangreiches Wissen fortan in den Dienst der Luftfahrt zu stellen.
MOEDEBECK war eine der Schlüsselfiguren in der Frühzeit der Luftschiffahrt in Deutschland, dazu ein Sammler und Bewahrer wichtiger Zeugnisse aus dieser Zeit – wie Münzen und Medaillen, Originalzeichnungen und Briefe. Seine Bibliothek enthielt alle frühen Veröffentlichungen zu aerostatischen und aeronautischen Themen. Die eigene publizistische Tätigkeit hat in hohem Maße dazu beigetragen, Verständnis für die Luftschiffahrt in weite Kreise zu tragen.
Sein „Handbuch für Luftschiffahrt", das im Jahre 1885 erschien, wurde bereits ein Jahr später ins Russische übertragen. Im Jahre 1895 gab er erstmals das „Taschenbuch für Flugtechniker und Luftschiffer" heraus, das auch einen Aufsatz von OTTO LILIENTHAL über den „Kunstflug" enthielt, worunter damals der Menschenflug mit einem Fluggerät „Schwerer als Luft" verstanden wurde. Die zweite und erweiterte Ausgabe des Taschenbuches erschien im Jahre 1904 und wurde ins Englische übersetzt.
MOEDEBECK begründete auch die „Illustrierten Mitteilungen des Oberrheinischen Vereins für Luftschiffahrt", die seit 1898 unter dem Titel „Illustrierte Aeronautische Mitteilungen" erschienen, und aus denen dann am 1. Januar 1910 die „Zeitschrift für Luftschiffahrt" hervorging. Bis zu seinem Tode hat MOEDEBECK dieses Blatt redigiert. Darüber hinaus war er auch der Redakteur der Zeitschrift „Die Luftflotte" des „Deutschen Luftflotten-Vereins".
Sehr engagiert trat MOEDEBECK für die Verbreitung des Luftfahrtgedankens und für praktische Realisierungsschritte ein, was dazu beitrug, daß er auch international bekannt und geachtet wurde. Er war Mitglied der „Internationalen Kommission für wissenschaftliche Luftfahrt" sowie mehrerer auswärtiger aeronautischer Gesellschaften, in denen er als Autorität in allen technischen Fragen galt. Im Jahre 1905 wurde er in die vorbereitende Kommission zur Gründung einer internationalen Luftfahrtorganisation, der „Fédération Aéronautique Internationale" (FAI) gewählt. Zwei Jahre später hat ihm die FAI den Auftrag erteilt, eine Kommission zur Erstellung von Luftschifferkarten zu leiten. Für die Brüsseler Weltausstellung des Jahres 1910 hatte er es übernommen, die deutsche Luftschiffahrt zu repräsentieren.

HERMANN MOEDEBECK war bis zu seinem Tode im Jahre 1910 ein angesehener Repräsentant der deutschen Luftschiffahrt.

Nicht nur seine große Sachkenntnis, sondern auch seine liebenswürdige Persönlichkeit wurden von Zeitzeugen geschätzt.
Hermann Moedebeck hat endlich auch durch die Gründung mehrerer Vereine für Luftfahrt bedeutende organisatorische Leistungen vollbracht und wurde in zahlreiche Ehrenämter berufen. Im „Deutschen Luftschiffer-Verband“ (DLV) leitete er die sogenannte Sprachenkommission, die eingesetzt worden war, um eine einheitliche Nomenklatur für Luftfahrtbegriffe zu erarbeiten. Seinem persönlichen Bemühen ist es zuzuschreiben, daß sich dabei der Begriff „Flugzeug“ für Flugmaschinen durchsetzte und das Wort „Flieger“ auf die Person des Flugzeugführers beschränkt wurde.

GEORG v. TSCHUDI WURDE ALS JUNGER LEUTNANT IM Herbst des Jahres 1894 Schüler der Luftschiffer-Lehranstalt in Berlin-Schöneberg: nach eigenem Zeugnis mehr durch Zufall als durch ein ausgeprägtes Interesse oder gar innere Berufung. Für seinen weiteren Lebensweg war diese Abkommandierung jedoch von größter Bedeutung. Er lernte, mit Freiballon und Fesselballon umzugehen. Über seine erste Fahrt mit dem Freiballon berichtete Tschudi:
„Meine erste Fahrt machte ich unter Führung des Hauptmanns Gross bei tiefliegenden Wolken, über denen wir stundenlang fuhren. Als wir dann ermitteln wollten, wo wir waren, unter die Wolken gingen und einen einsamen Radfahrer anriefen, wie die nächste große Stadt hieße, antwortete er ‚Potsdam‘. Die stundenlange Fahrt hatte nicht weiter als zwanzig oder dreißig Kilometer von Schöneberg fortgeführt.“
In Tschudis Luftschifferlehrzeit fiel ein Besuch am „Fliegeberg“ in Berlin-Lichterfelde, einem spitzkegeligen künstlichen Hügel, den Otto Lilienthal für seine Gleitflugversuche hatte aufschütten lassen. Lilienthal führte seinen Besuchern bei schwachem Wind einige Gleitflüge vor und meinte, das könne man in zwei Wochen lernen. Tschudi erhielt die Erlaubnis, es gleich einmal zu versuchen, und er machte nach eigener Aussage einige Gleitflüge, ohne den Apparat zu beschädigen und sich selbst zu verletzen. Er schrieb später: „Daß Lilienthals Apparat der Vorgänger und das Muster für spätere Motorflugzeuge sein würde, hat damals niemand geahnt.“
Im April 1897 übernahm Tschudi als Hauptmann die Führung der damals einzigen Luftschiffer-Kompanie. In dieser Eigenschaft war er Augenzeuge, als im gleichen Jahr Hermann Wölfert mit seinem Lenkballon über dem Tempelhofer Feld tödlich abstürzte und der Aluminiumballon von David Schwarz bei der ersten Auffahrt abgetrieben wurde.
Gegen Ende des Jahrhunderts unternahm er eine Ballonfahrt, die bis nach Rußland führte. Er war auch dabei, als am 31. Juli 1901 Arthur Berson und Reinhard Süring auf dem Übungsplatz der Luftschiffer zu ihrer denkwürdigen Höhenfahrt mit dem Ballon „Preußen“ starteten, die bis in 10 500 m Höhe führte.
Nachdem er den Militärdienst als Major quittiert hatte, wurde Georg v. Tschudi zu Beginn des Jahres 1909 Geschäftsführer der „Internationalen Luftschiffahrt-Ausstellung“ in Frankfurt a. M.

Georg v. Tschudi: vor dem ersten Weltkrieg in Johannisthal der Direktor des ersten und bedeutendsten deutschen Motorflugplatzes.

Ein Jahr später trat er dann in die Dienste der von ihm mitinitiierten „Flug- und Sportplatz GmbH." in Berlin und wurde mit Jahresbeginn 1910 Direktor des Flugplatzes Johannisthal. In beiden Positionen entfaltete er eine umfangreiche und vielseitige Organisationstätigkeit. In Johannisthal veranstaltete er große Flugwochen, die jeweils Zehntausende aus Berlin in den Vorort hinauslockten. Er hatte großen Anteil daran, daß der Flugplatz zum Zentrum des Flugwesens in Deutschland wurde und es bis 1914 blieb.

Die Flugplatzgesellschaft war ein kommerzielles Unternehmen, und so gehörte es zu den Aufgaben des Direktors, gegen Zaungäste vorzugehen, die das Eintrittsgeld sparen wollten. Dies geschah oft mit drastischen Mitteln, wodurch Tschudi in den Ruf eines gewalttätigen Mannes kam, zumal er tatsächlich oft persönlich eingriff. Nicht selten kam es auch zu Auseinandersetzungen mit Flugzeugfirmen, die sich am Platzrand angesiedelt hatten, sowie mit den Fliegern. Der „Bund Deutscher Flugzeugführer" (BDF) organisierte zu Beginn der Frühjahrs-Flugwoche im Mai 1912 einen Pilotenstreik gegen die Flugplatzgesellschaft, um die ständige Anwesenheit eines Arztes für die unverzügliche medizinische Hilfeleistung bei einer Havarie zu erzwingen.

Auch die Einführung sicherheitsfördernder Bestimmungen war eine Forderung der im BDF organisierten Flieger gewesen, denn der tägliche Flugbetrieb, der seit der Inbetriebnahme des Flugplatzes im Jahre 1909 unentwegt zugenommen hatte, vollzog sich auf höchst leichtfertige Weise. Weder gab es Sicherheitsbestimmungen für die Beschaffenheit der Flugapparate noch Vorschriften für das Verhalten der Piloten beim Rollen, beim Start und bei der Landung. Und das Publikum überkletterte nicht nur den Flugplatzzaun, sondern häufig auch die Barrieren zum Flugfeld, ganz besonders dann, wenn sich ein Unfall ereignet hatte. Tschudi berichtete: „Es dauerte Jahre, bis ich den Besuchern Johannisthals das Übersteigen der Zäune und Überfluten der Flugbahn abgewöhnt hatte."

Seit dem 1. Juli 1912 galt eine „Platzordnung für den Flugplatz Johannisthal", mit der erstmals in Deutschland Flugsicherheitsbestimmungen und Flugplatzregeln eingeführt wurden. Diese „Platzordnung" wurde weiter verbessert und durch erweiterte Regelungen ersetzt, die mit Wirkung vom 24. Mai 1913 für den Flugplatz Johannisthal eingeführt wurden. Sie waren beispielhaft für alle anderen Flugplätze in Deutschland, denn in 26 Bestimmungen regelte diese Ordnung das Verhalten auf dem Flugfeld und in der Luft. Sie galt für Flieger, für Zuschauer, für Monteure in den Werkstätten und für das Flugplatzpersonal.

Neben den Eintrittsgeldern und Schuppenmieten erschloß Tschudi seiner Gesellschaft zusätzliche Einnahmen durch die Vermietung von Reklameflächen sowohl auf dem Platz wie am Flugplatzzaun, ferner durch den Verkauf von Exklusivrechten – beispielsweise an einen Flugplatzfotografen.

Technisch vorbildlich war die nächtliche Kenntlichmachung des Flugplatzes Johannisthal durch drei Leuchtfeuer an verschiedenen Stellen: ein unterbrechendes Blitzlicht, ein Drehfeuer und ein Scheinwerfer. Darüber hinaus führte Tschudi eine Platzbeleuchtung ein, mit deren Hilfe die Flieger bei Landungen in der Dunkelheit die Flughöhe nahe am Boden ausmachen konnten.

Im „Berliner Verein für Luftschiffahrt" war Tschudi mehrere Jahre lang Fahrtenwart für die Ballonfahrer, und im DLV-Vorstand arbeitete er in der Flugzeugabteilung mit. Außerdem wurde er wiederholt in Kommissionen der FAI delegiert, um so in internationalen Gremien mitzuarbeiten und dabei die Belange der deutschen Luftfahrt in den komplizierten Entwicklungsjahren der Frühzeit zu vertreten.

Plädoyer für einen Flugsport

„Die jetzigen deutschen Flugmaschinen, wie sie serienweise in den Fabriken hergestellt werden, sind eben große, schwere Militärmaschinen, die sich der Einzelne, wenn er wirklich einmal zu seinem Privatvergnügen fliegen will, nicht leisten kann. Sie erfordern neben hohen Anschaffungskosten zu ihrer Wartung und Erhaltung nicht unerhebliche Aufwendungen. Es ist begreiflich, wenn die Industrie, um sich Absatz zu schaffen, zunächst die Typen für die Heeresverwaltung baut. Die großen Flugzeug-Industriellen besitzen alle ein festes Arbeitsprogramm. Die Anzahl der Industriellen, welche für Lieferungen an die Heeresverwaltung in Frage kommen, ist festgelegt. Ferner existiert noch eine große Anzahl von jüngeren Flugzeug-Unternehmungen, die mit ihrer Existenz kämpfen. Für solche wäre es sicher eine dankbare Aufgabe, sich mit dem Bau von Sportmaschinen zu befassen. Wir verstehen hier unter Sportmaschinen leichte Eindecker von geringsten Gewichten mit kleinen Motoren nicht über 50 PS, die in der Hauptsache von Sporttreibenden selbst, im alleräußersten Falle unter Zuhilfenahme eines Monteurs, bedient werden können. Man muß sagen, daß verschiedene Flugzeugkonstrukteure, wie Grade, wenn sie mehr Glück gehabt hätten, auf dem beschrittenen Wege Erfolge erzielt haben würden.

Wir müssen es daher mit einer freien Entwicklung des Flugsportes versuchen. Sicher ist, daß ein Wettbewerb mit kleinen Sportmaschinen, nicht über 50 PS, alle die kleinen Firmen auf den Plan bringen würde. Die vielfach aufgeworfene Frage: ‚*Wie geben wir unseren Sportfliegern Gelegenheit, sich weiter auszubilden und zu betätigen?*' beantwortet sich dann von selbst."

(Aus: „Flugsport" Nr. 21 vom 15. Oktober 1913. Hervorhebung im Original)

XX. Wissenschaft im Dienste der Luftfahrt

Der rasche Fortschritt der Luftfahrt von der Jahrhundertwende an ist ohne die Mitwirkung der Wissenschaft nicht denkbar. Namhafte Wissenschaftler vertieften die theoretischen Grundlagen, erforschten die Gesetze der Aerodynamik und trugen mit ihren Erkenntnissen zum besseren Verständnis der Vorgänge in der Atmosphäre bei. Bereits vor dem ersten Weltkrieg wurden an allen deutschsprachigen Technischen Hochschulen regelmäßig Vorlesungen über Luftschiffahrt und Flugtechnik gehalten. Daneben existierten Institute für Aerodynamik, an denen intensiv geforscht wurde.

Den Anfang in der luftfahrtwissenschaftlichen Forschung machten zum Beginn der neunziger Jahre des vorigen Jahrhunderts mehrere Professoren des „Meteorologischen Instituts" in Berlin. Mit einer Serie wissenschaftlicher Ballonhöhenfahrten erforschten sie die, wie man damals sagte, Physik der Atmosphäre durch Reihenmessungen des Luftdrucks in unterschiedlichen Höhen, der Temperatur und der Luftfeuchtigkeit. Die Ergebnisse von insgesamt 75 Höhenfahrten „erregten die Aufmerksamkeit der gesamten Gelehrtenwelt und wirkten auch fördernd auf gleichartige Unternehmen im Ausland", berichtete Hermann Moedebeck in der von ihm verfaßten Geschichte des „Deutschen Vereins zur Förderung der Luftschiffahrt". Die Professoren Assmann und Berson legten darüber ein großes dreibändiges Werk mit dem Titel „Wissenschaftliche Luftfahrten" vor.

Noch vor der Jahrhundertwende kam es zu einer internationalen Zusammenarbeit auf diesem Gebiet. Eine in Paris tagende Konferenz von Direktoren Meteorologischer Institute gründete eine „Internationale Aeronautische Kommission" mit dem erklärten Ziel, die meteorologische Erforschung der Atmosphäre durch koordinierte Ballonauffahrten voranzutreiben. Anfangs arbeiten Deutschland, Frankreich, Rußland und die USA in dieser Kommission zusammen, später wurde der Kreis erweitert. Und bald nach der Gründung konnte der langjährige Kommissionsvorsitzende, Prof. Hugo Hergesell, mitteilen: „Die Arbeiten dieser Kommission sind im lebhaften Gange. Allmonatlich erfolgten gleichzeitig Auffahrten in Paris, Bath, Straßburg, München, Wien, Berlin, St. Petersburg und Moskau, und es ist Aussicht vorhanden, auch noch andere Staaten zur Beteiligung heranzuziehen."

Während der „Internationalen Luftschiffahrt-Ausstellung" (ILA) in Frankfurt a. M. wurde dann in einer wissenschaftlichen Vortragsreihe erstmals über Forschungsergebnisse auf flugtechnischem Gebiet berichtet. Prof. Ludwig Prandtl, Leiter der „Aerodynamischen Versuchs-Anstalt" (AVA) in Göttingen, stellte seinen Vortrag unter das Thema: „Betrachtungen über das Flugproblem"; Dr.-Ing. Friedrich Bendemann informierte über die Arbeit an der „Flugtechnischen Versuchsanstalt" in Lindenberg; Friedrich Ahlborn aus Hamburg referierte über aerodynamische Vorgänge an Flugflächen, Luftschiffen und Propellern.

Ludwig Prandtl war Ordinarius für angewandte Mechanik an der Universität Göttingen, als er die AVA gründete. Im Windkanal erprobte er anfangs hauptsächlich Luftschiffmodelle, maß aber bald auch schon die Luftkräfte an „Aeroplanmodellen", u. a. für August v. Parseval, den bekannten Luftschiffkonstrukteur, der sich zeitweilig auch mit Flugzeugkonstruktionen befaßte. Mit den Ergebnissen systematischer Tragflügeluntersuchungen ist Prof. Prandtl als ein Begründer der modernen Strömungslehre weit über Deutschland hinaus bekannt geworden.

Die „Flugtechnische Versuchsanstalt" in Lindenberg bei Beeskow nordöstlich Berlins war räumlich dem dortigen „Aeronautischen Observatorium" angegliedert. Unter der Leitung von Friedrich Bendemann wurden dort Untersuchungen an Luftschrauben natürlicher Größe vorgenommen, die für Luftschiffe bestimmt waren. Außerdem nahm Bendemann Widerstandsmessungen an einem Gleitflugapparat vor.

Als im April des Jahres 1912 in Berlin die „Wissenschaftliche Gesellschaft für Flugtechnik" (WGF) gegründet wurde, wählte die Versammlung die Professoren Prandtl und v. Parseval neben Dr. v. Boettinger zu Vorsitzenden. Im Programm hieß es ausdrücklich, daß Forschungen auf allen Gebieten der Luftfahrt von der Gesellschaft gefördert werden sollten. Über spezielle Forschungsvorhaben wurde durch August v. Parseval mitgeteilt, daß in einem neu entstehenden Aeronautischen Laboratorium in Berlin-Tegel die Luftwiderstände nicht nur an Modellen, sondern auch an Flugzeugflächen in natürlicher Größe gemessen werden sollten.

DER METEOROLOGE PROF. RICHARD ASSMANN GILT als der Begründer der modernen Aerologie, die sich mit der Erforschung der höheren Schichten der Atmosphäre befaßt. ASSMANN war ursprünglich Arzt und hatte in seiner Heimatstadt Magdeburg eine Wetterwarte gegründet. Im Alter von 40 Jahren sattelte er um, gab seine Praxis auf und widmete sich ganz der Meteorologie. Bald darauf wurde er an das „Meteorologische Institut" nach Berlin berufen.

Als Vorsitzender des „Deutschen Vereins zur Förderung der Luftschiffahrt" in Berlin bildete ASSMANN Anfang der neunziger Jahre einen Ausschuß für wissenschaftliche Ballonfahrten. Zur Mitarbeit in diesem Ausschuß gewann er so berühmte Wissenschaftler wie den Physiker HERMANN V. HELMHOLTZ und den Astronomen WILHELM FÖRSTER. Er hat alle Vorarbeiten für die geplanten Ballonhöhenfahrten geleistet, das notwendige Geld dafür beschafft und die Forschungsfahrten organisiert. Noch vor der Jahrhundertwende übernahm er die Leitung des auf seine Initiative hin gegründeten „Aeronautischen Observatoriums" in Berlin-Tegel, das wenige Jahre später nach Lindenberg bei Beeskow verlegt wurde.

In den „Deutschen Verein zur Förderung der Luftschiffahrt" führte RICHARD ASSMANN sich nach seinem Dienstantritt in Berlin mit einem Zyklus von zehn Vorträgen über Themen der Meteorologie ein. Er drängte damals schon auf systematische Messungen in größerer Höhe und konstruierte noch im selben Jahr gemeinsam mit dem Luftschiffer BARTSCH V. SIGSFELD sein sogenanntes Aspirationsthermometer, das gegen Strahlungseinflüsse abgeschirmt war und erstmals exakte Temperaturmessungen in der Atmosphäre ermöglichte.

Nach seiner Wahl zum Vereinsvorsitzenden entwickelte er ein Arbeitsprogramm, von dem HERMANN MOEDEBECK sagte, daß damit die meteorologische Periode in der Vereinsgeschichte eingeleitet worden sei. Zunächst wurde ein Fesselballon angeschafft und mit selbsttätigen Registrierinstrumenten ausgestattet. Die Aufstiege unterstützte OTTO LILIENTHAL durch die Lieferung von Maschinenanlagen für die Winde zum Selbstkostenpreis. Die Ergebnisse waren außerordentlich ermutigend.

Die ersten Auffahrten mit einem Freiballon fanden dann im Jahre 1891 statt. Die damit erreichten Höhen überstiegen diejenigen des Fesselballons beträchtlich. Als der Verein bald darauf einen forschungsgebundenen Zuschuß von 50 000 Mark erhielt, konnte ein Vorhaben in Angriff genommen werden, daß sich über den Zeitraum von zehn Jahren erstreckte. Die dabei gewonnenen Erkenntnisse haben das Wissen um die Vorgänge in der Atmosphäre sehr bereichert.

An die Anfangsexperimente mit dem Vereins-Fesselballon „Meteor" knüpfte ASSMANN später am „Aeronautischen Observatorium" wieder an. In Tegel wurden fast täglich Drachen und Fesselballone mit Seilwinden aufgelassen, die durchschnittlich 3000 m Höhe, gelegentlich auch 6000 m erreichten. Seit der Verlegung nach Lindenberg gelangten Fesselballone sogar bis in Höhen von 10 000 m. Außerdem wurden in Lindenberg freifliegende Registrierballone aufgelassen, die bis in 29 000 m Höhe vordrangen. Ihre Gummihüllen waren mit Wasserstoffgas gefüllt und hatten beim Start einen Durchmesser bis zu 2 m. In zuneh-

Prof. RICHARD ASSMANN (links im Bild) mit seinem engsten Mitarbeiter, Prof. ARTHUR BERSON.

mender Höhe dehnten sich die Ballone immer mehr aus, bis sie schließlich platzten und das eingehängte Registrierinstrument an einem kleinen Fallschirm zur Erde zurückschwebte.

Hochschulen mit Lehrstühlen für Luftschiffahrt, Flugtechnik, Aerodynamik und verwandte Gebiete (Motoren)

1. Technische Hochschule Aachen
   Prof. Reißner: Flugtechnische Aerodynamik. Prof. Junkers und Prof. Reißner: Aerodynamische Versuche. Prof. Langer: Verbrennungsmaschinen.
2. Technische Hochschule Berlin
   Dozent Major Dr. v. Parseval: Triebwerke an Luftfahrzeugen. Dozent Oberingenieur Dietzius: Luftschiffbau und Luftschiffahrt. Geh. Reg.-Rat Prof. Dr. Riedler: Vorlesungen und Laboratorium über Verbrennungsmaschinen. Prof. Dr. Eugen Meyer: Technische Physik der Verbrennungskraftmaschinen.
3. Technische Hochschule Braunschweig
   Prof. Schlink: Luftschiffahrt. Prof. Schöttler: Gasmaschinen.
4. Technische Hochschule Danzig
   Prof. Schütte: Luftschiffahrt und Aerostatik. Prof. Wagener: Theorie und Baulehre der Flugmaschinen. Dr.-Ing. Pröll: Theorie der Propeller für Wasser- und Luftfahrzeuge.
5. Technische Hochschule Dresden
   Geh. Hofrat Prof. Dr. R. Mollier: Gasmaschinen und Gaserzeuger.
6. Universität Göttingen
   Prof. Dr. Prandtl und Prof. Dr. C. Runge: Anwendung der Aerodynamik auf Luftschiffahrt. Prof. Dr. Prandtl: Modellversuchsanstalt für Luftschiffahrt und Flugmaschinen.
7. Technische Hochschule Hannover
   Prof. Weber: Aerodynamik; praktische Übungen. Geh. Reg.-Rat Prof. Frese: Gasmaschinen.
8. Technische Hochschule München
   Prof. Dr. Emden: Luftschiffahrt und Flugtechnik. Prof. Dr. Schröter: Verbrennungsmaschinen. Prof. Finsterwalder: Propellertheorie.
9. Technische Hochschule Stuttgart
   Prof. Maier und Maschineninspektor Stückle: Verbrennungsmotoren. Dozent Baumann: Luftschifftechnik.
10. Technische Hochschule Wien
    Prof. Arthur Budau: Theorie und Bau der Flugapparate.

(Aus Vorreiter, A.: Jahrbuch über die Fortschritte auf allen Gebieten der Luftschiffahrt, 1911. – München, 1910, S. 321 f.)

Auf der Frankfurter ILA hielt Assmann im Jahre 1909 einen bemerkenswerten Vortrag über die „Ergebnisse einer Windstatistik in Deutschland". Ein Atlas der durchschnittlichen Windrichtungen und -stärken, den er danach herausgab, erwies sich für Entscheidungen über die Anlage von Luftschifflandeplätzen und die Errichtung von Luftschiffhallen als sehr wertvoll.
Für seine Verdienste um die wissenschaftliche Luftfahrt ist Richard Assmann im In- und Ausland wiederholt geehrt worden.

PROF. HUGO HERGESELL WAR URSPRÜNGLICH GEOphysiker und entwickelte sich neben Richard Assmann zu einem der bedeutendsten Aerologen im damaligen Deutschland. Er arbeitete in mehreren nationalen und internationalen Organisationen mit und initiierte eine Reihe wissenschaftlicher Expeditionen zur Erforschung der Atmosphäre. Auf ihn geht die Methode zu-

Prof. Hugo Hergesell (links im Vordergrund), Präsident der „Internationalen Kommission für wissenschaftliche Luftschiffahrt", bereicherte die Meteorologie um neue Forschungsmethoden.

rück, zwei unterschiedlich große Registrierballone miteinander gekoppelt aufzulassen. Wenn der größere Ballon in der Höhe platzte, sank der zweite mit dem Instrument und den Meßergebnissen langsam zur Erde zurück und erleichterte das Auffinden.
Hergesell war als Oberlehrer an einem Gymnasium in Straßburg (heute Strasbourg) tätig, als ihn der Ruf erreichte, einen meteorologischen Dienst in Elsaß-Lothringen aufzubauen. Zeitgenossen schilderten ihn als geistvollen, liebenswürdigen und humorvollen Mann, dem es leichtfiel, Freunde und Förderer für seine Ideen und Bemühungen zu gewinnen. Er verfehlte beispielsweise nicht, das Zivilkabinett des Kaisers offiziell davon zu unterrichten, daß er im Jahre 1896 zum Vorsitzenden der neugebildeten „Internationalen Aeronautischen Kommission" gewählt worden war. Später hat er mit dem Kaiser direkt korrespondiert. Wahrscheinlich war es nicht nur seiner wissenschaftlichen Leistung, sondern auch seinem Geschick im Umgang mit Menschen und Behörden zu danken, daß er viele Jahre lang unangefochten dieser Kommission vorstand.

Seine eigenen meteorologischen Beobachtungen hatte Hugo Hergesell vom Turm des Straßburger Münsters und von den Höhen der Mittelgebirge unternommen. Später bediente er sich dazu – wie Assmann – des Drachens, des Fesselballons sowie unbemannter wie bemannter Freiluftballone. Er erwarb selbst das Ballonführerpatent des „Deutschen Luftschiffer-Verbandes" und überquerte im Jahre 1900 im Ballon die Ostalpen vom Bodensee aus.

Als er Drachen mit Registrierinstrumenten am Bodensee aufsteigen ließ, machte er die Bekanntschaft des Grafen Zeppelin. Fortan beriet er den Grafen in meteorologischen Fragen, wohnte Auffahrten von Zeppelin-Luftschiffen bei und fuhr gelegentlich mit. Später war er als „Reichskommissar" sogar in offizieller Mission bei Zeppelin-Auffahrten dabei. Auf seine Veranlassung wurde auf dem Bodensee eine ständige, schwimmende Drachenstation für meteorologische Zwecke eingerichtet. Dafür nutzte er Erfahrungen, die er von einem Schiff aus bei der Erforschung der Passatwinde in subtropischen Gebieten gewonnen hatte.

Prof. Hergesell entwickelte auch das Projekt einer Expedition mit einem Zeppelin-Luftschiff in das unbekannte nördliche Eismeer. Eine Dampferstudienfahrt führte im August 1910 – mit Prinz Heinrich und Graf Zeppelin an Bord – nach Spitzbergen. Danach unternahm Hergesell mit Unterstützung der Marine weitreichende Expeditionsfahrten in westindische Gewässer sowie in den Indischen Ozean.

Doch auch damit ist die Vielseitigkeit und Aktivität Prof. Hergesells noch nicht hinreichend beschrieben, denn er übte außerdem mehrere verantwortungsvolle Funktionen in Luftfahrtvereinen aus, die in „Braunbecks Sportlexikon" wie folgt verzeichnet sind: „Erster stellvertretender Vorsitzender des Deutschen Luftfahrer-Verbandes, Mitglied der Motorflug-Sportkommission des DLV, Mitglied des Technischen Ausschusses des Kaiserlichen Aero-Clubs, Ehrenvorsitzender des Oberrheinischen Vereins für Luftfahrt, Präsident der Internationalen Kommission für wissenschaftliche Luftfahrt, Mitglied des Arbeitsausschusses der deutschen arktischen Luftschiffexpedition."

Einladung zur Gründung der „Wissenschaftlichen Gesellschaft für Flugtechnik" am 3. und 4. April 1912 in Berlin

„Die Göttinger Vereinigung zur Förderung der angewandten Physik und Mathematik, die sich die Aufgabe gestellt hat, durch Förderung der angewandten Physik (Elektrotechnik, Mechanik, Maschinenwesen und Luftschiffahrt) und angewandten Mathematik (Geodäsie, Nautik, Photogrammetrie) an der Universität Göttingen Fühlungnahme zwischen Wissenschaft und Technik herbeizuführen, hat gelegentlich ihrer letzten General-Versammlung vom 3. bis 5. Novbr. 1911 in Göttingen eine Zusammenkunft von Vertretern der Flugwissenschaft veranstaltet, zu der eine große Anzahl von Hochschulvertretern der Luftschiffahrt und verwandter Gebiete sowie Vertreter von Behörden und eine Reihe von Praktikern erschienen sind. Die Versammlung, in der wissenschaftliche Vorträge und Diskussionen stattfanden, hat einen sehr erfreulichen Verlauf genommen.

Von der Versammlung wurde der Göttinger Vereinigung der Auftrag erteilt, die nötigen Vorarbeiten zur Bildung einer besonderen wissenschaftlichen ‚Gesellschaft für Flugwissenschaft' vorzunehmen und so dafür zu sorgen, daß die in Göttingen angeknüpften Beziehungen in geeigneter Weise weiter gepflegt werden möchten.

Diesem uns erteilten Mandat entsprechend haben wir die Vorbereitungen zu der neuen Versammlung und der Gesellschaftsgründung zur Ausführung gebracht und haben auf eine vorläufige, diesem Rundschreiben vorangegangene Umfrage bereits so viele Zustimmungserklärungen erhalten, daß die zu gründende Gesellschaft jetzt schon als gesichert anzusehen ist ..., die die Aufgabe haben wird, diesen Zusammenschluß durch Abhaltung von Versammlungen und Drucklegung der Verhandlungen aufrecht zu erhalten, und ferner durch Beratungen in Sonderausschüssen, Anregung von Forschungsarbeiten usw. das Gesamtgebiet zu fördern. Die technischen und technisch-wissenschaftlichen Fragen sollen dabei im Vordergrund stehen, wirtschaftliche, rechtliche und sportliche Fragen dagegen sollen außerhalb des Kreises der Erörterung bleiben."

(Aus einem Rundschreiben der „Göttinger Vereinigung zur Förderung der angewandten Physik und Mathematik" vom 23. März 1912. – Zentrales Staatsarchiv Merseburg, Rep 120 Tn Nr. 2, Bd. 2 Bl. 12–14)

Monate vor Kriegsbeginn, am 1. Mai 1914, wurde Hugo Hergesell noch Präsident des „Deutschen Luftfahrer-Verbandes“ als Nachfolger des Freiherrn v. d. Goltz. Zum gleichen Zeitpunkt übernahm er von Richard Assmann die Leitung des Observatoriums in Lindenberg.

Dr. REINHARD SÜRING WAR EINER DER JÜNGEREN Meteorologen in Berlin, die nicht nur tüchtige Fachwissenschaftler, sondern zugleich aeronautisch ausgebildet waren, was sie in die Lage versetzte, eine hervorragende Rolle bei den wissenschaftlichen Ballonhöhenfahrten zu spielen. Süring unternahm am 24. März 1899 eine überaus mutige Alleinfahrt auf 8000 m Höhe, wobei er die bis dahin beobachtete tiefste Temperatur im bemannten Ballon ablas: 48,2 °C unter Null. Süring fuhr über der Wolkendecke mit künstlicher Sauerstoffatmung fast sieben Stunden lang. Über die physiologischen Auswirkungen dieser Fahrt berichtete er:

„Das Befinden war fast normal. In der größten Höhe wurde natürlich jede Beobachtung als Anstrengung empfunden, auch das wiederholt geschilderte ‚komische‘ Schwächegefühl im Magen stellte sich ein, aber ich war weit entfernt von dem Gefühl, daß ich der Grenze meiner Leistungsfähigkeit nahe gekommen wäre. Im Sonnenschein sitzend, den Atmungsschlauch im Munde, war sogar ein gewisses Wohlbehagen, aber keineswegs apathisches Ruhebedürfnis vorhanden. Herzklopfen, Atembeschwerden und Erschöpfung wurden nur bei körperlichen Anstrengungen (Ventilziehen) oder bei Aussetzen der Sauerstoffatmung empfunden.“

Bei einer mit Arthur Berson gemeinsam unternommenen spektakulären Hochfahrt am 31. Juli 1901 entgingen beide Insassen nur knapp dem Höhentod. Berson zog, nachdem er 10 500 m Höhe abgelesen hatte, mit letzter Kraft das Ventil, weil Süring auf Anruf und Schütteln schon nicht mehr reagiert hatte. Bemerkenswert erschien es Süring in einer Rückbetrachtung, wie sicher und relativ mühelos sie – weit abweichend von früherer Erfahrung – bei dieser Fahrt bis etwa 10 000 m Höhe ihre Beobachtungen ausführen konnten:

„Die Einstellung und Beobachtung des Quecksilberbarometers, welche eine ganz ruhige und etwas unbequeme Stellung verlangte, war exakt durchführbar; der Stand der Thermometer, welcher durch ein astronomisches Fernrohr, also mit umgekehrtem Bilde, abgelesen wurde, war klar erkennbar, und das Beobachtungsprotokoll konnte von mir mit größerer Sauberkeit geführt werden als bei mancher anderen Fahrt. Die Gründe für das Wohlbefinden waren offenbar die konsequent durchgeführte Sauerstoffatmung und der gute Schutz gegen die Kälte.“

Reinhard Süring hatte Mathematik und Naturwissenschaft studiert, bevor er Assistent am „Königlich-Preußischen Meteorologischen Institut“ in Berlin wurde. Vom Jahre 1909 an war er Leiter der Meteorologischen Abteilung des Observatoriums in Pots-

Einer der engagierten Teilnehmer an wissenschaftlichen Ballonhöhenfahrten um die Jahrhundertwende in Berlin war Prof. Reinhold Süring (im Bild sein Aufstieg mit dem Höhenballon „Preußen“ am 31. Juli 1901).

dam. Er ist mit zahlreichen wissenschaftlichen Veröffentlichungen hervorgetreten und hat u. a. in dem von Assmann und Berson herausgegebenen Werk „Wissenschaftliche Luftfahrten" die Kapitel „Feuchtigkeit" und „Wolken" bearbeitet. Im „Berliner Verein für Luftschiffahrt" war er Vorsitzender des Redaktionsausschusses, und gemeinsam mit Arthur Berson gab er die Sammlung „Luftfahrt und Wissenschaft" heraus. Im Jahre 1910 besorgte er die Redaktion des Moedebeckschen „Taschenbuchs für Flugtechniker und Luftschiffer", einem Werk, das bis heute seinen Wert behalten hat.

IN DER REGIE VON ARTHUR BERSON HABEN VOR allem die Berliner Ballonhöhenfahrten gelegen. Assistiert hat ihm dabei der Luftschiffer Hans Groß, ein erfahrener und bewährter Ballonführer. Berson führte von allen Meteorologen die weitaus meisten Fahrten aus und ist selbst ein geschickter Ballonführer geworden.

Geboren in Neu-Sandez in Galizien (Beskiden, Hohe Tatra), widmete er sich dem Studium moderner Sprachen, von denen er neben der deutschen, die französische, englische, russische, polnische und italienische Sprache beherrschte, dazu teilweise auch das Tschechische, Schwedische und Dänische. Als Sprachlehrer kam er nach Deutschland, studierte hier physikalische Geographie und Meteorologie und arbeitete seit dem Jahre 1890 im „Meteorologischen Institut" in Berlin. Seine Vorgesetzten bescheinigten ihm ungewöhnliche Tatkraft und Ausdauer sowie unendlichen Fleiß und großes wissenschaftliches Verständnis.

Berson wurde ein enger Mitarbeiter von Prof. Richard Assmann. Ihm folgte er dann auch an die Observatorien nach Tegel und nach Lindenberg. Zum Anfang des Jahres 1910 schied er aus dem Staatsdienst aus und wurde wissenschaftlicher Berater der „Optischen Anstalt Goerz" in Berlin-Friedenau, die sich auf „Ballonphotographie" spezialisiert hatte.

In den zwei Jahrzehnten vor und nach der Jahrhundertwende hat Arthur Berson mehr als hundert Ballonfahrten ausgeführt oder daran teilgenommen, vorwiegend zu wissenschaftlichen Zwecken. Bereits im Dezember 1894 erreichte er bei einer Alleinfahrt 9155 m Höhe, die größte Höhe, in die ein Mensch bis dahin vorgedrungen war. Diese Leistung ist erst sieben Jahre später von ihm selbst gemeinsam mit Süring überboten worden.

Im Januar 1901 unternahm er die erste Ballonfahrt über die offene See von Deutschland nach Schweden, und bald darauf gelang ihm die bis dahin weiteste von Deutschland ausgehende Ballonfahrt. Sie führte mit dem nach ihm benannten Ballon „Berson" (damals hatten verschiedene Luftfahrtvereine damit begonnen, Ballone nach verdienten Vereinsmitgliedern zu benennen) in 30 Stunden über 1470 km bis weit nach Südrußland hinein. Danach nahm Arthur Berson an einer Ballonfahrt in Spanien zur Beobachtung einer totalen Sonnenfinsternis teil.

Prof. Arthur Berson (im Ballonkorb halb verdeckt in der Mitte) war an zahlreichen wissenschaftlichen Ballonfahrten beteiligt.

Das internationale Programm zur Erforschung der Atmosphäre über dem Ozean und in den Tropen führte ihn schließlich nach Spitzbergen, nach Ostafrika, an den Indischen Ozean und nach Brasilien. Nach Spitzbergen fuhr er auf einem Vergnügungsdampfer, auf dessen Hinterdeck er unter Mithilfe von HERMANN ELIAS seine Drachen aufsteigen ließ. Es waren dies die ersten Forschungen in der freien Atmosphäre der Polarregion. ELIAS begleitete ihn auch nach Ostafrika und an die Küste des Indischen Ozeans, wo sie Drachen und freifliegende Registrierballone (Ballonsonden) aufsteigen ließen, und zwar jeweils Ballonpaare nach der Methode von HERGESELL.

ARTHUR BERSON war, wie aus Mitteilungen seiner Zeitgenossen hervorgeht, ein Mann von starker Ausstrahlung. Darin und in seiner spezifischen wissenschaftlichen Qualifikation lagen die Gründe, daß er imstande war, wichtige Entwicklungsprozesse sowohl zu beeinflussen als auch zu beschleunigen. Sein Talent, wissenschaftliche Probleme allgemeinverständlich darzustellen, befähigte ihn auch, die neuen Erkenntnisse zu verbreiten und für den Fortschritt der Luftfahrt nutzbar zu machen.

DAS VERDIENST DES INGENIEURS OTTO LILIENTHAL ist es, als erster das Problem des Menschenfluges wissenschaftlich-technisch angepackt und durch eigene erfolgreiche Erprobungen der Lösung nahegebracht zu haben. LILIENTHAL hatte an der Berliner Gewerbe-Akademie Maschinenbau und Mechanik studiert. Gemeinsam mit seinem jüngeren Bruder Gustav unternahm er systematisch Reihenmessungen des Luftwiderstandes an ebenen und gewölbten Flächen, wofür er die notwendigen Geräte wie Umlaufapparat und Meßinstrumente selbst konstruierte. Im Ergebnis jahrelanger Experimente erkannte er, daß von allen denkbaren Flächenformen die schwach gewölbte Tragfläche, die von der Natur im Vogelflügel bereits vorgegeben war, sowohl den geringsten Widerstand als auch vorzügliche Auftriebswirkung und damit die größte Tragfähigkeit erzeugt.

In seinem Buch „Der Vogelflug als Grundlage der Fliegekunst" hat OTTO LILIENTHAL im Jahre 1889 seine Erkenntnisse veröffentlicht, die Meßergebnisse als Polardiagramme mit Zahlentafeln und Kurvengrafiken mathematisch exakt dargestellt. Damit wurde die sogenannte Polare zum ersten Male in die Flugtechnik eingeführt. Der Aerodynamiker Prof. LUDWIG PRANDTL meinte später, die von LILIENTHAL erreichte Güte der Messungen hätte erst durch moderne Arbeiten im Windkanal überboten werden können.

Dem französischen Flugpionier FERDINAND FERBER verdanken wir zwei bemerkenswerte Aussagen über die Bedeutung LILIENTHALS für die internationale Entwicklung der Flugtechnik. FERBER schrieb, ihm sei, als er sich mit den Flugversuchen LILIENTHALS befaßte, klargeworden, „daß dieser Mann eine Methode entdeckt hatte, fliegen zu lernen, und daß aus der Anwendung dieser Methode unverzüglich die Flugtechnik herauswachsen mußte, weil sie jedem die Möglichkeit bot, selbst Versuche anzustellen und jederzeit wieder von vorn anzufangen".

FERBER formulierte außerdem: „Den Tag, an welchem LILIENTHAL im Jahre 1891 seine ersten 15 Meter in der Luft durchmessen hat, fasse ich auf als den Augenblick, seit welchem die Menschen fliegen können." Ort dieses Geschehens war der Spitz- bzw. Windmühlenberg an der Gemarkungsgrenze von Derwitz und Krielow südwestlich von Potsdam an der Bahnstrecke Berlin–Magdeburg.

Ein weiteres Zitat sei erlaubt, um die starke internationale Ausstrahlung OTTO LILIENTHALS zu belegen. Der russische Aerodynamiker NIKOLAI J. SHUKOWSKI sagte, nachdem er LILIENTHAL in Berlin besucht hatte, im November 1895 in einem Vortrag in Mos-

OTTO LILIENTHAL war der weltweit anerkannte Lehrmeister der „Fliegekunst"; er stürzte bei einem seiner Flüge am 9. August 1896 ab und starb am folgenden Tage an den Verletzungen.

kau: „Die wichtigste Erfindung der letzten Jahre auf dem Gebiete der Luftfahrt ist der Flugapparat des deutschen Ingenieurs Otto Lilienthal." Und er vertrat die Ansicht, daß die anspruchslosen Gleitflugapparate Lilienthals mehr als alle anderen Konstruktionen jener Zeit geeignet wären, das Flugproblem zu lösen.

Die Lernmethode Otto Lilienthals zur fortschreitenden Beherrschung des Fliegens bestand darin, mit seinen verhältnismäßig einfach und preiswert herzustellenden Gleitflugzeugen speziell den abwärts geneigten Gleitflug zu üben, ihn also auf dem geneigten Terrain von Hügeln für abwärts gerichtete Luftsprünge zu benutzen – die dann immer weiter reichten. Aus gleitenden Sprüngen wurden schließlich Gleitflüge. In den Rhinower Bergen erreichte er Flugweiten bis zu 250 m.

Mancher seiner Flüge wurde fotografiert. Die Bilder erschienen in Zeitungen und Fachzeitschriften. Sie ermutigten Flugtechniker in anderen Ländern, die Methode Lilienthals zu übernehmen und in der gleichen Weise vorzugehen. So wurden andere – trotz großer territorialer Entfernung – zu seinen Schülern und haben sich in späteren Äußerungen zur „Schule Lilienthal" bekannt.

Otto Lilienthal war an sozialen und kulturellen Entwicklungen seiner Zeit sehr interessiert und erhoffte von der Verwirklichung des Menschenfluges den Beginn einer neuen, völkerverbindenden Kulturepoche. Noch wenige Wochen vor seinem Todessturz sagte er in einem Vortrag auf der Berliner Gewerbeausstellung im Jahre 1896: „Der Fortschritt der Kultur ist in hohem Maße davon abhängig, ob es dem Menschen jemals gelingen wird, das Reich der Lüfte in eine allgemeine, viel benutzte Verkehrsstraße zu verwandeln."

Zu seinen Vorstellungen von der Nützlichkeit des Flugzeuges gehörte auch der weit verbreitete Flugsport, bei dem junge Männer im Gleit- und Segelflug ihre Kräfte und Fähigkeiten im friedlichen Wettbewerb miteinander messen würden. Niemals aber, weder in Wort noch Schrift, hat er sich zu einer möglichen Verwendung des Flugzeuges als Kriegswerkzeug geäußert.

GOTTLIEB DAIMER WAR INGENIEUR UND HAT ALS Technikpionier im Motorenbau einen wesentlichen Beitrag zur Entwicklung der Luftfahrt geleistet. Daimler-Motoren waren die ersten tauglichen Luftschifftriebwerke, deren Leistung und Masse in einem erträglichen Verhältnis zueinander standen. Sie wurden in den Luftschiffen von Wölfert, Schwarz, Zeppelin und Parseval verwendet. Als sich die Heeresverwaltung des Flugzeuges zu bemächtigen begann, wurde der wassergekühlte 6-Zylinder-Daimler-Motor von 100 PS Leistung in weiterentwickelter Ausführung zum Standard-Flugzeugtriebwerk der preußischen Fliegertruppe.

Gottlieb Daimler stammte aus Württemberg, hatte in Stuttgart die Landesgewerbeschule und danach das Polytechnikum be-

sucht. Seine Hauptfächer waren Allgemeine und Spezielle Technik sowie Maschinenbau. Nach Lehr- und Wanderjahren, die ihn auch nach Großbritannien und Frankreich führten, wurde er Technischer Leiter der Gasmotorenfabrik in Köln-Deutz, die von Nikolaus Otto, dem Erfinder des Viertaktmotors, gegründet

Gottfried Daimler, der Begründer des Daimler-Motorenbaus, stellte der deutschen Luftschiffahrt die ersten brauchbaren Verbrennungsmotoren zur Verfügung.

worden war. Seinen Landsmann Wilhelm Maybach holte Daimler als Leiter des Konstruktionsbüros nach. Zehn Jahre später machte er sich selbständig, gründete in Stuttgart-Cannstatt eine Werkstatt, aus der bald eine Fabrik und schließlich die „Daimler-Motoren-Gesellschaft“ wurde. Auch dabei stand ihm Wilhelm Maybach als Konstrukteur zur Seite.

Den ersten Versuch, einen Daimler-Motor für den Antrieb eines Luftschiffes zu verwenden, hatte Hermann Wölfert bereits im Jahre 1888 unternommen. Der Versuch schlug fehl, weil der verwendete 1-Zylinder-Motor von 2 PS Leistung zu schwach war. Auch das Zusammenschalten mehrerer solcher Motoren reichte als Luftschiffantrieb nicht aus.

Ein knappes Jahrzehnt später, 1897, stiegen in Berlin gleich zwei Luftschiffe mit je einem 4-Zylinder-Daimler-Motor auf: eines von Wölfert, das andere von Schwarz. Das erste Luftschiff des Grafen Zeppelin war dann im Jahre 1900 bereits mit zwei 16-PS-Daimler-Motoren ausgerüstet, von denen jeder 420 kg wog. Acht Jahre später lieferte Daimler schon Luftschiffmotoren von 110 PS Leistung bei nahezu gleichgebliebener Masse. Doch nicht nur die Leistung war in dieser relativ kurzen Zeit enorm gestiegen, auch die Betriebssicherheit der Motoren hatte deutlich zugenommen.

Den ersten Motor der Daimler-Gesellschaft für ein Flugzeug erhielt um die Jahrhundertwende der österreichische Flugtechniker Wilhelm Kress. Es war ein umgebauter 4-Zylinder-Automotor von 33 PS Leistung. Kress baute ihn in seinen Versuchsflugapparat ein, für den er drei Tragflächenpaare hintereinander angeordnet hatte, und unternahm damit Fahrten auf dem Wasser der Tullnerbach-Talsperre bei Wien. Der Motor war zu schwer geraten; der Flugapparat kenterte in einer Kurve und versank, wobei Kress fast ertrunken wäre.

Den ersten speziell entwickelten Flugmotor brachte Gottlieb Daimler im Jahre 1909 auf den Markt. Es war ein wassergekühlter 4-Zylinder-Motor mit einer Leistung von 60 PS, der aber vorerst eine geringe praktische Beutung hatte, weil der Flugzeugbau damals in Deutschland noch in den Kinderschuhen steckte. Zwei Jahre später war die „Daimler-Motoren-Gesellschaft“ mit einem 100-PS-Flugmotor schon sehr viel erfolgreicher. Auch dieser Motor wurde anfangs noch mit vier, bald darauf aber mit sechs Zylindern gebaut. Er wurde zum erfolgreichsten deutschen Flugmotor der Vorkriegszeit.

Gottlieb Daimler gehörte zu den forschungsorientierten Ingenieuren, die von technikwissenschaftlichem Erkenntnisdrang erfüllt waren, sich auf ein fortschrittförderndes Gebiet konzentrierten und in Kooperation mit anderen richtungweisende Lösungen hervorbrachten. Die von seiner Gesellschaft hergestellten schnellaufenden Verbrennungsmotoren haben die Entwicklung von Land- und Luftfahrzeugen beschleunigt.

Unernste Anmerkungen zur Luftfahrt

„Als die Menschen anfingen, auf zwei Beinen zu gehen, gab es konservative Leute, die das unanständig fanden und eine sehr gefährliche Neuerung darin erblickten. Sie behielten Recht: Die Zahl der Beinbrüche hat seither zugenommen, und viele Menschen sind fortan anderen auf die Hühneraugen getreten. Noch schlimmere Folgen hatte die Erfindung des Wagens. Während es früher niemals vorgekommen war, daß jemand überfahren wurde, geschah das nun alle Tage ... Der Erfinder des Dampfwagens hat ebenfalls eine Riesenlast von Unglücksfällen auf dem Gewissen, und wie unheilvoll die Idee gewesen ist, mit maschinell getriebenen Wagen auf öffentlichen Wegen herumzufahren, wissen wir aus eigener Erfahrung.

Nun geht der Unfug gar in den Lüften an. Solange es nur wenige Wahnsinnige sind, die ihn verüben, mag man sie gewähren lassen. Nimmt der Unfug aber zu, so sind die unheilvollen Folgen kaum abzusehen. Es wird Butterstullenpapier regnen; infolge des massenhaft abgeworfenen Ballastes werden die Fälle, daß jemandem etwas ins Auge fliegt, besorgniserregend zunehmen; einzelne verunglückte Luftschiffer werden harmlosen Leuten, wenn sie im Freien einen guten Schluck tun, in die Bowle fallen und deren Geschmack dadurch nicht erhöhen; ungetreue Kassierer und Ehefrauen in die Höhe verduften, wo jede Auslieferung mangels dort vorhandener Behörden ausgeschlossen erscheint ... kurz, es wird eine Zeit beginnen, wo jeder gutgesinnte Bürger denen fluchen wird, die er jetzt ... noch bejubelt.

Wenn die Luftschifferei weiter so um sich greift, werden sich alle möglichen Komplikationen innerhalb unserer auf mehr gebundene Verhältnisse berechneten Gesetze und Gebräuche ergeben. Zu den fürchterlichsten wird dies gehören: Eine Frau Lehmann kommt oben nieder, und man wird den jungen Lehmann hochgeboren nennen müssen, obwohl er gar kein Graf ist.“

(Bierbaum, O.J.: Einfälle. – In: Luftabenteuer. – Stuttgart, 1912/13, S. 98f.)

Das Stiasny-Archiv

Das Archiv für Fluggeschichte des Berliner Sammlers und Archivars Willi Stiasny ist vor wenigen Jahren vom Museum für Verkehr und Technik in Berlin (West) erworben worden und damit aus privatem Besitz in öffentliche Obhut übergegangen. Es handelt sich um eine einzigartige Bild- und Dokumentensammlung, mit der die Geschichte der Luftfahrt bis zum zweiten Weltkrieg sehr ergiebig belegt ist.

Der Flugplatz Johannisthal, Schauplatz der bedeutendsten fliegerischen Ereignisse in der Frühzeit des Flugwesens und zugleich Zentrum der damaligen Flugzeugindustrie, bildet einen Schwerpunkt der Sammlung. Neben der Flugentwicklung sind aber auch die Ballon- und Luftschiffahrt weitgehend erfaßt. Die Sammlung beschränkt sich nicht allein auf Deutschland, sondern sie bezieht die Entwicklung in anderen europäischen Ländern und in Übersee ein. Besonders das Flugwesen in Frankreich, das bis zum Jahre 1914 in Europa führend war, ist umfangreich repräsentiert.

Willi Stiasny hatte sein Wirken in den Dienst der Bemühung gestellt, das Flugwesen von Beginn an zu dokumentieren. Schon in jungen Jahren sammelte er alle erreichbaren Bilder, Zeitungs- und Zeitschriftenberichte über Flugwettbewerbe, Abstürze, Flugmaschinen und Flieger.

Als Sechzehnjähriger wurde er gegen Ende des Jahres 1915 von der „Ago-Flugzeugwerke GmbH." angestellt, danach arbeitete er auch in der „Luft-Verkehrs-Gesellschaft A.G." und bei der „Rumpler-Werke GmbH.". Dabei eignete er sich professionelles Fachwissen an, konnte seine Sammlung mit Firmenprospekten und Planungsunterlagen ergänzen und vorhandene Lücken schließen. Zu seinem Freundeskreis gehörte der damalige „offizielle Flugplatzphotograph" in Johannisthal, Franz Fischer.

Nach dem ersten Weltkrieg hat Willi Stiasny viele Jahre lang die offiziellen Luftfahrtarchive in Berlin betreut: beim Aero-Club, in der „Wissenschaftlichen Gesellschaft für Luftfahrt" und danach als Archivar im ehemaligen Luftfahrtministerium, wo die Archive zusammengefaßt wurden. Aus dieser Zeit stammen beispielsweise Aufzeichnungen über die Bestände der einstigen Bibliothek von Hermann Moedebeck. Da alle diese Bestände seit dem zweiten Weltkrieg als verloren gelten, hat die Sammlung Stiasnys noch an Bedeutung gewonnen.

Als Autor ist Stiasny vor allem mit dem Buch „Flug durch Muskelkraft" im Jahre 1936 hervorgetreten. In dieser Publikation berichtet er sachkundig über die Versuche, den Flug mit Menschenkraft zu verwirklichen. Im Vorwort schreibt er, der Leser solle sehen, „welch ungeheure Aufgaben noch in unseren Tagen ihrer Lösung harren, und gleichzeitig verlernen, mit einem Achselzucken über anfänglich vielleicht nichtig erscheinende Leistungen der Muskelkraftflugzeuge hinwegzugehen. Er soll miterleben, wie sich ein uraltes Sehnen der Menschheit aus den Sagen und Mythen der alten Völker über eine Jahrhunderte überdauernde Entwicklung zu einem klar umrissenen Aufgabengebiet geistigen Schaffensdranges unseres Jahrhunderts gestaltet hat". Mit Hilfe einer neuen Technologie sind inzwischen die ersten Flüge mit Muskelkraft gelungen, und Stiasny gebührt das Verdienst, den Gedanken daran mit seinem Buch wachgehalten zu haben. Im Anhang seines Buches hat er dazu 162 bedeutende Quellen nachgewiesen.

Der große Umfang des Stiasny-Archivs erweckt den Eindruck, daß es unmöglich allein von einem einzigen Manne zusammengetragen worden sein könne, der noch dazu mit irdischen Gütern nicht gesegnet war. Und doch ist es so. Vom Jahre 1908 an sind Ereignisse der Fluggeschichte wie der Luftschiffahrt nahezu lükkenlos mit Zeitungsausschnitten belegt, bemerkenswerterweise auch weniger beachtete Vorgänge und Entwicklungen. Die von ihm zusammengetragene Typen-Bildsammlung sucht gerade für die Frühgeschichte ihresgleichen. Einen breiten Raum nimmt die Sammlung der Personalien von Fliegern und Luftfahrern ein. Die zum Archiv gehörige Bibliothek besteht fast ausnahmslos aus Standardwerken deutschen und ausländischen Ursprungs. Sie wird ergänzt durch Firmenbroschüren, Kataloge, Denkschriften, Flugprogramme und Flugplatzpublikationen.

Nach überschlägiger Schätzung enthält das Stiasny-Archiv rund 4000 Negative (Planfilme und Fotoplatten) sowie 10000 Originalfotos zur Fluggeschichte: Abbildungen von Flugzeugen, Luftschiffen, Ballonen, Motoren, Flugzeugwerken und Personen, dazu Luftaufnahmen und zahllose Bilder von Flugwettbewerben im In- und Ausland. Ferner sind etwa 500 Bildpostkarten mit Flugmotiven vorhanden. Aus Zeitungen und Zeitschriften sind rund 10000 Abbildungen und 200000 Artikel, Berichte, Hinweise und Notizen ausgeschnitten und bewahrt worden.

Der größere Teil der Archivbestände ist noch von Stiasny selbst geordnet, ein anderer Teil von ihm vorgeordnet worden. Manches ist unbearbeitet in Kartons gelagert, und von den geordneten Beständen ist bei der zeitweiligen Auslagerung aus Berlin einiges durcheinander geraten. Das Museum für Verkehr und Technik hat sich vorgenommen, alle Archivalien zunächst zu sichern und dann nach modernen Gesichtspunkten neu zu ordnen, bevor sie der Öffentlichkeit zugänglich gemacht werden. Diese Arbeit wird sicherlich noch einige Jahre in Anspruch nehmen. Für dieses Buch hat das Museum eine Ausnahme gemacht. Den Autoren ist auf sehr entgegenkommende Weise gestattet worden, diejenigen Teile des Archivs, die die Frühzeit betreffen, durchzusehen, und die ausgewählten fotografischen Aufnahmen aus den Bildbeständen sind für den Druck zur Verfügung gestellt worden.

Literaturverzeichnis

Berichte, Vorträge, Vereins- und Firmenschriften, Flugplatzhefte, Veranstaltungsprogramme, Tageszeitungen, Flugschriften und Fachzeitschriften aus der Frühzeit des Motorfluges, die herangezogen worden sind, bleiben hier unberücksichtigt, ebenso die zahlreichen Archive, in die Einsicht genommen wurde.

Angelucci E.; Matricardi, P.: Flugzeuge von den Anfängen bis zum 1. Weltkrieg. – Wiesbaden, 1976

Basenach, R.: Bau und Betrieb von Prall-Luftschiffen. – Frankfurt a. M.–Leipzig, 1912

Berg, C.: David Schwarz – Carl Berg – Graf Zeppelin. Ein Beitrag zur Geschichte der Luftschiffahrt. – München, 1926

Braunbeck's Sport-Lexikon für Automobilismus, Motorbootwesen und Luftschiffahrt. III. Ausg. 1912/13. – Berlin, 1912

Bröckelmann (Hrsg.): Wir Luftschiffer. Die Entwicklung der modernen Luftschifftechnik in Einzeldarstellungen. – Berlin–Wien, 1909

Christian: Anlage und Betrieb von Luftschiffhäfen. – München–Berlin, 1914

Clausberg, K.: Zeppelin. Die Geschichte eines unwahrscheinlichen Erfolges. – München, 1979

Colsman, A.: Luftschiff voraus! Arbeit und Erleben am Werke Zeppelins. – München, 1983

Die Eroberung der Luft. Ein Handbuch der Luftschiffahrt und Flugtechnik. – Stuttgart–Berlin–Leipzig, 1920

Die Flieger. Jahrbuch des Bundes Deutscher Flugzeugführer e. V. 1913. – Berlin, 1914

Die Militärluftfahrt bis zum Beginn des Weltkrieges 1914. Textband 1965. Anlageband und Technischer Band 1966. – Frankfurt/Main

Engberding: Luftschiff und Luftschiffahrt in Vergangenheit, Gegenwart und Zukunft. – Berlin, 1926

Erblich, H.: Fliegerschule. Ein Lehr- und Handbuch für den Flugschüler. – Berlin, 1915

Eyb, G.: Gordon-Bennett-Wettbewerbe. – Stuttgart, 1912

Eyb, G.: Im Luftschiff über Berlin und Umgebung. – Stuttgart, 1910

Fürst, A.: Das Weltreich der Technik. Bd. 3: Der Verkehr in der Luft. – Berlin, 1929

Geschichte der deutschen Flugindustrie. Bd. I: Geschichte vor dem Kriege. – Berlin, 1918

Groß, H.: Die Entwicklung der Motor-Luftschiffahrt. – Berlin, 1906

Gsell, R.: 25 Jahre Luftkutscher. Vom Luftkutscher zur Luftbeherrschung. – Zürich–Leipzig, 1936

Hackenberger, W.: Die alten Adler. Pioniere der deutschen Luftfahrt. – München, 1960

Hirth, H.: 20 000 Kilometer im Luftmeer. – Berlin, 1913

Hoernes, H. (Hrsg.): Buch des Fluges. I. bis III. Band. – Wien, 1911, 1912

Hoernes, H.: Die Luftschiffahrt der Gegenwart. – Wien–Pest–Leipzig, 1903

Institut für den wissenschaftlichen Film (Hrsg.): Die Entwicklung der Luftschiffahrt.
- Prall-Luftschiffe 1906–1913. – Göttingen, 1957
- Zeppelin-Luftschiffe 1906–1910. – Göttingen, 1958
- Die Anfänge der Verkehrsluftschiffahrt in Deutschland 1910–1914 und 1919. – Göttingen, 1958

Josephy, A.: L'Aviation et son histoire. – Paris–Bruxelles, 1964

Keimel, R.: Österreichs Luftfahrzeuge. Geschichte der Luftfahrt von den Anfängen bis Ende 1918. – Graz, 1981

Kirchhoff, A.: Die Erschließung des Luftmeeres. Luftschiffahrt und Flugtechnik in ihrer Entwicklung und ihrem heutigen Stande. – Leipzig, 1912

Knäusel, H. G.: LZ 1 – Der erste Zeppelin. Geschichte einer Idee 1874–1908. – Bonn, 1985

Lange, B.: Typenhandbuch der deutschen Luftfahrttechnik. – Koblenz, 1986

Leberecht, G. F.: Luftfahrten im Frieden und im Kriege. – Berlin, 1913

Linke, F.: Die Luftschiffahrt von Montgolfier bis Graf Zeppelin. – Berlin, 1909

Mehl, A.: Der Freiballon in Theorie und Praxis. 1. und 2. Bd. – Stuttgart, o. J.

Moedebeck, H. W. L.: Fliegende Menschen! – Berlin, 1909

Moedebeck, H. W. L.: 25 Jahre Geschichte des Berliner Vereins für Luftschiffahrt. – Straßburg, 1906

Munson, K.: Flugboote und Wasserflugzeuge seit 1910. – Zürich, 1972

National-Flugspende. Jahresbericht für 1913. – o. O., 1913/14

Nimführ, R.: Leitfaden der Luftschiffahrt und Flugtechnik. – Wien–Leipzig, 1910

Painlevé, P.; Borel, E.: Theorie und Praxis der Flugtechnik. – Berlin, 1911

Parseval, A. v.: Graf Zeppelin und die deutsche Luftfahrt. – Berlin, 1926

Pletschacher, P.: Die Königlich Bayerischen Fliegertruppen 1912–1919. – Stuttgart, 1978

Poeschel, J. (Hrsg.): Ins Reich der Lüfte. Einführung in die Luftfahrt.– Leipzig, 1928

Rasch, F.; Hormel, W. (Hrsg.): Taschenbuch der Luftflotten 1914. – München, 1914

Rupp, A.; Rosenstein, W.: Die Fliegerschule. Ein Lehrbuch für den Flugschüler. – Berlin, 1914

Santos-Dumont, A.: Im Reich der Lüfte. – Stuttgart–Leipzig, 1905

Schatzer, H.: Propeller-Nostalgie. Anfänge und Entwicklung des Motorfluges. – Graz, 1981

Schmitt, G.: Als die Oldtimer flogen. Die Geschichte des Flugplatzes Berlin-Johannisthal. – Berlin, 1987

Schmitt, G.: Fliegende Kisten von Kitty Hawk bis Kiew. – Berlin, 1985

Schütte, J.: Der Luftschiffbau Schütte-Lanz 1909–1925. – München–Berlin, 1926

Schwipps, W.: Riesenzigarren und fliegende Kisten. Bilder aus der Frühzeit der Luftfahrt in Berlin. – Berlin (West), 1984

Schwipps, W.: Schwerer als Luft. Die Frühzeit der Flugtechnik in Deutschland. – Koblenz, 1984

Stelling, A.: 12 000 Kilometer im Parseval. – Berlin, o. J.

Süring, R. (Hrsg.): Moedebecks Taschenbuch für Flugtechniker und Luftschiffer. – Berlin, 1911

Supf, P.: Das Buch der deutschen Fluggeschichte. Bd. I und II. – Berlin, 1935

Tilgenkamp, E.: Schweizer Luftfahrt. Bd. I und II. – Zürich, 1941/42

Treichlinger, W. M.: Aus der Urzeit des Luftschiffs. – Zürich, 1951

Tschudi, G.: Aus 34 Jahren Luftfahrt. – Berlin, 1928

Vorreiter, A. (Hrsg.): Jahrbuch über die Fortschritte auf allen Gebieten der Luftschiffahrt 1911. – München, 1910

Vorreiter, A. (Hrsg.): Jahrbuch der Luftfahrt. – München, 1912

Vorreiter, A.: Kritik der Drachenflieger. – Berlin, 1910

Wachtel, J.: Die Aviatiker oder Die tollkühnen Pioniere des Motorfluges. – München, 1978

Luftfahrzeug-Typenregister

In das Register sind die dargestellten Luftfahrzeuge unabhängig von der Ausführlichkeit ihrer Beschreibung aufgenommen worden. Alle **Ballone** werden mit ihren Merknamen und dem Herkunftsland angegeben. Die Liste der **Luftschiffe** ist nach den Herstellerländern gegliedert. Zu den einzelnen Luftschiffen werden deren ständige oder zeitweilige Namen bzw. die militärischen Registrierungen mitgeteilt. Die Aufstellung der **Flugzeuge** ist nach dem Herstellerland, nach Land- und Wasserflugzeugen sowie nach der Anzahl der Tragdecks gegliedert. Weitergehende Unterscheidungen wie damals oder später entstandene Typenbezeichnungen, Anzahl der Sitze (Ein- oder Zweisitzer), Baumerkmale (Gitterrumpf, Nurflügler, Tragflächenpfeilung, „Tauben"-Flächen) oder Verwendungen (Sport- oder Militärflugzeug) sind im Register nicht berücksichtigt worden.

Ballone

Britische Luftschiffe

Deutsche Luftschiffe

Französische Luftschiffe

Betriebs- und Vereinigungs-register

Personen-register

Französischer Blériot-Eindecker nach dem Start auf dem Berliner Flugplatz Johannisthal (1913).